V. 2504.
12.

22108

COURS
D'ARCHITECTURE
CIVILE.

COURS D'ARCHITECTURE,
OU
TRAITÉ
De la Décoration, Distribution & Construction
DES BÂTIMENTS;
CONTENANT

LES LEÇONS données en 1750, & les années suivantes, par J. F. BLONDEL, Architecte, dans son École des Arts.

Publié de l'aveu de l'Auteur, par M. R***.

TOME QUATRIEME.

A PARIS,
Chez la Veuve DESAINT, Libraire, rue du Foin-S.-Jacques.

M DCC LXXIII.
Avec Approbation, & Privilége du Roi.

AVANT-PROPOS,
OU
PRÉCIS des régles contenues dans le troisiéme Volume de ce Cours;

Suivi de quelques observations préliminaires sur l'Architecture.

Nous invitons les personnes, pour lesquelles nous avons composé ce Cours, de ne pas négliger de lire les Avant-propos placés à la tête de nos Volumes, comme un moyen de se rappeler en peu de mots, les différentes matieres qui y sont traitées, & par-là, de suivre le fil des préceptes distribués dans chacun. La division que nous avons employée, étoit nécessaire sans doute dans un Ouvrage d'une aussi longue haleine; mais il n'en est pas moins vrai que le Lecteur qui veut s'instruire, & se pénétrer de l'enchaînement qui le compose, doit d'abord s'attacher plus particulièrement à remplir son imagination des procédés qui unissent ensemble les trois branches de l'Art; parce que, sans ce point de vue, sans le raisonnement qui en est la suite, on ne peut que rallentir ses études,

& l'on ne parviendra qu'à la médiocrité. Rappelons donc ici ce que contiennent de plus intéressant les Chapitres du Tome III; & que cette courte récapitulation mette sous les yeux des Elèves ce qu'ils ne peuvent ignorer absolument: après cela, nous donnerons quelques nouvelles observations qui devront servir d'introduction aux principes de la distribution répandus dans ce Volume, objet particulier sur lequel peu d'Ecrivains, avant nous, ont entrepris de donner des préceptes suivis.

Nous désirons que ce que nous nous proposons d'enseigner, sur cette nouvelle matière, soit trouvé écrit d'une maniere claire & précise : personne n'est plus persuadé que nous des talents qui sont nécessaires à un Professeur; mais peu d'hommes sont doués des qualités qui lui sont essencielles, & malgré trente années d'exercice, nous nous trouvons nous-même encore éloigné du terme désiré. Qu'on y prenne garde; nous le disons à ceux qui veulent courir cette carrière: pour s'acquitter avec succès du professoriat, & rendre ses pensées dans un Livre, il faut avoir des idées si l'on n'a l'esprit d'invention, on reste souvent court au milieu de sa période. Il faut dans sa narration, la majesté d'un

Avant-Propos.

fleuve, & non la rapidité d'un torrent. Qu'on ne s'y trompe pas ; il ne suffit pas d'avoir de la mémoire ; il faut sçavoir raisonner ce que l'on conçoit, & ce qu'on veut faire concevoir aux autres ; il faut commencer par émouvoir, ensuite convaincre : il faut de la réflexion, de l'éxercice ; il faut s'écouter soi-même, & se persuader que pour être entendu avec plaisir, il faut être animé du desir de fixer l'attention de ses Elèves : il faut enfin que l'imagination ajoute à la vérité de la démonstration ; en un mot, il faut voir au-delà de ce qu'il s'agit d'expliquer ; autrement on parle à l'organe, jamais à l'esprit de ceux qui écoutent.

Avant-Propos du troisieme Volume.

Cet Avant-Propos a eu pour objet de donner sommairement le précis des Leçons contenues dans les XI Chapitres qui divisent le Tome III. Ce sommaire a été suivi d'une Dissertation sur l'utilité de joindre à l'étude de l'Architecture celle des Sciences & des Arts qui y sont relatifs.

Plusieurs ont été étonnés des connoissances que nous semblions exiger de nos Eleves ; mais on a sans doute oublié qu'à la fin de cette même Dissertation, nous avons dit *expressément que ces connoissances s'acquéroient pendant toute la vie, & que les plus grands hommes étudioient encore, lorsqu'ils ont produit leurs chefs-d'œuvre.* Nous osons donc le répéter : toutes les connoissances dont nous avons fait mention, sont indispensables pour tout Artiste qui veut tendre à la perfection : d'ailleurs, celles des Sciences & des Arts que nous avons recommandé d'associer à l'Architecture, ne supposent pas toutes une étude également suivie & approfondie; mais il en faut connoître au moins les éléments. Désirer que nos Eleves aprennent les Mathématiques, le Dessin, &c. ce n'est pas faire entendre qu'ils doivent être Mathématiciens comme M. Clairaut; Peintres & Sculpteurs comme M. Vanloo & M. Bouchardon ; c'est souhaiter qu'ils se mettent en état de pouvoir conférer un jour avec les Sçavants & avec les Artistes du premier ordre : autrement, comment s'en feroient-ils entendre, & quels secours tireroient-ils de leurs lumieres, s'ils ignoroient absolument ces connoissances utiles, & si, comme cela n'arrive que trop ordinairement, la plupart se contentoient de la pratique de leur Art, ou de tirer parti d'un Dessin qui, lavé avec goût, ne sert souvent qu'à en masquer les défauts?

AVANT-PROPOS.

défauts que quelques-uns ne se dissimulent pas à la vérité; mais qu'ils ne cherchent à faire tels, que dans l'espoir d'éblouir leurs Examinateurs, au lieu de leur rendre compte, sans ce prestige, des détails de leurs productions.

Plusieurs trouvent encore que nous nous sommes trop étendu sur chacun de ces objets: nous en convenons, pour ceux qui sçavent, peut-être mieux que nous, les préceptes de la bonne Architecture. Mais nous n'avons jamais eu la témérité de prétendre donner des leçons aux grands Architectes; c'est pour une autre classe d'hommes que nous écrivons; &, pour ceux-ci, nous ne pouvions leur en trop demander, afin qu'ils nous en accordent un peu. Nous invitons donc nos Censeurs à approuver notre zèle bien plus que nos talents : nous avouons sincèrement que nous n'avons point de prétention à la célébrité, trop heureux, si nos veilles deviennent utiles à nos jeunes Citoyens; plus heureux encore, si nos forces nous mettent à portée, après la publication de ce Cours, de donner, comme nous l'avons déja promis, un autre Ouvrage que nous méditons depuis long-temps, & qui, peut-être, manque essenciellement à ceux qui font leur capital de l'Architecture.

Cette Dissertation a été suivie de plusieurs observations assez importantes sur différentes parties de notre Art ; la plupart ont été bien accœuillies : ce qui nous détermine à en inférer plusieurs autres à la tête de ce Volume. Ces observations demandant une attention moins sévère, nous semblent par cette raison, à la portée de nos jeunes Lecteurs, qui, par dégrés, les assimileront de maniere à trouver le moyen d'en faire usage un jour, lorsqu'ils seront plus avancés dans la carriere qu'ils embrassent. Ainsi nous les exhortons à n'en pas négliger la lecture, & à se rappeler ce qu'ils en auront retenu, lorsqu'ils se trouveront en état de se livrer à une étude plus sérieuse, & qu'ils se transporteront au pied de nos Edifices, ce que nous leur recommandons sans cesse, comme le seul moyen de leur ouvrir les yeux de l'entendement.

Au reste, quelques-uns, en applaudissant à notre zèle, ont néanmoins trouvé que nous avions semé ces observations d'une critique un peu sévère : nous pensons au contraire, que la censure, qui n'a pour but que la plus grande perfection de l'Art, doit faire également honneur, & à celui qui la sçauroit faire à propos, & à celui qui la sçait bien recevoir. Qu'on y prenne garde : une critique judicieuse, comme nous l'entendons, est l'ouvrage de la raison ; mais

AVANT-PROPOS.

pour la faire goûter, & pour convaincre celui qui en est l'objet, il faut deux choses également intéressantes : être en état de faire mieux que l'ouvrage sur lequel tombe la critique; & savoir donner de l'agrément à sa narration : double qualité dont très-peu d'hommes peuvent se flatter.

Nous avons enfin terminé cet Avant-Propos par indiquer notre Ecole, pour l'étude de notre Art, non à l'exclusion de toute autre; mais comme celle où, ayant réuni, depuis trente années, plusieurs Professeurs habiles, dont les succès ont plus d'une fois surpassé notre attente, les jeunes Artistes confiés à nos soins peuvent faire des progrès assez rapides. Nous n'aurions pas sans doute, pris le parti de publier l'ordre des Leçons qui s'y donnent, si notre désintéressement eût été moins connu, & si un certain nombre d'années ne nous eût persuadé que l'expérience nous devenoit, pour ainsi-dire, un sûr garant que le Public regardera nos efforts, même à l'âge où nous sommes, comme un tribut de la reconnoissance que nous devons au plus grand nombre de nos vrais Citoyens.

CHAPITRE PREMIER.

Dans ce Chapitre nous avons prouvé,

d'après le sentiment des plus grands Maîtres, que les proportions de l'Architecture ont été puisées dans la nature. Nous y avons rapporté le sentiment d'André Palladio, de Louis Serlio, & de François Blondel à cet égard. Si nos jeunes Architectes étoient plus persuadés de cette vérité, qu'ils ne le sont ordinairement; nous verrions moins souvent des compositions comiquement severes, où il seroit nécessaire de rencontrer un style élégant; ils n'emploieroient pas non plus des futilités où le genre grave devroit présider. Les colonnes, loin d'être prodiguées dans la demeure de nos Laïs, ne seroient employées que dans les ouvrages de la plus grande importance. Nous verrions des Palais se présenter pour ce qu'ils sont, & des Maisons particulieres se tenir dans leur rang : nous verrions plus de véritable Architecture, & moins de maçonnerie ; car nous ne pouvons appeler autrement ces larges trumeaux revenus sur la scêne, & ces ouvertures lisses & unies, surtout lorsque la légéreté Corinthienne sembleroit exiger, de faire circuler autour un chambranle, ainsi que quelques couronnements heureusement imaginés par les Mansards : nous verrions peut-être moins de Plans d'une expression Toscane, se contredire avec le mouvement d'une ordonnance delicate : nous verrions les divers membres d'Architecture créés par l'Art, mieux assortis avec la dédicace du Bâtiment : nous verrions la convenance mieux observée par-tout où elle doit être appelée, pour désigner la supériorité de tel Edifice, sur tel autre Edifice : nous verrions enfin, comme nous venons de le dire, les proportions de la belle Architecture, anciennement établies sur celles de la nature, & sur les plus belles images de ses productions, reprendre tous leurs droits, & laisser à l'ignorance l'application de ces contrastes, de ces prétendues oppositions, en un mot, de ces tours de force que le vulgaire applaudit, parce qu'il manque des véritables connoissances de l'Art.

CHAPITRE II.

Pour éclairer la plupart de nos Elèves sur la différence qu'ils doivent faire des licences d'avec les ressources qu'on met quelquefois en œuvre, au défaut des vrais préceptes de l'Architecture ; nous avons rapporté dans le deuxieme Chapitre, l'application qu'on peut faire des ressources & des licences. Nous avons fait plus ; nous avons comparé celles-ci, avec les abus de l'Art, & expliqué comment on pouvoit introduire celles-là dans ses compofitions ; mais nous avons eu foin de prouver qu'on ne devoit jamais y appeler les abus, quand on veut produire quelque chofe au-deffus du médiocre.

Nous ofons croire que cette difcuffion n'eft pas la moins intéreffante de ce Traité ; auffi y renvoyons-nous nos Lecteurs, comme à un moyen de s'affurer de ce qu'ils doivent imiter ou rejeter, dans la plupart des exemples qui leur font offerts. Cette difcuffion nous a auffi conduit à parler de l'application des colonnes & des pilaftres dans l'ordonnance des façades ; comment il convenoit de les employer, ou quand on ne devoit retenir que l'expreffion de chaque ordre. Nous avons cité plufieurs exemples célèbres, où les colonnes & les pilaftres font employés avec fuccès, & plufieurs autres où ils font moins heureufement amenés. Nous avons fait fentir que la plupart des licences introduites par quelques-uns de nos Modernes, pouvoient être regardées comme autant de fautes heureufes, & qu'elles ne dégénéroient guères en abus, que par une mal-adroite imitation. En effet, pour que les licences puiffent fe fupporter, il faut qu'elles offrent un caractère d'originalité, qui néceffairement dégénère entre les mains des Copiftes. Nous l'avons dit plus d'une fois ; qu'on y prenne garde, une licence qui n'eſt rachetée par aucune beauté poſitive, ne peut que paroître inſoutenable aux yeux intelligents. Au contraire, on pardonne preſque toujours les licences dans les détails, lorſqu'elles amenent de grandes beautés dans l'enſemble. En un mot, nous croyons qu'il en eſt de l'imitation des licences que les grands Architectes ont miſes en œuvre, comme de vouloir copier trop littéralement les Ouvrages des Anciens. Rien de ſi naturel, ſans doute, que d'adopter leurs principes, quand ils nous paroiſſent véritablement applicables à nos uſages : mais ils doivent être abandonnés dans le cas contraire; ſans quoi nos productions ne deviennent plus que de foibles copies faites d'après d'excellents originaux.

Ce que nous avançons ici ne ſera pas avoué de tous nos Maîtres, à la vérité; auſſi les différentes opinions à cet égard rendent-elles l'étude de l'Art difficile aux Elèves; & ſemblent en quelque ſorte autoriſer les Propriétaires à ſe faire ériger des Edifices ſouvent plus ſinguliers qu'admirables. D'un autre côté, nous voyons tous les jours des Bâtiments reconnus pour bons, qui cependant ne ſont pas ſans défauts; mais ces défauts y ſont amenés, de maniere que leurs beautés y tiennent & en ſont, pour ainſi-dire, inſéparables. Eſſayez en effet d'en supprimer quelque partie que vous croyez n'avoir pas droit d'y approuver, l'ensemble y perdra, & ne présentera plus qu'une composition ordinaire. Il falloit donc oser y introduire ce que nous appelons ici les licences de l'Art; mais, encore une fois, il falloit qu'elles y fussent placées par une main habile; un Artiste moins instruit y auroit échoué. Chez le premier, les licences ont des charmes; chez le second, toute négligence est un défaut; & c'est à quoi nos Élèves ne prennent pas assez garde.

Dans ce même Chapitre enfin, nous avons condamné les pilastres doublés, les pilastres évasés à angles obtus ou aigus; les colonnes jumelles, les colonnes ovales, enfin toutes les pénétrations des corps qui, selon les regles de la bonne Architecture, doivent se trouver séparés par des intervalles ou par des repos; ces derniers tendant nécessairement à faire valoir les parties qui demandent à être aperçues séparément, & qui ne doivent se réunir que pour en faire admirer l'ensemble.

CHAPITRE III.

Dans le deuxieme Volume de cet Ouvrage, nous avons prouvé la nécessité de donner à chaque Edifice un caractère qui lui fût propre. Dans l'un des Chapitres du Tome III que nous analifons, nous avons envifagé les moyens de parvenir à ce but: pour cela nous avons traité en particulier des Bâtiments à un feul étage, des Bâtiments à un étage & demi, des Bâtiments à deux étages réguliers ; de ceux compofés d'un foubaffement à rez-de-chauffée & d'un premier étage au-deffus ; de ceux compofés d'un foubaffement, d'un bel étage, & d'un Attique ; de ceux compofés d'un foubaffement & d'un ordre coloffal au-deffus, &c. Nous avons auffi fait plufieurs citations intéreffantes des Bâtiments de divers genres, élevés en France par nos plus habiles Maîtres, & difcuté leurs différents effets, d'après les principes répandus dans ces leçons ; principes qui ne font autre chofe que ce que nous tenons des Anciens & de nos meilleurs Architectes à cet égard. Cette difcuffion nous a amené à comparer les différentes hauteurs qu'on a données aux foubaffements, aux attiques, & les rapports qu'ils doivent avoir avec les étages réguliers où les Ordres préfident: Delà nos Temples, nos Places publiques, nos Maifons Royales, nos Palais, nos Hôtels, nos belles Maifons particulieres fe font rappelées à nous, afin de fixer, pour ainfi-dire, toute espece d'irrésolution sur le style de l'ordonnance de leurs façades, & de frayer à nos Eleves sur cet objet, une route plus facile qu'elle semble ne l'avoir été jusqu'ici. Nous avons aussi préféré de puiser la plupart de nos préceptes, d'après nos Bâtiments François, élevés, quant à leur ordonnance extérieure, d'après les plus célebres exemples de la Grèce; les bons Architectes ayant envisagé ces Peuples, comme les Créateurs de la belle Architecture; ou du moins, ayant reconnu qu'ils avoient produit tant de modèles de perfection en ce genre, qu'on pouvoit les regarder comme les Inventeurs de l'Art. D'après cela, nous n'avons présenté à nos Eleves, dans ce Chapitre, que les productions Françoises, qui tiennent de plus près à l'antique, plutôt que de chercher à leur remplir l'idée des seuls Edifices Latins, qui, quoique sublimes à beaucoup d'égards, ne leur offrent guères qu'une branche particuliere de l'Architecture, branche essencielle à la vérité, mais qui n'étant liée, ni à nos usages, ni à l'économie, ni aux matières que nous employons, les écarteroit souvent de la route qu'ils doivent suivre : car, au lieu d'imiter précisément ces anciennes productions, ils doivent se rendre compte des moyens dont se sont servi les Lescot, les Manſard & les Perrault, pour produire nos chefs-d'œuvre. Qu'eſt-il beſoin en effet de paſſer les mers pour ſe rendre témoins des efforts que des Peuples, ingénieux ſans doute, ont faits il y a deux mille ans? ne devroit-on pas plutôt étudier à fond les principes de l'Art qu'ils nous ont tranſmis, concernant l'ordonnance de nos Bâtiments. Nos Elèves doivent donc apprendre de préférence, à concilier ces préceptes, plus convenablement qu'on ne le fait aujourd'hui, avec notre diſtribution & l'emploi de nos matières.

Nous l'avons déja dit, il ne nous reſte guères qu'un pas à faire pour approcher de la perfection : les dehors de nos Edifices nous offrent déja plus de nobleſſe, plus de dignité, que ceux du commencement de ce ſiecle; mais, nous le répétons, pour s'éloigner de la petiteſſe du module, qu'on reproche, peut-être avec raiſon, à l'ordonnance de quelques-uns de nos Bâtiments, précédemment élevés, faire les Ordres trop coloſſaux, c'eſt un abus, c'eſt tomber dans un autre excès. On pouroit même croire qu'il ſemble que plus nos Architectes ſont jeunes encore, plus ils affectent d'agrandir leurs ordres, dans l'idée de paroître des perſonnages importants; mais, quelle erreur, s'il nous eſt permis de le dire, la vraie grandeur de l'Architecture conſiſte dans le choix du module, & dans le style de l'ordonnance, considéré avec le motif qui fait élever l'Edifice. Qu'on y réfléchisse, ce n'est pas en s'écartant des limites prescrites de tout temps par la raison, qu'on parvient à enfanter des Chefs-d'œuvre. Qu'on cesse aussi de croire, comme on ne le fait que trop souvent, que pour produire de vraies beautés, il faut imiter nécessairement les Ouvrages de la plus haute antiquité. N'en doutons point, ce que nos Historiens nous ont décrit sur ces monuments est plus véritablement utile à la Peinture, à la Sculpture, qu'à l'Architecture : ce qu'ils nous ont donné étoit suffisant pour leurs Contemporains ; mais ces descriptions deviennent presque autant d'énigmes pour la postérité ; le flambeau qui nous éclaire aujourd'hui, ne répandra certainement pas la même lumière pour ceux qui nous succéderont.

Chapitre IV.

Nous avons pris occasion, dans ce Chapitre, de rapporter divers Desseins, non des façades entières de nos Edifices importants, mais seulement les avant-corps de ces mêmes façades, ordinairement l'objet

jet le plus difficile à traiter, après l'amortissement de ces avant-corps. Par les images que nous offrons, quoiqu'en petit, on pourra joindre l'exemple aux préceptes. Qu'on nous permette, à cette occasion, de répéter ici, qu'aucun esprit de partialité n'a conduit notre plume; nous n'avons garde de prétendre que nos observations ayent force de loi; & nous avons la plus grande vénération pour les grands Architectes que la France a produits : mais ces grands hommes ne se sont-ils jamais trompés ? le vrai moyen de les imiter dans ce qu'ils ont fait de plus agréable, ne consiste-t-il pas à examiner avec soin leurs chefs-d'œuvre, à les suivre dans leurs procédés, à les épier dans leurs écarts, pour acquérir ensuite l'art de les atteindre & de les surpasser, s'il est possible. D'après cette idée, nous avons risqué notre avis : jamais il ne nous est entré dans l'esprit de prétendre faire la critique de nos Maîtres; & si quelquefois, nous nous sommes permis quelques observations, on devra, sans doute, s'apercevoir, que nous ne nous les sommes permises, que d'après les productions médiocres, dont il étoit bon de prévenir les jeunes Artistes, pour lesquels nous avons composé ces Leçons.

Dans ce Chapitre, nous avons rapporté les différents avant-corps du Vieux-Louvre, du Palais des Tuileries & du Luxembourg; nous nous sommes plû à en faire sentir les beautés à nos Elèves : en les instruisant, nous avons cherché à nous éclairer nous-même, comme le but que doit se proposer tout homme épris de la perfection de son Art. Il peut nous être arrivé, sans doute, de nous tromper, dans plus d'une de nos remarques : nous avouerons nos fautes avec docilité, si notre Ouvrage est assez goûté, pour exciter l'attention des hommes plus éclairés que nous. Plus nous avançons, plus nous nous apercevons de quelques négligences : mais malgré ces taches, presque toujours inévitables, dans un Ouvrage un peu étendu, nous avons la confiance de croire que ce Cours sera de quelque utilité. Nous l'avons dit quelque part; combien n'eut-il pas été intéressant pour nous, que le plus grand nombre de nos Architectes eussent écrit sur leur Art? Que de vérités de plus n'aurions-nous pas eues à enseigner à nos Eleves, & quelles difficultés de moins n'aurions-nous pas éprouvées? Car, nous sommes bien éloigné de croire, comme le prétendent la plupart, que la décoration est de fantaisie, ou au moins arbitraire.

A la vérité, les préceptes qui la compofent font courts; mais le raifonnement eft infini : d'où il réfulte qu'il y a plus de raifonneurs dans cette partie, que d'Artiftes qui faffent ufage de leur raifon. Mais fans avoir égard à l'opinion de ceux-là, fans nous arrêter aux défauts, dont notre Ouvrage n'eft pas exempt, nous n'en confeillons pas moins à l'Elève & au jeune Amateur, d'étudier avec une forte de foin, particulièrement ce que ce Chapitre contient, parce que nous fommes perfuadé qu'à beaucoup d'égards, il les mettra en état de porter un jugement réfléchi, lorfqu'ils viendront à vifiter les principaux Monuments de cette Capitale.

Nous avons encore donné dans ce Chapitre, d'autres exemples, & fait de nouvelles obfervations fur les décorations de nos plus belles demeures à la campagne, nous l'avons terminé par les defcriptions de quelques-uns de nos Hôtels à Paris : & pour prendre occafion de comparer l'excellent avec le médiocre, nous n'avons pas cru devoir toujours faire choix des plus belles productions en ce genre : par ce moyen, nous avons pu avertir des beautés qui doivent être imitées par nos Elèves, & des défauts qu'il leur convenoit d'éviter, pour arriver au fublime. De cette difcuffion font nées néceffairement plufieurs obfervations intéreffantes : fi elles ne plaifent pas également à tous, elles n'en font pas moins la route qu'il falloit fuivre, pour éclairer véritablement ceux que nous avons en vue d'inftruire ; mais pour en bien profiter, les Elèves doivent être pourvus de génie, de goût, & fçavoir que le premier peut quelquefois fe paffer du fecond; mais que jamais le goût ne peut produire de beautés réelles fans le génie : que d'ailleurs, le goût, comme nous l'entendons, eft une de ces chofes qu'on ne peut analyfer; qu'il doit être fenti, & que c'eft peut-être par la comparaifon réfléchie des différents goûts, qu'on parvient à perfectionner le fien : qu'en un mot, fans le goût, fans le génie, on peut bien quelquefois parvenir à faire une décoration qui décele l'homme inftruit ; mais que trop de foin dans la main d'œuvre, trop d'exactitude dans les parties, alterent fouvent le mérite, & ôtent à l'Art fa force, fa beauté; un grand Maître vifant plutôt à l'effet général, qu'à des détails minutieux, le lot ordinaire de l'Artifte fubalterne.

CHAPITRE V.

Dans les quatre premiers Chapitres du

troisieme Volume, après avoir parlé d'une manière générale sur l'ordonnance des Façades : pour parvenir à la perfection de l'Art, nous avons traité en particulier, dans le Chapitre V, des Portes, des Croisées, des Niches, des Statues, des Frontons, &c. Dans le troisieme Chapitre du premier Volume de ce Cours, nos définitions se sont étendues sur les différentes parties de la décoration ; mais, dans le troisieme Volume, notre but a été de ne laisser ignorer à aucun de nos Elèves, la meilleure maniere de parvenir à bien faire chacun de ces objets, persuadé que nous sommes de la nécessité où l'on est, avant d'arrêter sa composition, de discuter à fond la forme de ces différentes parties de l'Architecture, de constater leurs proportions, de méditer les membres qui les revêtent, les ornements qui les décorent, & l'embellissement qu'ils doivent procurer à la décoration des façades. Dans l'intention de faire toujours remonter nos jeunes Architectes à la source ; nous avons commencé dans ce Chapitre, par leur offrir quelques dessins de portes, donnés par Michel-Ange. Ces dessins, d'une composition extraordinaire, à beaucoup d'égards, leur prouveront du moins les progrès que l'Art a faits dans ce genre, depuis cet Architecte célèbre dans son temps, & dont plusieurs autres productions très-estimables, lui ont fait accorder l'approbation de la postérité. Nous avons ensuite proposé quelques exemples de portes, exécutées sur les Desseins de nos Architectes François, & avons accompagné ces exemples de réflexions, qui contribueront à en faire sentir les beautés, & à en éviter les parties les moins heureuses. Nous en avons usé de même pour les Croisées : nous avons dit à leur sujet, ce que ne doivent jamais oublier, non-seulement les Architectes, mais encore ceux qui se mêlent de donner les projets d'un Bâtiment ; c'est que cette partie de la décoration doit être étudiée, de maniere qu'elle produise une véritable beauté dans l'ordonnance ; parce que ces parties se multipliant à l'infini, c'est multiplier l'erreur, que de négliger leur rapport avec le style de la décoration, & le choix de leur forme ; d'appauvrir leurs cadres, ou de les surcharger au contraire d'ornements mal entendus : le parallele qu'on en fait ordinairement avec d'autres parties plus heureuses, les rend plus insupportables encore par la comparaison ; mais comment faire entendre ce raisonnement aux jeunes Eleves qui débutent, & qui la plupart ressemblent à ceux qui croient faire des vers, parce qu'ils font rimer des mots. En introduifant des colonnes dans leurs premieres compofitions, ces Elèves s'imaginent faire de l'Architecture ; & pour avoir fuivi quelques Leçons, & deffiné pendant plufieurs mois; ils fe regardent comme des oracles, fans fe douter que femblables à l'oranger, ils doivent montrer des fleurs les premieres années de leurs études, & enfuite des fruits; qu'autrement, ils doivent s'attendre à ne jamais montrer que des écorces.

Dans le même Chapitre, nous avons traité des Niches & des Statues : nous avons défiré qu'on fît un ufage plus modéré des premieres dans nos Bâtiments d'habitation, & confirmé la néceffité de faire les fecondes d'une proportion affortie à la grandeur des Niches, & les unes & les autres au module de l'ordre qui préfide dans l'ordonnance. Nous avons prouvé, qu'autrement elles ne préfentoient plus qu'une richeffe indifcrete qui nuit fouvent au caractère de l'Edifice. Nous en avons dit autant pour ce qui regarde les Baluftrades, les Frontons, les Amortiffements, les Soubaffements, les Attiques, &c. Nous avons même fait fentir qu'il ne fuffifoit pas de fçavoir employer ces divers membres dans fa compofition, que le grand

Art de l'Architecte consistoit à n'appeler à lui chacun d'eux, qu'autant qu'il pouvoit contribuer à assigner un caractère distinctif à son Edifice : que toutes ces parties devoient avoir un parfait rapport entr'elles & avec l'ensemble : que sans cette belle harmonie, la composition ne pouvoit être estimable, & qu'elle n'offroit au Spectateur, qu'un amas confus amené sur la scène par un esprit déréglé; qu'en un mot, tout Monument sacré, tout Edifice public, toute habitation particuliere devoit avoir son caractère propre. C'est ce qu'on remarque assez positivement dans les diverses productions d'Hardouin Mansard, peut-être l'Architecte, qui parmi nous, a eu le plus d'émules & le moins de rivaux, de son temps, & dans l'intervalle qui s'est passé depuis lui jusqu'à nos jours.

Ce Chapitre contient aussi des Leçons sur l'espacement des colonnes, & sur l'usage des peristyles, dans la décoration de nos Temples & de nos Palais : nous avons discuté l'opinion des anciens & des Modernes, sur les entrecolonnements, & fait voir que si les premiers rapprochoient assez près leurs colonnes les unes des autres, c'étoit moins pour produire de vraies beautés, que pour satisfaire aux lois de la solidité, qui, de leur temps, n'étoient pas parvenues au point de perfection où on les a portées chez nous, depuis eux; aussi avons-nous, dans nos Eléments, recommandé aux jeunes Architectes de se prémunir, au moins des premieres connoissances de la construction, avant de vouloir commencer le moindre de leurs projets. Sans doute, leur avons-nous dit, une bonne théorie, la lecture des meilleurs Auteurs, des voyages faits avec fruit, font de grands avantages; cependant n'oubliez jamais que ces connoissances acquises sont insuffisantes, sans la pratique : que sans cette partie essencielle, toutes les autres deviennent inutiles, & ne font que des Architectes imparfaits; que pour être célèbre dans cet Art, il faut réunir la science au métier. Ressouvenez-vous, leur avons-nous dit encore, que l'aspect des dehors & la beauté de leur ordonnance, doit inviter à passer dans les dedans d'un Edifice; que les dehors doivent annoncer le dégré de magnificence qu'on doit remarquer dans les dedans; qu'une décoration extérieure simple, doit désigner des Appartements de même genre; des dehors somptueux, une grande opulence dans l'intérieur : que la porte d'entrée, les cours, leurs dépendances, les jardins de propreté, font autant d'objets qui doivent se ressentir de la naissance, ou de la vie privée du Propriétaire. Ces réflexions, n'en doutons point, devroient guider l'Architecte dans l'emploi des colonnes, &, par conséquent pour les entrecolonnements & les péristyles, dont nous avons traité dans ce Chapitre : persuadé de ces principes de convenance, il les feroit entrer dans les Monuments du premier ordre, rarement dans les Bâtiments de peu d'étendue, & jamais dans les Maisons particulieres.

Nous avons enfin terminé ce Chapitre par traiter du changement qu'il convient d'apporter entre la hauteur réelle des membres d'Architecture élevés les uns au-dessus des autres dans la décoration des façades, & la hauteur apparente, qui seule est aperçue : pour cela, nous avons établi, d'après le sentiment des meilleurs Architectes à cet égard, des points de distance relatifs à l'étendue & à l'élévation des Bâtiments. Nous avons prouvé que pour parvenir à bien juger l'effet de sa composition ; il falloit d'abord décider le point de distance & le point de vue, suivant le local & les régles de l'optique ; qu'assez généralement, dans les façades des Bâtiments qui n'avoient guères plus de base que de hauteur, telle que la porte Saint-Denis, il falloit regarder cette base comme celle d'un triangle équilatéral, du sommet duquel seroit fixé le point de distance : que pour trouver celui dont la longueur excede de beaucoup la hauteur, comme le Péristyle du Louvre, ou au contraire, celui dont la hauteur surpasse la base, tel qu'au portail de Saint-Gervais, il falloit prendre en ces deux cas la moitié du produit de l'une & de l'autre dimension, pour trouver la perpendiculaire d'un triangle isocele, dont le sommet seroit le point de distance demandé ; mais toujours en supposant que les lieux découverts qui entourent l'Edifice, permettent ces différents points de distance; puisqu'autrement, il faudroit s'assujétir au point de station prescrit, & prendre de moyennes Arithmétiques entre ce point donné & celui établi, ou par le triangle équilatéral, ou par le triangle isocèle proposé.

Chapitre VI.

Nous avons examiné, d'une maniere générale, dans le sixieme Chapitre, l'ordonnance de la plupart de nos Temples, comme les Monuments qui tiennent de plus près à la belle Architecture. Nous avons comparé le Val-de-Grâce avec les Invalides, la Sorbonne avec les quatre Nations, l'Eglife de Saint-Sulpice avec celle de Saint-Roch, l'Eglife des Dames de Sainte-Marie, près la porte Saint-Antoine, avec celle des Dames de l'Affomption porte Saint-Honoré, &c. Dans cette comparaifon, nous avons faifi la marche que nous défirons que nos Elèves fuivent à leur tour, dans l'examen de ces divers Edifices, afin qu'ils s'aperçoivent, par cette étude fuivie, des différentes nuances qui les caractérifent. Confidérés féparément, ils doivent être envifagés comme les Mufes, qui, quoique égales entr'elles, & fe prêtant de mutuels fecours, ont néanmoins des expreffions particulieres qui les diftinguent les unes des autres.

Dans les courtes defcriptions que nous avons faites de ces Temples, nous avons faifi l'occafion de faire l'éloge de François Manfard, furnommé le Grand, pour le diftinguer de Jules Hardouin Manfard fon neveu : ce dernier étoit certainement un génie fublime : mais la poftérité ne lui a pas accordé ce glorieux titre ; tant il eft vrai qu'on peut être un bon Architecte, & ne pas mériter cette épithete. Qu'on y prenne garde ; pour parvenir à cette diftinction, il faut poffeder des regles fûres, une précifion & une correction, qui feule a élevé François Manfard au-deffus de tous les Architectes de fon temps, &, peut-être du nôtre. Il est vrai que le plus grand nombre de ceux de nos jours ont secoué le joug des entraves que la médiocrité avoit imposées aux Ouvrages élevés, il y a environ trente années; mais on peut dire aussi que la beauté des productions de ce grand Maître a disparu avec lui.

Nous nous permettons ces réflexions, non pour faire la censure de nos Ouvrages modernes, mais pour apprendre de bonne heure à nos jeunes Artistes, que pour arriver à la perfection, il faut qu'ils étudient sans cesse, & qu'ils fassent ensorte, comme nous leur avons recommandé, dans l'introduction du Volume précédent, que toutes leurs études, leurs lectures tournent au profit de leur Art, sur-tout qu'ils relisent les Auteurs à plus d'une reprise, & saisissent les rapports que toutes les parties de la littérature peuvent avoir avec leur talent, soit dans les livres qui parlent de théorie, des Sciences & des Arts, soit dans ceux qui traitent de la Logique, de la Poésie; car toutes ces diverses productions leur offrent tour à tour, ou des idées utiles, ou de pur agrément, qui, dans la suite leur fourniront les moyens de sentir, de saisir, de se former le goût. Néanmoins, il faut qu'ils se ressouviennent de mettre du choix dans leurs lectures : ce n'eſt pas en liſant beaucoup, c'eſt en liſant avec méthode & avec réflexion qu'on acquiert la ſcience ; car, quoique la célébrité d'un Auteur invite à lire tout ce qui ſort de ſa plume, il n'appartient pas à tous de le lire avec fruit. Encore une fois, qu'ils y réfléchiſſent ; une fleur n'eſt qu'une fleur pour le papillon, c'eſt un riche patrimoine pour l'abeille : cependant la plupart de ceux qui ont en vue de ſe former à devenir originaux dans leurs productions, ſe contentent de copier celles dont on leur vante l'excellence ; & ils bornent leurs recherches à devenir de froids imitateurs des modeles qu'ils ont ſous leurs yeux; ſans prendre garde que preſque tout chez nous, ſans excepter l'Architecture, eſt ſujet à une mode paſſagère & preſque momentanée : enfin, ſans vouloir les décourager, combien ne remarque-t-on pas, en examinant les compoſitions de pluſieurs, qu'ils ont encore beſoin de l'œuil du Maître ? On obſerve qu'ils ne ſçavent retrancher ni ajoûter à leur premiere penſée. On s'aperçoit même qu'ils n'ont produit cette penſée que dans un de ces moments heureux où l'imagination s'accorde avec le précepte, & qu'ils ont bientôt ceſſé d'être ce qu'ils étoient, lorſqu'il s'eſt agi de combiner, de réfléchir & de produire. On voit enfin qu'ils ont manqué de persévérance, sans faire attention que tout ce qu'on dérobe à l'ignorance, tourne nécessairement au profit du talent.

De tous les Monuments que nous avons cités dans ce Chapitre, nous n'avons donné pour exemple que le Frontispice du Val-de-Grâce, parce qu'il nous a paru supérieur, du moins jusqu'à présent, à tous ceux avec lequel nous l'avons mis en parallele. Malgré cela, nous n'avons pas dissimulé les défauts dont il n'est pas exempt ; cet Ouvrage célèbre, ainsi que personne ne l'ignore, n'ayant pas été continué par François Mansard.

Nous avons fait des observations un peu sévères, quoiqu'impartiales, sur les autres Edifices de ce genre ; parce qu'il nous a semblé qu'il falloit que ces observations tombassent sur nos Edifices François, ayant de jeunes Citoyens à instruire. Nous avons pensé, d'ailleurs que plus un Architecte a de célébrité, plus ses fautes deviennent dangereuses, parce qu'elles sont imitées par le plus grand nombre. Il y a peu d'Elèves en effet qui soient en état d'apprécier les ouvrages qu'ils examinent ; & souvent la réputation des Auteurs leur en impose.

Nos Leçons envisagées de ce côté, nous procureront sans doute des approbateurs ;

mais dussions-nous n'en trouver aucun parmi nos Contemporains, la qualité de Citoyen, si on nous l'accorde, nous paroîtra préférable à l'éloge qu'on pouroit faire de nos talents & de notre zèle.

Chapitre VII.

Dans le septieme Chapitre, nous avons donné plusieurs exemples d'Edifices sacrés de notre composition, comme le fruit des recherches que nous avons faites à cet égard. Nous n'avons pas prétendu offrir des chefs-d'œuvre; mais seulement présenter des idées, qui, traitées par de meilleures mains, pouront peut-être faire restituer à nos Temples ce dégré de sublimité que doivent offrir les Monuments élevés à la Religion. Nous avons d'abord offert le Plan d'une Eglise Cathédrale; ensuite le Plan d'une Eglise Paroissiale, d'un nouveau genre de distribution, en proposant aussi quelques changements dans l'ordre usité, lors du service divin (a), ce

---

(a) Nous nous sommes crus autorisés à ces changements, en considérant les usages particuliers conservés dans l'Eglise de Saint-Jean de Lyon, une des plus anciennes de l'Europe, & dont elle ne s'est jamais écartée. Par exemple; au rapport de M. l'Abbé Pernetti, dans son Tableau de Lyon, on y voit deux Croix sur l'Autel, qui désignent la réunion de l'Eglise Grecque avec la Latine. On n'y fait usage, ni d'orgues, ni de musique, ni de livres, pendant la célébration de l'office, &c. &c.

qui, par-là même, rencontreroit peut-être quelques difficultés, parce qu'on paroît plus attaché à la routine qu'au défir de bien faire, que d'ailleurs la plupart des Ministres des Autels femblent fe roidir contre toute efpèce d'innovation, & que le plus grand nombre de nos Architectes applaudit rarement aux compofitions qui ne fortent pas de leur crayon. Au refte, nous l'avons déja dit, nous fommes fans prétention, & nous n'offrons guères ces projets, fi l'on veut, que comme des efquiffes. Cependant, nous pouvons le dire ici, ils n'ont pas laiffé d'être applaudis de plus d'un Prélat, qui défirant le bien, en faveur des beaux Arts, ne défirent pas moins auffi que la décence règne dans nos Temples, & que les cérémonies religieufes s'y faffent avec plus d'éclat, &, tout enfemble, avec la dignité due aux lieux Saints.

A propos de ce projet, nous avons rapporté avec la fincérité dont nous faifons profeffion, la reffemblance que notre Plan s'eft trouvé avoir avec celui de l'Eglife de Saint-Amand, près de Valenciennes, que nous ne connoiffions pas alors. Après en avoir été inftruit, nous nous fommes tranfportés fur les lieux, où effectivement nous avons reconnu une partie de nos idées; mais, loin de nous décourager par cette remarque, cette ressemblance nous a paru une raison de plus pour offrir cette nouvelle composition, telle que nous l'avons conçue, d'après les diverses parties les plus intéressantes qui se trouvent répandues dans nos Eglises anciennes & modernes : réunion au reste, que nous soumettons aux lumières des vrais Patriotes, & des véritables Architectes.

Après le Plan de notre Eglise Cathédrale & de notre Eglise Paroissiale, nous avons inséré, dans ce même Chapitre, celui d'une Eglise Conventuelle, dont nous avons aussi donné les élévations & les coupes, parce que le parti que nous avons pris, pour ce qui regarde l'ordonnance de cette Edifice, nous a paru neuf, & mériter quelque attention. Le projet de cette Eglise, fait pour la Flandre, nous a présenté plus d'un obstacle à vaincre, quand il a fallu surmonter les entraves auxquelles on nous avoit assujéti : nous en avons rendu compte à nos Elèves, lors de la description de ce Monument, pour les avertir qu'il ne faut jamais tenter de projets en l'air, & que dans l'exécution, l'on est presque toujours gêné, ou par le local, ou par la nécessité de s'assujétir à d'anciennes fondations, ou enfin par des raisons d'économie. Peut-être trouvera-t-on cet Edifice un peu considérable, pour une Eglise conventuelle ; mais

AVANT-PROPOS.

lorsqu'on se rappellera la grandeur de celle de Saint-Amand, que nous venons de citer, celle de Vigogne, à deux lieues en-deçà; enfin la plupart de celles élevées en Flandre, à Anvers, & dans le plus grand nombre de nos Provinces, on sera moins surpris de l'étendue de ce projet. D'ailleurs, qui de nous ignore que dans tous les temps, dans tous les pays de la Chrétienté, les Monastères ont été considérables, & perpétués, pour ainsi-dire, jusqu'à l'excès (*b*); Paris même n'en renferme-t-il pas un assez grand nombre, de très-vastes, dans le genre Gothique, pour concevoir que l'Eglise d'une Abbaye de Chef d'Or-

---

(*b*) On en a vu au rapport d'un de nos Ecrivains, dans l'Abissinie, contrée de l'Afrique, que les Anciens ont donnée sous le nom d'Ethiopie, qui n'étoient pas moins florissants, par la grandeur des Edifices, que par le nombre des Religieux. On admiroit sur-tout celui de l'Abbé Eustat, dans le Royaume de Tigrée; il étoit situé sur une montagne très-élevée, & environné d'une épaisse forêt : autour de l'Eglise régnoient des Cellulles pour contenir douze mille Moines; dans les campagnes voisines étoit dispersé un beaucoup plus grand nombre de Religieux, qui formoient quatre-vingt-dix Communautés dépendantes de la premiere, & qui toutes étoient soumises au même Abbé, & avoient chacune leur Eglise. Cet Abbé qui prenoit le titre de Chef général de l'Ordre, tenoit un rang distingué dans l'Etat. Lorsque les affaires l'appelloient à la Cour, il s'y rendoit, accompagné de cent cinquante Moines montés sur des Mules, & vêtus de grandes robes flottantes, qui donnoient au cortège un air majestueux. Aujourd'hui, de ce grand nombre d'Eglises & de Cellules, il n'existe plus guères que de tristes masures, où l'on n'aperçoit aucun vestige de cette splendeur Monacale. (*Voyageur François*, Tome XIII, page 284.)

dre, doit occuper une place plus considérable que celle d'un Couvent ordinaire.

Après cette Eglise Abbatiale & Conventuelle, on trouvera le Plan & la coupe d'une Eglise en rotonde, que nous avons composée pour l'Abbaye Royale de Saint-Louis à Metz, & dont nous avons donné le Frontispice dans le deuxieme Volume de ce Cours, Planche XXXIV. Ce projet, quoique peu considérable, ne laisse pas de devenir intéressant, par sa disposition & par son ordonnance ; au reste, nous croyons qu'on nous sçaura quelque gré, d'avoir cherché, autant qu'il nous a été possible, à assigner un caractère distinctif à chacune des productions que contient ce Chapitre, soit qu'on les envisage séparément, du côté de la distribution, soit qu'on les considére du côté de la decoration : il sera plus aisé de s'en convaincre encore, lorsque dans la suite, nous donnerons les élévations, les coupes & les développements de notre Eglise Cathédrale & Paroissiale, qui n'ont pu faire nombre parmi les Planches de ce Cours.

Chapitre VIII.

Moins prévenus qu'on ne se l'imagine, sur les diverses productions de l'Italie, nous avons fait un choix de la plupart des façades des Palais de Rome, & en avons donné la description avec toute l'impartialité dont nous sommes capable; il est vrai, qu'en rendant justice aux vraies beautés qui sont répandues dans ces façades, nous n'avons pas cru devoir négliger d'observer les parties moins heureuses qu'il seroit bon d'éviter dans nos compositions Françoises. Pour prouver notre équité à cet égard, nous avons rapporté aussi dans ce même Chapitre, plusieurs façades exécutées par nos habiles Maîtres; afin que d'après ce parallele, on puisse s'assurer du choix que l'on doit faire de l'un ou de l'autre genre. Nous avons fait plus; nous n'avons pas toujours offert, dans ces derniers exemples, les compositions le plus universellement reconnues pour bonnes, afin, d'une part, de ne pas chercher à faire pencher la balance en notre faveur, & de l'autre, de saisir cette occasion pour fixer nos Elèves sur le genre de leur imitation.

Après avoir traité de la décoration des Palais, & de nos beaux Hôtels, nous avons terminé ce Volume, par offrir quelques exemples de façades de Maisons particulieres; l'Architecte le plus instruit ne dédaignant pas de prêter ses talents pour élever ces sortes de Bâtiments, qui, bien considérés, contribuent plus qu'on ne s'imagine, à l'embellissement de nos Villes.

Nous finirons cette Récapitulation, par assurer que nous aurions bien désiré nous répéter moins, dans notre narration; mais nous avons regardé la répétition comme une chose nécessaire dans un Ouvrage tel que celui-ci, sur-tout ayant eu dessein, dans les principes qu'il contient, de faire envisager à nos Elèves, les nuances presque imperceptibles, qui peuvent se rencontrer entre une production & une autre production; sur-tout quand il s'agit d'apprécier une belle ordonnance, & de la distinguer de l'ordonnance sublime, ou au contraire de reconnoître une Architecture médiocre d'avec une Architecture au-dessous de la médiocrité. Enfin, nous apporterons pour excuse, ce que M. de Voltaire a dit, au sujet de Vaugelas : *Il retoucha*, dit-il, *pendant trente ans sa traduction de Quint-Curce;* M. de Voltaire ajoûte, que tout Auteur qui voudroit bien écrire devroit corriger ses Ouvrages toute sa vie. Nous avons été bien tenté de suivre cette leçon; mais nous nous sommes déja expliqué sur le motif qui nous a déterminé à faire paroître cet Ouvrage : d'ailleurs, obligé le plus souvent de porter toute notre attention aux préceptes de l'Art, il a dû nous arriver nécessairement d'en négliger le style : trop heureux si, avec ces défauts, nos Leçons deviennent assez lumineuses, pour former des Emules, qui un jour puissent en corriger les imperfections.

Après avoir donné le précis des huit Chapitres du Volume précédent, nous allons offrir ici quelques nouvelles *Observations sur l'Architecture* ; elles seront précédées d'une courte Dissertation, qui aura pour objet de faire comprendre à nos Elèves, qu'après avoir acquis les préceptes de l'Art, ils doivent s'attacher à concevoir ce qui constitue les talents, le goût & le génie du véritable Architecte.

DISSERTATION
Sur différentes parties de l'Architecture.

MOYEN DE CONCEVOIR EN QUOI CONSISTE LE TALENT, LE GOUT ET LE GÉNIE DU VÉRITABLE ARCHITECTE.

De l'homme à talent en Architecture.

L'HOMME à talent, comme nous l'entendons, est celui, qui versé dans les connoissances de la théorie de l'Architecture, & de la pratique du Bâtiment, ne produit rien, sans s'être rendu compte des proportions établies par les Anciens, & suivies par les meilleurs de nos Modernes : c'est celui qui, par la science des combinaisons, sçait observer des rapports exacts, entre les masses & les principales parties de son Edifice : celui qui, épris des regles de l'Art & des lois de la symétrie, sçait réunir dans son projet, la distribution des dehors avec celle des dedans, la décoration extérieure avec l'intérieure, enfin la solidité avec l'économie qui doit être observée dans tous les divers genres d'entreprises.

Toutes ces qualités sont excellentes, sans

doute, dans un Architecte; mais combien n'en voyons-nous pas qui, pour s'en être tenus à ces seules parties de l'Art, n'ont guères produit que des compositions correctes, à la vérité, mais froides & monotones, & où l'on s'aperçoit qu'ayant voulu seulement imiter les Anciens dans leur ordonnance, ils ont négligé d'autres objets non moins essenciels, découverts par les Modernes, tels que la commodité & la salubrité: faute d'avoir réfléchi que l'Architecture est toujours imparfaite, lorsque l'on ne sçait pas parvenir à concilier ensemble l'utile, le commode & le grand.

Pierre l'Escot, par exemple, est le premier, par son talent décidé, qui ait fait revivre en France, les préceptes des Architectes de l'Antiquité, & celui qui les a suivis d'assez près, pour ce qui regarde la proportion & le style de l'ordonnance extérieure de la Cour du Vieux-Louvre. C'est sous lui que les Delorme & les Mansard sont devenus des hommes à talent; à leur tour, ceux-ci ont fait éclore les talents de plusieurs des Architectes qui leur ont succédé : mais il n'en est pas moins vrai, à juger ces derniers Architectes, par leurs productions, qu'ils ne doivent guères être considérés que comme des imitateurs, & non comme des hommes de goût, ni comme des hommes de génie, qualités essencielles, néanmoins, pour parvenir à l'excellence & à la sublimité de l'Art.

Pour convaincre nos Lecteurs de ce que nous avançons, citons quelques Bâtiments élevés par les hommes à talent dont nous parlons, & ils nous paroîtront véritablement recommandables, par l'application des regles de l'Art employées dans l'ordonnance de leurs façades ; ensuite nous en examinerons d'autres, où le goût semble prévaloir sur les préceptes : enfin nous parlerons de ceux qui nous paroissent encore l'emporter sur les précédents, par le génie de leurs Auteurs.

Dans la façade de la Cour du Vieux-Louvre, l'une des belles productions de l'Architecture Françoise, on y observe sans doute une pureté & une élégance digne du beau siécle d'Athênes : mais combien n'y remarque-t-on pas aussi de membres déplacés & d'ornements disparates, quoiqu'admirables, qui nuisent à la perfection de ce premier de nos chefs-d'œuvre ?

N'en peut-on pas dire autant des façades extérieures du Palais des Tuileries, élevées sur les Dessins de Philibert de Lorme; cet Architecte ayant été moins bien secondé que Pierre l'Escot, par le ministere de la Sculpture, cette composition paroît au-dessous de son modèle ; les colonnes Ioniques des Pavillons de ce Palais, du côté des Jardins, sont presque les seuls objets qui méritent véritablement des éloges ; encore faut-il convenir qu'elles offrent une richesse indiscrete qui nuit au caractère moyen de cet Ordre : de manière qu'on ne peut guères estimer cette production, que par ces mêmes colonnes & par la sçavante correction des profils que cet Architecte tenoit de son prédécesseur, & celui-ci des Anciens.

François Mansard à Blois, à Maisons & ailleurs, est celui des Architectes, qui a le plus approché des deux précédents : on peut même avancer qu'il les a surpassés, dans le vrai talent de l'Architecture, parce qu'il a sçu y associer, sur-tout à Maisons, la pureté du Dessin avec la perfection des ornements. Plusieurs néanmoins lui reprochent la petitesse des Ordres de ce Château, & prétendent qu'il s'est trop attaché aux régles. Cette observation n'est peut-être pas sans fondement : mais elle ne doit pas nous empêcher d'admirer ce miracle de l'Art.

On peut encore ranger au nombre des Architectes d'un véritable talent, Libéral Bruant, M. Cartaud, & plusieurs Architectes célèbres de nos jours, dont les productions peuvent également servir d'exemples à ceux de nos Elèves qui ont acquis assez de connoissances pour marcher sur leurs traces : mais que plusieurs ne s'y trompent pas ; les talents particuliers ne sont pas absolument rares ; la difficulté est d'atteindre aux talents universels : on peut être habile dans l'Architecture militaire ou navale, & ignorer la civile. Il y a plus ; dans la derniere, plusieurs excellent, l'un dans la Distribution, l'autre dans la Décoration ; celui-ci dans la Construction, celui-là dans le Jardinage : mais rarement la théorie, le goût & la pratique se rencontrent dans le même Artiste. Cependant le véritable Architecte doit posséder à fond toutes les parties qui constituent l'Architecture. Qu'on y prenne garde ; il n'en est pas de cet Art, comme de celui de la Peinture : on peut n'être que Peintre d'Histoire, de Paysage, de Marine, de Portrait, & passer pour un excellent Peintre ; mais on n'est jamais un excellent Architecte sans réunir tous les genres de talents dont nous parlons, & qui seuls peuvent le décider comme tel.

De l'homme de goût en Architecture.

L'homme de goût, comme nous le concevons, est celui qui sçait associer le style de son Architecture à la convenance du

Bâtiment; qui sçait diminuer ou augmenter les grandeurs déterminées par les préceptes de l'Art, à raison du point de distance, d'où doit être aperçu l'Edifice : c'est celui qui sçait faire choix des ornements, fixer leurs attributs, leurs allégories & leur relief. L'homme de goût sçait se rendre compte des secrets de son Art, tirer parti des formes, concevoir quand il doit les symétriser ou les contraster : il est le seul qui puisse à propos, franchir les limites prescrites par les regles, & aller au-de-là du précepte, sans se permettre néanmoins des licences que le goût pouroit desavouer. Qu'on y prenne garde ; nous avons tous un goût naturel pour le beau : mais il est difficile de concevoir en combien de nuances il se partage. Il s'en faut bien que le beau excite dans tous les hommes les mêmes sensations : ce qui plaît à l'un, souvent déplaît à l'autre; &, quoiqu'on s'accorde assez généralement sur les véritables beautés de l'Art, néanmoins ce qui paroît admirable à celui-ci, ne fait souvent éprouver qu'un médiocre plaisir à celui-là. Gardons-nou cependant de nous plaindre de cette diversité d'opinions: c'est, n'en doutons point, à cette espece de contradiction qu'on doit, pour ainsi-dire, le véritable dégré de perfection où nous voyons porter aujourd'hui la plus grande partie des productions de l'Architecture.

Tout Artiste qui veut réussir dans ses compositions, doit faire marcher le goût dont nous parlons, à pas égal avec les principes de son Art, & sçavoir que c'est par son association avec les regles fondamentales de l'Architecture qu'on peut parvenir à faire des chefs-d'œuvre. Nous le répétons : les regles seules ne peuvent guères former que des hommes froids & médiocres. Le goût réuni aux regles, forme le bon Architecte. Il est vrai que le goût seul est insuffisant ; les préceptes lui apprennent à régler les masses de son Edifice, à décider les nus, à déterminer les rapports que doivent avoir ensemble les différentes parties; mais au moins est-il sûr que c'est au goût à les justifier, à les faire valoir & à les embellir.

Peu d'Architectes ont excellé dans la réunion de ces deux parties : François Blondel & Claude Perrault sont ceux qui ont le plus réuni les regles & le goût de l'Art dans leurs productions, l'un dans le monument de la Porte Saint-Denis, qui peut passer pour l'un de nos chefs-d'œuvre ; l'autre, dans la façade du Péristyle du Louvre, Ouvrage sçavant dans la construction ; admirable dans l'ordonnance,

& sublime dans la distribution des ornements.

Bullet, après ces deux grands Maîtres, mérite aussi un rang distingué, en le considérant du côté du goût de l'Art : son Château d'Issy est, peut-être, un exemple de ce que peut le goût dont nous parlons, appuyé des préceptes ; du moins a-t-il sçu rendre raison des motifs qui l'ont déterminé à donner la préférence à celui-là sur ceux-ci, ayant senti que ne s'agissant que d'une Maison de plaisance de peu d'étendue, mais destinée à la résidence d'une grande Princesse, il devoit plaire plutôt que surprendre & étonner. On en peut dire autant de son Palais Archiépiscopal de Bourges, qui, quoique d'un autre genre, présente néanmoins une ordonnance intéressante, mais assortie à l'usage d'un Edifice de cet espèce. Son Hôtel de Thiers, à Paris, a le même dégré de supériorité, & doit être cité à nos Elèves, comme un objet d'imitation, pour sa distribution ingénieuse, le goût de son ordonnance extérieure, & l'agrément de la décoration intérieure de ses Appartements.

Au reste, il est bien difficile d'expliquer ce qu'on appelle le goût acquis, autrement dit, le goût de l'Art, dont nous voulons parler. Il ne peut guères que se sentir : tout ce qu'on peut faire, c'est de le peindre, & de communiquer sa chaleur; encore faut-il, dans celui qui écoute, un goût naturel, qui lui tienne lieu de jugement, &, dans celui qui parle, un certain enthousiasme auquel on ne peut atteindre, que par une longue habitude de bien voir & de comparer les Ouvrages des grands Maîtres dans tous les genres; que par la connoissance du vrai beau, & la manière de l'appliquer aux productions de l'Architecture: du moins si nous ne nous trompons, les grands Maîtres, dont nous tenons ce que nous enseignons ici à ceux qui l'ignorent, nous ont-ils appris que sans les principes & le goût, il ne pouvoit se rencontrer de véritables beautés.

De l'homme de génie en Arthitecture.

Nous avons lu quelque part, & nous sommes de cet avis, qu'on ne peut trop vanter le génie d'un Artiste; que la science mérite notre reconnoissance, le génie nos hommages; que la premiere nous procure du plaisir, que le second nous en fait éprouver les transports; qu'enfin la science nous instruit, que le génie nous inspire: au moins est-il vrai que les avantages que l'Art & l'étude peuvent procurer à l'Artiste, ne sont rien sans le génie. Son attention principale consiste à le

tourner

tourner du côté de ses besoins : néanmoins, il y faut prendre garde, un homme de génie, si les principes ne le dirigent, se laisse souvent entraîner par l'impétuosité de son imagination. Il ne peut guères s'asservir aux régles de l'Art : c'est un torrent qui renverse tout ce qui s'oppose à lui ; il ne s'embarasse souvent, ni des rapports, ni des détails, ni des parties qui doivent former l'ensemble ; il néglige même le choix des ornements ; il se permet des écarts ; peu lui importe enfin que ces ornements soient relatifs à l'Edifice, pourvu qu'ils lui plaisent ; aussi de telles productions ne peuvent-elles être imitées.

Au contraire, l'homme qui sçait régler son génie, sçait aussi créer les genres, assigner un caractère propre à l'Edifice, saisir le style analogue aux personnes, aux lieux, aux temps ; il sçait agrandir les espaces, & tirer parti d'un terrein montueux, réprimer la nature, assortir son ordonnance aux différents matériaux qui lui sont offerts ; en un mot, le génie élève l'Architecte au-dessus de lui-même, & lui fait faire un choix heureux des plus belles parties de son Art, pour composer un tout plus parfait encore que les chefs-d'œuvre qu'il se propose d'imiter : l'homme de génie enfin, d'un seul coup d'œuil, sçait apprécier le mérite des Artistes qu'il a dessein d'associer à ses travaux ; il fait plus encore, il les fait valoir & les met dans tout leur jour.

Jules Hardouin Mansard, par exemple, étoit un de ces hommes privilégiés ; on peut même dire qu'il n'a guères laissé d'héritiers de son génie : on observera d'ailleurs qu'il ne doit point, ou bien peu, sa célébrité aux secours des Anciens. Tel est le propre des grands hommes, de ne devoir leurs productions qu'à eux-mêmes, & dès-là, de ne pouvoir être imités que par les Architectes de leur classe : il est vrai que, chacun a sa maniere d'annoncer sa supériorité ; mais combien de nos jeunes Artistes n'ont que la prétention au génie, en croyant suivre la route d'Hardouin ? La France, il n'en faut point douter, est infiniment redevable à cet Architecte; car, sans parler du Château de Clagny, son coup d'essai, ni de tout ce qu'il a produit d'admirable à Versailles & ailleurs, le Dôme des Invalides seul, fait autant d'honneur à cet homme inimitable, qu'au siécle qui l'a vu naître.

Depuis Jules Hardouin Mansard, M. Boffrand, parmi nous, semble être celui qui ait le plus approché de son génie &, peut-être, de ses incorrections, à en juger par les Edifices que ce grand Maître a exécutés en France & en Allemagne ;

mais combien ces mêmes incorrections ne font-elles pas rachetées, par l'enthousiasme qui accompagnoit ses productions? Au reste, nous n'entendons pas parler ici de cet enthousiasme qui tient du déréglement de l'imagination, qui dédaigne l'Art, les préceptes, le travail; mais de celui, si nécessaire, dans toutes les occasions offertes à l'Architecte, qu'il faut sçavoir attendre, qui ne se définit point, qui se sent, & qui, d'accord avec le génie, est au-dessus même du talent : son véritable lot, il est vrai, doit être réservé pour la décoration des théâtres, & certaines pièces de l'intérieur de nos Appartements. Dans les dehors des Edifices d'habitation, dans nos Temples, dans nos Places publiques, il faut plus de flegme, plus de méthode, moins de ces écarts heureux : trop de génie dans la décoration extérieure, corrompt les formes, nuit à l'unité & à cette simplicité toujours estimable, le propre de la véritable Architecture.

Pour se convaincre de ce que nous avançons, que l'on compare les belles productions de la Grece & de l'Italie, avec celles de la nouvelle Rome, du temps des Boromini; chez nous, celles du siecle dernier, par les Mansard & les Perrault, avec celles du commencement de celui-ci, par les Messonier, les Oppenord & leurs pareils, & l'on reconnoîtra facilement que l'enthousiasme, plutôt que le génie qu'ont affecté ces derniers, dans leurs compositions, n'a pas peu contribué à détruire les vrais principes que les premiers s'étoient efforcés d'établir, & qui, malgré l'inconséquence de leurs imitateurs, servent encore de base aujourd'hui, aux productions des meilleurs Architectes de nos jours.

Observations sur différentes parties de l'Art.

§. I.

Il est peut-être temps d'arrêter, s'il est possible, cette indépendance & cette incertitude qui se remarquent dans la plupart des compositions de nos jours, où plusieurs de nos jeunes Architectes ne montrent souvent qu'une abondance stérile, qui, tôt ou tard jeteroit du ridicule sur les productions d'un Art, aussi véritablement recommandable que l'Architecture : nous pensons même qu'il est plus important, qu'on ne s'imagine, pour l'intérêt de ces jeunes Emules, & pour leur gloire à venir, que nous nous occupions dans nos Leçons, à leur faire connoître leurs défauts, à troubler la confiance de ceux-ci, & à contrarier l'amour-propre de ceux-là, dussions-nous nous exposer à leur dépit. C'est ainsi qu'il faut déchirer le sein de la terre, pour en obtenir la moisson.

Nous conseillons donc à la plupart, de renfermer leur crayon pour quelque temps, & leur recommandons de s'occuper davantage à étudier les Ouvrages des Anciens, pour s'éloigner du goût dominant de quelques-uns de leurs contemporains. Nous les exhortons à examiner, plus qu'ils ne le font ordinairement, les Monuments qui s'élevent de nos jours, par nos Architectes célèbres : qu'ils ne croient pas, comme quelques-uns leur font entendre, que tout est épuisé, & que, pour paroître neuf, il faille avoir recours à la singularité ; rien n'est si faux. Il est un autre moyen d'arriver à l'excellent ; il consiste à remonter à la source, en imitant François Mansard, en étonnant comme Perrault, en créant comme Hardouin, en plaisant comme Bullet, & non en affectant le faste des ornements Arabes ou Egyptiens, & une similitude de membres d'Architecture, souvent si peu faits pour aller ensemble. S'ils parviennent à goûter ces vérités, ils se persuaderont bientôt, qu'on peut faire encore, sinon du neuf, du moins des productions très-estimables.

§. II.

La plupart des observations que nous

faisons, dans ces paragrafes, ont pour objet ce que nous appelons la Logique de l'Art ; Logique, qu'on ne si trompe pas, mise en usage par les anciens Architectes, & qu'il paroît important de rétablir : autrement, il est à craindre que ceux qui, dans la suite, feront leur capital de l'Architecture, ne puissent parvenir à s'accorder entre eux sur ces regles fondamentales. Tous nos prétendus Vignoles, les éléments que nous avons donnés nous-même dans les Volumes précédents, ne sont bons que pour ceux qui débutent dans la carriere de notre Art; ils ne nous apprennent guères que ce que nous sçavons tous. Autre chose est de concevoir comment on doit appliquer les préceptes qui constatent les éléments de l'Architecture, & quel usage on en doit faire dans les différentes occasions qu'on a de bâtir. En un mot, les éléments ne sont bons que pour se pénétrer des principes; mais le raisonnement qui en est la suite, mène à la Logique, c'est-à-dire, à bien tirer les conséquences de ces mêmes principes, pour établir avec succès l'ordonnance de nos Bâtiments.

§. III.

Dans toutes les productions de l'Architecture, le style propre à la chose est un des premiers mérites de l'Art. C'est par le style que se regle le genre dont on doit faire choix, relativement au motif qui fait élever l'Edifice. Le style, dans l'Ordonnance des façades & dans la décoration des Appartements, est, au figuré, la Poésie de l'Architecture : coloris qui contribue à rendre toutes les compositions d'un Architecte, véritablement intéressantes. C'est le style convenable aux différents objets, qui amène cette variété infinie, dans les divers Bâtiments de même genre ou de genre différent. En un mot, le style dont nous parlons, semblable à celui de l'éloquence, peut parvenir à faire peindre à l'Architecte le genre sacré, le genre héroïque, le genre pastoral : point de doute, qu'aidé des reregles, du raisonnement, & du goût de l'Art, on peut arriver au vrai style qui assigne à chaque Edifice le caractère qui lui est propre, & que c'est par lui seul enfin qu'on peut enfanter des chefs-d'œuvre.

§. IV.

La belle Architecture ne consiste point, comme plusieurs de nos Architectes modernes se le sont imaginé, & comme tant de nos Elèves se le persuadent encore, à introduire beaucoup de membres d'Architecture & d'ornements de Sculpture, dans la décoration des façades, & l'intérieur des Appartements. Il en est de cet Art comme des Belles-Lettres : le style simple est préférable au style ampoulé : c'est vouloir affoiblir une grande idée, que de chercher à la relever, par la pompe des paroles : en Architecture, c'est détruire ce qu'elle a de sublime, que de préférer la hardiesse des pensées à la simplicité, qui constitue son véritable caractère.

Qu'on ne s'y trompe pas; trop d'abondance dans une composition, est souvent une preuve de la stérilité de l'ordonnateur : s'il eût été plus habile, il auroit été plus simple, plus vrai; la prétendue fertilité de nos Elèves, les porte presque toujours au-delà de la vraissemblance. On ne veut pas se persuader, ou l'on se persuade difficilement, que l'intérêt qu'on prend d'abord, à l'aspect d'une décoration, d'ailleurs estimable, se perd quelquefois, dès qu'il se partage. Les Ouvrages des Grecs plairont dans tous les temps; parce que la beauté de leurs Edifices consiste dans l'unité & la simplicité.

§. V.

Scaliger prétendoit que toute histoire est bonne à lire, *omnis historia est bona*. Nous sommes fort de son avis; chaque Historien envisageant son sujet sous un point de vue différent; ce qu'on cherche en vain dans l'un, on le trouve dans un autre. Nous l'avons éprouvé plus d'une fois nous-même : n'ayant eu pour objet, dans nos recherches, que ce qui tient de plus près à notre Art, nous avons puisé nos observations dans les différentes Histoires anciennes & modernes, & nous les avons rapprochées, autant que nous avons pu, des besoins de nos Elèves. Au reste, il faut sçavoir, que l'étude profonde qu'éxige notre Art, nous met presque toujours au-dessous de la majesté de l'Histoire : communément trop superficiels, & trop attachés à nos opinions, nous habillons à la Romaine toutes les actions de nos Héros, comme les Sculpteurs font leurs statues; nous mêlons, dans un seul & même projet, les principaux traits de l'Architecture de tous les âges, & nous les noyons dans un déluge d'ornements qui souvent font plus d'honneur au Sculpteur qu'à l'Architecte. Il est vrai qu'il ne faut pas toujours juger des Ouvrages de notre siécle, par les productions médiocres. Dans les temps les plus féconds en Artistes excellents, il se rencontre encore un plus grand nombre d'Artistes subalternes. Il n'en faut point douter, il s'éleve plus de mauvais Bâtiments que de bons, & l'on courroit risque de prononcer sur l'exemple du plus grand nombre. Tout ce qui se passe aujourd'hui sous nos yeux, nous apprend suffisamment, qu'il faut démêler de bonne heure le petit nombre de chefs-d'œuvre qu'on doit imiter, d'avec cette foule de Bâtiments d'un rang inférieur, toujours répandus en plus grand nombre que les sublimes compositions de nos Maîtres.

§. VI.

La plupart des Architectes qui s'adonnent seulement à la distribution, s'imaginent l'entendre, parce qu'ils s'attachent à la division des murs de refend qui partagent chaque piece d'un Appartement. Sans doute, cette partie est bien une branche de la distribution ; mais elle regarde plutôt le Propriétaire que l'Architecte : ou du moins ce sont les besoins du premier qui indiquent au second la marche qu'il doit suivre, dans la disposition du rez-de-chauffée & du premier étage de son Plan. La diftribution, comme nous l'entendons ici, eft toute autre chofe : il ne fuffit pas de concevoir l'arrangement des pieces de parade, de fociété & de commodité : il ne fuffit pas d'établir leur véritable diamètre, de régler leur hauteur, & d'en varier les formes ; il faut que ces diamètres, ces hauteurs & ces formes, émanent de la diftribution extérieure des corps d'Architecture qui déterminent l'ordonnance des façades : il faut que la fymétrie foit refpective des deux parts : il faut que la folidité foit d'accord avec l'un & l'autre de ces deux objets : il faut que les croifées, les portes, les cheminées, les lambris, foient difpofés de maniere, qu'aucune de ces parties ne nuife à l'autre : il faut que la beauté des dehors annonce celle des dedans ; que le caractère, le genre, l'expreffion de chaque membre extérieur s'accordent avec le ftyle de la Sculpture, de la Dorure, de la Peinture répandues dans l'intérieur, pour que l'une & l'autre enfin puiffent indiquer aux étrangers, la dignité de la perfonne qui fait bâtir, l'expérience & la capacité de l'Architecte : autrement, l'Examinateur prend la partie pour le tout ; parce que l'Ordonnateur, loin de raffembler dans fa production, l'univerſalité des connoiſſances de l'Architecture, s'applaudit, & donne le nom de talent, de génie, d'invention aux parties acceſſoires de ſon Edifice, leſquelles méritent à peine d'être miſes en parallele avec ce que peut avoir d'intéreſſant la main d'œuvre.

Nous l'avons dit plus d'une fois, il faut être homme du monde pour bien entendre la diſtribution d'un Bâtiment, & pour devenir un habile Architecte dans cette partie de l'Art : il faut ſçavoir encore, que la diſtribution ayant eu, dans ſon origine, pour objet la commodité & la ſalubrité; elle eut pour but de faire concevoir aux premiers hommes l'art de bâtir; elle leur donna l'idée de la conſtruction, & fit éclore enſuite la néceſſité de la décoration, afin qu'on pût diſtinguer, par l'aſpect des dehors, les Bâtiments publics, d'avec les demeures des particuliers. Au reſte, nous ajouterons, que ce n'eſt pas toujours aſſez, qu'un bon Architecte trouve un Propriétaire qui ait une certaine ſomme à mettre en Bâtiment : pour qu'il ſoit à portée de bien faire, il faut que cette ſomme ſuffiſe, non-ſeulement pour les frais de la conſtruction, mais encore pour les études particulieres des développements, des modèles : préliminaires indiſpenſables, lorſqu'il s'agit de bâtir avec ſuccès.

§. VII.

L'objet de l'examinateur impartial, est de considérer un Bâtiment, ou pour s'instruire, ou pour faire part aux autres de ses réflexions : delà, on doit sçavoir que la louange & le blâme sont inséparables l'un de l'autre ; delà aussi, les personnes intéressées donnent à ces réflexions le nom de critique. Tâchons de désabuser la plupart de nos Lecteurs à cet égard.

La critique proprement dite, fait toujours abstraction des beautés qui se rencontrent dans l'Edifice, & tombe seule sur les défauts. Elle n'entre, ni dans l'intention de l'Architecte, ni dans les difficultés de l'entreprise ; elle confond les licences avec les abus ; elle ne cherche jamais à démêler les entraves du local ; elle fait tomber sur l'Architecte les volontés, souvent peu judicieuses des Propriétaires ; enfin, elle porte avec elle l'esprit d'aigreur qui n'annonce guères que la partialité du Critique.

Un observateur éclairé est autre chose : selon nous, il se fait un plaisir d'avouer les beautés ; il les balance avec les défauts, mais sans amertume ; il entre dans tous les détails qui peuvent justifier l'Architecte ; il applaudit à la maniere ingénieuse avec laquelle il a sçu vaincre les obstacles : il encourage le jeune Artiste par les applaudissements qu'il donne aux parties qui méritent une certaine estime. S'agit-il des Ouvrages des grands Maîtres, il ne fait jamais entrer de personnalité dans ses jugements, & annonce, par ses discussions réfléchies, qu'il est éclairé dans toutes les parties de son Art, en faisant connoître les ressources dont s'est servi l'Architecte, pour pallier les défauts répandus dans ses compositions ; &, si jamais il entreprend de condamner sans applaudir, sa censure ne tombe que sur les Ouvrages élevés par les hommes sans doctrine ; Ouvrages qui devroient toujours, il est vrai, être comptés pour rien ; mais qui trouvant néanmoins des imitateurs, doivent être annoncés pour ce qu'ils sont, afin de faire tenir en garde les Elèves, qui souvent, séduits par l'éclat de la matiere, la similitude des membres, & la profusion des ornements, pouroient se ressentir, dans leurs productions à venir, de cette imitation dangereuse.

Il nous reste un conseil à donner à nos jeunes Artistes : s'ils entendent leurs véritables intérêts, ils doivent fermer l'oreille au bruit des éloges souvent trompeurs, toujours pernicieux, & n'écouter que la critique impartiale. La louange nous fait souvent demeurer au-deſſous de nous mêmes, en nous perſuadant que nous ſommes au-deſſus des autres : ce qui pour l'ordinaire, nous empêche d'arriver à la perfection, en nous entretenant dans une médiocrité vicieuſe : au contraire, le blâme qui ne paſſe pas le terme de l'équité, décille les yeux de l'Elève, que l'amour-propre lui avoit fermés.

Nous ſerions encore tenté de leur dire ce que Sophocle & Euripide diſoient à un jeune Poëte, qui étoit venu leur annoncer l'envie qu'il avoit de faire des Tragédies : « N'allez pas ſi vîte ; la Tragédie n'eſt pas » ce que vous penſez, c'eſt un ſeul corps » compoſé de parties differentes, & bien » liées, dont on fait un monſtre quand on » ne ſçait pas les aſſortir : vous connoiſſez » ce qu'il faut ſçavoir, avant d'étudier » l'art de la Tragédie ; mais vous ne ſça- » vez pas encore cet Art ». On en peut dire autant à la plupart de nos Elèves ; vous poſſédez aſſez bien les principes de l'Architecture ; mais qu'il y a loin de ces connoiſſances à être bon Architecte ! Vous ſçavez, dites-vous : apprenez encore, réglez votre marche, & ſur-tout joignez à la pratique le raiſonnement de votre Art.

§. VIII.

Nos Architectes à la mode prétendent que si les Anciens avoient vécu parmi nous, s'ils avoient connu nos compositions modernes, ils auroient également fait des regles en leur faveur. Nos productions plaisent, disent quelques-uns; c'est la premiere de toutes les régles; l'autorité n'y peut rien. Ce sentiment assez général est au moins hasardé, & ne peut guères avoir lieu que pour ce qui regarde notre distribution, & quelques-unes des parties de notre décoration intérieure. A l'égard de la décoration des dehors, il faut convenir que l'exemple des Anciens, doit en fixer les principes. Vitruve & la plupart de ses Commentateurs, s'étant déclarés pour le goût de l'Architecture qu'ils ont trouvée établie de leur temps, il y faut beaucoup réfléchir, pour enfreindre les bornes qu'ils ont prescrites; du moins n'appartient-il qu'aux grands Maîtres de s'en écarter.

Nos jeunes Emules doivent s'appliquer à suivre d'abord les préceptes de l'antiquité, avec une certaine rigueur, sur-tout lorsqu'il s'agit de la décoration de nos Monuments. Il sera temps d'ajouter ou de retrancher à ces principes, lorsque, chez nous, ils en

sçauront

fçauront affez pour chercher à concilier ce qu'ils auront retenu de l'antique avec nos ufages, nos matieres, & les commodités qui caractérifent aujourd'hui notre Architecture Françoife.

§. IX.

Il eft de jeunes Architectes qui prétendent que les regles ne fervent qu'à les embarraffer, & à émouffer, pour ainfi-dire, la vivacité de leur imagination ; l'efprit, difent-ils, n'agiffant jamais mieux, ni plus heureufement, que lorfqu'il eft affranchi de toute fervitude, & qu'on lui laiffe une entiere liberté. Ce raifonnement, quelque général qu'il devienne, n'eft rien moins que jufte. Quelle différence ne remarque-t-on pas entre les productions de ceux qui fçavent fe rendre compte de ce qu'ils entreprennent, & les Ouvrages de ceux qui n'ont d'autre guide que leur imagination ! D'où vient la prévention que les jeunes Artiftes ont pour les régles ? elle naît prefque toujours du peu d'inclination qu'ils ont pour l'étude. N'eft-ce pas parce qu'ils manquent de principes, qu'ils hafardent ces nouveautés extravagantes, capables de faire déprifer l'Art ? Pour un ou deux génies féconds & extraordinaires, qu'un fiécle à peine voit naître, & qui, par la force de leur naturel & de leur esprit, peuvent se former un goût judicieux, sans avoir été aidés du secours des régles, n'en voit-on pas mille, au contraire, qui par leur négligence ou leur présomption, s'égarent dans tout ce qu'ils produisent? D'ailleurs, qu'on y fasse attention, ces génies rares & singuliers, dont nous venons de parler, n'ont réussi que parce qu'ils ont employé, sans trop s'en rendre compte, une symétrie & une disposition réguliere, entre le tout & les parties; symétrie & disposition, qui seules ont le droit d'être appelées beautés, & sans lesquelles ils n'auroient pu réussir ; ce qui doit faire juger, qu'aidés du secours de la théorie, ils auroient produit des Ouvrages encore beaucoup plus estimables.

§. X.

Dans l'Architecture, comme dans les autres Arts, peu de ceux qui s'y destinent, sont doués d'une heureuse disposition; la plupart sont bornés dans leurs vues, resserrés dans leur goût; ou ils l'ont faux, factice : les beautés de la Peinture sont autant d'objets indifférents pour le plus grand nombre de nos jeunes Architectes : quelques-uns nés volages & inappliqués, attaquent toutes les parties de l'Art, sans en saisir aucune, sans les ramener au but qu'ils se proposent. On ne peut assigner à leurs compositions bisarres, un nom qui leur convienne, ni décider à quel particulier elles pouroient être propres. Heureusement ce reproche ne regarde que le petit nombre; mais ce que nous devons dire en passant, au plus grand, c'est qu'ils s'abandonnent trop facilement, à la fougue de leur imagination. Que ceux-ci y prennent garde cependant: il en est du génie comme du goût : pour parvenir à l'excellent, il faut sçavoir joindre à une étude particuliere, tout ce qui peut faire arriver au grand, au simple : il faut que le jeune Artiste, par un travail sans relâche, s'accoutume à réfléchir, à méditer sur tout ce qui peut l'instruire; que, sur-tout, il sçache éviter la rouille de l'oisiveté ; qu'aux sciences utiles, il sçache joindre les connoissances agréables ; qu'il se forme une heureuse habitude, souvent supérieure à la raison même, de saisir le beau, de le discerner du médiocre, de l'emprunté; c'est le seul moyen de lui monter le génie dont nous voulons parler, & de le faire parvenir à ajouter aux qualités qui le caractérisent ; sçavoir, d'une part, l'esprit d'invention, & de l'autre, le coup d'œil philosophique. Qu'on n'en doute point; c'est la vivacité de l'imagination qui rend l'Artiste inventif, c'est la maturité qui le rend Philosophe ; la premiere qualité forme & étend l'esprit, l'autre le jugement ; & c'est par leur réunion seule qu'on enfante les Ouvrages de génie.

§. XI.

Le jugement, en Architecture, consiste à conserver le même style, le même caractère, la même expression dans la décoration des façades d'un Bâtiment, ainsi que cette probabilité, qui approche le plus de la vraissemblance, & de cet esprit de convenance, que tout Architecte doit sçavoir assortir à la naissance & aux besoins de ses Propriétaires. Presque toutes nos Leçons roulent sur cet objet; mais nous n'hésitons pas de le répéter ici, parce que nous regardons ce précepte comme le premier de l'Art, quoiqu'il soit peut-être le plus négligé parmi nous : aussi n'est-il pas sans exemple, que la plupart des grands Architectes ayent été eux-mêmes mécontents de leurs Ouvrages ; parce qu'arrivés à la fin de leurs plus grandes entreprises, ils découvroient au-delà du terme où ils venoient d'atteindre, & qu'il faut déja être un grand homme pour s'apercevoir de ses défauts, & en convenir.

§. XII.

Les Artistes superficiels, & qu'on peut appeler les vrais fléaux des Arts, parce qu'ils sont toujours en très-grand nombre, sont obligés d'avoir recours à la protection & à l'importunité : à cela ils joignent de la souplesse, de l'adresse : vrais Protées, ils prennent toutes les formes, ne doutent de rien, rien ne les embarrasse. Le véritable Architecte, au contraire, est simple, modeste : l'étude & l'expérience lui apprennent à se tenir en garde contre la prévention de l'amour-propre. Il sçait douter, il prend du temps pour délibérer, ne se vante de rien, & craint toujours de trop promettre : l'air de liberté qu'il respire dans le commerce des livres, lui inspire une aversion insurmontable pour la contrainte qui règne ordinairement, dans le commerce du grand monde : après l'avoir parcouru, la retraite devient son élément : il s'y plaît, il ne brigue point les faveurs, & plaint tout bas le jeune audacieux qui se fait couronner avec impudence : trop heureux alors de jouïr de cette noble indépendance, qu'on peut appeler le foyer des vrais talents.

§. XIII.

On devroit se ressouvenir de l'utile maxime de Pline : *Stultum est sibi ad imitandum non optime quidvis proponere ;* il y a de la folie à ne pas se proposer les meilleurs modèles, quand on veut imiter. A quoi l'on peut ajouter que ce n'est pas imiter, que d'imiter mal, ou de déplacer l'objet de l'imitation : en un mot, c'est contrefaire les chefs-d'œuvre des grands Maîtres, que de les mal imiter. Pour sçavoir éviter le médiocre, il faut du goût; pour bien saisir l'excellent, il faut du jugement : il faut sçavoir que le sublime ne convient pas par-tout, de même que les licences ne doivent s'employer que rarement, puisqu'autrement elles dégénerent en abus. Ce n'est pas que les négligences heureuses employées par les grands Artistes, ne puissent être considérées quelquefois comme le comble de l'Art ; mais on n'y peut parvenir, qu'avec le goût : jamais, sans lui, un Artiste ne peut faire admirer ses chefs-d'œuvre : aussi la plupart de nos Elèves s'y trompent-ils tous les jours ; il leur paroît plus aisé d'arriver aux compositions gigantesques, qu'aux proportions de la belle Architecture ; presque de tout temps, il a paru aux hommes plus facile d'outrer la nature, que de la fuivre, faute de fe rappeler la grande regle de Quintilien, *naturam intueri & fequi*, contempler la nature & la fuivre.

§. XIV.

Peu d'Artiftes font en état de compofer des ouvrages qui puiffent être avoués dans tous les temps; de lier enfemble la Majefté de l'Architecture avec les grâces de la Sculpture; d'enchaîner ces deux parties avec un Art imperceptible, & de leur procurer, comme l'a fait François Manfard au Château de Maifons, ces repos, ces intervalles qui forment un tout dont les parties font analogues. On ignore que la nature & le goût obfervent les mêmes régles, & que c'eft la juftefle & la proportion qui produifent les beautés de convenance, d'harmonie & de fymétrie. Que nos Eléves y prennent garde; la plupart s'éloignent des difpofitions dont la nature les a favorifés : ils imitent leurs contemporains, en vogue aujourd'hui ; mais qui, peut-être ne le feront plus dans vingt ans: d'où il réfulte que dans quelques-unes de leurs productions, tantôt ils s'élevent fur des échaffes, & tantôt ils font au-deffous d'eux-mêmes. Ne doit-il pas paroître étonnant, par exemple, que la plupart portent une curiosité respectueuse, sur quelques monuments élevés, il y a plusieurs siécles, tandis qu'ils négligent & qu'ils dédaignent, pour ainsi-dire, de porter leurs regards sur les Edifices qui se sont élevés par les Lescot & les Mansard? Par un effet plus bisarre encore, d'autres ne portent leur attention que sur les Arabesques & les chimères, qui deviennent si fort à la mode aujourd'hui.

§. XV.

Notre intention n'est pas de dissimuler, que l'Architecture est un Art difficile : nous l'avons déja dit ; pour y réussir, il le faut cultiver toute sa vie ; jouïr fréquemment de la conversation des grands Maîtres en tout genre, de l'étude des bons Auteurs & de la contemplation des chefs-d'œuvre qui nous sont offerts. A la vérité, dans les dehors de ceux-ci, souvent la pratique impose silence à la théorie ; dans les dedans, quelquefois la théorie l'emporte sur la pratique : mais dans tous, il y a dequoi puiser ; & dût-on se tromper dans ses premieres observations, il les faut commencer de bonne heure : nous n'apportons pas en naissant, l'obligation de toujours réussir & de bien voir : mais, à notre avis, ce n'est point un deshonneur de se tromper, ni un affront d'être repris. Nous invitons seulement nos Elèves, à ne se pas laisser abuser par les espèces d'applaudissements que plusieurs donnent aux productions de nos jours : non-seulement la plupart sont contraires à l'esprit de convenance ; mais on ne les croit neuves, que parce qu'elles sont extravagantes, qu'on y confond tous les styles, & qu'on y fait entrer tous les caprices, toutes les fantaisies des Propriétaires, qui, pour la plupart, se croient Architectes.

§. XVI.

Qu'on y prenne garde : on se sert souvent de l'autorité d'un grand nom, pour mettre au jour des licences qui n'avoient été employées par un Architecte célèbre, que dans des parties accessoires : de-là, on ose tout. Ce n'est pas que quelquefois on n'excuse les écarts d'un Artiste contemporain ; mais nous voudrions faire entendre, que l'indulgence de nos Emules n'est point un titre pour nous faire approuver de la postérité. D'ailleurs, qu'on y réfléchisse, les Artistes subalternes croient presque toujours atteindre les grands Maîtres, en imitant leurs écarts, sans se douter du motif essenciel qui les leur a fait employer. Il faut déja sçavoir beaucoup, & c'est ce que presque tous les jeunes gens ignorent, pour être en état d'apprécier ce qui a pu déterminer le grand Architecte à se permettre telle ou telle licence. Pour en venir là, il faut se nourrir de réflexions sérieuses : l'Eleve qui veut réellement profiter, pense beaucoup ; la réflexion devient son élément ; il dévore les difficultés & les obstacles, pour acquérir la gloire de les surmonter. C'est par l'étude des Anciens & les découvertes des Modernes, que l'on parvient sûrement à la perfection de son Art. Quiconque est effrayé de toutes ses obligations, n'atteindra jamais, quelques efforts qu'il fasse, à se faire un nom ; car enfin, combien, au premier coup d'œil, ne voit-on pas de Bâtiments qui flattent d'abord, par leur aspect ; mais qui perdent à l'examen. On rend, à la vérité, justice à l'éclat des ornements ; mais à peine y démèle-t-on l'intention de l'Architecte ; parce que souvent la multiplicité de la Sculpture étouffe ou altère l'idée de l'ordonnateur.

§. XVII.

Lorsqu'à l'aspect d'un Bâtiment, nous

apercevons un heureux accord entre les préceptes des Anciens, & les découvertes des Modernes; cette réunion doit déterminer notre jugement, & nous porter à l'imitation d'un pareil chef-d'œuvre : quelques licences que nous y découvrons, ne doivent pas nous en détourner; elles peuvent répandre des lumieres dans notre esprit : elles doivent nous engager à faire un choix des beautés que nous devons imiter, & à laiſſer les parties qui nous paroiſſent déplacées. Qu'on ne s'y trompe pas, le Château de Maiſons eſt une production digne, à la fois, d'être imitée, & difficile à imiter. Ce Bâtiment, dès qu'il fut achevé, excita l'admiration des connoiſſeurs, l'applaudiſſement des grands Architectes, & la jalouſie des médiocres. En effet, les beautés de détail répandues dans l'ordonnance de ſes façades, ſont au-deſſus de tout éloge : ſans doute, on y remarque quelques défauts; mais ces derniers préſentent par-tout les reſſources de l'Art, plutôt que les licences & ces abus vulgaires enfantés par l'ignorance. Nous l'avons déja avancé; tout eſt précieux dans cet Edifice; tout y eſt marqué au coin de la ſublimité, de l'expérience & du ſçavoir. Peu d'Architectes ont atteint depuis aux beautés ſans nombre qu'on y remarque; plusieurs au contraire ont imité les légers défauts, dont il n'est pas exempt; encore leur insuffisance leur a-t-elle fait changer ces défauts en abus : ils ont fait plus, la plupart ont déplacé les ressources & les tentatives mises en œuvre, par ce grand Maître, dans cette belle production Françoise. Peut-être reprochera-t-on à Mansard la petitesse de ses modules, & l'élévation de trois Ordres de genre différent les uns au-dessus des autres : mais que de justesse, que de pureté dans cette réunion ! quelle perfection dans l'Architecture ! quel choix dans la Sculpture ! que de précision dans la main d'œuvre ! On vise au grand, aujourd'hui, dit-on : on devroit dire plus ; insensiblement on parvient au gigantesque ; &, dès-là, on ne regarde plus cette merveille de l'Art que comme un modèle, qu'à peine conseille-t-on d'étudier aux Elèves de nos jours.

Le plus grand nombre de nos riches Citoyens ne sont plus épris que de ce qu'ils appellent la grande Architecture, sans se douter que les Bâtiments d'habitation doivent s'annoncer différemment que nos Temples & nos Edifices publics. S'il nous étoit permis de risquer notre avis, nous conseillerions à ces prétendus amateurs, de s'en tenir à leur amour pour notre Art,

& de ne pas aspirer au-delà : vouloir aller plus loin, c'est souvent s'exposer à s'annoncer pour de faux connoisseurs, & à approcher de la vanité ridicule des faux Sçavants. Au reste, la censure n'a aucune part aux observations que nous faisons ici : notre objet est seulement d'avertir nos Elèves de se tenir en garde contre la révolution où semble être parvenue l'Architecture depuis quelques années. Nos vrais Architectes ont eu occasion d'éléver quelques Monuments; leur marche mesurée à raison de la grandeur de leurs Edifices, a échauffé nos jeunes têtes, & a persuadé à la plupart, qu'on ne pouvoit plus faire de colonnes qu'elles n'eussent au moins six pieds de diamètre. Quelle extravagance !

§. XVIII.

Nous avons plus d'une fois recommandé à nos Elèves l'étude du dessin; non cette maniere de dessiner d'un genre pittoresque, qui appartient plus à la Peinture qu'à l'Architecture, & qu'il ne faut cependant pas négliger absolument; mais qui, lorsqu'on en mésuse, sert plutôt à égarer qu'à se rendre un véritable compte de l'effet que doit produire sa composition. Il est vrai que, pour y parvenir avec succès, il faut dessiner autre chose que l'Architecture proprement dite. Nous avons prouvé ailleurs la nécessité de faire entrer dans ses études le Dessin dans tous les genres; parce qu'il est important à un jeune Architecte de pouvoir exprimer lui-même ses pensées sur son projet : mais nous désirerions qu'il mît des bornes à ce genre d'étude, pour s'attacher à dessiner dans le bon style des Mansard & des Perrault. Néanmoins pour satisfaire le génie de ceux qui se font une passion du Dessin; nous leur rapporterons ici le sentiment très-judicieux qu'en a porté M. de Montiano, dans une Dissertation qu'il lût en 1756, à l'Académie Royale de Saint-Ferdinand en Espagne. L'Auteur, en parlant de l'origine du Dessin, s'explique ainsi.

   « Les ombrages des arbres, & le creux
» des rochers, donnerent l'idée de la pre-
» miere cabane; mais la verdure des bran-
» ches qui servoient de toit à ces demeu-
» res, venant à se flétrir, & les branches
» elles-mêmes, qui tenoient lieu de palissa-
» des, étant un foible rempart contre la
» rigueur des saisons, le gazon qu'on fou-
» loit aux pieds, changea de place, & for-
» ma les premiers murs de cette habita-
» tion champêtre. Les sociétés augmen-
» tant, les Édifices s'agrandirent, & l'on

» vit s'ériger des Temples & des Palais :
» mais pourquoi retoucher ces traits d'une
» érudition rebattue ? si quelqu'un doute
» de ces faits, qu'il lise ou qu'il voyage :
» qu'il franchisse l'obscurité de sa sphère,
« & les barrieres de son indolence. Il ne
» feuilletera pas une page, il ne fera pas un
» pas, sans trouver une ample matière à son
» instruction.

» Le Dessin préside à la Sculpture, à cet
» Art d'immortaliser les hommes, & de
» nourrir en eux la passion de la gloire,
» & le desir des honneurs divins, qui sub-
» siste encore chez la plupart des nations
» civilisées.

» Le Dessin dirige & soutient tout, jus-
» qu'à l'expression des passions, jusqu'à l'ac-
» tion & aux attitudes. De concert avec la
» poésie, que de saillies heureuses ne four-
» nit-il pas au pinceau ! il lui apprend à
» rassembler les traits du beau, semés &
» mélangés dans la nature, pour en for-
» mer les productions les plus intéressantes
» de l'Art.

» C'est au Dessin que la Gravure est re-
» devable de tous ses progrès : fille du ha-
» sard, comme les autres inventions, elle
» les multiplie & les perpétue toutes. C'est
» sur les bords de l'*Arno* qu'on la vit naître.
» Les chiffres de l'amour furent d'abord

» tracés fur le fable par la main des Ber-
» gers, puis gravés fur le hêtre. Les Deffins
» furent tranfportés, de l'écorce des bois,
» fur les métaux, & le temps les fit paffer
» fur le papier, par le fecours de la preffe.
» Ainfi le Sçavant orne-t-il à peu de frais
» fon Cabinet des tableaux du monde; ainfi
» le Philofophe embellit fon habitation à
» la campagne d'une variété de payfages,
» qu'il a le plaifir de comparer avec leurs
» modèles. C'eft par-là, qu'on tranfporte au
» milieu des Villes les délices des champs,
» & qu'on voit, même au fein des hivers,
» les agneaux errer dans les vallons fleu-
» ris, & la bergère affife au pied d'un chê-
» ne, écouter le chalumeau de fon amant,
» & répondre d'un fouris à l'expreffion de
» fes regards.

» Arts enchanteurs, continue M. de Mon-
» tiano, reproduifez-nous le plaifir & la
» vertu fous mille images; exercez l'induftrie
» des hommes laborieux, & l'oifiveté des
» pareffeux illuftres. Vous êtes tous freres,
» tous également rivaux de la nature : l'An-
» tiquité de fon origine ne donne aucun
» droit à l'un fur l'autre : l'utilité de leurs
» productions les met tous au-deffus de ces
» vaines preféances que les hommes fe dif-
» putent. Si quelques nations barbares ont
» méconnu le charme des Arts, leur ra-
vage

SUR L'ARCHITECTURE.

« vage & leur perte est une partie sensible
» des vengeances que le Ciel a voulu tirer
» des crimes du monde, par la main de
» ces peuples destructeurs. Mais enfin les
» Arts sortent par-tout de l'oppression où
» ils ont langui si long-temps; & comme
» l'Espagne n'a pas été la derniere à éprou-
» ver leur décadence, elle doit se hâter
» de ressentir les douces influences de leur
» rétablissement . . . . . .

Rapportons encore l'extrait d'un Ouvrage lû dans cette même Académie : dont l'objet est de prouver combien tous les Ordres d'un État doivent s'instruire de la connoissance des Arts, & particuliérement de l'Architecture (c).

» La noblesse, dit l'Orateur, doit être
» la premiere à regarder les Arts, comme
» un des principaux ornements de son édu-
» cation, & à leur donner les moments
» que l'aisance où elle est née lui laisse li-
« bres de tout soin & de toute autre in-
» quiétude. Cependant qu'elle ne sçache,
» comme Trajan, que ce qui convient à
» la dignité de son rang, & au bien de l'E-
» tat, & qu'elle ne fasse pas comme Adrien,
» qui, passant pour l'Architecte d'un Tem-

(c) Nous avons prononcé anciennement un Discours sur le même objet, qui se vend à Paris chez Jombert, rue Dauphine.

„ ple qu'il avoit dédié à *Vénus*, demanda
„ au célèbre Apollodore, quel jugement il
„ portoit de ce Monument : *Si les Déesses*
„ *se levoient de dessus leur Trône majestueux,*
„ *elles se heurteroient la tête à la voûte*, lui
„ répondit Apollodore : *c'est le seul incon-*
„ *vénient que j'y trouve*. Cette sincérité cho-
„ qua la vanité de l'Empereur, & couta la
„ vie au Philosophe.

„ Mais en évitant le ridicule, les Grands
„ ne doivent pas manquer du dégré d'étude
„ & de lumiere, nécessaire pour conce-
„ voir des idées justes, pour distinguer le
„ bon du médiocre, pour applaudir au par-
„ fait, & perfectionner le raisonnable; pour
„ juger des proportions d'un Edifice, d'un
„ Canal, d'un grand Chemin ; pour sça-
„ voir accorder en tout cela, la gloire du
„ Prince avec l'intérêt du Peuple, la ma-
„ gnificence du projet avec les régles de
„ l'économie. L'Intendant, le Gouverneur,
„ le Prélat même, s'ils ignorent les élé-
„ ments de ces Arts, à quelle perte irré-
„ parable, à quelle expérience ruineuse, à
„ quel sujet de risée ne s'exposent-ils pas ?
„ Tout devient considérable entre les mains
„ de ceux qui dispensent les grâces des
„ Princes, qui sont les dépositaires de leurs
„ trésors, qui ont la direction de leurs en-
„ treprises, de leurs Palais & de leurs Edi-

« fices. D'un mot, d'un seul signe, ils font
« fleurir ou tomber les talents; ils pro-
« curent, ou ils anéantissent les progrès
« des Arts: ils perpétuent la décadence
« d'une nation entière, &c. &c. »

Avant de quitter cet Avant-Propos, donnons quelques Programes qui puissent servir de guides à nos Elèves, lorsqu'ils voudront se livrer à la composition : puisons ces Programes parmi ceux que nous avons donnés, pendant vingt années, dans notre Ecole des Arts, lorsque le plus grand nombre des jeunes Artistes qui nous suivoient alors, concouroit aux prix, que nous y distribuions tous les automnes, d'après le jugement des Architectes, des Artistes & des Amateurs, qui, pour encourager notre zèle, & soutenir l'émulation de ceux qui étoient confiés à nos soins, vouloient bien nous seconder, dans ces jours solemnels, & nous éclairer nous-même, dans la carriere pénible de l'instruction des beaux Arts.

Divers Programes contenant différents Projets d'Architecture.

Par Programe nous entendons l'énoncé d'un projet un peu détaillé, que le Professeur donne à ses Elèves, pour leur faire comprendre ses intentions, & la marche qu'ils doivent suivre, dans la composition de l'esquisse qu'ils sont chargés de faire sous ses yeux : les Elèves la mettent ensuite au net, sans pouvoir s'écarter de leur premiere pensée. A son tour, le Professeur doit expliquer, d'une maniere claire & précise, les conditions du Programe; y comprendre les mesures du terrein, sa planimétrie ou ses montuosités, ainsi que les entraves inséparables de toute espece de production, dans l'art de bâtir : avant de le dicter, il doit avoir lui-même, dans le silence du Cabinet, tracé le projet du Programe, comme le seul moyen de ne dire que ce qu'il faut, & par-là, de préparer, pour ainsi-dire, le travail de l'Elève. Après l'avoir ainsi conçu, il doit encore, en présence de tous, analiser, étendre & développer spéculativement le genre du projet dont il s'agit, faire des citations, & rappeler aux Elèves les Edifices de même genre, qui font élevés par les grands Maîtres, & ceux dont nos meilleurs Auteurs ont donné les descriptions : il doit s'appliquer à faire sentir les nuances qui doivent distinguer les Bâtiments élevés pour la même fin : leur faire entendre que dans une Capitale, le Palais d'un Souverain, celui d'un Prince du Sang, la demeure d'un riche particulier, quoique considérés, comme autant de Bâtiments d'habitation, doivent nécessairement différer par le style répandu dans l'ordonnance : que l'Hôtel d'un Prélat, celui d'un Militaire, celui d'un Magistrat, doivent avoir chacun un caractère particulier, qui les annonce pour ce qu'ils sont ; qu'enfin un Pavillon dans un Jardin, un Kiosque sur l'angle d'une terrasse, un petit Trianon dans le fond d'un Parc, doivent s'annoncer différemment par leur aspect. Par cette attention de la part du Professeur, ceux qui concourent, peuvent se meubler la tête des objets les plus analogues aux projets dont ils sont chargés ; &, avant d'opérer, concevoir une idée nette, qui les mette à portée de se tromper moins, sur la disposition & la convenance que demande chacune de ces compositions.

Le Professeur doit conseiller aux Élèves, de ne se jamais presser. Les jours destinés à faire leur Esquisse, on leur accorde environ douze heures pour y parvenir : paſſez-en d'abord le tiers, leur avons-nous dit plus d'une fois, à réfléchir dans le plus grand ſilence ; enſuite tentez, pendant le même eſpace, pluſieurs moyens de remplir les conditions du Programe : faites un choix ; enfin, dans les quatre heures reſtantes, traduiſez vos penſées, & faites avec préciſion votre Eſquiſſe ſur l'échelle demandée. Reſſouvenez-vous, leur avons-nous dit encore, que, plus elle ſera digérée, plus vos Deſſins au net ſeront faciles à rendre. Perſuadez-vous que le jour de l'Eſquiſſe eſt un jour de triomphe ; que la fatigue de cette journée, ſi c'en eſt une, vous met à votre aiſe, pendant le temps que dure votre concours, & que, par-là ſeulement, vous avez droit de prétendre à la couronne qui vous attend.

Combien peu néanmoins ſuivent notre avis ! Combien n'en voyons-nous pas, qui, ne prenant qu'un extrait à la hâte du Programe, qui, lui-même, ne doit être regardé que comme un précis de l'objet demandé, s'arment ſur le champ, de la régle & du compas, pour opérer, ſans réfléchir que le projet doit être dans la tête, avant d'en vouloir tracer l'eſquiſſe ſur le papier ! Comment, avec cette précipitation, choiſir le genre propre au ſujet ? Comment pouvoir monter son génie sur le ton grave, ou sur les grâces de l'Art? Comment enfin pouvoir faire un choix judicieux du véritable caractère propre à l'Edifice, lorsque les différentes parties qui le composent ne se conçoivent que les unes après les autres ? Qu'on n'en doute point, ce défaut de jugement est souvent cause que le mouvement du Plan est d'un style différent de celui des élévations, & que, plus souvent encore, les ornements qui devroient embellir l'ordonnance, ne servent qu'à l'accabler & à la défigurer.

Offrons ici plusieurs Programes concernant l'ordonnance extérieure des Bâtiments. Dans le Volume suivant, nous en présenterons, sur la distribution & sur la décoration intérieure.

Commençons par donner l'idée qu'on pouroit concevoir, par exemple, du projet de la porte d'une Prison, de celui d'une Orangerie; ensuite nous donnerons des Programes particuliers, qui auront pour objet, le projet d'un Arc-de-triomphe, celui d'une Colonne Milliaire, d'une Fontaine jaillissante, de la Porte d'un Arsenal, &c. &c.

Une Porte de Prison doit annoncer, par son ordonnance & par son expression, si elle donne entrée à une Prison publique, à une Prison militaire, ou à une Prison particuliere, afin que le choix qu'on aura fait, puisse désigner précisément la différence de ces divers Edifices, quoiqu'élevés tous pour le même objet.

Choisissons la Porte d'une Prison militaire. L'ordonnance d'une telle Porte doit être rustique. Si l'ordre Toscan y préside, il doit être engagé, & être augmenté de bossages continus & vermiculés : les arriere-corps doivent être profonds ; les tables saillantes, les clavaux lourds & pesants. Des profils massifs & peu composés, chargés de mutules carrés, doivent entrer dans sa décoration, ainsi que de petites ouvertures pour croisées ; enfin des bornes garnies de chaînes, doivent se placer dans un tel Frontispice. On doit prendre garde encore, si l'Edifice auquel cette Porte donne entrée, est d'une certaine importance : que celle-ci, considérée comme feinte, soit un peu colossale, mais basse, écrasée, & que la Porte réelle, contenue dans la feinte, ne présente qu'un Guichet : la premiere, par sa grandeur, devant annoncer l'importance du Monument ; la seconde, par sa petitesse, l'horreur du séjour, dont l'entrée ne doit être ouverte qu'aux coupables. Lorsqu'on y admet de la Sculpture, il faut qu'elle inspire la terreur, & que l'humanité semble blessée de son aspect. Jusqu'au choix des matieres, tout doit être brut, bâti en pierre dure, d'un grand appareil, à joints ouverts, & annoncer d'épaisses murailles; enfin la main d'œuvre doit paroître vague & indéterminée. La touche du Dessin même d'un pareil Monument, doit présenter la rusticité de l'ordonnance. Pour constater l'étendue d'un tel projet, il suffit que le Programe spécifie seulement la largeur & la hauteur de ce Frontispice.

L'Orangerie de Versailles, sans contredit, peut servir de modèle, & être regardée comme un exemple célèbre, pour l'ordonnance d'un Bâtiment de ce genre : mais comme il peut arriver que l'ordre Toscan, qui préside dans cet Edifice, doive tenir un rang moins considérable, dans la décoration extérieure d'un Bâtiment de cette espece, parce qu'il ne s'agit pas toujours de l'Orangerie d'une Maison Royale, & qu'une Orangerie, au lieu d'être adossée à une terrasse, peut, & doit même être isolée de toute part; voici comme on peut concevoir un tel projet, pour être exécuté dans les Jardins d'une Maison de plaisance.

La convenance voulant que l'avant-corps d'une Serre de l'espece dont nous parlons, & la porte qui y donne entrée, soient élevés à raison de la grandeur des arbres que son intérieur doit contenir, on peut élever cet Avant-corps au-dessus de l'entablement, ou de la corniche de couronnement qui règne fur toute la longeur de l'Edifice. Alors cet avant-corps autorife une grande ouverture placée dans un entrecolonnement, ou dans un entre-pilaftre, l'un ou l'autre afforti à l'étendue du Bâtiment.

Si la fituation de cette Orangerie eft environnée de taluds, de glacis; fi elle fe trouve élevée dans une vallée, bordée d'une chaîne de montagnes, & qu'on amène les colonnes fur la fcène; il convient de charger celles-ci de boffages alternatifs; autrement, il faut laiffer le fût des colonnes lice, & charger de refends le mur de face: travail qui ferviroit de fond aux colonnes, ce que nous eftimerions peut-être autant que les boffages placés fur l'ordre; ou, dans ce dernier cas, nous voudrions affecter plus de pefanteur aux chapiteaux, en formant le tailloir d'une feule plate-bande, comme le propofe Palladio.

Nous fommes auffi d'avis qu'on fupprime les combles, dans ces fortes d'Edifices; l'intérieur devant en être voûté, il eft bon d'en mafquer les couvertures. Nous fommes encore d'avis qu'on y fupprime les frontons, à moins qu'on ne les place dans les pignons, dans le cas où les combles refteroient apparents fur toute la longueur de la façade. L'étendue & la profondeur d'un Bâtiment d'orangerie doivent être proportionnées à la quantité des arbres qu'il doit contenir; il doit être exposé au midi, & avoir une certaine élévation nécessaire pour la conservation des orangers qui y sont renfermés l'hiver. L'Orangerie des Jardins de Sceaux, & celle des Jardins de Montmorenci, peuvent servir de guides, lorsqu'il ne s'agit que des Orangeries du second genre. Passons actuellement aux Programes particuliers que nous venons de promettre.

Programe pour un Arc de Triomphe.

Le Professeur demande le projet d'un Arc de triomphe dans un Carrefour, dont les deux principales faces donneront sur des rues de vingt-cinq toises de largeur, & les deux autres sur des rues de quinze toises, croisant les premières. Ce Monument n'excédera pas la largeur des grandes rues, y compris les plus fortes saillies placées sur ses retours. Il poura être décoré d'ordre d'Architecture au choix des Elèves, & être percé par les quatre côtés.

Les Elèves désigneront par masse, la forme du Carrefour, où sera placé cet Edifice. Ils feront deux Plans, l'un du rez-de-chaussée, l'autre de la partie supérieure;

une élévation, sur l'une des grandes façades, une autre sur la face latérale, & une coupe.

Les esquisses seront sur une échelle de six lignes pour toise : les Dessins au net, sur une échelle d'un pouce & demi pour toise.

Les Elèves auront soin de ne jamais présenter une idée double dans leurs esquisses; autrement, elles ne seroient pas reçues pour le concours.

Explication spéculative après le Programe.

Après la lecture du Programe, il est bon que le Professeur désigne le motif qui donne lieu à l'érection du Monument : s'il doit être élevé à la gloire d'un Prince triomphateur, à l'occasion d'une alliance illustre, de la naissance d'un Prince, &c. afin que, non-seulement, l'Elève puisse faire choix de l'ordre le plus convenable au sujet ; mais qu'il appelle à lui les attributs, & les allégories les plus propres à représenter d'une maniere non équivoque, la dédicace du Monument.

Programe pour une Colonne Milliaire.

Cette Colonne doit être colossale, & d'un ordre, dont l'expression annonce la durée des temps. Elle doit être élevée sur un soubassement où l'on placera divers attributs qui caractériseront le motif qui aura fait ériger l'Édifice. Ce Monument doit être placé au centre d'une place marchande, décorée de Bâtiments, d'une Architecture simple, & d'une élévation proportionnée au diamètre de la Place, & à l'importance du Monument dont il est question.

Les Élèves, après avoir choisi le lieu le plus convenable, pour l'élévation de cette Colonne Milliaire, par exemple, la place du parvis de Nôtre-Dame, feront un Plan général, sur une échelle de neuf lignes pour toise; ce Plan désignera toutes les rues qui aboutiront à cette place; & ils prendront soin d'y exprimer en rouge tout ce qu'ils croiront devoir construire à neuf; en jaune, tout ce qu'il conviendra de détruire; & en noir, tout ce qui poura être conservé.

Les élévations de la Place seront dessinées sur une échelle d'un pouce & demi pour toise: le Monument particulier, sur une échelle de deux pouces & demi. Les esquisses seront faites sur une échelle réduite à la moitié des mesures ci-dessus.

Explication.

On se propose d'élever à Paris une Colonne Milliaire, à l'imitation du Milliarium aureum, qu'Auguste fit élever en marbre au milieu du Marché de Rome, d'où l'on comptoit la distance de cette Ville, par d'autres Colonnes Milliaires, placées le long des grands chemins.

Le Parvis de Notre-Dame se trouve assez précisément le centre de Paris, & celui d'après lequel M. Peronnet a fait mesurer exactement la distance des milles qu'on plante actuellement sur tous les grands chemins de la Généralité de Paris ; on en plantera de même par la suite dans tout le Royaume, suivant les intentions de Sa Majesté.

D'après cette idée, nos Elèves doivent s'animer d'une nouvelle ardeur, pour composer un Monument digne, tout à la fois, de l'importance du projet, & du règne du Prince sous lequel il doit être élevé.

Programe pour une Fontaine jaillissante.

Le Professeur demande à ses Elèves l'élévation & le Plan d'une Fontaine découverte & jaillissante, décorée de membres d'Architecture & de Sculpture. Ce Monument est particuliérement destiné, pour l'utilité & la décoration d'une Place publique, faisant partie de la ville Capitale d'une de nos Provinces, dans le sein de laquelle passe une riviere navigable.

L'Esquisse de ces deux Dessins sera faite sur une échelle d'un pouce pour toise; & les Dessins au net, chacun sur une échelle de deux pouces pour toise. Il est recommandé aux Elèves de ne faire ni les Esquisses, ni les Dessins au net, plus petits, ni sur des échelles plus grandes que celles prescrites par ce Programe.

Explication.

Ce Programe exige sans doute, de la part de ceux qui concourent, l'habitude du Dessin: aussi saisissons-nous cette occasion, pour rappeler à plusieurs, le besoin qu'ils ont de s'y appliquer plus particuliérement : autrement, forcés d'avoir recours à une main étrangère, leur projet deviendra disparate, l'Architecture d'un genre, la Sculpture de l'autre, celle-ci trop forte, l'autre trop foible ; par conséquent, la composition imparfaite. Nous l'avons déja dit, nous le répétons ; le succès d'un Monument de ce genre, consiste dans un parfait rapport entre l'objet principal,

& les parties accessoires, ainsi que dans le choix des formes, & la distribution des eaux jaillissantes, dont la disposition doit contribuer, plus qu'on ne s'imagine, à la beauté de l'ensemble.

Programe pour une Porte d'Arsenal.

Le Professeur demande à ses Elèves le projet de la décoration extérieure de la Porte d'un Arsenal, donnant sur une Place d'Armes. Cette porte doit être ouverte sur un mur de clôture, qui n'a que vingt-une toises d'étendue.

Le Dessin sera fait sur une échelle d'un pouce pour toise, & celui au net sur une échelle du double.

Explication.

Les Elèves doivent s'attacher à donner à cette Porte un caractère particulier, qui annonce l'entrée d'un grand Edifice, dont l'intérieur est destiné à construire les armes offensives, qui doivent détruire les prétentions de l'ennemi. Si l'on y met des colonnes, il est bon de sortir de la route ordinaire, de leur faire représenter autant de futs de canon, & d'appeler à soi dans la Sculpture, les mortiers,

tiers, les bombes, les aubusiers, & tout ce qui peut caractériser la foudre, qui doit prévenir la témérité des assaillants.

Programe pour un Portail d'Eglise.

Le Professeur demande à ses Eleves le Plan & l'élévation extérieure du Portail d'une Eglise, faisant partie d'un Monastère de Dames Religieuses. Il est permis aux Elèves d'y faire entrer un ordre d'Architecture, & de répandre une certaine magnificence dans son ordonnance.

Les Esquisses seront faites sur une échelle d'une ligne pour pied, & les Dessins au net, sur une échelle de trois lignes pour pied.

Explication.

L'Eglise des Dames de l'Annonciade à Saint-Denis, celle des Dames de Sainte-Marie à Chaillot, sont les modèles que nous citons à nos Elèves, pour régler leur marche dans ce genre de composition : delà nous prenons occasion de leur recommander plus que jamais, de visiter tous nos Edifices, d'en faire des Esquisses, des notes, qui les mettent à portée d'être moins neufs, lorsqu'ils se présentent au concours. Nous leurs conseillons d'ailleurs, de méditer le choix de leur ordre; il entre, plus qu'ils ne s'imaginent ordinairement, dans la proportion & les rapports qui doivent caractériser l'Edifice. C'est d'après l'Ordre que les masses se déterminent, que les membres d'Architecture prennent leur place, & que les ornements acquierent cette touche fermé ou élégante, qui influe sur les nuances, & qui différencie telle production de telle autre production du même genre.

Programe pour une Porte d'Ecurie.

Le Professeur demande à ses Elèves la décoration extérieure de la porte d'une Ecurie, faisant partie des dépendances d'une Maison Royale. L'ordonnance de cette Porte doit être sans Ordre d'Architecture, & contenue dans un avant-corps de vingt-sept pieds de largeur.

L'Esquisse sera faite sur une échelle de deux lignes pour pied, & le Dessin au net, sur une échelle de quatre lignes pour pied.

Explication.

Le style de l'Architecture de cette Porte doit avoir un caractère de fermeté qui annonce son infériorité d'avec l'ordonnance des façades qui président dans le principal corps-de-logis ; mais non de cette fermeté absolue qui caractérise les ouvrages militaires : une belle forme dans l'élévation, un mouvement modéré dans son plan, & quelques ornements relatifs à son usage, doivent faire tous les frais de cette composition.

Programe pour une Fontaine publique.

Le Professeur demande à ses Elèves l'élévation & le Plan d'une Fontaine publique adossée contre un mur de Clôture, situé en face de la grande rue d'une Ville de Province. On demande que cette décoration soit sans ordre d'Architecture, mais d'un style intéressant & orné.

L'Equisse sera faite sur une échelle de quatre lignes pour toise, & les Desins au net, sur une échelle de neuf lignes pour toise.

Explication.

Quoique nous ayons souvent recommandé l'étude suivie des ordres d'Architecture ; il s'en faut bien que nous en exigions l'application, dans tous les genres de composition. Dans un projet de même genre, on peut les y faire entrer ou les y supprimer, selon l'importance de la Province ou de la Capitale où ce Monument feroit élevé ; mais qu'on y prenne garde : au défaut de la préfence de l'Ordre, du moins il en faut retenir l'expreſſion, comme le feul moyen de foutenir un caractère décidé, & de donner à connoître, quoique l'économie ait fait la loi, que la décoration n'en eſt devenue, ni moins agréable, ni moins fatisfaifante, malgré la modération des ornements, occafionnée par l'abfence de l'Ordre.

Décoration de l'avant-corps d'un Palais.

Le Profeſſeur demande au choix de ſes Elèves, la décoration extérieure de l'avant-corps principal de la façade d'un Palais du côté de l'entrée. On ajoûtera à cet avant-corps quelques croifées feulement, appartenantes aux arriere-corps de l'Edifice.

L'Efquiſſe fera faite fur une échelle de quatre lignes pour toife ; les Deſſins au net, fur une échelle d'un pouce pour toife.

Explication.

L'Elève doit fe rappeler ce que nous avons dit plus d'une fois, dans nos Leçons : Il faut s'attacher au genre de l'Edifice, afin de ne pas confondre, comme on ne le fait que trop ordinairement, le style qui convient à l'ordonnance d'une Maison Royale, d'un Palais proprement dit, d'un Château ou d'une Maison de plaisance; chacun de ces Edifices, encore une fois, devant offrir un aspect différent, avoir plus ou moins de mouvement, de richesse; une forme plus ou moins pyramidale, & être amorti diversement. Jusqu'à présent, il semble que l'on ait confondu les genres, parce qu'on a indistinctement donné le nom de Château, de Palais, ou de Maison Royale, aux mêmes Edifices; d'où il est résulté, que la plupart de ces Bâtiments présentent le même aspect, au lieu d'offrir autant de caractères particuliers.

Programe pour la Décoration extérieure d'un Belvéder.

Le Professeur demande à ses Elèves la principale élévation d'un très-joli Belvéder élevé sur une terrasse, & l'un & l'autre ornés de Sculpture. On sera le Maître d'introduire des nappes d'eau dans le massif de la terrasse, & de faire voir les escaliers qui descendent dans les Jardins bas, à l'extrémité supérieure desquels doit être élevé ce Bâtiment.

L'Esquisse sera faite sur une échelle de trois lignes pour toise, & le Dessin au net, sur une échelle double.

Explication.

Il est aisé de concevoir que, quoique ce Programe ne fasse mention que de l'une des élévations de ce Batiment, pour y parvenir, les Elèves ne peuvent se dispenser d'en tracer le Plan & même une coupe, dont ils pouront présenter les intentions, dans l'Esquisse. A la vérité, on ne leur demande pas ce dernier objet détaillé jusqu'à un certain point; mais comment parvenir à se rendre compte de la forme générale, de la disposition des terrasses, & de la Divinité à qui on voudra dédier ce petit Monument, si l'on a pour objet d'en former un Temple à Apollon, aux Muses, à l'Amour, ou aux beaux Arts; autant d'objets qui faciliteront chaque Elève, à se ressembler moins les uns les autres, dans cette production; les laissant les maîtres du choix, & leur étant permis de faire un Dessin de goût, du Programe qui leur est offert ici.

Programe pour un Phare sur le bord de la mer.

Le Professeur demande à ses Elèves la décoration extérieure d'un Phare, élevé sur le bord d'un Môle, pour éclairer la navigation. Ce Bâtiment doit avoir de base vingt-cinq toises, & de hauteur environ trente-cinq toises ; être divisé en plusieurs étages, formant chacun une terrasse, & être terminé par une plate-forme sur laquelle s'éleveroit un fanal ou porte-lumière.

L'Esquisse sera faite sur une échelle de quatre lignes pour toise, & le Dessin au net, sur une échelle double.

Explication.

La Tour de Cordouan est peut-être le seul Edifice de ce genre qui puisse guider les Elèves dans cette espèce de production (b). On conçoit que le sol de cet Edifice, doit être élevé sur une terrasse, hors des atteintes de la plus haute marée, & que généralement parlant, il ne faut pas abuser d'une trop grande richesse dans l'ordonnance de ce Monument, son mérite

---

(b) Voyez ce que nous avons dit de cette Tour, dans le II.e Volume de ce Cours, page 461, & suivantes.

principal devant consister dans le rapport de sa largeur, & dans l'effet pyramidal qu'il doit annoncer, par les terrasses formant autant de retraites indiquées dans le Programe.

Nous nous sommes fixé à ce nombre de Programes concernant la décoration extérieure des Bâtiments; non que nous ayons cru épuiser la matiere, mais parce qu'il nous a paru que ceux que nous venons d'offrir, peuvent suffire pour faire parvenir les Elèves après cette étude, à parcourir la diversité infinie que présentent toutes les productions de l'Art. D'ailleurs, nous nous proposons, dans les Volumes suivants, d'en présenter encore, qui regarderont la distribution des Edifices: d'autres qui auront pour objet la décoration intérieure des Appartements, enfin quelques-uns sur ce qui concerne l'art du Jardinage, & nos Jardins de propreté.

Fin de l'Avant-Propos.

TABLE DES MATIERES,

DES CHAPITRES ET DES PLANCHES

Contenus dans le quatrieme Volume.

AVANT-PROPOS.

OU

PRÉCIS des régles contenues dans le troisieme Volume de ce Cours ; *page* j
Suivi de quelques Observations préliminaires sur l'Architecture. ibid.

AVANT-PROPOS *du troisieme Volume.* pag. iij

DISSERTATION SUR DIFFÉRENTES PARTIES DE L'ARCHITECTURE. xl

MOYEN DE CONCEVOIR EN QUOI CONSISTE LE TALENT, LE GOUT ET LE GÉNIE DU VÉRITABLE ARCHITECTE. ibid.

De l'homme à talent en Architecture. ibid.
De l'homme de goût en Architecture. xliv
De l'homme de génie en Architecture. xlviij
Observations sur différentes parties de l'Art. lij

DIVERS PROGRAMES CONTENANT DIFFÉRENTS PROJETS D'ARCHITECTURE. lxxxiv

CHAPITRE PREMIER.

DE LA DISTRIBUTION ET DE LA DÉCORATION DES JARDINS DE PROPRETÉ. I

TABLE

OBSERVATIONS GÉNÉRALES SUR LES DIF-
FÉRENTES PARTIES QUI COMPOSENT LES
JARDINS. page 9

OBSERVATIONS PARTICULIERES SUR LES
DIFFÉRENTS OBJETS QUI SE PLACENT A
DÉCOUVERT DANS LES JARDINS DE PRO-
PRETÉ. 21

Des différentes sortes de Parterres. ibid.
Des Boulingrins & des Vertugadins. 26
Des Fontaines, des Buffets & des Cascades. 27
Des différentes especes de Terrasses. 31
Des Escaliers découverts, en usage dans les Jardins
de propreté. 33
Des Quinconces. 36
Des diverses Palissades. 37

OBSERVATIONS PARTICULIERES SUR LES
DIFFÉRENTES PARTIES QUI SE PLACENT A
COUVERT DANS LES JARDINS DE PRO-
PRETÉ. 39

Des différentes Allées. ibid.
Des différents Bosquets & des Salles de verdure. 41
Des Cloîtres. 42
Des Labyrinthes. 43
Des Cabinets & des Berceaux de treillage. 44
Des Statues & des Vases. 46

DIFFÉRENTS DESSINS DE PARTERRES, DE
BRODERIES ET DE MASSIFS DE GAZON. 48

PLANCHES I & II.
Différents Dessins de Boulingrins & de Vertugadins.
52

PLANCHES III & IV.
Des Fontaines jaillissantes. 55

PLANCHE V & VI.

DES MATIERES. cvij

Différents Deſſins de Terraſſes & d'Eſcaliers. page 57

PLANCHES VII & VIII.

Divers Deſſins de Paliſſades. 61

PLANCHES IX & X.

OBSERVATIONS PARTICULIERES SUR LES DIFFÉRENTES PARTIES QUI SE PLACENT A COUVERT DANS LES JARDINS DE PROPRETÉ. 65

Des Boſquets & des Salles de verdure. ibid.
Des Cabinets de treillage. 72
Des Vaſes. 74

DIFFÉRENTES COMPOSITIONS DE JARDINS AVEC LEURS BATIMENTS ET LES DÉPENDANCES QUI EN SONT LA SUITE. page 76

Plan général projeté en 1766 pour le Cateau-Cambreſis à ſix lieues de Cambrai en Flandre. 83

PLANCHE XXIV.

Plan général des Bâtiments & des Jardins d'un magnifique Château projeté pour l'Allemagne. 88

PLANCHE XXV.

*Plan général des Bâtiments & des Jardins d'une belle Maiſon de chaſſe projetée en Allemagne pour l'Électeur ***.* 95

PLANCHE XXVI.

CHAPITRE II.

DE LA DISTRIBUTION DES BATIMENTS EN GÉNÉRAL. 100

Préceptes généraux, concernant la diſpoſition des iſſues, des cours principales, des baſſes-cours, &

des Bâtiments qui servent de dépendances aux corps-de-logis destinés à la résidence des Maîtres. page 108
De la Convenance. 109
Maniere de concevoir le projet d'un Bâtiment. 110
Précautions qu'il convient de prendre avant de bâtir. 113
De l'exposition des Bâtiments. 114
Du choix du lieu où l'on veut bâtir. 117
De la nature des Eaux. 119
Des Avenues. 122
Des Avant-Cours. 124
Des Cours principales. 127
Des Basses-Cours. 129
Plan du Château de Versailles, de ses issues, & de ses principales dépendances. 131

PLANCHE XXVII.

Plan de l'ancien Château de Meudon, de ses issues, de ses cours, & de ses principales dépendances. 134

PLANCHE XXVIII.

Plan du Château de Saint-Cloud, de ses issues, & de ses principales dépendances. 137

PLANCHE XXIX.

Plan du Château de Maisons, de ses issues, & de ses principales dépendances. 139

PLANCHE XXX.

Plan général de Champ, de ses issues, & de ses principales dépendances. 142

PLANCHE XXXI.

DES MATIERES.

Plan du Château de Montmorenci, de ses issues, & de ses principales dépendances. page 146

PLANCHE XXXII.

Plans par masses d'un Bâtiment de soixante-six toises de face, de ses issues, & de ses dépendances; de la composition de l'Auteur. 148

PLANCHES XXXIII & XXXIV.

De l'utilité des différents Modèles dans les ouvrages importants. 158
Dénombrement des Pieces contenues dans chacune des Aîles qui comprennent les dépendances tracées sur la Planche XXXIII. 162
Des Caves en général. 163
Des Cuisines & de leurs dépendances. 166
Des Offices & de leurs dépendances. 171
Des Ecuries, des Remises, & de leurs dépendances. 174

CHAPITRE III.

DE LA DISTRIBUTION INTÉRIEURE EN GÉNÉRAL;

ET EN PARTICULIER, DE LA FORME, DE LA PROPORTION ET DE LA SYMÉTRIE QU'IL CONVIENT D'OBSERVER DANS CHACUNE DES PIÉCES QUI COMPOSENT LES APPARTEMENTS. 185

PREMIERE DISTRIBUTION INTÉRIEURE DU PRINCIPAL CORPS-DE-LOGIS D'UN PALAIS DE SOIXANTE-SIX TOISES DE FACE,

A l'occasion duquel on traite de la forme, de la pro-

portion, & de l'usage des différentes pieces qui composent les Appartements de parade, de société, & les Appartements privés. page 192

Description de la Planche XXXV. 193

Rapport que la hauteur des pieces des Appartements doit avoir relativement à leur diamètre, selon le sentiment de Vitruve, de Palladio & de Scamozzi. 200

Sentiment des Modernes sur les différents rapports que la hauteur des pieces des Appartements doit avoir relativement à leur diamètre & à leur élévation ; soit que ces mêmes pieces soient plafonnées ou terminées en calotte. 204

Des Appartements en général. 208
Des Vestibules. 210
Des Sallons. 214
Des Anti-Chambres. 222
Des Salles de Compagnie. 227
Des Salles d'Assemblée. 231
Des Cabinets. 237
Des Chambres de parade. 249
Des Galleries. 262
Des Chapelles faisant partie des Appartements des Edifices de quelque importance. 275
Des Escaliers en général. 287
De la maniere de placer convenablement les Escaliers dans un Bâtiment. 296
De la grandeur des Escaliers. 299
Des différentes formes des Escaliers. 301
De la lumiere qu'on doit donner aux Escaliers. 302
Regle pour trouver la proportion de la hauteur, & le giron des marches des Escaliers. 304
De la décoration des Escaliers. 309
De la Construction des Escaliers. 313

DISTRIBUTION DU PREMIER ÉTAGE DONT LE REZ-DE-CHAUSSÉE VIENT D'ÊTRE DÉCRIT. page 318

PLANCHE XLI.

Description de la Planche XXXVI. 325

CHAPITRE IV.

OBSERVATIONS SUR LA DÉCORATION DES FAÇADES, APPLIQUÉES A L'ORDONNANCE EXTÉRIEURE DU PLAN TRACÉ SUR LA PLANCHE XXXV, DÉCRIT DANS LE CHAPITRE PRÉCÉDENT. 333

Élévation géométrale d'une des Façades principales d'un Palais de soixante-six toises de face. 334

PLANCHE XLII.

Élévation géométrale d'une des Façades latérales d'un Palais de soixante-six toises de face. 345

PLANCHE XLIII.

Coupe prise sur la profondeur du principal Corps-de-logis d'un Palais de soixante-six toises de face. 347

PLANCHE XLIV.

CHAPITRE V.

OBSERVATIONS PARTICULIERES, APPLIQUÉES A LA DISTRIBUTION D'UN BELVÉDER, A CELLE D'UNE MAISON ABBATIALE, ET A CELLE D'UNE MAISON PARTICULIERE. 351

Plan d'un Belvéder servant de retour de chasse. 351

PLANCHE XLV.

TABLE DES MATIERES.

Plan à rez-de-chaussée de la Maison Abbatiale de l'Abbaye des Prémontrés, à Villers-Cotterets. 357

PLANCHE XLVI.

Plan à rez-de-chaussée d'une Maison particuliere. 360

PLANCHE XLVII.

CHAPITRE VI.

OU L'ON TRAITE DE LA DISTRIBUTION PARTICULIÉRE DES APPARTEMENTS PRIVÉS, 365 ET DANS LEQUEL ON ENSEIGNE LA MANIERE DE LES TRACER RÉGULIEREMENT, ET DE TIRER AVANTAGE DES PLUS PETITS ESPACES. ibid.

Distribution particuliere de l'Appartement marqué B, faisant partie du Plan du rez-de-chaussée de la Planche XLVI de ce Volume. 367

PLANCHE XLVIII.

Plan de la distribution d'un deuxieme Appartement, détaillé dans le genre du précédent. 382

PLANCHE XLIX.

CHAPITRE VII.

Plan par masse des nouveaux Bâtiments & des nouvelles Communications faites à Metz depuis 1764. 395

PLANCHE L.

Plan par masse d'une partie des nouveaux Bâtiments & des nouvelles communications qu'on éleve à Strasbourg, commencés en 1767. 414

PLANCHE LI.

Fin de la Table.

Fautes

Fautes essencielles à corriger dans le troisieme Volume.

Page 215, *ligne* 15, dans la Planche que nous décrivons, *lisez*, dans la Planche XLI que nous décrivons.
Page 228, *ligne* 18, au bas de la Planche XLII dont nous parlons, *lisez*, au bas de la Planche XLIII.
Même page, *ligne* 23, la Planche XLIII, *lisez*, la Planche XLII.
Dans les Planches du III. Volume faisant le Tome VI, après la Planche XL, *lisez* Planche XL *bis*.

ERRATA
du quatrieme Volume

Page	Ligne	au lieu de	Lisez
11	16	les seconds	les secondes
13	8	répandues,	répandus
19	9	fréquentés.	fréquentées.
26	13	Jardin	Jardins
32	31	Le secondes	Les secondes
36	19	dans les bosquets de Daphné & d'Hyppomêne	dans les Bosquets d'Apollon & de Daphné, d'Hyppomêne & d'Atalante.
47	28	des nos Jardins.	de nos Jardins.
49	35	orné	ornés
75	32	sous les balustrades	sur les balustrades.
83	1	ensuite	ensuite
ibid.	14	une petite monticule,	un petit monticule,
ibid.	15	au-dessus de laquelle en est une autre	au-dessus duquel en est un autre
84	23	le grands Vicaires	les grands Vicaires
86	5	coins desquels	coins desquelles
91	10	placé	placée
98	25	entourées	entourés
99	3	l'abondonce	l'abondance
125	26	Il faut,	Il y faut
129			page 131
132			page 134
136	2	des morts ;	des Maures ;
137	15	forme terrasse	formant terrasse
138	9	contenues	contenus

Page	Ligne	au lieu de	Lisez
164	19	& arcs de cloître,	& en arcs de cloître,
179	31	ebauffée	chauffée
184	note b,	où les les Dames	où les Dames
202	10	en multipliant les grandeurs de l'une par l'autre,	en multipliant les grandeurs l'une par l'autre,
ibid.	28	ajoutés	ajoutées
207	34	portes à faux	porte-à-faux
213	34	que le fixieme, au lieu du quart:	que le fixieme de l'ordre au lieu du quart:
227	7	ving-un,	vingt-un
234	20	fans effors,	fans efforts,
258	13	intérieures	intérieurs
ibid.	15	porteroit	porteroient
289	note 6	cerche	cherche
307	17	fonds,	fond,
352	8	troifes	toifes
362	31	être mife	être mifes
ibid.	33	cloifon	cloifons
387	1	Garderobe B.	Garderobe D.
388	23	renfoncement e,	renfoncement t,
393		CHAPITRE V.	CHAPITRE VII.
401	29	dans Metz	à Metz
402	6	diamètre, que	diamètre; que
404	18	Place L	Place N
405	8	Place L	Place N
407	2	placé,	placée

COURS D'ARCHITECTURE.

LIVRE SECOND.

COURS

COURS D'ARCHITECTURE.

LIVRE SECOND.
PREMIERE PARTIE.

TRAITÉ
DE LA DISTRIBUTION EXTÉRIEURE ET INTÉRIEURE
DES BATIMENTS.

CHAPITRE PREMIER.
DE LA DISTRIBUTION ET DE LA DÉCORATION DES JARDINS DE PROPRETÉ.

Nous commencerons la diftribution, qui va faire l'objet de ce IVe Volume, par celle des Jardins de propreté & des diverfes parties qui les compofent.

Nous ne répéterons point ce que nous avons dit précédemment, touchant l'origine de l'Art du

Jardinage; nous renvoyons pour cet objet à l'Introduction, placée à la tête du premier Volume de ce Cours, & il fera bon d'y recourir, avant de passer aux détails que nous allons offrir dans ce Chapitre. Nous allons faire précéder ces détails de quelques refléxions générales, pour nous préparer à l'étude particuliere de cette branche de l'Architecture.

Notre intention n'est pas de suivre aucun esprit de syftême dans ce que nous allons rapporter, concernant l'Art de diftribuer les Jardins; nous fuivrons naturellement, ce que notre goût nous infpire à cet égard; il est d'ailleurs appuyé par les plus célebres exemples que le Nôtre nous a laissés en France, & prémuni des excellents préceptes établis dans le *Traité de la Théorie du Jardinage de le Blond*, dans la derniere Edition duquel M. d'Argenville à ajouté des Obfervations auffi utiles qu'intéreffantes.

D'après ce que nous allons rapporter, nous invitons nos Eleves à aller puifer eux-mêmes dans nos Maifons Royales, ce que nous y avons remarqué plufieurs fois, afin que par-là ils puiffent fe former un goût fûr dans cette partie directement relative à l'Architecture.

Perfonne n'ignore les progrès que l'Art du Jardinage a faits en France fous Louis le Grand, & avec quel génie le Nôtre a fçû tirer parti des occafions qu'il a eues d'exercer fes talents fupérieurs: avant lui les Baptifte, les Cottart, les le Bouteux & plufieurs autres, avoient, fans doute, ébauché l'Art de planter les Jardins de propreté; mais aucun n'étoit parvenu à la perfection: on avoit déjà effayé, à la vérité, de contraindre la nature, par le fecours de l'Art;

mais il étoit réservé à le Nôtre de produire de véritables chefs-d'œuvre. De son temps, Jules Hardouin Mansard, nourri des principes de ce grand Maître, & pourvu comme lui d'un talent décidé, eut occasion de planter les Jardins de Marly; & il faut convenir que cette production seule lui auroit mérité le titre de grand homme, s'il ne se fut déjà montré tel dans les divers Edifices qu'il avoit fait élever.

Depuis ces habiles Maîtres, Monsieur Desgots, digne héritier, particuliérement des talents de ces deux Artistes célebres, a montré aussi une grande capacité dans le Jardinage; & c'est à son exemple, que depuis, la plupart de nos Architectes se sont appliqués à réunir à l'étude de l'Architecture proprement dite, celle de planter nos Jardins : nouvelle étude qui n'a pas peu contribué à donner un degré de supériorité de plus à leurs productions; car il est aisé de s'apercevoir, ainsi que nous croyons l'avoir déjà remarqué quelque part, que la rivalité qui régnoit entre le Nôtre & Hardouin, les avoit souvent empêchés de se concilier dans leurs projets : de maniere que dans plusieurs des ouvrages où ils ont été appelés ensemble, l'un pour ériger les Bâtiments, l'autre pour donner les Dessins des Jardins, on n'aperçoit que des beautés détachées, rarement des beautés d'ensemble; ce qui continuera toujours d'arriver, lorsque différents Artistes se mêleront séparément de ces deux objets. C'est pourquoi nous persistons à désirer, que le jeune Architecte s'occupe, lorsqu'il compose le projet de son Edifice, à concevoir en même temps, les Jardins, les dépendances, & les diverses issues, avec autant de soin que toutes les parties qui regardent la distribution de son principal corps-de-logis.

Nous remarquerons, en passant, que nos voisins nous reprochent d'observer trop de régularité dans la distribution de nos Jardins : ils trouvent que nous poussons l'amour de la symétrie trop loin ; que nous ne sçavons pas saisir cette variété enchanteresse que nous présentent les diverses productions de la nature : il semble, disent-ils, que nous ignorions la partie qu'ils appellent le génie. Ils nous reprochent que nos allées sont ennuyeuses par leur uniformité, que nos palissades sont trop monotones & trop étudiées, qu'enfin nos Jardins sont trop parés ; que tout y paroît contraint & asservi aux regles de l'Art. Cette censure n'est pas tout-à-fait sans fondement ; mais il n'en est pas moins vrai, qu'il a fallu prodigieusement de talents, pour produire ceux de Versailles, de Marly, de Trianon ; peut-être les seuls Jardins chez nous, où l'on ait affecté une exactitude trop scrupuleuse ; encore est-il bon de remarquer, qu'à Versailles, l'Orangerie, le grand Canal, la piece de Neptune, celle des Suisses, & les Parterres d'eau, sont d'une beauté, d'une grandeur & d'une magnificence, qui n'ont point, ou bien peu de rivales en Europe : qu'à Marly, la disposition du Château & des douze Pavillons, entourés des berceaux artificiels qui les accompagnent, sont d'une heureuse invention, & traités dans le meilleur genre : qu'enfin on en peut dire autant des Jardins & des Bâtiments de Trianon, ainsi que des Trésors sans nombre, contenus dans les bosquets de ces trois belles Maisons Royales.

Peut-être conviendrons-nous cependant, que les Jardins de Meudon, de Seaux, de Chantilly offrent d'autres beautés : certainement la nature s'y montre avec plus d'éclat ; & ces trois productions annoncent visiblement que le Nôtre a sçu profiter, en homme de génie, de la disposition des lieux, pour produire des scenes nouvelles, &, en général, un spectacle digne de la plus grande admiration. Qu'on ne s'y trompe pas, le jugement que nous portons ici, est celui que les Nations éclairées en ont porté elles-mêmes, & qu'ensuite elles ont imité avec un certain succès, sans en excepter l'Angleterre, qui, depuis quelques années seulement, a imaginé de ne plus faire que des Jardins champêtres, & préféré le beau désordre de la Nature, à l'appareil de l'Art le plus étudié. Ce systême qui commence à prendre parmi nous, plus par inconstance, que par raison, demande à être discuté avec beaucoup de prudence, cette imitation étant souvent trop imparfaite, & plus souvent encore, peu digne de la somptuosité des Bâtiments qui donnent lieu à nos Jardins parés.

Ce n'est pas que nous voulions donner à entendre, que la nature, dans ses divers aspects, ne soit bonne à imiter ; mais nous croyons seulement qu'il ne faut pas vouloir toujours la saisir à la rigueur. Par exemple, qu'à l'extrêmité d'un grand Jardin, pour se délasser d'une symétrie trop affectée, quoique souvent indispensable dans les parties découvertes, on offre à nos regards des campagnes peu cultivées ; ou qu'à la suite d'une longue allée, on laisse apercevoir le site des environs, nous applaudissons à cette variété d'objets ; parce que de tels environs, par leur négligence pittoresque, tendent à faire valoir la disposition réguliere des Jardins intérieurs. Certainement alors, ce mélange de la nature & de l'art, produit un effet sublime, & ne peut que déceler la capacité de l'Artiste, ainsi qu'on le remarque à Marly, & plus particuliérement encore à Seaux, déjà cité.

Osons le dire ici, qu'on y réfléchisse, est-ce véritablement imiter la nature, que de chercher, sous prétexte de variété, à introduire dans un Jardin de peu d'étendue, des monticules, des chemins tortueux, des sentiers en zigzag, des étangs de forme irréguliere, des cavernes, des buttes, enfin des bouquets d'arbres sans liaison, & d'especes différentes, le tout entremêlé de Kiosques, de Pavillons, d'Obélisques, de Colonades, de Tombeaux épars ça & là, & dont l'ensemble n'offre qu'une certaine confusion, loin de présenter les compositions symétrisées que l'on reproche à nos Jardins.

Qu'on nous permette quelques réflexions : si, véritablement, ce spectacle a quelque chose d'intéressant, ne conviendroit-il pas plutôt de choisir la nature que de l'imiter ? pourquoi ne pas saisir indistinctement un lieu tout fait, ainsi qu'il s'en rencontre mille dans les environs des grandes Capitales, & ensuite assortir au local de ce lieu champêtre, les Bâtiments d'habitation, pour que l'un & l'autre paroissent faire un seul & même ensemble, de maniere qu'il ne resteroit plus que quelques-unes des parties de ces lieux originairement incultes à réparer ou à entretenir dans leur état naturel, en remédiant à ce qu'une inondation, ou un Eté trop brûlant, auroit pu détruire ou altérer. D'après cette idée, qui nous paroît simple, combien n'éviteroit-on pas de frais immenses, que coûtent de pareilles entreprises, quoique presque toujours imparfaites ? Quelles sommes n'emploient pas depuis quelques années, plusieurs Seigneurs Anglois, dans leurs Jardins prétendus modernes, à en juger par celui de *Stowe* en Buckinghamshire, appartenant à Richard Grandville, Lord Temple, rapporté dans un nouvel ouvrage traduit de l'Anglois par un homme de goût, & dans lequel nous avons trouvé des traits de génie, nous en citerons quelques-uns, en donnant la description des Planches contenues dans ce Chapitre ; mais avant d'y passer, disons un mot de l'ouvrage dont nous parlons.

Les Anglois ont long-temps observé la plus grande régularité dans la distribution de leurs Jardins ; ce n'est guère que depuis le commencement de ce siecle, qu'ils se sont éloignés du goût de la France en ce genre. L'imitation de la nature, qu'ils affectent aujourd'hui, est due, à ce qu'on prétend, au génie du célebre *Kent*, Auteur reconnu à Londres, comme un homme plein de talents, même dans l'Architecture & dans la Peinture : ce fut lui, dit-on, qui en 1720, osa s'écarter de regles de le Nôtre, dans la composition des bosquets de la Maison de campagne du premier Ministre *Pelham*, & qui introduisit dans la suite la méthode de préférer l'irrégularité à la symétrie, usitée jusqu'alors. On peut dire néanmoins, qu'il n'en est pas précisément l'inventeur ; car indépendamment, de ce que dans tous les temps cette méthode avoit été suivie en Asie, il avoit été prévenu à Paris par Dufrény (*a*), à

(*a*) Dufréni connu favorablement dans la Littérature, avoit un goût dominant pour l'art des Jardins ; il s'étoit fait un systême en ce genre qui n'avoit rien de commun avec celui des

peu-près contemporain de le Nôtre. Kent d'ailleurs n'ignoroit pas ce que le Pere Duhalde nous a rapporté des Jardins Chinois, qui affectent, dit-il, un certain désordre champêtre dans toutes leurs promenades, ce qui nous a été confirmé depuis par Monsieur Chambers (*b*), à présent premier Architecte du Roi d'Angleterre, qui, en 1757, nous a donné l'*Art de distribuer les Jardins selon l'usage des Chinois*; Ouvrage dont nous avons rapporté un extrait dans l'introduction du premier Volume de ce Cours, page 149.

Au reste, cette excellente traduction des Jardins Anglois, doit être estimée parmi nous, comme

---

grands hommes de son siecle; il aimoit les terreins irréguliers, il lui falloit des obstacles à vaincre. Les Jardins de Mignaux près Poissy, ceux de l'Abbé Pajot près Vincennes, ont été plantés par cet habile Maître, & ont eu une assez grande célébrité; il avoit aussi fait planter deux Jardins, dont les terreins lui appartenoient, au fauxbourg Saint-Antoine, l'un connu sous le nom du *Moulin*, l'autre sous celui du *Chemin Creux*. Louis XIV qui se connoissoit en mérite, lui avoit accordé un brevet de Contrôleur de ses Jardins, en faveur de plusieurs projets qu'il avoit faits pour ceux de Versailles; mais la singularité du génie de Dufrény, & l'excessive dépense qu'il auroit fallu faire pour parvenir à l'exécution, les fit abandonner. Voyez le Discours préliminaire placé à la tête du Livre intitulé l'*Art de former les Jardins Modernes*, &c.

(*b*) Voyez aussi une Description insérée dans les Lettres Edifiantes, publiées en 1749, envoyées de Péquin, en 1743, à M. d'Arsaut, par le frere Attiret, Peintre de l'Empereur de la Chine. Ces Lettres renferment des détails aussi curieux qu'intéressants sur la partie des Jardins dont nous parlons. Néanmoins, à en juger par ces Descriptions, il est à croire qu'ils sont compliqués de trop d'objets & de magnificence, pour que l'imagination puisse s'y peindre une solitude; tant de richesse, selon nous, étonne plus qu'elle ne satisfait; elle semble exclure l'idée d'un séjour champêtre & tranquille, défaut qu'on pouroit peut-être reprocher aussi aux Jardins de Versailles, quoique dans un autre genre.

étant utile aux Artistes, aux Peintres, aux hommes de goût, & contenant un nombre d'observations fines & singulieres sur les différents objets du jardinage.

L'original Anglois fut publié derniérement à Londres, par *Sir Thomas Whately*; nous aurions désiré de même pouvoir nommer le Traducteur, pour lui rendre le juste tribut de reconnoissance que nous lui devons, de nous avoir donné dans notre langue, cette espece de chef-d'œuvre (c), peut-être unique dans son genre, & auquel l'on ne peut guère reprocher, ainsi que le Traducteur en convient, que d'avoir un peu outré le nouveau système des Jardins Anglois, & d'en avoir banni la symétrie avec trop de rigueur.

Passons à présent à quelques observations générales sur l'Art de planter les Jardins & les différentes parties qui les environnent.

OBSERVATIONS GÉNÉRALES SUR LES DIFFÉRENTES PARTIES QUI COMPOSENT LES JARDINS.

Préjugé à part, les nouveaux Jardins Anglois, sans doute, ont de la beauté, en ce qu'ils approchent de plus près de la nature; mais qu'il est difficile d'y atteindre! Combien d'Artistes, loin de la rendre effectivement, la contrefont, croyant l'imiter! D'un autre côté, nos Jardins en France sont admirables; mais ne peut-on pas aussi leur reprocher trop de contrainte & de régularité? Cer-

---

(c) Cet Ouvrage in-8°, est intitulé, l'*Art de former les Jardins modernes*, ou l'*Art des Jardins Anglois*, traduit de l'Anglois. A Paris, chez Charles-Antoine Jombert.

tainement, il n'a pas fallu moins que la célébrité de le Nôtre, pour avoir fixé, pour ainfi dire, la maniere uniforme de planter nos Jardins. Nous aurons occafion ailleurs de difcuter ces différentes opinions, lorfque nous décrirons les Plans des Jardins que nous offrirons dans ce Chapitre : paffons à préfent à quelques obfervations intéreffantes.

I.

Selon la difpofition des Jardins, les furfaces planes doivent dominer principalement dans les Efplanades, qu'on pratique ordinairement devant les principaux corps-de-logis ; néanmoins, il ne faut pas abufer d'une planimétrie trop confidérable ; alors l'œuil n'y trouve ni repos, ni fatisfaction : qu'on y réfléchiffe, il faut des limites qui le délaffent d'une trop vafte étendue ; il faut que la variété répandue dans ces limites foit affez piquante, pour le dédommager d'un efpace confidérable, tenu dans un parfait niveau : fans doute, on peut faire entrer dans fon projet des parties découvertes, pourvu qu'elles fe trouvent terminées par des objets d'une élévation proportionnée à leur efpace ; alors fi ceux-ci font bien entendus, ils formeront une agréable perfpective, & attireront dans l'intérieur des bofquets le fpectateur, qui vifitera, avec autant de plaifir que de furprife, les chefs-d'œuvre qu'ils contiennent : autrement, fi une paliffade, une charmille, mafquent la vue, fans contribuer à l'effet général, l'objet que s'étoit propofé l'Architecte eft manqué.

II.

L'accord des parties entr'elles dans un grand Jardin, eft peut-être ce qui exige le plus d'attention; vient enfuite la variété du fol : pour y parvenir, les parties renfoncées, telles que les Boulingrins, font d'une grande reffource ; ils font peut-être préférables aux parties élevées, connues fous le nom de *Vertugadins* : cependant ces derniers ne doivent pas être négligés ; leur application dépend de l'effet qu'on a droit d'attendre de leur oppofition avec les Boulingrins; du moins ceux-ci ont-ils l'avantage de laiffer paffer la vue ; les Vertugadins au contraire, femblent devoir être préférés pour en limiter l'étendue. Il faut donc combiner l'avantage & le défavantage que peuvent produire ces cavités ou ces éminences, & fçavoir que les premieres réuffiffent prefque toujours bien dans un Jardin peu fpacieux ; les feconds dans des lieux vaftes & portés à une très-grande diftance. Certainement, c'eft par l'ufage modéré que l'on fait de l'un & de l'autre, ou des deux enfemble, qu'on parvient à l'imitation de la nature, fans laquelle, un terrein qu'on veut embellir, n'offre rien de féduifant.

III.

Les principes de l'Art du Jardinage font également intéreffants à fuivre dans les grandes entreprifes, comme dans les plus petites ; car quoique dans les premieres, on puiffe moins s'appercevoir des écarts de l'Artifte, l'inobfervation des lois, & le défaut d'union entre le tout & les parties, deviennent néceffairement la fource de la confufion & du dégoût qu'on éprouve à l'afpect des lieux où l'on a violé les préceptes fondamentaux de l'Art, & l'imitation de la nature.

IV.

Nous fommes d'avis d'éviter, ou du moins, de

faire peu d'usage des formes circulaires dans les compartiments des Parterres, dans le contour des bosquets & des palissades, à moins que chacune de ces formes ne soit accompagnée, dans son extrémité, par des corps rectilignes, & par des angles droits; d'ailleurs leur opposition sert à faire valoir les unes par les autres, sans compter que leur exécution devient plus facile, & leur entretien plus aisé.

V.

Lorsqu'une fois on a fait choix d'un style élégant pour présider dans la disposition & dans la décoration d'un Jardin de propreté, il faut dans toutes les différentes parties qui le composent, y observer des formes délicates, douces & naïves: des effets terribles, des impressions trop vives, des formes contrastées, en un mot tout ce qui sent l'effort, trouble la jouissance qu'on doit éprouver à l'aspect d'une scene destinée à l'amusement & au plaisir. Ici il faut employer une variété ingénieuse; l'uniformité est souvent languissante, la sublimité même y paroît déplacée: c'est la diversité des formes qui anime tout, c'est la disposition du lieu qui doit déterminer le contraste de celles qui s'avoisinent l'une l'autre; certainement leur disposition change leur effet, quoique leur configuration soit la même. Qu'on ne s'y trompe pas, il faut beaucoup de goût & d'expérience pour juger de l'accord que doivent produire sur le lieu les dessins conçus dans le silence du cabinet; pour déterminer sûrement quel ensemble il résultera de la pensée qu'un crayon facile aura tracée sur le papier.

VI.

Une des raisons qui rendent moins intéressantes

les scenes destinées à représenter la douceur & l'aménité dans les formes; c'est que malgré la variété dont elles sont susceptibles, elles admettent peu de contraste. Sans doute la variété nous plaît, & nous sommes frappés par le contraste: aussi est-ce à l'Artiste à disposer son plan ; de maniere que tour-à-tour, l'une & l'autre se trouvent répandues dans sa composition. On doit s'en souvenir, une régularité trop générale décele l'Art; or, celui-ci une fois aperçu, détruit tout le prestige qu'on doit rencontrer dans une promenade formée de parties distinctes, découvertes, & séparées les unes des autres.

VII.

Dans les grands Jardins, sur-tout dans les parties les plus éloignées du Bâtiment d'habitation, il faut souvent brusquer les efforts de l'Art pour parvenir à masquer ou mettre à découvert certaines parties, qui ne peuvent figurer avec le reste de la composition, laquelle demande quelquefois à être traitée dans le genre terrible, solitaire, ou tout-à-fait pastoral. Suivant ces différentes circonstances, il est des écarts préférables à toutes les regles prescrites par l'Art; combien de fois la singularité n'a-t-elle pas élevé l'ame, & produit une surprise agréable en ce genre! Il ne s'agit pas pour cela de grands espaces, de lieux vastes; il faut seulement un génie sublime, des pensées fortes, hardies, & sur-tout le talent de faire choix du caractère le plus convenable à l'objet qu'il s'agit de traiter. Nous avons vu des Jardins en Allemagne, dont plusieurs péchoient souvent par les beautés d'ensemble, & par celles du dessin; nous y avons néanmoins remarqué des parties où le génie & le goût de l'Artiste qui les avoit plantés, offroient aux regards des connoisseurs, ce prestige, cette chaleur & cet enthousiasme dont nous voulons parler, & qu'on ne rencontre point, ou que rarement chez nous.

VIII.

Les Jardins publics doivent être tout autrement traités que ceux des particuliers. Certainement on manqueroit son but, si on n'y plantoit pas des allées très-larges, & si l'on négligeoit leur alignement : en cela, celui des Tuileries est sans contredit un des plus célebres exemples que l'on puisse citer ; aussi Thomas Wathely, dont nous avons déjà parlé, lui accorde-t-il le premier rang, malgré son goût dominant pour le nouveau genre qui regne actuellement dans les Jardins d'Angleterre.

IX.

Non-seulement les formes se ressemblent un peu trop dans nos Jardins ; mais, ce qui contribue peut-être à les rendre plus monotones encore, c'est l'uniformité dans l'espece des arbres dont ils sont plantés : si l'on étoit bien persuadé du pouvoir qu'ont sur notre ame les différentes nuances que nous offre la verdure de chaque espece d'arbres, si l'on prenoit soin de les opposer les uns aux autres, si enfin l'on avoit l'attention de diversifier leurs formes ; combien, sans trop nuire à la symétrie, ne réussiroit-on pas à donner & plus de vérité & plus d'éclat à nos Jardins parés !

A ces préceptes, joignons plusieurs observations essencielles à faire, avant d'entreprendre la distribution des Jardins qui font ordinairement partie des parcs destinés aux promenades de nos Maisons Royales, de nos Maisons de plaisance, & même de nos Maisons de campagne.

D'abord, il faut sçavoir choisir une situation avantageuse (d), une exposition saine & salubre, un excellent terroir, la commodité du lieu & l'abondance des eaux. Après, vient la disposition, qui consiste à corriger la trop grande irrégularité du terrein, à tâcher, autant qu'il est possible, de prolonger le coup d'œuil que forment les principales allées; enfin, à ne pas mettre inconsidérément toutes les parties de son Jardin à découvert. On doit non-seulement se procurer un ombrage qui conduise du principal corps-de-logis aux pieces de verdure qui en sont toujours assez éloignées; mais encore exciter les étrangers à aller visiter les différents bosquets, qui, chacun séparément, peuvent contenir des curiosités dignes de la plus grande attention. En un mot, il est bon de donner diverses formes aux différentes pieces de verdure, en tâchant, le plus qu'il est possible, d'imiter la nature dans ses productions. Cette belle imitation de la nature, doit, dans presque toutes les occasions, être regardée comme un des principaux mérites de l'Art du jardinage.

De ces observations générales, passons à quelques réflexions particulieres; il ne faut pas s'attendre néanmoins que ces nouvelles réflexions puissent seules former d'excellents Artistes : nos

---

(d) En Allemagne, on préfere la situation des montagnes aux vallées : en Angleterre on fait choix des fonds à cause des canaux : en France on bâtit à mi-côte assez généralement, ainsi qu'on le remarque à Marly, à Saint-Cloud, &c.

leçons ne peuvent guère être de quelque secours, qu'à ceux, qui doués d'une heureuse intelligence, peuvent découvrir beaucoup au-delà de ce que nous leur enseignons : nous nous méfierons toujours de ceux qui s'en rapportent trop littéralement à ce qu'ils lisent dans nos Ouvrages. D'ailleurs, qu'on y prenne garde, la plupart de nos observations, quoique puisées dans la source des préceptes, ne peuvent être universelles ; nous n'avons pas même la prétention de croire que le plus grand nombre puisse servir de regle ; on trouvera sans doute très-peu de ces dernieres qui ne souffrent des exceptions, & beaucoup d'autres, dont on pourroit se dispenser dans une infinité de circonstances ; mais, du moins, nous nous flattons que ce qui nous reste à dire, sera de quelque utilité aux Eleves déjà avancés dans cette partie de l'Art, & les mettra à portée de préférer telle forme à telle autre forme, selon les divers genres qu'ils auront à traiter.

Il ne faut donc pas conclure des observations précédentes, que nous pensions qu'il faille négliger d'embellir les Jardins des Maisons de Plaisance & ceux des Maisons élevées dans les cités ; il est, sans doute, nécessaire de remarquer une assez grande distinction entre eux & les Parcs, les Bois, ou les Forêts proprement dites : mais nous osons avancer, qu'une promenade n'est véritablement belle, que lorsqu'elle rassemble des points de vue intéressants hors de son enceinte : de maniere qu'après avoir orné, par le secours de l'Art, les parties découvertes qui environnent le principal corps-de-logis, on puisse apercevoir à travers les massifs destinés à donner de l'ombrage à ces Jardins, des dehors capables de satisfaire

l'œuil,

l'œil, en faisant passer alternativement le Spectateur, d'une régularité raisonnable, à des formes pittoresques que produisent ordinairement les vallées, les côteaux, les montagnes; double avantage qui transporte, pour ainsi-dire, le possesseur d'un pareil domaine, de la contemplation de la nature, à l'admiration des chefs-d'œuvre de l'Art.

Nous venons de dire, un peu plus haut, à peu-près la même chose; mais nous ne craignons point de le répéter: il s'agit ici de l'application des préceptes, il s'agit de faire des citations qui frappent, & qui déterminent à telle ou telle sorte d'imitation. D'après cet aveu, nous dirons qu'on est touché de cette contemplation, &, tout ensemble, de cette admiration, lorsque dans les Jardins parés de Saint-Germain-en-Laye, de Meudon, de Saint-Cloud, on jouït de la beauté des dehors, & de la variété champêtre qui les environne: qu'au contraire, à Versailles, à Trianon, l'Art seul y brille de toute part; ensorte que les trésors qu'ils renferment, présentent plutôt à l'imagination l'effort de l'esprit humain, que cette belle simplicité que doit nous offrir la nature, simplicité, qui, au lieu de fontaines jaillissantes revêtues de bronze, d'escaliers en marbre, de murs, de terrasse en maçonnerie, de berceaux artificiels élevés à grands frais, ne nous présente que des cascades de verdure, des rampes douces, des gradins de gazon, des berceaux naturels, des palissades où l'industrie paroît peu, mais qui souvent sont préférables à tout ce que l'Art a de plus séduisant & de plus riche; car, osons le dire, cette profusion de vases & de statues faites de matieres précieuses, est plus propre à décorer avec magnificence l'intérieur de nos appar-

Tome IV. B

tements, qu'à orner les Jardins de nos Maisons Royales.

On distingue ordinairement trois especes de Jardins, ceux d'un niveau égal, ceux à mi-côte, & ceux qu'on nomme en terrasse, ainsi que nous venons de le remarquer précédemment.

Les Jardins plantés dans les plaines, sont les plus agréables pour la promenade; d'ailleurs leur exécution & leur entretien sont moins dispendieux. Il est vrai qu'il faut employer beaucoup d'Art & de variété, pour se dédommager de l'air de tristesse qui y regne, sans compter qu'on n'est pas dispensé, dans ces Jardins de niveau, de pratiquer des pentes suffisantes pour l'écoulement des eaux du ciel, puisqu'autrement, elles séjourneroient dans les allées, y causeroient des ravins, & les détruiroient en peu de temps. De cette nécessité indispensable, il peut arriver qu'on pratique des terrasses comme aux Tuileries, des talus & des gradins de gazon comme à Choisi, ou enfin des rampes douces, telles qu'on en remarque dans les Jardins des Châteaux de Meudon, de Montmorency, &c.

Les Jardins plantés à mi-côte, sont les plus fatigants, quoique de distance à autre, on y pratique des terrasses & des pentes douces, pour en réparer les inégalités, & parvenir aux esplanades, aux pieces découvertes, aux salles de verdure, aux principaux bosquets, &c. Quelquefois aussi on met en œuvre les talus & les gradins de gazon qu'on place en face de chaque maîtresse allée: mais il n'en est pas moins vrai que ces sortes de promenades sont d'un difficile accès, malgré le spectacle intéressant que procurent à ces Jardins les amphiteâtres, qui semblent en redresser la difformité. Pour conserver la pente des allées de ces Jardins à mi-côte, lorsqu'ils sont au-delà de quatre pouces par toise, on pratique des marches de gazon en zigzag, connues sous le nom de chevrons; à dessein de rejeter les eaux des deux côtés dans les massifs des bosquets, ainsi que nous aurons occasion d'en parler dans la suite; mais il ne convient de les employer, que loin des promenades les plus fréquentés.

Les plus magnifiques Jardins, à notre avis, sont ceux plantés sur le sommet des montagnes, tels qu'à Meudon & à Saint-Germain-en-Laye: ces sortes de Jardins sont généralement estimés, non-seulement, à cause que de leur sol on aperçoit les environs; mais parce qu'ils sont favorables à la chûte des eaux, leur niveau n'étant jamais assez parfait, pour qu'il ne s'y rencontre pas quelques terrasses, qui, se servant mutuellement de réservoirs, font également un bon effet, soit que ces terrasses soient aperçues d'en bas, ou qu'elles soient aperçues du lieu le plus éminent. Il n'en faut pas douter, ces différents aspects deviennent autant de scenes différentes dans les Jardins dont nous parlons, ce qui leur fait donner la préférence sur tous les autres, pourvu, toutefois, que leur planimétrie puisse avoir une certaine étendue, depuis le pied de l'édifice, jusqu'à la premiere terrasse & ainsi de suite. Ces Jardins, à la vérité, coûtent de très-grands frais, & exigent un entretien considérable; mais comme ces sortes d'entreprises sont réservées pour les Maisons Royales, &, après elles, pour celles de la premiere importance, & toujours, lorsque la situation semble l'exiger, l'agrément qui en résulte, dédommage, en quelque sorte, de la dépense qu'on est obligé de faire pour la construction & la plantation de ces Jardins de magnificence.

D'après ce que nous venons de rapporter, il est aisé de concevoir que l'Architecte composera ses Plans, à raison de la différente disposition des terreins où il doit projeter : il aura l'attention de ne pas faire usage des formes reçues pour un Jardin à mi-côte, lorsqu'il s'agira d'un Jardin de niveau, ou d'un Jardin en terrasse : pour cela, il doit prévoir que l'optique racourcissant toujours des grandes longueurs, lorsqu'elles sont disposées horisontalement, il faut leur donner une étendue plus ou moins considérable, selon leur distance, & le point de vue d'où elles doivent être aperçues; que par la même raison, il faut procurer une forme elliptique à un tapis vert, ou à une piece d'eau qu'on veut faire paroître circulaire; qu'on doit former un carré long, lorsque l'on veut faire apercevoir un quadrilatere; qu'il faut les rendre plus ou moins oblongues, selon que le terrein sera de niveau, en pente douce, ou précipité; qu'enfin il convient d'en user de même pour toutes les parties, qui, formant retraite, se trouvent élevées les unes au-dessus des autres, afin qu'étant aperçues d'en bas, leur hauteur apparente ait une proportion convenable, & avec leur largeur, & avec les parties qui les environnent.

Ces différentes considérations exigent certainement une intelligence au-dessus de la routine ordinaire; néanmoins il ne faut pas s'en rapporter à la seule théorie, ni à un dessin quelquefois composé de formes élégantes & d'assez bon goût. Qu'on ne s'y trompe pas, il y a souvent loin de l'effet que présente l'image à l'exécution : combien de fois n'avons-nous pas vu des productions ingénieuses, tracées sur le papier, qui, traduites sur le terrein, n'offroient plus que des formes contrastées, chimériques & hasardées ?

Passons à présent aux différents objets qui composent les Jardins de propreté ; commençons par les parties découvertes, telles que les parterres, les boulingrins, les fontaines jaillissantes, les terrasses, & autres compartiments, placés ordinairement dans les Esplanades qui environnent le principal corps-de-logis & ses dépendances.

OBSERVATIONS PARTICULIERES SUR LES DIFFÉRENTS OBJETS QUI SE PLACENT A DÉCOUVERT DANS LES JARDINS DE PROPRETÉ.

Des différentes sortes de parterres.

Les Parterres (*e*) sont de grandes piéces entremêlées de fleurs & de verdure, peu élevées & enfermées de plates-bandes, ou seulement par des bandes de gazon ; ces parterres sont aussi entourés de grandes allées découvertes. Ces allées, comme les Parterres, occupent ordinairement l'Esplanade qui environne le corps-de-logis du côté des Jardins. La forme des Parterres dépend de l'espace découvert qui les contient, aussi-bien que de celui des charmilles & des palissades qui les entourent. Le rapport de leur longueur à leur largeur, est, pour ainsi-dire, indéterminé ; cepen-

---

(*e*) Parterre du verbe Latin *Partiri*, diviser ; il signifioit anciennement une place à bâtir, *area hortensis*.

dant ils doivent avoir une certaine relation avec la grandeur du lieu qui les reçoit. En général, il faut que les Parterres soient composés de grandes parties, & l'on doit avoir l'attention d'employer peu de détails dans leurs ornements, principalement lorsqu'ils se trouvent situés dans des lieux vastes & fort étendus : on peut user de moins de retenue, lorsqu'au contraire ils sont vus de près, & renfermés dans un endroit peu spacieux.

Les plates-bandes qui entourent les Parterres, sont de quatre especes : les premieres sont celles qu'on laboure en arcs bombés; elles doivent avoir au moins trois pieds de largeur, & au plus six; plus étroites, il est difficile d'y distribuer des fleurs, qui, dans un Jardin bien entretenu, doivent se succéder sans intervalle : au-delà de six pieds, il faut marcher dans ces plates-bandes pour les cultiver. Les secondes sont distribuées par compartiments, à l'usage des Jardins fleuristes. Les troisiemes sont seulement formées de traits de buis, avec des bandes de gazon au milieu, & séparées par des sentiers. Enfin les quatriemes sont d'un parfait niveau, & sablées comme le fond du Jardin. On y range des caisses, des vases, des ifs, des arbrisseaux, &c. Toutes ces plates-bandes sont formées par des traits de buis nain, à l'exception de celles des Potagers, qui, au lieu de buis, sont plantées d'herbes aromatiques, & quelquefois entourées de planches de menuiserie peintes en verd, d'environ quatre ou cinq pouces de hauteur.

On compte aussi communément quatre especes de Parterres : les premiers sont connus sous le nom de Parterres de broderie; les seconds sous celui de Parterres à compartiments ; les troisiemes sous celui de massifs en gazon ou à l'Angloise. Enfin, les quatriemes sont nommés Parterres de fleurs proprement dits.

Les Parterres de broderie sont ceux dont les dessins sont composés de rinceaux, d'ornements enroulés & entremêlés de fleurons, de palmetes, de volutes & d'entrelas. Ces différents compartiments sont remplis de couleurs variées, telles que le sable, le mâche-fer, la brique battue ou le tuilot, qui leur font imiter la broderie. Les plus beaux Parterres que nous ayons dans ce genre en France, sont, sans contredit, ceux du Jardin des Tuileries du dessin de le Nôtre ; ils sont composés de contours coulants & variés, qui produisent le meilleur effet. Cette partie du Jardinage demande une étude suivie : tel Architecte, qui d'ailleurs entend bien les ornements propres à la décoration intérieure & extérieure des Bâtiments, se trouve novice ici ; c'est pourquoi dans tous les temps, ainsi que nous l'avons déja dit, plusieurs Artistes de mérite ont fait leur capital de l'art de planter les Jardins, dans lequel se trouvent compris les Parterres. Anciennement on chargeoit les Parterres d'ornements ridicules ; on y faisoit entrer des chiffres, des armoiries, des supports ; mais depuis qu'enfin on a reconnu que le goût étoit l'ame de toutes les productions de ce genre, on a senti qu'il n'est point de vraie beauté, où regne le défaut de convenance. On est parvenu à faire des dessins plus raisonnables, & dès-lors, les Parterres de broderie ont repris faveur chez nous ; on les emploie encore dans les Jardins publics, dans les Jardins de nos grands Hôtels, & dans ceux des Maisons de nos riches particuliers.

On commence cependant à préférer, dans ces derniers, les Parterres à compartiments, parce que l'on reconnoît tous les jours que les rinceaux s'approchant de très-près dans leur naissance, se détruisent en peu de temps par la chaleur d'un été brûlant; de maniere que les brèches que produisent ces lacunes, deviennent désagréables à l'œil, & très-difficiles à réparer.

Les Parterres à compartiments sont ceux dont le dessin se répete de part & d'autre avec symétrie, & qui, au lieu de broderie, sont composés de massifs de gazon découpés : ces Parterres s'entourent aussi de plates-bandes de fleurs comme les précédents. Ceux du Jardin du Luxembourg sont de ce genre, & sont devenus fort en usage dans nos Maisons de campagne, coutant peu, étant d'un entretien facile, & se rétablissant aisément lorsqu'ils viennent à se dégrader. Un agrément de ces Parterres, c'est qu'ils sont toujours verts, & composés de moins de petites parties que ceux de broderie; d'ailleurs leur simplicité s'accorde souvent bien avec les lieux champêtres qui les environnent, convenance qu'il ne faut pas négliger; autrement ces objets se trouvent rarement d'accord avec l'ensemble, d'où il résulte un coup d'œil désagréable, que les bons Artistes savent éviter.

Les Parterres connus sous le nom de massifs en gazon, different de ceux à compartiment, en ce qu'ils ne sont composés que d'un seul tapis vert, entouré d'une plate-bande aussi de gazon, avec un sentier qui sépare l'un & l'autre. Ces Parterres, encore plus simples que les seconds dont on vient de parler, sont du ressort des Jardins des Maisons Seigneuriales, & éloignées de la Capitale. Pour qu'ils soient beaux, il faut, ainsi que toutes les pieces de verdure de cette espece, planter ce gazon & non le semer, & prendre soin de préférer l'Automne au Printems pour cette opération, à cause des pluies abondantes qui suivent cette derniere saison; ce qui contribue à lui faire prendre racine promptement: de maniere, qu'en Mars, il peut être battu, tondu, sarclé, & former un coup d'œil agréable. Tels sont à Paris, les Parterres du Palais Royal, les seuls qui soient de la beauté de ceux qu'on plante en Angleterre, où effectivement ils sont admirables, parce que l'humidité constante qui y regne contribue beaucoup à leur perfection; au lieu qu'en France, notre température, & la négligence de nos Jardiniers, ne nous permettent guere, sans une dépense extrême, d'imiter les Jardins Anglois à cet égard.

Les Parterres de fleurs sont ceux, tout composés de plates-bandes, chantournées en compartiments, & entourées d'autres plates-bandes droites & continues, le tout rempli de fleurs de différentes saisons, & au milieu desquelles se placent des arbustes, des arbrisseaux, & des plantes vivaces, qui forment un ensemble agréable & varié. Quelquefois au milieu de ces derniers Parterres, on place des corbeilles, exécutées par des treillageurs, & qui s'élevent pyramidalement, ce qui contribue à les embellir encore. Ces sortes de Parterres devenus à la mode aujourd'hui, s'exécutent dans de petits Jardins particuliers, près des appartements privés; & l'on prend soin, dans leur composition, de faire entrer des bassins, qui, en favorisant leur culture, produisent un coup d'œil intéressant, de l'intérieur du Bâtiment.

Des Boulingrins & des Vertus-Gadins.

Les Boulingrins (*f*) se placent assez ordinairement près des Parterres, ou dans des bosquets particuliers, lorsqu'il s'agit de décorer les parties découvertes pratiquées au-devant de la façade des Bâtiments, ou qu'une trop grande quantité de Parterres de broderie ne procureroit pas assez de variété; d'ailleurs ces pieces de verdure ont cela d'utile, que lorsqu'on veut pratiquer une piece d'eau dans leur renfoncement, cette profondeur procure plus de hauteur au jet, ou facilite la multiplicité des nappes, lorsqu'on veut y introduire un buffet ou une cascade. Le Boulingrin qui nous a fait le plus de plaisir dans ce dernier genre, est celui des Jardin de Trianon, nommé le plafond. En général, ces pieces renfoncées, ont encore l'avantage d'éviter la monotonie du sol dans la disposition & la distribution des Jardins; d'ailleurs, ils facilitent son nivellement, & procurent des terres, pour élever dans leur voisinage des Vertugadins, qui sont précisément l'inverse des Boulingrins; ceux-là, pour la plupart, étant en élévation, ce que ceux-ci sont en profondeur. Les Vertugadins different encore des Boulingrins, en ce que, sur leur éminence, on place des statues ou des vases qui se remarquent de loin, pendant que dans le fond

---

(*f*) Plusieurs Auteurs font dériver ce nom de boule, qui signifie rond & de grin, qui veut dire pré ou gazon; mais en général, comme la forme du Boulingrin est arbitraire, on doit entendre, sous ce nom, toute piece de verdure renfoncée en glacis dans son pourtour, & ornée dans son milieu, d'un bassin, ou d'un tapis vert, **tel qu'il s'en remarque au Jardin des Tuileries, & ailleurs.**

des Boulingrins, on n'introduit guères que des tapis verts ou des pieces d'eau; mais l'un & l'autre produifent également un coup d'œuil intéreffant, lorfqu'ils font bien exécutés, placés convenablement, d'une forme agréable, & compofés de grandes parties.

Des Fontaines, des Buffets & des Cafcades.

Nous ne parlerons point de l'origine des Fontaines: le Blond, dans fa théorie du Jardinage, a rapporté, page 318, l'opinion de plufieurs Auteurs à cet égard. D'ailleurs, notre but principal eft de parler ici de la décoration des Fontaines jailliffantes, qui different beaucoup de celles élevées dans les cités, dont nous avons rapporté quelques exemples dans le deuxieme Volume de ce Cours. Les Fontaines dont il s'agit ici, nous interreffent d'autant mieux, qu'elles contribuent plus que tout autre objet à l'embelliffement des Jardins de nos Maifons de plaifance, & qu'il faut beaucoup de goût & d'intelligence pour en varier les formes, & les placer de maniere, qu'elles puiffent être aperçues de différents afpects.

Sous le nom de Fontaines, on comprend affez ordinairement auffi les Cafcades & les Buffets, qui, comme les Fontaines jailliffantes, font fufceptibles d'être compofées de membres d'Architecture & de Sculpture; mais qui, toutes également, peuvent être conftruites en pierre, en marbre, ou en bronze. Leur beauté capitale confifte dans la diftribution des eaux amenées d'un réfervoir par des tuyaux de différents calibres, qui produifent des chûtes & des jets de diverfes efpeces, par le fecours de l'Hydraulique. Elle confifte encore dans le choix des attributs dont elles sont ornées, & dans le prix de la matiere avec laquelle elles sont construites ; cette partie de la décoration de nos Jardins parés, exige la connoissance du dessin, regardée dans tous les temps, comme l'ame des productions des Artistes. Certainement cette étude essencielle, réunie aux effets des eaux, présente à l'œuil des curieux, un spectacle enchanteur, qui contribue à rendre les promenades, & plus intéressantes & plus agréables.

Entre toutes les Fontaines, les Cascades tiennent le premier rang; celles-ci sont de deux especes, les unes, qu'on nomme Cascades naturelles, les autres, Cascades artificielles : les premieres s'appellent ainsi, parce qu'à l'imitation de la nature, on profite de l'inégalité d'un sol montueux, pour y produire des chûtes & des bouillons, sans que l'Art paroisse y prêter d'autres secours que quelques pieces de verdure, des rocailles, des talus & des glacis : d'ailleurs, ces Cascades champêtres sont ordinairement animées par des eaux de source qui les font jaillir continuellement ; telles sont la plupart de celles de Chantilly & de Liancour. A l'égard des Cascades appelées artificielles, communément elles sont construites à grands frais, & ornées de chûtes, comme à Saint-Cloud ; de nappes, comme à Seaux ; ou enfin de chûtes & de nappes, comme à Trianon. On mêle aussi à ces Cascades, ou dans les bassins qui les accompagnent, des bouillons, des moutons, des champignons, des girandoles, des gerbes, des jets dardants, &c.

A l'égard des nappes, il faut, lorsqu'on veut qu'elles soient continues & sans rupture, qu'elles aient peu d'élévation ; autrement il convient d'affecter des ressauts sur les bords des coupes ou cuvettes d'où elles s'échappent; & alors leur hauteur peut devenir indéterminée.

Les bouillons different des jets, en ce qu'ils sont beaucoup plus gros, & qu'ils s'élevent beaucoup moins.

Les moutons sont des especes de bouillons qui ont beaucoup de largeur, mais très-peu d'élévation. Ils sont formés par une bavette de plomb, qui arrête la rapidité d'une eau fort abondante, amenée avec vitesse, par une conduite venant du réservoir; tels sont ceux qui se remarquent à la Cascade champêtre de Marly.

Le Champignon ne differe guères du bouillon, qu'en ce qu'il s'éleve d'une coupe de marbre, en forme de coquille, soutenue par une tige en balustre, ou par des groupes d'enfants, & qu'en tombant dans un autre bassin, il forme une nappe déchirée, qui se précipite en bouillonnant.

Les Girandoles sont des espèces de gerbes, qui, vers leur extrémité, imitent, par leur accélération, la blancheur de la neige: on affecte quelquefois de mettre à côté des conduits qui amenent les eaux de ces Girandoles, d'autres tuyaux, dans lesquels sont contenues des ventouses, qui, lorsqu'elles viennent à s'échapper, font bouillonner l'eau, & produisent un bruit qui ressemble assez à celui d'une forte artillerie; telles sont celles qu'on voit dans la Cascade, nommée la Cascade des vents, en face du Château de Marly.

Les Gerbes different des Girandoles, en ce qu'elles sont composées d'un faisceau formé de plusieurs ajoutoirs de différents calibres, ou d'une platine de bronze, percée par des trous circulaires ou oblongs, & d'inégal diamètre, qui font élever ces gerbes pyramidalement.

Les Jets d'eau sont poussés perpendiculairement à une très-grande hauteur, ainsi qu'il s'en voit à Saint-Cloud, à Marly & à Versailles, dont plusieurs surpassent soixante & dix pieds ; ce qui alors, les fait nommer grands Jets. Enfin on appelle Jets dardants, ceux qui en s'élevant, décrivent une courbe parabolique, pour former, avec de pareils Jets qui leur sont opposés, un berceau d'eau, tel qu'il s'en remarque dans le bosquet des trois fontaines à Versailles.

Nous l'avons déjà dit, nous le répétons ; la variété des formes des Fontaines, des Buffets & Cascades est infinie ; la situation du lieu, la distance d'où ils doivent être aperçus, l'espace couvert ou découvert, enfin les allées ou les pieces de verdure qui les contiennent, déterminent leur contour, leur grandeur & leur élévation ; autant de considérations qui ne permettent guères d'assigner de proportion particuliere sur ces divers objets ; c'est le goût qui doit déterminer leur forme ; c'est l'opulence des personnes qui font planter les Jardins, qui doit décider du degré de leur richesse ou de leur simplicité ; c'est enfin, le plus ou moins d'abondance des eaux qu'on a à employer, qui doit contribuer à en augmenter ou à en diminuer la capacité.

Pour acquérir tous les degrés de connoissance qu'il convient d'avoir sur ces parties interressantes de nos Jardins, il n'en faut point douter, ce sont nos Maisons Royales qu'il faut aller visiter ; & là, le porte-crayon à la main, muni de l'exercice du dessin, que nous avons tant de fois recommandé, on doit en figurer d'abord les masses, puis quelques parties de détail, les observer de nouveau, & en prendre ensuite les principales dimensions, sur tout lorsque ces chefs-d'œuvre de l'Art se trouvent dépouillés de leurs eaux, afin d'en pouvoir mieux étudier l'arrangement, & en découvrir le mécanisme. Enfin, il faut les revoir encore accompagnés alors de l'effet de leurs eaux ; & par ce procédé, on aura bientôt acquis la maniere de les concevoir, & d'en faire l'usage convenable dans la distribution de ses Jardins.

Nous prendrons soin néanmoins, à la fin de ce Chapitre, de donner quelques dessins de ces différentes productions, en faveur de ceux, qui, éloignés de nos Maisons Royales, ne sont pas à portée de puiser sur les lieux le véritable goût de l'Art, par l'examen réfléchi des ouvrages de nos célebres Artistes.

Des différentes especes de Terrasses.

Les Terrasses sont d'une nécessité absolue, dans les Jardins où les Bâtiments sont situés sur le sommet d'une montagne, ou à mi-côte. De toutes les dépenses qu'exige l'Art de planter les Jardins, celle des Terrasses est la plus considérable, par les travaux immenses qu'occasionne le transport des terres, leur déblai & leur remblai. Il est vrai qu'il faut convenir que rien n'annonce tant la magnificence des Propriétaires, que les Terrasses, surtout lorsqu'elles se trouvent disposées de maniere à former plusieurs Jardins en amphithéâtres, & qu'elles sont embellies par de grands escaliers & des murs de revêtissement, traités dans un genre relatif à celui du Jardin qu'elles environnent, & à l'importance de l'Edifice qui les amene sur la scène. La Terrasse de l'Orangerie de Versailles, & les escaliers qui l'accompagnent, sont un des plus admirables modeles en ce genre. Sa grandeur, sa beauté, & sa magnificence, égalent les plus célebres entreprises des Romains. Après cette Terrasse, celle de Meudon, quoique dans un tout autre genre, mérite les plus grands éloges, aussi-bien que celle du Château neuf de Saint-Germain-en-Laye. On en voit plusieurs autres dans les Jardins de nos Maisons de plaisance, qui, quoique moins considérables, ne doivent pas moins être l'objet de l'étude particuliere des Eleves qui veulent acquérir toutes les connoissances de cette partie de l'Art.

Ordinairement, on compte trois especes de Terrasses : les premieres, sont celles soutenues par des murs de maçonnerie, revêtus de membres d'Architecture, tels que des bossages, des refends, des cadres, des tables, qui, à leur tour, reçoivent, selon l'importance des lieux & les objets qui les avoisinent, des congélations, des pétrifications, & autres ouvrages de sculpture rustique, & se terminent le plus souvent par des balustrades couronnées de trophées, de groupes d'enfants, &c. Ces sortes de Terrasses exigent souvent des escaliers en pierre ou en marbre, dont nous dirons quelque chose, après avoir parlé des deux autres genres de Terrasses.

Le secondes sont celles, qui, au lieu de murs de revêtissement, sont seulement soutenues par des talus de gazons qui entretiennent les terres, & sur lesquelles, de distance à autre, on forme des gradins pour y monter ou en descendre plus facilement :

facilement : on orne alors ces terrasses avec des arbrisseaux, des arbres en boules, des statues, des vases, &c.

Les troisiemes, sont celles où l'on n'emploie ni les murs de revêtissement, ni les talus de gazon ; mais où l'on fait seulement usage de rampes douces & continues, & où l'on dispose des estrades, des plates-formes & des massifs de verdure en compartiments, avec une sorte de symétrie respective.

Des Escaliers découverts, en usage dans les Jardins de propreté.

Les Escaliers en marbre ou en pierre, contribuent beaucoup, ainsi que les terrasses, à la magnificence des Jardins. On en compte aussi de trois sortes : les Escaliers de maçonnerie adaptés aux murs de Terrasses ; ceux en rampe douce, sans marches, mais toujours appuyés contre les murs de revêtissement ; & ceux qui, tout de gazon, forment des gradins soutenus seulement par des talus inclinés & tapissés de verdure.

Les premiers se construisent en pierre ou en marbre, tels qu'il s'en voit à Versailles, à Saint-Cloud, aux Tuileries & ailleurs : leur forme se varie à l'infini, selon la disposition du terrein, la hauteur des Terrasses & le besoin que l'on a de les multiplier dans un même lieu. En général, il est bon d'observer que leurs marches n'excédent jamais le nombre de treize, pour parvenir à un palier, & que ces marches ayent au moins quatorze pouces de giron, sur cinq pouces de hauteur, y compris trois lignes de pente qu'il convient de leur donner, pour faciliter l'écoulement des eaux du ciel. Ces sortes d'Escaliers doivent être fondés avec beaucoup de précaution ; autrement, ils sont sujets à se dégrader en peu d'années. Lorsque ces Escaliers sont appliqués à des Terrasses peu élevées, on ne fait point usage des balustrades pour leur servir d'appui ; on n'en remarque, ni aux Terrasses, ni aux Escaliers des Jardins des Tuileries & du Luxembourg, qui cependant ont une assez grande hauteur. La belle Terrasse de Saint-Germain-en-Laye, plus considérable encore, n'en a point non plus. On en a placé dans la grande Terrasse de l'avant-cour du Château de Meudon, parce qu'elle est d'une élévation qui a de quoi étonner ; les Escaliers placés dans les Jardins de cette magnifique Maison Royale, en ont aussi ; mais nous estimons que pour peu que la longueur des marches soit de douze à quinze pieds, il convient de se passer de ces sortes d'appuis, qui ôtent aux rampes de ces Escaliers leur légéreté, & détruisent en quelque sorte leur plus bel effet ; cependant, lorsqu'on ne peut faire autrement, il est à propos de préférer les balustrades ou les entrelas, aux rampes de fer qui ne conviennent absolument que dans les Maisons de campagne très-subalternes.

Les Escaliers à rampe douce, doivent être d'un facile accès, non-seulement pour qu'on les puisse monter ou descendre aisément ; mais pour que le service des carioles, des traîneaux, ou le transport des caisses, se fasse commodément : quelquefois aussi, au-lieu de pentes en glacis, on pratique des marches en talus, dont la hauteur est, au plus, de trois pouces sur le devant, & leur pente du quart de leur giron, lequel ordinairement se fait de trois ou quatre pieds, telles que se remarquent celles du Jardin de Trianon, placées en face d'un des bras du grand Canal de Versailles.

Les Escaliers construits en gazon, ne doivent être, ni si considérables que les précédents, ni promettre autant de durée que les Escaliers en pierre; mais ils ont cela d'intéressant, qu'ils sont toujours verds, qu'ils sont aisés à exécuter, qu'ils coûtent peu à construire, & que leur entretien n'est guère dispendieux: on en voit de cette espèce dans les Jardins de Marly, qui peuvent passer pour autant de chefs-d'œuvre en ce genre.

Tous ces différents objets doivent environner le principal corps-de-logis, & contribuer à en augmenter le coup d'œuil, aussi-bien que les statues & les vases en marbre, en bronze ou en métal, que ces mêmes objets amenent sur la scène; mais il faut prendre garde, néanmoins, que leur capacité, leurs formes, & sur-tout leurs allégories, correspondent aux différentes pieces découvertes qui les reçoivent, pour ne pas indistinctement placer des Nymphes, des Naïades & des Tritons, &c. dans les bosquets & les cabinets de verdure; des Silvains & des Faunes, dans les bassins & les fontaines. D'ailleurs, il faut sçavoir que ces divers statues & ces vases acquierent un nouvel éclat, lorsqu'on peut les situer au-devant des palissades qui leur servent de fond. Il faut prendre garde de les trop multiplier, ainsi qu'on l'a fait à Versailles, où l'on en remarque une si grande quantité, qu'on a peine à concevoir, que dans un si court espace, la France ait pu fournir assez d'Artistes célèbres, pour nous y faire admirer tant de chefs-d'œuvre.

Des Quinconces.

Les Quinconces, quoique plantés d'arbres à haute tige, peuvent être rangés au nombre des pieces découvertes, parce que ces arbres étant élagués à une certaine hauteur, la vue s'échape à travers les allées que forment ces mêmes tiges. Quelquefois on seme sous ces arbres du gazon, & l'on réserve seulement le sol de quelques pieces découvertes qui se placent au milieu, ainsi que les allées qui en divisent les massifs. Lorsqu'on plante des lisieres de charmille, pour fermer l'enceinte des Quinconces, il faut avoir attention qu'elles n'excedent pas la hauteur d'appui, à dessein que l'œil puisse passer aisément au-dessus : il en faut user de même, lorsqu'au lieu de tapis verd, on y plante des charmilles, que pour cela on appelle charmilles récépées, du massif desquelles on voit sortir les tiges des arbres, ce qui forme un agréable effet, ainsi qu'il s'en remarque dans les bosquets de Daphné & d'Hippomêne des Jardins de Marly.

Ces piéces de verdure doivent être disposées de maniere qu'à chaque angle d'un carré parfait, il y ait un arbre, aussi-bien que dans le centre; en sorte que, par cette symétrie réitérée, on forme un bosquet percé à jour dans toute son étendue par des allées paralleles en tout sens : quelquefois on supprime l'arbre placé au milieu, & qu'on n'avoit planté, que pour jouir plus promptement du couvert que produit la chevelure de ces jeunes arbres mis près à près ; mais, lorsqu'ils ont pris une certaine croissance, ils peuvent se supprimer, à dessein que les allées deviennent plus spacieuses ; dès-lors on laisse monter la tige, ce qui procure plus d'air & plus d'agrément à la promenade. Au reste, il faut sçavoir que les Quinconces (g) ne réussissent véritablement bien que dans les Jardins hauts, & qu'ils demandent à être plantés dans des espaces absolument réguliers.

Des diverses Palissades.

Les Palissades procurent aux Jardins de propreté un coup d'œuil agréable ; elles sont d'ailleurs d'un grand secours pour redresser les inégalités des murs de cloture, & soustraire au spectateur, en certaines occasions, les objets trop disparates, lesquels nuiroient à la symétrie qui doit régner dans la forme des Esplanades ou des autres parties découvertes. Les Palissades servent encore à former des contre-allées, à border les massifs des bois, & à limiter l'enceinte des bosquets. Le principal agrément des Palissades consiste à être bien dressées & garnies depuis leur pied jusqu'à leur sommet : elles sont susceptibles de chantournement dans leur plan, suivant les lieux qu'elles décorent. Pour offrir une belle verdure, elles doivent être plantées en charmille ou en ormille : celles d'érable, d'ifs & de buis, ne produisent pas, à beaucoup près, un aussi beau coup d'œuil, & elles sont d'un plus difficile entretien. Assez généralement leur hauteur est fixée aux deux tiers de la largeur des allées ; & lorsque dans les lieux spacieux on veut les élever da-

---

(g) Quinconce ou Quinconge, du mot Latin *Quincunx*.

vantage, on laisse monter la chevelure des arbres de haute futaie qui sont placés derriere, pour que l'une & l'autre se réunissent, soit à plomb, soit en retraite, soit en saillie. On doit observer de ne jamais enclaver les arbres dans les Palissades, parce que, lorsqu'un d'eux viendroit à périr, on seroit obligé de faire brêche dans cette derniere, & elle seroit un temps trop considérable à se retablir. Nous pensons encore qu'il faut éviter de placer les arbres au-devant des Palissades, leur tige rarement droite, nuisant nécessairement au coup d'œuil, ainsi qu'on le remarque dans l'allée du tapis verd à Versailles, & dans les Jardins de Trianon. Il n'en faut point douter, les arbres sont plus convenablement placés derriere, à la distance de deux ou trois pieds de la charmille. Il est encore bien, selon nous, dans les allées parées où l'on étale à grands frais les chefs-d'œuvre de la Sculpture, de ne laisser jamais surpasser la chevelure des arbres, au-delà de la surface des Palissades ; autrement l'eau, qui tombe abondamment, dans l'arriere saison, de dessus ces arbres, ruine ces ouvrages de l'Art, ainsi qu'on le remarque dans les magnifiques Jardins que nous venons de citer, malgré les soins continuels qu'on prend pour les en garantir ; mais le sédiment des feuilles mortes qui s'y attachent pendant l'hyver, en détruit insensiblement toute la finesse, & leur ôte, à la longue, la plus grande partie de leur belle expression.

OBSERVATIONS PARTICULIERES SUR LES DIFFÉRENTES PARTIES QUI SE PLACENT A COUVERT DANS LES JARDINS DE PROPRETÉ.

Des différentes Allées.

Tous les différents objets dont nous venons de parler n'auroient aucun agrément, si dans une plantation (*h*), telle qu'un grand Jardin (*i*), un Parc (*k*), on n'obfervoit du couvert, non-feulement pour parvenir aux différentes parties qui les compofent, mais aufſi pour procurer de l'ombre à la promenade. Ces deux confidérations ont fait imaginer les Allées, dont nous parlons ici, pour fervir de communication aux différentes pieces de verdure, & pour entourer quelquefois les Efplanades; celles-ci fe placent au-devant des maſſifs

---

(*h*) Aſſez généralement on appelle Plantation, l'art de former un Jardin, un Parc, un Bois, une Forêt, un Bocage, un Maſſif, un Bofquet, &c.

(*i*) Par un Jardin, on entend toutes les parties couvertes ou découvertes d'une belle promenade plantée d'arbres, d'arbriſſeaux, d'arbuſtes & de fleurs.

(*k*) Parc ; on comprend fous ce nom un grand lieu à la campagne entouré de murailles, & faifant partie des dépendances d'une Maifon Royale ou Seigneuriale. On en diſtingue de deux fortes, l'un que l'on nomme petit Parc planté d'arbres de moyenne futaie, qui comprend les Jardins de propreté, dans lefquels font diſtribués les différents Bofquets, & autres pieces de verdure : l'autre qu'on nomme grand Parc, où font percées de grandes avenues, & où l'on pratique des routes pour la chaſſe, des réfervoirs, des décharges, &c. On conſtruit aufſi dans ces derniers, des Ménageries, des Faifanderies, enfin, des Remifes & des retraites pour le gibier.

qui séparent les parties découvertes d'avec les Bois (*l*, où se trouvent distribués les Sallons, les Cabinets, les Salles de verdure, &c. On compte, à peu-près, huit sortes d'Allées: les Allées couvertes, les découvertes, les simples, les Allées doubles, les blanches, les vertes, enfin, les sous-Allées & les contre-Allées, qui toutes servent de communication dans nos Jardins, pour aller d'un lieu à un autre, ainsi que les rues conduisent dans les différents quartiers d'une grande Ville.

Les Allées couvertes sont celles dont les arbres forment un berceau naturel, ce qui rend leur promenade impénétrable au soleil; mais elles ne peuvent servir de maitresses Allées, celles-ci devant avoir beaucoup de largeur : dans ce cas, on les élague à pic, & c'est ce qu'on appelle Allée découverte, ou à ciel ouvert: ou bien on

---

(*l*) Sous ce nom on entend les lieux plantés de haute futaie, les Cloîtres à hautes palissades, les grands espaces découverts, &c.

Les Bois-taillis ne different des Bois de haute futaie, que parce qu'on les coupe rez-terre tous les neuf ans, d'où ils prennent le nom de Taillis.

Les Bois de moyenne futaie, sont ceux dont on fait usage dans les Jardins de propreté, parce qu'ils ne parviennent jamais à une si grande hauteur que ceux de haute futaie, étant ordinairement percés & ornés de Cabinets de verdure, de Portiques, &c.

Les Forêts different des Bois par leur grande hauteur, par leur étendue considérable; elles sont plantées d'arbres près à près, formant des touffes fort épaisses, percées de routes pour la chasse des bêtes fauves : telle est celle de Fontainebleau, qui contient vingt mille deux cent quatre-vingt-cinq arpents; celle de Compiegne, qui en contient vingt-huit mille; celle de Villers-Cotterets, vingt-quatre mille cinq cent cinquante-six; celle de Saint-Germain-en Laye, cinq mille cent quatre-vingt-dix-huit; celle de Chambor, quatre mille huit cent trois, &c.

les taille seulement en demi-berceau de chaque côté, de maniere qu'il reste une assez grande ouverture au milieu.

Les Allées simples ne sont composées que de deux rangs d'arbres, pendant que les Allées doubles en ont quatre. On appelle Allées blanches, celles qui sont sablées; & Allées vertes, celles dont le sol est orné d'un tapis verd. Les sous-Allées sont celles qui se pratiquent dans les parties basses des Jardins; on les nomme ainsi, pour les distinguer des Allées placées dans les parties supérieures des belles promenades, ainsi qu'il s'en remarque à Meudon, à Marly & ailleurs. Enfin, les contre-Allées, sont celles, dont la largeur, réduite à la moitié des maitresses Allées, compose les Allées doubles dont nous venons de parler; alors ces contre-Allées se trouvent couvertes, pendant que celle du milieu se trouve à ciel ouvert.

La configuration des Allées dépend de la disposition du terrein & de la composition du plan. Il s'en fait de droites, d'obliques, de circulaires, en zig-zag, en spirale, en talut, en rampe douce, en terrasse, &c. En général, il faut observer qu'elles ne soient jamais trop de niveau; mais leur pente ne doit pas aller au-de-là de trois pouces par toise: autrement, elles seroient fatigantes, & l'on seroit obligé, pour éviter la dégradation qu'occasionneroient les pluies abondantes, d'y pratiquer des chevrons ou des marches de gazon de distance à autre, ainsi que nous en avons déja parlé.

Des différents Bosquets & des Salles de verdure.

Les Palissades déja citées, sont destinées à entourer les Bosquets & les différentes Allées doubles ou simples, pour y conduire à couvert. La forme des Bosquets (*m*) se varie à l'infini ; leur relief sert à faire valoir la planimétrie des piéces découvertes, & procure autant de surprise que d'agrément dans les promenades d'une certaine étendue ; ils prennent leur nom de leur usage particulier, des statues qu'ils contiennent, ou de l'espece des arbres dont ils sont plantés. Lorsqu'ils sont peu considérables, on les appelle seulement Cabinets de verdure : quand ils occupent un grand espace, on les appelle Salles ; selon leur destination, on les nomme Salles de Bal, Salles de Comédie, ou Salles de Maronniers, Salles de Tilleuls ; quelquefois aussi ils prennent le nom des pieces d'eau, ou des principaux groupes qui en font l'ornement ; voilà pourquoi on les appelle Salle de Diane & d'Endimion, Salle des Antiques, Salle de Neptune, d'Amphitrite, &c.

En général, le succès de ces différentes pieces de verdure dépend beaucoup du choix des Fontaines, des Amphithéâtres, des Portiques, des Cabinets de treillage qui les embélissent, & de la communication facile avec les pieces découvertes qui entrent dans la composition du Jardin.

Des Cloîtres.

Les Cloîtres sont de très-grandes pieces de verdure qui se plantent ordinairement dans le Parc d'une Maison Royale, au-delà des Jardins

---

(*m*) Bosquet de l'Italien, *Boschetto*, un petit Bois.

de propreté. Ce font des pieces de cinq ou six arpents de forme réguliere, & entourées de doubles Allées. La furface du milieu de ces Cloîtres eft prefque toujours occupée par une peloufe bien entretenue, fur laquelle on s'exerce à la longue paume : autour & dans des Allées bien battues & à ciel ouvert, on y fait des courfes de chars & de chevaux. Ces grandes pieces font auffi quelquefois deftinées à donner des fêtes, des bals champêtres, & des comédies paftorales. Au-lieu de péloufe, on y peut pratiquer des pieces d'eau fervant de réfervoirs; alors on y donne des joûtes, des feux d'artifices, des illuminations, &c. On voit des Cloîtres de l'efpèce dont nous parlons, dans le parc de Meudon; ils font de la plus grande beauté, & l'on peut en voir les Deffins dans le plan général de cette belle Maifon Royale, faifant partie du cinquieme volume de l'Architecture Françoife.

Des Labyrinthes.

Les Labyrinthes font encore de grandes pieces de verdure, compofées de maffifs d'arbres & de Bofquets, dans lefquelles on communique par des Allées droites ou circulaires, mais difpofées de maniere que l'on ne puiffe retrouver fon chemin que difficilement, lorfqu'on en veut fortir. Dans les différents Bofquets qui les compofent, on y diftribue des Pavillons, des Grottés, des Fontaines, des Portiques & des Berceaux de treillage, enfin des pieces découvertes, contenant les divers jeux de la roue de fortune, de la balançoire, de l'efcarpolette, du trou-madame, du jeu de Siam, du jeu d'oie, &c. tels qu'il s'en remarque dans les Jardins de Chantilly. Quelquefois aussi on y distribue différentes fontaines qui ont pour objet la représentation des Fables d'Ésope, ou de celles des autres Fabulistes célebres; c'est ce qu'on voit exécuté avec beaucoup d'art dans le Labyrinthe des Jardins de Versailles. Les Allées des Labyrinthes doivent avoir peu de largeur, afin de produire de l'ombre en tout temps aux curieux, & d'y entretenir une fraîcheur qui contribue à embellir la verdure qui les compose. Ordinairement, au pied de ces Allées couvertes, on place des treillages d'appui, parce que le soleil n'y pénétrant jamais, ou que rarement, le bas de ces charmilles devient sujet à se dégarnir; mais lorsque les Bosquets & les Allées de ces pieces de verdure sont exposés à découvert, comme on a vu long-temps celui planté d'aube-épine dans les Jardins de Clagny, & qu'on voit aujourd'hui celui de Choisy, garni en charmille, on évite cette dépense; & alors les Palissades produisent un coup d'œuil plus intéressant, n'étant pas sujettes à se déchausser par l'humidité, comme dans les Labyrinthes précédents.

Des Cabinets & des Berceaux de treillage.

Ces Cabinets artificiels, ont de tout temps figuré dans nos plus magnifiques Jardins. Ils servent souvent de frontispice à l'entrée des principales Allées, situées à l'extrémité des Esplanades, placées en face du principal corps-de-logis : ils ont cela d'avantageux, que l'on jouit promptement de leur usage particulier & de leur décoration.

Leur ordonnance tient d'ailleurs aux proportions de la belle Architecture ; on les compose ordinairement de Colonnes, de Pilastres, d'Arcades, de Niches, de Frontons, de Dômes & d'Amortissements, dans l'intention de représenter l'image d'un Sallon, d'un Belvéder, ou d'un Kiosque élevés en marbre ou en pierre ; la gaieté & l'élégance des Treillages paroît plus analogue à la verdure qui les environne, & ils servent à en relever l'éclat. Les Jardins de Chantilly, ceux de Versailles, & particulièrement ceux du nouveau Trianon, près de cette Maison Royale, offrent plus d'un chef-d'œuvre en ce genre.

Le goût des Treillages demande une étude particuliere : les échalas & le bois de boisseau qu'on y emploie, posés sur des châssis de fer, scellés avec solidité sur des massifs de maçonnerie, exigent de la part de l'Artiste une intelligence pratique qui le mette en état d'observer entre les plains & les vides, un rapport capable d'intéresser le coup d'œuil des Spectateurs éclairés (*n*).

On fait aussi en Treillage des Portiques, des Niches & autres corps d'Architecture ; enfin des Espaliers à hautes & basses tiges, qui contribuent beaucoup à l'embellissement des Jardins parés, soit dans nos Maisons particulieres, soit dans les Potagers de nos Maisons Royales. Les Berceaux en treillage sont aussi une suite de cette magnificence ; on les garnit de Jasmin, de Roses ou de Chevre-feuille ; & il servent alors de communica-

---

(*n*) On vient de détruire à Clagny, un Cabinet de treillage de cette espece, élevé sur les dessins de Jules-Hardouin Mansard, qui certainement passoit pour un des meilleurs ouvrages qui se soient exécutés depuis long-temps.

tion pour passer à couvert d'un lieu à un autre; on l'a pratiqué ainsi avec le plus grand succès dans les Jardins de Marly & de Sceaux ; ils produisent un admirable effet dans ces promenades charmantes : comparés avec les Palissades & les Berceaux naturels, ils y présentent une opposition tout-à-fait intéressante. Lorsque des principaux Bâtiments on veut arriver à l'ombre dans les différents Bosquets d'un Parc, il est bon d'en user ainsi ; & il s'en voit un très-grand nombre dans les environs de cette Capitale, élevés sur les Desseins de le Nôtre, & des Architectes de nos jours.

Des Statues & des Vases.

Les Statues & les Vases contribuent, ainsi que nous l'avons dit ailleurs, plus qu'aucun autre objet, à l'embellissement des Jardins de propreté ; semblables aux Fontaines, ils en peuplent la solitude, & annoncent la magnificence des Propriétaires. Nous sommes néanmoins bien éloignés de croire qu'il faille les employer dans nos Jardins jusqu'à la prodigalité ; certainement ceux de Versailles offrent trop abondamment des chefs-d'œuvre de ce genre : on a usé de plus de retenue à cet égard dans les Jardins de Marly ; encore ceux de Chantilly & de Seaux nous plaisent-ils davantage, parce qu'on y trouve plus volontiers le loisir d'examiner avec fruit les beautés de cette espece qu'ils contiennent, sans un trop grand excès. Au contraire, les promenades de Versailles, ainsi que nous venons de le remarquer, semblent annoncer un attelier ouvert seulement pour satisfaire les Amateurs & les Artistes. En effet, la quantité de Statues qu'on y observe a de quoi fatiguer l'œuil, & semble nuire, pour ainsi-dire, à la beauté de la nature qui devroit faire presque tous les frais de la décoration de nos Jardins de propreté.

Ordinairement les Figures & les Vases sont de marbre blanc, de bronze ou de métal : quelquefois, au lieu de Statues, on fait usage de Termes, figures à demi-corps, élevées sur une gaine, & qui, selon la place qu'elles occupent, produisent un assez bel effet. Les Planches contenues dans ce Chapitre n'offriront, ni les Statues, ni les Termes dont nous parlons ; ces merveilles appartiennent essenciellement à la Sculpture ; les Coisevox, les Girardon, les Coustou, nous ont assez prouvé de leur temps, ce que pouvoit cet Art divin dans les mains d'aussi habiles Maîtres ; ouvrages admirables, qui doivent servir de modèles aux jeunes Artistes de nos jours, & faire sans cesse l'objet de leur méditation. Les Vases, selon nous, appartiennent davantage à l'Architecture ; leurs profils, le choix de leur galbe est de son ressort ; c'est encore à Versailles, à Trianon, à Marly, qu'il faudra aller puiser les plus belles formes en ce genre, & s'y pénétrer de la touche & de la finesse de la plus parfaite exécution ; aussi en rapporterons-nous quelques exemples dans les Planches qui vont suivre, dans l'intention de monter le génie de nos Eleves sur cette partie si intéressante de la décoration des nos Jardins.

A ces observations, nous allons faire succéder plusieurs compositions des diverses parties dont nous venons de parler. On ne doit pas s'attendre néanmoins à trouver dans ce Chapitre une assez grande quantité de Desseins de chaque genre ; tous ces différents objets exigeroient seuls un volume particulier ; nous avons tâché seulement de faire choix des plus belles formes qui conviennent à chacun. Qu'on ne s'y trompe pas, pour parvenir à l'excellence de cette branche de l'Architecture, c'est aux Tuileries, c'est dans les environs de cette Cité qu'il faut aller, pour puiser le véritable goût de l'Art : tout importe, un Parterre, une Piece d'eau, une Fontaine jaillissante, un Portique, un Groupe, un Vase, un Bosquet, intéressent le Dessinateur praticien; il doit tout mesurer, prendre les détails, s'en faire une étude, une collection, en un mot, faire entrer la composition de tous ces objets dans son projet général; autrement, il doit s'attendre à n'offrir que des beautés détachées, distribuées au hasard, & souvent disposées sans choix & sans convenance. Nous n'allons donc présenter les Planches qui vont suivre, que comme autant d'images qui doivent faire sentir à nos Eleves, l'importance d'examiner avec attention tout ce qui peut contribuer à l'embellissement de nos Jardins parés.

Différents Dessins de Parterres, de Broderie et de Massifs de Gazon.

Planches I & II.

La Planche I offre quatre Parterres de dessins différents ; celui de la figure I en donne un de Broderie, enfermé dans un trait de buis, avec un sentier qui le sépare de la plate-bande de fleurs qui sert de bordure à sa totalité : c'est dans cette derniere que sont distribués des arbrisseaux & des fleurs; sa broderie est aussi formée par des traits
de

de buis, & ses rinceaux sont remplis de sables de diverses couleurs, qui, par là, imitent les ramages d'une étoffe, dont les nuances assorties, présentent un coup d'œuil satisfaisant. Il faut sçavoir néanmoins ne les employer que dans des lieux peu spacieux; ils exigent beaucoup de dépense & un entretien considérable. Ce genre d'ornement demande un goût particulier: nous l'avons déja remarqué ailleurs, un bon Dessinateur se trouve quelquefois novice, lorsqu'il est requis d'en donner un dessin: pour y parvenir, il faut entendre le jardinage, & sçavoir applanir les difficultés de la main d'œuvre, afin d'en pouvoir faciliter l'exécution au Jardinier. On se sert de buis nain, pour en former les contours, & l'on doit choisir la fin de l'Automne pour les planter, les pluies d'hiver leur faisant prendre plus facilement racine, & la rosée du Printemps leur donnant de la force en leur rendant leur premiere verdure & leur premiere fraîcheur. En général, il faut tâcher d'éviter les petites parties dans leur composition; il est même important d'empêcher, autant qu'il est possible, l'approximation des traits de buis dont ils sont formés, parce que venant à s'épaissir avec le temps, il est difficile au ciseau du Jardinier de leur restituer leur forme primitive, d'où résultent dans la suite des jarrets, qui ôtent à ces Parterres leur mérite principal.

La Figure II offre un Parterre composé de Massifs de gazon, compartis & enfermés d'un trait de buis, avec des chemins ou sentiers qui conduisent à trois bassins, dont deux sont circulaires, & l'autre octogone. Ce Parterre est aussi entouré de plates-bandes de gazon; elles contiennent des rigoles & de petits bassins orné de bouillons qui procurent au Parterre une grande richesse, mais qui exigent une dépense considérable; aussi ne les employe-t-on gueres que dans les Jardins de nos Maisons Royales: ou lorsqu'on en fait usage dans nos habitations particulieres; c'est pour les placer très-près des appartements privés, parce que leur coup d'œuil & le gazouillement de leurs eaux semblent en réveiller la solitude. Cette Figure II est tirée des Jardins de Liancourt, où ces Parterres exécutés en grand, ont produit le plus bel effet, avant qu'ils fussent détruits, aussi bien que la plus grande partie des autres chefs-d'œuvre qui y avoient été faits sur les dessins & sous la conduite du célebre le Nôtre.

La Figure III est un autre Parterre de broderie, comme celui de la Figure I, avec cette différence, que non-seulement il n'est point enfermé dans un double trait de buis; mais qu'il est traversé par une allée oblique bonne à imiter, lorsque la largeur d'un Parterre devient trop considérable, comparée avec sa longueur: défaut de rapport souvent occasionné, soit par la disposition du terrein qu'on n'est pas toujours le maître de corriger, soit pour se procurer plus d'air ou plus d'espace, soit enfin par la disposition des avant-corps des Façades, dont la distribution des croisées exige une allée blanche qui en alligne l'axe. La broderie est d'ailleurs d'un assez bon goût de dessin, elle nous plaît plus que celui de la Figure I; aussi ce parterre est-il du Dessin du sieur Touchar, qui a excellé de son temps dans cette partie de l'Art du Jardinage.

La Figure IV est encore un autre Parterre de broderie; mais bien moins composé que les précédents: ses chûtes sont assez bien jetées, quoiqu'elles paroissent un peu maigres : c'est une attention qu'il faut avoir, d'observer les vides dans des espaces à peu près égaux; il n'est pas moins contraire au goût de l'Art, de laisser trop d'intervalle dans les fonds, que de charger trop considérablement la broderie. Nous croyons aussi que les traits de buis qui forment le dessin de ces sortes de Parterres, ne doivent pas être placés trop près du buis qui détermine la largeur intérieure de la plate-bande; l'avoisinement de cette derniere ne pouvant que nuire par son terreau, à la propreté qu'exigent les sables de couleur, dont on orne ordinairement les compartiments, les rinceaux & leurs tiges.

Les Figures I, II, III & IV de la seconde Planche offrent aussi d'autres dessins à peu près dans le même genre; mais dont les formes sont variées diversement, & peuvent l'être à l'infini sous le crayon d'un habile Maître, & selon le local où l'on met en œuvre ces sortes d'embellissements dans les Jardins de propreté. Au reste la nature du terrein où l'on plante les Parterres, doit entrer pour beaucoup dans le choix de leurs compositions; le défaut de salubrité dans l'air, une terre trop humide ou trop légere, une exposition trop découverte ou trop ombragée, sont autant d'obstacles qui doivent déterminer l'Artiste à préférer les massifs de verdure à la broderie, les fleurs vivaces aux fleurs printanieres, les planches de chêne aux traits de buis, les plates-bandes de gazon à celles plantées d'arbrisseaux; enfin les Bassins, les Statues, les Vases aux Corbeilles, aux Tapis verds, aux Ifs, &c.

Différents Deſſins de Boulingrins & de Vertugadins.

PLANCHES III & IV.

La Planche III donne différents Deſſins de Boulingrins, eſpèces de Parterres plantés tout de gazon en compartiment, dont le milieu eſt renfoncé, & le pourtour formé par un talut incliné ſur quarante-cinq degrés.

La Figure I eſt de cette derniere eſpèce; & ſes maſſifs ſont entourés d'un trait de buis qui contribue à procurer à ce Parterre plus de richeſſe; ce qui devroit le faire préférer dans les parties découvertes, qui, ordinairement, ſe placent en face du Château, ou dans ſes parties latérales. La forme de ce Boulingrin eſt octogone; le fonds eſt occupé par un tapis de gazon de forme circulaire. A la place de celui-ci, on pouroit faire uſage d'un baſſin avec un jet d'eau, ſelon que la beauté du lieu l'exigeroit. On pouroit de même en pratiquer un dans le Boulingrin de la Figure II, qui, au-lieu d'être à pans, eſt de figure oblongue, avec des oreillons en tour creuſe, pour configurer avec les quatre ronds, auſſi de gazon, qui ſont placés à ſes extrémités. Ce Deſſin eſt plus ſimple que le précédent, & peut être réſervé pour les parties les moins prochaines du principal corps-de-logis : ſi l'on vouloit imiter les compartiments de ce Boulingrin, nous conſeillerions de lui donner un peu plus de largeur, ſur-tout s'il devoit être apperçu ſur ſa longueur; car il faut ſe ſouvenir de ce que nous venons d'enſeigner dans les principes généraux; que c'est la situation des lieux qui doit déterminer la forme & la proportion de toutes les pieces de verdure. Tel Dessin qui, sur le papier réduit géométriquement, plaît à l'œuil, ne réussit que rarement sur le terrein, parce qu'il arrive souvent que le Dessinateur néglige ou perd de vue, dans le Cabinet, les points de distance, ou les éminences d'où ses formes doivent être aperçues : encore une fois, tout importe, le succès des différentes parties du Jardinage intéresse tout autant le véritable amateur, que le revêtissement de la décoration intérieure d'un Sallon, d'une Galerie, &c. Ce que nous disons ici est une vérité, dont nous souhaitons que nos Eleves soient intimement persuadés; ils doivent donc tout examiner, non-seulement en hommes de goût; mais en Géometres, en Praticiens, en un mot, avec l'œil de le Nôtre, s'ils veulent marcher sur les pas de ce grand Maître.

La Figure III est un grand Boulingrin, dans le fonds duquel est une piece d'eau entourée d'un gazon découpé en compartiments; il est, ainsi que celui de la *Figure IV*, d'une forme assez intéressante, & tous deux ont été exécutés avec succès, sur les dessins de le Blond, l'un de nos Architectes, qui ont sçu mettre le plus à profit, parmi nous, les préceptes du grand Maître que nous venons de citer. Il faut convenir néanmoins que, pour les imiter, il conviendroit d'être pourvu d'une certaine intelligence. Combien n'avons-nous pas vu de fois de jeunes Artistes ou des Jardiniers qui passoient pour bons, lesquels, persuadés qu'ils suivoient littéralement les productions qu'ils trouvent dans nos Livres, s'imaginoient alors exécuter des chefs-d'œuvre, pendant au contraire, que, faute d'avoir sçu ajouter ou retrancher certaines parties aux imitations qu'ils avoient pour objet, on ne remarquoit plus que des diffonnances & des difparités, qui rendoient méconnoiffables, & quelquefois même au-deffous de la médiocrité, les penfées des hommes habiles qu'ils avoient choifis pour guides. Nous n'avons que trop d'exemples de ce que nous avançons. Nous fommes d'ailleurs de bonne foi, tous les deffins que nous donnons dans ce Chapitre, quoique d'un affez bon choix, ne font pas offerts ici pour être fuivis à la lettre; mais feulement pour indiquer le genre de chaque partie; c'eft à l'homme de goût qui exécute & qui fe trouve chargé d'une entreprife plus ou moins confidérable en fait de Jardinage, à juger des formes les plus convenables, des véritables grandeurs & du choix qu'il doit faire de telles ou telles pieces de verdure, felon quelles feront deftinées à être expofées à couvert ou à découvert ; car cette feule différence doit en apporter beaucoup dans la difpofition, dans les reliefs & dans l'ordonnance des pieces de même genre. Il ne doit pas non plus oublier, que l'éloignement ou l'approximation doit changer néceffairement la hauteur & les gradations qu'il convient de donner à une lifiere de charmille placée au-devant d'une paliffade, enfin aux Taluts, aux Amphithéâtres, aux Vertugadins, &c.

La Planche IV donne plufieurs Deffins de Vertugadins, efpeces d'Amphithéâtres, qui different des Boulingrins dont nous venons de parler, en ce que leur fol formé de plufieurs paliers, & d'un certain nombre de gradins, produit autant d'éminences, qui, diftribuées avec intelligence, présentent divers objets intéressants : tels sont ceux que nous avons déja cités, en parlant des jardins de Marly. Les dessins qui se remarquent sur cette Planche, sont, pour la plupart, entourés par des palissades de charmille qui leur servent de dossiers. Il se fait néanmoins des Vertugadins isolés de toutes parts, & du sommet desquels on découvre une certaine quantité d'objets agréables ; ce qui leur fait donner quelquefois le nom de Belvéders découverts, lorsqu'ils ont une certaine élévation ; mais lorsqu'ils en ont moins, ils sont nommés tout simplement Vertugadins, ainsi qu'on appelle volontiers ceux des figures que nous rapportons dans cette Planche, Amphithéâtres, ou du moins Vertugadins en Amphithéâtres. Ils nous ont paru d'ailleurs d'un assez bon genre, & le Blond est l'Auteur où nous les avons puisés ; nous n'y avons fait que de légers changements.

Des Fontaines jaillissantes.

PLANCHES V & VI.

La Planche V offre deux dessins de Fontaines jaillissantes, qui ordinairement se placent dans le milieu des grands bassins : telles sont celles qu'on voit à Versailles dans le bassin du bosquet des Dômes, & dans celui de la Colonnade. Quelquefois on les distribue aussi dans des niches, dans les angles ou dans les pans coupés des grandes pieces de verdure ; il s'en remarque de pareilles dans les Jardins de Marly, en face du bosquet d'Agrippine. Ordinairement ces fontaines, qu'on nomme aussi coupes, se construisent en marbre ou en plomb ; ces dernieres sont soutenues par des armatures de fer, & alors elles se bronzent à l'huile. Leur forme, comme les Parterres, quoique dans un autre genre, peut se varier à l'infini; & c'est à l'ébauchoir à seconder le génie de l'Artiste. Assez volontiers ces sortes de travaux sont confiés aux Sculpteurs, & lorsqu'ils sont habiles, cette confiance leur est due. Malgré cela, nous conseillons à nos jeunes Architectes de devenir d'assez bons Dessinateurs, pour les composer eux-mêmes, & pouvoir en décider les galbes, les proportions & les attributs les plus convenables, pour ensuite en abandonner l'exécution aux hommes du premier mérite en ce genre. Les deux Dessins que nous offrons ici, sont dans le goût de ceux qu'on remarque dans les Jardins de Chantilly & de Liancourt, parce que ces Fontaines nous ont paru d'un assez bon choix. Nous aurions bien désiré pouvoir en donner plus d'un modèle; mais il en est de cette partie comme de toutes les autres comprises en ce Chapitre : nous n'avons pu qu'indiquer le genre de chacune : la Théorie de le Blond, *Vol. in-4°*, excellent Traité, & où nous n'avons pas craint de puiser plusieurs objets, est lui-même insuffisant, pour donner une certaine quantité de tous les Ouvrages de goût qui embrassent les Jardins de magnificence. D'ailleurs, nous le répétons, c'est le local qui détermine l'Artiste à varier ses différentes compositions, selon la nécessité où il se trouve d'embellir ses promenades. Cette considération nous a fait éviter de comprendre dans ces Planches quelques dessins de Cascades, le plus ou moins d'abondance des eaux pouvant seule indiquer l'importance ou la simplicité de ces ouvrages de l'Art. Pour y suppléer, nous conseillons à ceux de nos Eleves, qui séjournent dans cette Capitale, d'aller visiter les belles Maisons de plaisance, élevées dans ses environs; leurs Jardins leur fourniront de quoi se former le goût dans cette branche de l'Architecture, d'après les modèles érigés sur les Dessins de Charles le Brun, Peintre célèbre, & l'un des plus beaux génies que la France ait produits : la plupart de ses Ouvrages, qui ravissent notre admiration, ont été exécutés par les plus habiles Sculpteurs, de son temps. A l'égard de ceux qui se trouvent éloignés de cette Cité, ils peuvent avoir recours à l'Œuvre du Cabinet du Roi, grand Atlas en plusieurs volumes, qui se trouve dans la plupart des Bibliothèques ; ils pouront y prendre connoissance du plus grand nombre des chefs-d'œuvre que la magnificence de Louis le Grand a fait élever sous son règne; ils y trouveront enfin les modèles de le Brun & des autres Artistes de réputation gravés avec la plus grande intelligence.

La Planche VI offre différents dessins de Cuvettes, de Mascarons, & de la majeure partie d'une des pyramides d'eau, qui se trouve dans le bosquet de l'Arc de triomphe des Jardins de Versailles. Ces différents fragments exécutés en plomb, sont d'un excellent genre, & nous ont paru propres à inspirer à nos Eleves le desir d'aller sur les lieux visiter ces beaux modeles, pour s'y nourrir des merveilles, dont cette Maison Royale est remplie, peut-être même avec trop de prodigalité.

Différents Dessins de Terrasses & d'Escaliers.

PLANCHES VII & VIII.

Notre objet n'est pas ici d'offrir les Dessins des

différents revêtissements des grandes Terrasses, telles qu'il s'en remarque à Meudon près Paris, du côté de la campagne ; au Château d'Amboise en Touraine, & ailleurs : revêtissements qui, pour toute décoration, ne présentent que quelques corps de refend ou des bossages, couronnés d'un cordon, surmontés d'un mur d'appui en balustrade. Il est vrai qu'à la droite de l'avant-cour du Château de Meudon, on remarque une autre Terrasse qui soutient les terres des Jardins hauts de cette magnifique Maison Royale, & que sur les revêtissements des murs de cette seconde Terrasse, on a placé des pilastres en gaines, d'un Dessin plus singulier que raisonnable, puisqu'il faudroit que, pour être approuvés, ils fussent continués parallèles, & non pas plus étroits vers leur base que vers leur sommet ; cette forme extérieure, n'en doutons point, est contraire, du moins en apparence, & à l'empatement du mur, & à la poussée des terres. Qu'on y prenne garde ; il en est de la décoration des murs dont nous parlons, comme de toutes les autres productions de l'Architecture ; jamais l'Architecte n'arrivera à ses fins, si l'objet qui le détermine à tel ou tel genre de construction, ne lui indique l'espèce de décoration la plus convenable pour son parement. Que diroit-on d'un Paysagiste, qui, par inadvertance, introduiroit l'écorce d'un hêtre sur la tige d'un chêne. C'est ici à peu-près la même chose ; la forme de la décoration extérieure doit annoncer les précautions qu'on a dû prendre pour procurer la plus grande solidité à l'intérieur des murs. En un mot, nous croyons que les surfaces hors-œuvre, doivent annoncer, par le style de leur ordonnance solide ou délicate, la résistance la plus étonnante, ou l'élégance que l'économie sçait quelquefois mettre en œuvre, lorsqu'il ne s'agit que de quelques Édifices de peu d'importance. Mais lorsqu'on se propose d'annoncer la plus parfaite solidité, & qu'on veut s'éloigner du simple, il faut du moins puiser la richesse dans le genre de la chose, dans le choix & la qualité de la matiere ; autrement, on risque de ne présenter qu'un plaquis, des pieces de rapport, enfin des compositions de fantaisie, qui ne peuvent s'attirer le suffrage des hommes éclairés.

La Planche VII nous donne les Desseins d'une Terrasse de douze pieds seulement d'élévation, avec l'escalier, qui, du niveau de la cour, descend au petit canal des Jardins de Saint-Cloud. Cette Terrasse & son escalier, sont en pierre, & ont été exécutés sur les Desseins de Jules Hardouin Mansard : ils sont tous deux d'un bon genre ; & quoique simples, ils figurent, on ne peut pas mieux, avec les autres parties qui les environnent dans cette promenade charmante. Sur cette même Planche, on a tracé la coupe de l'escalier, & le profil de la Terrasse, dont on n'a point donné le plan, la simplicité de cette composition n'ayant pas paru l'exiger.

La Planche VIII offre le Dessein d'une autre Terrasse & de son Escalier, de la composition de le Blond. Cette production, d'une grande magnificence, est ornée d'un Buffet d'eau & de deux Champignons ; richesse qui la rend digne d'entrer dans la décoration des Jardins de nos Maisons Royales. Néanmoins, sa forme générale, grande, mais simple quant à l'Architecture, la rend aussi susceptible d'être mise en œuvre dans les promenades beaucoup moins importantes, parce que, fans rien changer à fa difpofition, on peut en fupprimer la fculpture & les eaux jailliffantes; & alors elle différeroit peu de celles qui fe remarquent aux Tuileries, & qui toutes font fort eftimées des connoiffeurs. La fuppreffion que nous propofons dans ce Deffin, nous rappelle ce que, plus d'une fois, nous avons recommandé à nos Elèves, & qu'il eft peut-être important de leur répéter ici. Lorfqu'il arrive qu'on fe propofe d'enrichir un projet, il faut commencer par le faire fimple de forme, & dépouillé de tout ornement; mais néanmoins en établir les nus, d'après la Sculpture qu'il peut recevoir dans la fuite, enforte qu'il faffe également bien, dépourvu de toutes richeffes, ou revêtu du fafte de la Sculpture & des eaux jailliffantes, fans jamais, dans l'un ou l'autre cas, devenir médiocre ou confus; ce qui ne poura jamais arriver, fi l'Artifte n'a obfervé un jufte rapport entre les parties & le tout, s'il n'a cadencé fes Plans, enfin, fi fes profils n'expriment par leur fermeté ou leur élégance, un caractère propre à l'objet. Pour fe convaincre de cette vérité, que fur un papier particulier, on fupprime, par exemple, tous les ornements gravés fur cette Planche, & l'on concevra aifément, que les feuls membres de fon Architecture n'en produiront pas moins un ouvrage excellent, parce que, lorfqu'une fois les formes font bien combinées, les ornements qu'on y peut ajoûter, ne peuvent que contribuer encore à rendre l'ouvrage entier, & plus pittorefque, & plus admirable.

La coupe & le profil deffinés fur cette même Planche, contribueront à faire fentir plus pofitivement, ce que nous avons voulu faire entendre en applaudiffant à cette compofition, & fourniront les moyens d'en tracer le Plan, que nous n'avons pu joindre ici, dans la crainte de trop multiplier les Planches.

Nous ne donnerons point dans ce Chapitre, de Deſſins de Quinconces ; perſonne ne révoque en doute le bon effet qu'ils produiſent dans les Jardins des Tuileries & du Palais Royal : d'un autre côté, leur compoſition eſt ſi ſimple, que ce ſeroit vouloir multiplier les figures, ſans aucune eſpece de néceſſité. Ainſi, pour ſuivre l'ordre que nous avons obſervé dans les préceptes généraux du commencement de ce Volume, nous allons paſſer aux diverſes Paliſſades que va nous offrir la Planche IX.

Divers Deſſins de Paliſſades.

PLANCHES IX & X.

Nous ne répéterons point ce que nous avons déja dit des Paliſſades ; d'ailleurs, les divers exemples qui ſont tracés ſur cette Planche, nous paroiſſent préférables à une ſpéculation fort étendue ; ces paliſſades ont été deſſinées d'après le plus grand nombre de celles que l'on admire dans les Jardins de Maiſons, de Verſailles, de Marly, de Liancourt, de Chantilly, &c. & ont été rapportées par le Blond, dans ſa Théorie du Jardinage, ouvrage dans lequel nous les avons puiſées, comme autant de modèles à offrir à nos Eleves. Qu'on prenne garde qu'il s'agit ici d'un corps de Leçons, & que nous avons averti à la tête du premier Volume de ce Cours, que nous nous ferions un devoir de rapporter des meilleurs Auteurs, tout ce qui pourroit contribuer à faire éclore le goût des jeunes Artistes : d'ailleurs, le plus grand nombre des objets que nous offrons, font exécutés, &, comme tels, appartiennent à la République des Arts, ainsi qu'à ceux qui les professent. Nous nous flattons donc, que l'on ne nous accusera, ni de plagiat, ni de larcin, pour redonner dans notre Ouvrage quelques Dessins anciennement gravés, qu'il nous a paru essenciel de remettre sous les yeux du Lecteur. L'indication des sources où nous avons puisé, & l'éloge que nous faisons du Livre & de son Auteur, doivent nous mettre à l'abri de tout reproche à cet égard.

Après cet aveu, faisons seulement quelques observations sur les différentes figures dessinées dans cette Planche IX. La figure I offre les Palissades plantées dans les Jardins en face du Château de Maisons : elles produisent beaucoup d'ombrage, & comme le massif des Charmilles n'est soutenu que par la tige des arbres, elles laissent un libre accès, pour découvrir de ces Jardins, la plaine qui se trouve placée de l'autre côté de la riviere, & dans laquelle est plantée une avenue considérable, qui procure à ce Château un coup d'œuil très-intéressant. Il seroit à désirer que ces Charmilles & ces Palissades fussent élaguées un peu plus hautes; faute d'un certain entretien, la tige des arbres est devenue trop basse, ensorte qu'on ne respire guères qu'un air étouffé sous ces promenades ; ce qu'on auroit évité, si l'on avoit pris soin de bonne heure d'en élever les tiges, & d'en racoucir d'autant plus la hauteur de la Chevelure des arbres.

La Figure II donne le Dessin de la Palissade de la Salle des Antiques du Jardin de Trianon, qui, toute simple qu'elle paroît, ne laisse pas de produire un bon effet, étant d'ailleurs ornée dans chacun des trumeaux des arcades qui la composent, d'un Buste antique en marbre blanc, soutenu sur un scabellon de marbre de couleur, qu'on n'a point exprimé ici, ce genre de magnificence étant indépendant de notre objet.

La Figure III est encore une des Palissades exécutées à Trianon, laquelle entoure le grand Boulingrin, nommé le Plafond, dont nous avons parlé plus haut, page 26.

La Figure IV donne la décoration d'une Palissade en arcades, au travers desquelles on en aperçoit une autre, lisse, bordant une contre-allée. On en voit de cette espèce dans les Jardins de Chantilly ; &, quoiqu'elles exigent un entretien assez considérable, elles peuvent s'employer avec succès dans les Salles de bal, distribuées dans les bosquets d'un Parc ; parce qu'elles reçoivent facilement les lumieres nécessaires pendant la nuit pour éclairer ces sortes de fêtes champêtres.

La Figure V peut servir au même usage, & paroît plus propre à la décoration d'une Salle moins vaste que la précédente : elle a cela d'intéressant, que les arcades ne descendant pas jusques sur le sol, on peut pratiquer des gradins dans la hauteur de leur appui, & placer une beaucoup plus grande quantité de lumieres dans les trumeaux qui séparent ces arcades. Au reste, on pourroit faire ceux-ci moins larges, &, au contraire, augmenter ceux de la Figure IV, sans que ces changements nuisissent à l'effet général ; la disposition des lieux, la grandeur des bosquets & l'élévation de la verdure qui les entoure, étant autant d'objets qui doivent déterminer l'Artiste à observer plus ou moins d'élégance dans les décorations de cette espèce.

La Figure VI présente une Palissade plus légere encore que celles dont nous venons de parler : il s'en trouve d'exécutées dans ce genre à Liancourt; elles produisent le plus bel effet, en faveur des jets placés au milieu de chaque arcade, & dont les chûtes tombent dans des bassins entourés de bandes de gazon, élevées sur une Terrasse, qui, elle-même, se trouve aussi élevée sur trois gradins : cette éminence donne à cette composition un air amphithéatral, qui n'offre cependant rien de fastueux, parce que la Sculpture est, pour ainsi dire, sans apprêts, & qu'on n'y remarque ni marbre, ni bronze; mais seulement les beautés qui tiennent toutes à la nature, aidée du secours de l'Art.

La Planche X offre d'autres Palissades beaucoup plus composées; aussi celles de la Figure I & de la Figure II sont-elles tirées des Jardins de Marly, plantés sur les Dessins de Jules Hardouin Mansard, l'Architecte de son siecle, qui a montré le plus de goût & de génie dans ses productions, & particuliérement dans les Jardins charmants de cette Maison Royale : Jardins dans lesquels il a sçu soumettre la nature aux regles de l'Art, ce que les Anglois de nos jours, condamnent ouvertement, en applaudissant néanmoins à ces chefs-d'œuvre, parce qu'en effet ils sont admirables.

Les Figures III & IV sont du Dessin de le Blond, autre Artiste d'un génie supérieur, qui nous a donné un excellent traité sur la Théorie du Jardinage, dont nous avons déja parlé plus d'une fois, & dans lequel nous avons puisé les exemples tracés sur cette Planche, comme autant d'excellents

lents modèles à offrir à nos Eleves, pourvu toutefois qu'ils en sachent faire une juste application, dans les différentes occasions qu'ils auront d'exercer leurs talents.

OBSERVATIONS PARTICULIÈRES SUR LES DIFFÉRENTES PARTIES QUI SE PLACENT A COUVERT DANS LES JARDINS DE PROPRETÉ.

Des Bosquets & des Salles de verdure.

Dans nos observations générales, nous avons parlé des différentes allées ; nous n'en donnerons point ici d'exemples, cette partie du Jardinage étant connue de tout le monde : mais comme les Bosquets & les Salles de verdure demandent une étude particuliere, nous allons en offrir plusieurs dessins, dans les Planches suivantes.

La Planche XI donne les Desseins de quatre Bosquets de formes différentes, entourés de plusieurs allées distribuées diversement. Les Bosquets peuvent se varier à l'infini, selon l'étendue des massifs où ils se trouvent placés, & la largeur des grandes allées qui les entourent; car il est bon d'observer, que ces maîtresses allées, tenues ordinairement à ciel ouvert, procurant beaucoup de chaleur en été aux Bosquets, le plaisir de la promenade, consiste à trouver dans les massifs de petites allées de six à huit pieds de large seulement, où l'on se retire à l'ombre, & qui, pour cela se placent près des Salles & des Cabinets de verdure, afin qu'on puisse passer alternativement des objets découverts, dans des lieux moins exposés au soleil, ou tout-à-fait couverts.

La Planche XII offre deux Desfins de Salles de verdure avec des allées disposées en étoiles. Ces Salles se placent assez ordinairement dans les massifs des Parcs qui avoisinent les Jardins parés, & se font de diverse grandeur, selon les objets qu'elles contiennent, tels que des pieces d'eau, des boulingrins, des portiques, des grouppes, &c.

La Planche XIII présente deux autres Desfins de Bosquets ou Salles de verdure : la Figure A donne la distribution du Bosquet des trois fontaines à Versailles, dont l'effet des eaux fait le principal mérite ; ensorte que nous ne rapportons ici ce Plan, que pour exciter la curiosité dans nos Eleves à aller voir ce chef-d'œuvre hydraulique, ainsi que plusieurs autres Bosquets de ce genre, répandus dans les Jardins de cette superbe Maison Royale. C'est dans ces Bosquets, plus que par-tout ailleurs, qu'ils pouront réfléchir sur la simplicité de la forme générale qu'on leur a donnée, la plupart tirant tout leur relief de la distribution des eaux qui les embellissent. C'est ici, n'en doutons point, qu'ils s'apercevront, que moins les productions de l'Art se trouvent accablées par la multiplicité des formes, plus la nature trouve le moyen de se faire valoir, sans avoir recours à la prodigalité des membres d'Architecture & des ouvrages de Sculpture qui en décorent d'autres avec une sorte d'excès. Qu'on y prenne garde, les trésors renfermés dans ces derniers, seroient peut-être plus convenablement placés à couvert dans de magnifiques Galleries, où les belles statues des bains d'Apollon, l'enlévement de Proserpine du Bosquet de la Colonade, &c. pouroient tenir un rang distingué. La Fig. B. donne le dessin de la Salle des Antiques, diftribuée dans le même Jardin. Le milieu de cette Salle eft orné d'un baffin en rigole. Dans les paliffades qui l'entourent, font pratiquées des niches occupées par des figures & des buftes qui attirent dans ce lieu les Amateurs de la belle Antiquité.

Les quatre Planches fuivantes font plus compliquées que les précédentes : elles donnent les développements des parties les plus intéreffantes du Plan général offert dans la Planche XXV de ce Chapitre : Plan général dont nous parlerons dans la fuite, ainfi que de deux autres Plans de Jardins, tracés fur les Planches XXIV & XXVI. Ces trois Planches donneront alors l'occafion de parler de la relation que doivent avoir enfemble les principaux Bâtiments, leurs dépendances, & les Jardins de nos belles Maifons de plaifance.

La Planche XIV donne le Plan d'une grande Salle de verdure marquée A, fervant de manége découvert ; celui-ci fe trouve limitrophe au Bâtiment des Écuries, placé dans l'avant-cour du Château défigné dans la Planche XXV que nous venons d'annoncer. Autour de cette piece de verdure qui eft de forme circulaire, eft pratiquée une allée, pour mettre à l'ombre les curieux de ce genre d'exercice, pendant que le Prince & fes Courtifans occupent l'amphithéâtre B, lequel contribue, avec les objets qui l'environnent, à former un fpectacle intéreffant. Ordinairement, près des manéges couverts contenus dans les Bâtiments des écuries, on donne des exercices, lors de la belle faifon, dans de grandes cours plantées d'arbres qui font partie des dépendances du département des écuries & des remifes. Nous avons préféré ici de placer ce manége découvert dans

E ij

le massif des bois du Parc & des Jardins dont nous parlons, parce que cette partie de l'Equitation est devenue une branche de l'éducation des hommes bien nés, & même un exercice salutaire pour le beau sexe. On peut aussi, dans ces lieux découverts, faire des courses de chars, des cavalcades, & y donner, en abrégé, des fêtes dans le genre de nos anciens Carrousels : spectacles champêtres d'autant plus nécessaires, qu'en formant nos jeunes Gentilshommes à l'exercice de la guerre, ils fortifient leur constitution, & en font des Citoyens utiles à la patrie, & tout à la fois, des hommes aimables pour la société. Plein de cette idée, dans le même massif où ce manége est situé, nous avons tracé une autre Salle de verdure C, destinée à distribuer les prix qui seroient offerts aux vainqueurs par les Dames, ainsi que plusieurs Cabinets de verdure D, pour servir des rafraîchissements : on y communiqueroit par des allées ombragées E, disposées de maniere à recevoir, la nuit, des illuminations, qui par leur disposition, ne laisseroient pas d'offrir, à peu de frais, beaucoup d'éclat. Qu'on ne s'y trompe pas, toutes ces considérations doivent entrer dans l'imagination de l'Artiste, selon le genre de la composition dont il est chargé.

La Planche XV donne la distribution des bâtiments par masses & des Jardins d'une Ménagerie dont on trouvera aussi la disposition dans la Planche XXV. Nous avons isolé tous ses bâtiments marqués A, chacun d'eux étant destiné à contenir des animaux de différentes especes : les uns, des oiseaux; les autres, des bêtes fauves; ceux-ci, des animaux aquatiques; ceux-là, des animaux de simple curiosité, &c. Ce Plan annonce auſſi différentes pieces d'eau B, qui, en formant ſpectacle, ont leur utilité pour abreuver les volailles, & fournir dans les bâtiments des abreuvoirs aux quadrupedes. Les autres piéces d'eau C, ſont ſeulement pour l'agrément, & pour procurer de la fraîcheur à chacune des piéces de verdure, au milieu deſquelles ces baſſins ſont contenus. Les divers bâtiments dont on vient de parler, ſont munis de cours particulières D, deſtinées à faire prendre l'air aux différents animaux, & à communiquer aux logements des Domeſtiques chargés de leur nourriture; enſorte que tout l'intérieur des Jardins de cette Ménagerie peut être tenu dans un état de propreté, qui néceſſairement y attireroit la préſence des Maîtres, n'étant peuplé d'ailleurs que d'animaux domeſtiques & d'oiſeaux privés, dont le coup d'œuil devient toujours intéreſſant pour les curieux dans cette partie de l'hiſtoire naturelle.

Nous avons deſtiné le bâtiment *A a*, à contenir un Sallon à double étage, pour y reſpirer le frais; un Appartement de jour, à gauche; & à droite, une Laiterie parée: ce dernier genre d'occupation champêtre n'étant point indigne d'amuſer le loiſir des jeunes perſonnes qui font leur ſéjour à la campagne pendant la belle ſaiſon. Nous nous rappelons toujours, avec le plus grand plaiſir, la Laiterie placée dans la Ménagerie du Jardin de Chantilly, & au milieu de laquelle eſt une ſource d'eau vive qui en fait les délices: mais ce qui doit exciter la curioſité de nos Eleves, c'eſt, ſur-tout, la diſpoſition & la diſtribution très-ingénieuſe de la Ménagerie de Verſailles. Qu'on nous permette cette plainte; on va toujours la voir avec trop de précipitation; & quand on en revient, on ne ſrappelle guère que la difformité des bêtes fauves qu'on y a vues, tandis qu'on auroit dû en saisir l'ensemble, la division intérieure, les abords, & particuliérement la décoration des appartements contenus dans le Pavillon où les plus célèbres Artistes se sont efforcés à l'envi de donner des preuves de leurs talents supérieurs. Je l'ai désiré plusieurs fois, & je saisis encore cette occasion de le répéter, je souhaiterois que ceux de nos Eleves qui entendent bien le dessin, se transportassent sur le lieu, pour y dessiner à loisir tous les trésors de l'Art que ces appartements contiennent, soit dans la Sculpture, soit dans la Peinture. En un mot, les Arabesques, la pierre, le bois, le plâtre, tout y est d'une exécution admirable, qui rappelle aux connoisseurs ce qu'ont pu les beaux Arts sous le règne précédent, auquel nous devons les efforts que font les Artistes de nos jours, pour atteindre le degré de perfection où nous voyons, particuliérement aujourd'hui, les ornements.

La Planche XVI donne encore, ainsi que le dessin suivant, les développements de deux Salles de verdure qui se trouvent dans la Planche XXV. Celle dont nous parlons, marquée A, est une Salle propre à donner un Bal champêtre; elle est entourée d'une allée en palissade, dans le goût de celle de la Figure IV de la Planche IX. Le lieu de la scène est fermé par une balustrade de marbre, qui contient l'assemblée; en face, dans une grande niche B, est placé l'orchestre. On communique à cette Salle de Bal par différentes maîtresses allées, C; & de plus petites, D, conduisent à différents cabinets de verdure, les uns, E, pour les rafraîchissements; les autres, F, servant de loges pour y changer d'habits. Toutes les maîtresses allées, C, font à ciel ouvert, plantées d'arbres à haute tige, & celles D, font seulement garnies de palissades de charmilles, au-dessus desquelles viennent se réunir en berceau les chevelures des arbres plantés dans les massifs; à dessein que par ces diverses allées couvertes & découvertes, on puisse, selon l'avant ou l'arriere saison, se garantir de l'ardeur du soleil ou du serein, ces sortes de fêtes se donnant le plus souvent pendant le jour, en été, & pendant la nuit, dans l'automne.

Enfin, la Planche XVII offre une Salle de verdure A, servant à donner, à découvert, des Comédies pastorales sur un théâtre B, dressé à cet effet, & sur la surface duquel sont distribuées des lisieres de charmille tenant lieu de coulisses. On pratique aussi dans la Salle A proprement dite, un orchestre a, des gradins b, un parquet c, en un mot, toutes les commodités du ressort de ce Spectacle champêtre. Les deux Salles de verdure, C D, servent de buffets; les Cabinets E, pour habiller les Acteurs: enfin, les allées couvertes, F, & leurs carrefours, de promenades & de communications pour le service du théâtre.

Nous ne dirons rien ici de la composition des quatre dernieres Planches que nous venons de décrire; il ne nous appartient pas de nous juger nous-même; mais les hommes éclairés qui les ont vues, nous en ayant paru satisfaits, nous avons cru pouvoir en enrichir ce Volume. Donnons à présent deux desseins de Labyrinthes, d'une composition très-différente, & que nous avons puisés dans les Jardins de nos belles Maisons de plaisance.

La Planche XVIII donne le nouveau Labyrinthe exécuté, depuis quelques années, dans les Jardins de Choify, fur les deffins de Monfieur Gabriel, premier Architecte du Roi; ce Plan nous a paru d'une forme très-ingénieufe, & remplir très-bien l'idée qu'on doit fe former d'un bofquet de cette efpece, où chaque pas que l'on fait, lorfqu'on y eft entré, conduit à s'égarer: les paliffades, dont ce Labyrinthe eft formé, ont peu de hauteur; à deffein que, du Château, le coup d'œuil de la riviere ne foit point intercepté. D'ailleurs, ce peu d'élévation aux charmilles procure plus d'air à ces fortes de promenades, qui, quelquefois, fe plantent d'aubépine, & les maffifs d'arbuftes odorants; ainfi qu'il s'en remarque dans les Jardins de Seaux, & qu'anciennement, on en a vu dans les Jardins de Clagny.

La Planche XIX, offre un deffin tout-à-fait différent. Il avoit été projeté pour les Jardins de Chantilly, par M. le Nôtre, qui en avoit compofé plufieurs: celui qui s'y remarque eft très-ingénieux, & beaucoup plus confidérable que celui que nous donnons ici: mais la fingularité nous l'a fait préférer; auffi, a-t-on pris foin de le graver fur une table de pierre, qui fe voit encore aujourd'hui dans le Parc de cette belle Maifon de plaifance: Parc qui, par la beauté & l'abondance de fes eaux naturelles, n'a gueres de rival en France que celui de Liancour, & qui, tous deux par cette feule confidération, l'emportent fur toutes les beautés de l'Art répandues avec tant de profufion, dans les Jardins de Verfailles, de Marly & de Trianon.

Des Cabinets de treillages.

La Planche XX offre un Portique en treillages,

deſtiné à donner entrée à un boſquet. Nous l'avons déja dit, nous le répétons: les proportions de la belle Architecture ſont applicables à ces ſortes de décorations; & ſi, dans pluſieurs, on remarque qu'on les a négligées, c'eſt que la plupart des Treillageurs ignorent les préceptes de l'Art; raiſon pour laquelle il eſt intéreſſant que ce ſoient les Architectes qui en donnent les deſſins; & pour réuſſir plus ſûrement, il convient qu'ils connoiſſent à leur tour les matieres qui ſervent à leur conſtruction, & qu'ils deſcendent dans les opérations de la main d'œuvre, connoiſſances qui peuvent, ſeules, les amener à diſpoſer les corps d'Architecture, les moulures & les ornements, avec goût & avec intelligence. Au reſte, il faut convenir que les Treillageurs de nos jours ſont plus éclairés que par le paſſé: le plus grand nombre deſſine paſſablement; &, pour peu que l'Architecte leur trace ſes intentions, & que les principales meſures ſoient cottées avec ſoin, il eſt peu de ces ſortes d'ouvrages qui ne réuſſiſſent aujourd'hui: auſſi, depuis quelque temps, ont-ils repris faveur, & contribuent-ils, par leurs ſuccès, à l'embelliſſement de nos Jardins parés, ainſi que nous l'avons rapporté plus haut.

La Planche XXI donne le deſſin d'une Niche en treillage, qui, ordinairement, ſe place à l'embouchure d'une grande allée, à l'extrémité d'une terraſſe, ou en face du principal corps-de logis, dans les Maiſons de nos riches particuliers. Ces Niches peuvent contenir des fontaines jailliſſantes, des ſtatues, enfin des bancs circulaires: elles ſervent alors à corriger l'irrégularité du terrein, ou à cacher les objets qu'il paroît intéreſſant de ne pas tenir à découvert, à cauſe de leur difformité ou autrement... Nous le répétons volontiers ici; le Labyrinthe de Versailles, les Jardins du nouveau Trianon, offrent différents dessins de ces sortes de décorations, qui, en les examinant avec attention, feront sentir à ceux de nos Eleves qui ont du goût, la préférence qu'ils méritent sur ceux exécutés à Chantilly; ces derniers péchant absolument dans leur proportion, contre les règles de l'Art; pendant qu'à l'aspect des autres, on démêle les talents des Architectes qui en ont été les ordonnateurs. Nous citerons encore avec complaisance, les treillages qu'on vient d'élever au Colisée des Champs-Elisées, comme une étude qui peut rapprocher d'une certaine pratique, à cet égard nos jeunes Dessinateurs, dont la plupart ne se doutent pas que, peut-être, leur début aura pour objet, de donner les dessins d'un Jardin particulier, dans lequel, pour jouir plus promptement, on fera entrer ce genre de décoration, qui, tenant tout à l'Art, exige un talent décidé de la part de l'Architecte.

Des Vases.

La Planche XXII offre différents dessins de vases exécutés en marbre & en bronze, dans les Jardins de Versailles. Nous aurions bien désiré pouvoir rapporter la plupart des trésors en ce genre, contenus dans ce séjour charmant; mais nous nous trouvons retenu par l'abondance des matieres que ce Cours doit contenir, & nous sommes forcé de nous borner à présenter seulement quelques objets de chaque espèce. Les deux vases tracés sur le haut de cette Planche, sont en marbre, l'un placé dans l'allée du tapis verd à

Versailles, l'autre dans les Jardins de Trianon ; tous deux, ainsi que le plus grand nombre de ceux distribués dans ces belles promenades, sont du meilleur genre, & de la plus parfaite exécution. Les deux autres au-dessous sont en bronze, & placés sur la tablette de marbre de la terrasse du midi à Versailles ; ils sont du dessin du célèbre Bâlin, & ont été jetés en fonte par les Keller : il n'y en a pas un sur cette terrasse, & le nombre en est assez grand, qui ne mérite l'attention la plus scrupuleuse. Qu'on ne s'y trompe pas, l'image que nous offrons ici de ces deux vases, & des deux précédents, est trop imparfaite, pour former une idée précise du degré de perfection dont nous voulons parler : c'est sur le lieu même qu'il se faut transporter, pour admirer ces chefs-d'œuvre : c'est-là, comme nous l'avons déja recommandé, que, plein de l'envie de s'instruire, on doit, le porte-crayon à la main, essayer ses forces, & quoiqu'avec des doigts encore mal assurés, mais avec de bons yeux, apprendre à bien voir, y retenir la beauté des formes, le contour des galbes, le choix des ornements, le goût des profils, enfin la touche de l'ébauchoir, & la délicatesse du ciseau des hommes célèbres, appelés sous Louis le Grand, pour embellir les lieux que ce Prince habitoit.

La Planche XXIII offre d'autres vases d'un dessin bien inférieur au précédent. Les deux du milieu sont exécutés en plomb, & ornent plusieurs Jardins de nos Maisons de plaisance ; les autres sont exécutés en pierre, & servent d'amortissements sous les balustrades de quelques-uns de nos bâtiments, à la Ville ou à la Campagne : nous les offrons ici, pour faire sentir aux jeunes Artistes, combien il y a de difficultés à bien faire, & combien, avec une forte de talent, on se trouve éloigné du bon genre. Ces derniers exemples leur apprendront encore que, pour parvenir à faire d'excellents deſſins de cette eſpece, il faut être nourri des ouvrages des grands Maîtres, conſidérer les matieres qu'on veut employer, conſulter l'éloignement, ou le rapprochement de tous ces divers objets, enfin la touche, le *faire*, le mouvement, la ſimplicité, ou la richeſſe qu'il convient de donner à chacun. Mais arrêtons-nous ſur ces détails, pour paſſer à la diſtribution générale de pluſieurs Jardins, qui, par leur différence de diſpoſition, nous donneront occaſion de parler de ſuite, des Parcs, des Jardins de propreté & des Bâtiments qui donnent lieu à ces belles promenades.

DIFFÉRENTES COMPOSITIONS DE JARDINS AVEC LEURS BATIMENTS ET LES DÉPENDANCES QUI EN SONT LA SUITE.

Nous avons déſiré déja plus d'une fois que les Architectes entendiſſent aſſez bien l'Art du Jardinage, qui comprend la culture des Jardins de propreté, pour qu'ils en puiſſent donner eux-mêmes les deſſins. Le Nôtre étoit le plus célèbre Architecte de Jardins, que la France ait poſſédé; cependant il a ſouvent mal ſecondé Jules Hardouin Manſard : auſſi Marly peut-il être regardé comme le ſeul chef d'œuvre que nous ayons, par l'accord qui règne entre les Jardins & les Bâtiments; ils ſont l'un & l'autre de Jules-Hardouin, qui, en homme habile, ſçut profiter du séjour de le Nôtre en Italie, pour présenter à Louis le Grand cette magnifique production, vraiment digne du génie de cet habile Maître. Le Nôtre, après avoir réduit le Jardinage en Art, a peu perfectionné ce qu'il avoit inventé ; il n'a fait que circuler autour du centre où il l'avoit porté, & ne s'est presque pas étendu au-delà des limites où il s'étoit fixé ; il paroît même ne l'avoir porté à un certain degré de perfection, que parce qu'il étoit homme de génie, & qu'il sçavoit joindre à cette science, d'ailleurs fort étendue, la connoissance des beaux Arts qui sont inséparables de celui de planter des Jardins ; au lieu que la plupart de ceux qui s'en sont mêlés depuis lui & Hardouin, n'étoient que des Jardiniers proprement dits ; ou, si quelques Artistes en ont planté, ils n'ont guère composé que des chimères ; cependant ils n'ont pas laissé d'avoir des admirateurs, parce qu'il n'étoit question que de petits objets, qui, lorsqu'on a voulu les imiter dans de grands espaces, n'ont plus montré que des médiocrités. Qu'on y réfléchisse ; il faut des idées vastes pour composer un grand Jardin ; il faut s'être rendu familieres les diverses productions de la nature, & avoir bien étudié l'Art, pour tirer tout le parti qu'on a droit d'attendre de la réunion de ces deux objets : ensorte que, faute de cette double application, on ne remarque guere, dans nos Jardins en France, que des répétitions, ou du moins, si l'on y aperçoit quelque différence, ce n'est que dans les parties accessoires : dans l'ensemble, la marche est toujours la même, & l'on diroit que l'esprit humain, à cet égard, lorsqu'une fois il est parvenu à admirer quelque chose, se fixe à cette admiration, & ne voit rien au-delà : d'où il suit que les ouvrages imités dégénerent, à raison de leur multiplicité, jusqu'à-ce qu'enfin il arrive une révolution occasionnée par un génie neuf & transcendant, qui attire tous les regards de son côté, pour amener sur la scène d'autres nouveautés : époque qui vient d'arriver à Londres, & qu'à notre tour, nous cherchons à imiter à Paris, sans pour cela que nous ayons d'autres raisons, que de changer, & de suivre une mode qui passera comme les autres, sans consulter ni le raisonnement de l'Art, ni le goût national, ni la température du climat que nous habitons. Mais, sans nous arrêter à cette digression, donnons, sans aucune prétention, quelques projets de notre composition. Nous allons les faire précéder de quelques notions sur les Jardins des anciens peuples, comme un moyen de plus pour fertiliser l'imagination de ceux qui voudront s'appliquer à cette branche de l'Architecture.

En traçant dans l'introduction du premier Volume de ce Cours, une légere idée de l'origine du Jardinage, nous avons parlé sommairement des Jardins des anciens : nous y renvoyons nos Eleves, & nous allons ajoûter ici quelques nouvelles réflexions, afin qu'aidés des descriptions vraies ou fausses que les Historiens nous ont données des Jardins de l'Antiquité, ils puissent réfléchir sur la route qu'ils doivent suivre, pour arriver à la composition de leur projet, & y faire marcher d'un pas égal, & la partie du Jardinage, & celle des Bâtiments & de leurs dépendances, avec cette supériorité qu'on remarque dans quelques-uns de nos Jardins, & particuliérement à Marly.

Les Assyriens, dit Diodore de Sicile, se plaisoient à cultiver un terrein spacieux couvert d'arbres de toute espece, & sur-tout d'arbres fruitiers : on y trouvoit des allées, des fontaines, des ruisseaux, des plantes & des fleurs, dans tous les genres. Ce terrein, enclos d'un mur ou d'une palissade, s'appeloit *Paradis* chez les Perses, nom qu'ont emprunté les Grecs, & qu'Athénée a donné à une contrée de la Sicile auprès de Palerme, parce que c'étoit, dit-il, un pays agréable, fertile & bien cultivé.

Xénophon Liv. IV, nous donne une grande idée de la Maison de campagne de Pharnabaze à d'Ascyle. On y voyoit, dit-il, de très-beaux Bâtiments, un fleuve très-poissonneux, de magnifiques Parcs pour la chasse, &c.

Strabon Liv. XVI, en décrivant les Jardins de Jéricho, dit qu'ils étoient environnés de montagnes, qui de tout côté, présentoient un bel amphithéâtre ; qu'ils étoient plantés de palmiers & de toutes sortes d'arbres fruitiers ; que le terrein y étoit très-fertile, très-varié, & arrosé par différents ruisseaux l'espace de cent stades, & que c'étoit-là qu'on voyoit le Palais du Roi, & le Paradis, ou les Jardins qui produisoient le Beaume si connu sous le nom de Beaume de Jéricho.

Nous avons parlé dans notre introduction, des Jardins d'Alcinoüs, chantés par Homere ; nous y avons dit quelque chose de ceux des anciens Romains ; mais nous observerons que ces derniers, quoiqu'ils n'ayent pas négligé une certaine symétrie dans la distribution de leurs Jardins, se rapprocherent plus près de la nature que ceux qui, depuis, en ont planté en Italie & chez nous. Pline l'ancien, rapporte entr'autres choses, qu'on y remarquoit des Champs, des Lacs, des Vergers, de charmantes

Perspectives, & de superbes Maisons de plaisance. Plutarque en fait aussi le même éloge. Enfin Pline le jeune, ainsi que nous l'avons rapporté ailleurs, fait une ample description de sa Maison de Toscane.

Que la plupart de nos Eleves y fassent attention; dans les circonstances où nous nous trouvons, par rapport au Jardinage, les citations que nous venons de faire, ne sont point déplacées. Si nous voulons que nos productions passent à la postérité, ayons soin de les faire précéder d'une lecture réfléchie des meilleurs Auteurs. Sans elle Milton, quoique génie sublime, n'auroit peut-être pas produit, dans son Chant IV, sa charmante description du Paradis terrestre, dont on trouve la traduction dans Monsieur Racine. D'après cette lecture, on ne poura plus douter que les Anglois, après avoir préféré longtemps les productions de le Nôtre, ne prennent aujourd'hui Milton pour leur Maître. La manière de le Nôtre est presqu'entiérement abandonnée en Angleterre, & l'on y trouve à peine quelques allées de charmille dressées & taillées, comme elles le sont chez nous; on ne les conserve même encore à Londres, dit-on, que comme un échantillon du mauvais goût qui règne en France; les Anglois préferent d'aller puiser dans les forêts abandonnées à la nature, les modèles de leurs Jardins, ce que quelques enthousiastes de l'Angleterre s'efforcent d'introduire ici, plus par esprit de singularité, que pour autres raisons; mais, ainsi que nous l'avons déja remarqué quelques efforts qu'ils fassent, du moins nous le pensons ainsi, ils n'y parviendront jamais, nos belles productions en France méritant la préférence

rence à beaucoup d'égards. Il est vrai que, parmi nos chefs-d'œuvre, la plupart des Artistes qui les ont voulu imiter, se sont abusés, en se croyant les rivaux de le Nôtre & d'Hardouin; mais n'ayant pu parvenir à ce sublime, ils y ont rassemblé seulement tant d'objets divers, que presque tous ont négligé cette belle simplicité, ne se doutant pas que les richesses multipliées qu'ils y ont prodiguées, fatiguent les yeux, au lieu de les satisfaire; la raison condamnant la profusion, qui ne présente ordinairement qu'un faste mal entendu : aussi, lorsqu'on parcourt ces promenades, dans l'espoir d'acquérir des connoissances, on n'y gagne qu'une lassitude fatigante, au-lieu de l'agrément qu'on s'y étoit promis.

Au reste, toutes ces remarques sont inutiles, pour quiconque n'a pas le génie de la partie dont nous traitons : il en est de celle-ci comme de l'Architecture proprement dite; il faut être né Jardinier, ainsi que nous l'entendons, comme il faut être né Poëte, Musicien : la lecture, les préceptes de l'Art n'échauffent guère que les esprits naturellement enflammés : il faut être pénétré de ce beau idéal, qui ne se puise guère que dans l'imagination, & qui a produit les chefs-d'œuvre de l'éloquence, & de nos plus célèbres Ecrivains : ces productions, lorsqu'on vient à les lire, ne plaisent pas toujours, parce qu'elles nous ont peint la vérité; mais parce qu'elles ne nous ont rien dit contre la vraissemblance : de maniere qu'il importe assez peu au Lecteur, déja instruit, (nous parlons ici seulement des beaux Arts) que la description soit exactement fidele, pourvu qu'elle soit une, sans contradiction, bien présentée, qu'en un mot elle puisse plaire en instruisant.

Personne de nous n'ignore que la plupart des Relations de nos Voyageurs (*q*), & sur-tout de ceux qui nous ont rapporté des Edifices de la plus haute antiquité, ainsi que les Jardins des Anciens; nous ont offert plutôt des Romans ingénieux, que des récits exacts : mais, néanmoins, lorsqu'ils nous sont présentés par des hommes de goût, ils produisent à peu-près, tout ce qu'on a droit d'attendre du fruit de ces sortes de lectures; c'est

---

(*q*) A propos du peu de fidélité de la plupart des descriptions de nos Historiens, nous rapporterons ici l'extrait d'une lettre écrite de Constantinople à M. Racine, le 9 Juin 1684, par Monsieur de Guilleragues, Ambassadeur de France à la Porte : cette Lettre m'est tombée entre les mains, & est conçue en ces termes.

.... Je suis très-dégoûté des Pays fameux que vous avez chantés : oui, Monsieur, je suis très-dégoûté de ces Pays dont les Poëtes & les Historiens de l'antiquité ont dit de si belles choses, & je vois qu'ils n'étoient pas exacts observateurs de la vérité.

Le Scamandre & le Simoïs sont à sec 10 mois de l'année; leur lit n'est qu'un fossé. L'Ebre est une riviere du quatrieme ordre. La Natolie, le Pont, la Nicomédie, l'Itaque, (présentement la Céphalonie) la Macédoine, le terroir de Larisse & celui d'Athênes, ne peuvent jamais avoir fourni la quinzieme partie des hommes dont les Historiens font mention. Il est impossible que tous ces pays ayent jamais été fort peuplés. Le terroir est presque par-tout pierreux, aride & sans rivieres : on y voit des montagnes & des côtes pelées, plus anciennes que tous les Écrivains. Le Port d'Aulide, absolument gâté, peut avoir été bon; mais il n'a jamais pu contenir les mille vaisseaux des Grecs, ni mille barques. Délos est un misérable rocher. Cithere & Paphos sont des lieux affreux. Cithere ou Cérique est une petite île la plus désagréable & la plus infertile qui soit au monde. Il n'y a jamais eu un air plus corrompu que celui de Paphos, absolument inhabitée. Naxe ne vaut pas mieux. Les Poëtes, apparemment, mettoient Vénus dans les lieux où ils avoient leurs maitresses; mais ils l'ont très-mal placée. Je ne vous parle point de 2000 Évéchés en Gréce nommés dans l'Histoire Ecclésiastique, qui ne peuvent avoir eu 12 Paroisses chacun, &c, &c.

ensuite au jugement, c'est à l'Artiste à faire dans ses projets la juste application des lumieres qu'il y aura puisées; & aux préceptes, à l'assurer de la perfection ou de l'imperfection de son œuvre.

Plan général projeté en 1766 pour le Cateau-Cambresis à six lieues de Cambrai, en Flandre.

PLANCHE XXIV.

Cette Planche offre le projet que nous fumes chargé de faire pour Monseigneur l'Archevêque de Cambrai, à l'occasion d'une belle Maison de plaisance qu'il se proposoit de faire élever près de la ville du Cateau-Cambresis, dans une assez belle vûe, qui s'étend jusqu'à une petite monticule, au-dessus de laquelle en est une autre qui va border un bois de haute-futaie, appartenant à Sa Majesté.

On arrive à cette Maison de plaisance par l'avenue en rampe douce A, dans une grande cour circulaire B, élevée d'environ vingt-sept pieds au-dessus du sol du grand chemin, par où l'on arrive de Cambrai : de maniere que de cette cour B, on découvre les Jardins potagers C, & ceux D; au milieu desquels se remarque une piece d'eau E, qui reçoit la décharge des bassins distribués dans la partie supérieure des Jardins.

Le Château marqué F est un Pavillon carré, dans les principales enfilades duquel on découvre des Villages voisins, dont les aspects intéressants nous ont déterminé, sur le lieu, à donner précisément au principal corps de logis, la

F ij

position que l'on remarque dans ce Plan. Nous disons, sur le lieu; car il ne faut jamais négliger, autant qu'il est possible, de s'y transporter, surtout lorsqu'il s'agit de planter en place neuve; c'est-là, n'en doutons point, que les personnes du pays peuvent donner des renseignements ; c'est-là que l'Architecte doit méditer sur le local : précaution préférable à tous les Mémoires & aux Cartes, que les propriétaires, ou leurs hommes d'affaires peuvent, à cet égard, fournir à l'Architecte. Ce Château est élevé sur un Soubassement en terrasse, qui, de part & d'autre, se réduit en pente douce, pour la facilité des voitures ; ce qui donne à cet Edifice beaucoup d'intérêt, & un air de magnificence digne de l'illustre Prélat qui nous l'avoit ordonné. Cette terrasse en pente douce, procure l'avantage d'arriver à couvert, sous un porche en colonade, placé à l'entrée du Château, du côté de la cour. A la droite de cet Edifice, & en face d'une plaine donnant du côté de Cambrai, est placé un corps de Bâtiment G, qui contient la Chapelle & des logements commodes pour le Grands Vicaires & les autres Ecclésiastiques de la suite du Prélat, ainsi que plusieurs appartements pour les étrangers. Tous ces Bâtiments ont une cour particuliere H, ornée de verdure : cour qui donne entrée aux basses-cours I, dans lesquelles sont contenues les écuries, les remises, les buchers, &c. car les cuisines & les offices sont placées dans le soubassement, sur lequel s'éleve le principal corps-de-logis. Ce dernier contient seulement à rez-de-chaussée, un vestibule, un sallon, un bel Appartement de société, enfin, une salle à manger & un escalier, qui mene à un bel Appartement d'habitation au premier étage, qui contient une galerie, un cabinet de tableaux & une bibliothéque : on trouve auſſi dans ce même étage, un double Appartement complet à donner; tous les autres de cette eſpece ſont diſtribués, comme nous venons de le dire, dans le corps de Bâtiment G, & ſes dépendances.

Nous ne donnerons ni les Plans, ni la Décoration extérieure de cette Maiſon de plaiſance; nous en indiquons ſeulement ici l'arrangement, parce que la diſtribution & la diſpoſition générale des Bâtiments tiennent plus qu'on ne s'imagine ordinairement à déterminer les iſſues, les cours, les dépendances, ſouvent même la plantation des Jardins, ſur-tout lorſque l'Architecte ſe trouve chargé de donner les deſſins de tous ces différents objets.

Du côté du Jardin, le Pavillon carré F ſe trouve iſolé ſur une terraſſe K, plantée d'arbres à haute tige, dont le milieu des allées s'aligne avec les principales enfilades obſervées dans les Appartements. Cette terraſſe K a quelques marches, qui deſcendent aux parterres L, aux deux côtés deſquels ſont diſtribués des quinconces M, qui, en procurant du couvert à cette premiere ſcène, laiſſent jouir néanmoins de part & d'autre, du coup d'œil des dépendances qui environnent les murs des Jardins parés de cette belle demeure. Au-delà de ces parterres commencent les maſſifs de moyenne futaie, où ſont diſtribuées les pieces de verdure & les allées, à l'uſage de la promenade. La Salle de maronniers N, au milieu de laquelle eſt une grande piece d'eau, un peu élevée du ſol des parterres, mene de droite & de gauche à deux Salles de tilleuls O, dont les formes barlongues s'oppoſent à celles oblongues de la

Salle N : oppositions qu'il est essenciel d'observer dans la distribution des différentes pieces de verdure d'un Jardin de propreté. Ces Salles se trouvent enfermées dans des allées de forme rectangulaire, aux quatre coins desquels se trouvent pratiqués autant de carrefours P, qui, avec d'autres allées qui les accompagnent, procurent, dans un espace assez peu considérable, beaucoup de promenades fort ombragées. De la Salle de Maronniers N, on descend par une pente insensible, dans une très-grande piece de verdure en boulingrin ; dans l'espace de ce boulingrin, est une piece d'eau O, formant le milieu d'un canal pratiqué par le secours d'une petite riviere qui traverse toute la plaine, & sur laquelle on devoit pratiquer une machine hydraulique marquée S, pour fournir des eaux jaillissantes dans les différents bassins de ce Jardin, & le surplus dans la piece N, qui, comme supérieure en hauteur, devoit servir de réservoir, pour distribuer ensuite ces eaux dans les parterres, dans le principal corps-de-logis & dans les autres bâtiments & les basses-cours, pour aller enfin se décharger dans la piece E, & de-là se répandre & arroser la Ville du Câteau, dont le sol est bien inférieur au terrein, où ces Jardins, & les Bâtiments dont nous parlons sont situés. A la tête de la piece O, se trouve un mur de terrasse, qui, par des escaliers en pente douce, traverse un Bosquet de bois anciennement planté, & dans le massif duquel nous avons percé diverses Allées & un Belvéder découvert T, qui de plain pied communique à une grande plaine, que nous avons plantée d'arbres compartis avec symétrie, comme U, & dont les allées conduisent à couvert à la Forêt V qui appartient au Roi. Au milieu des allées U, eſt une grande piece X, ſervant de rendez-vous; la Forêt V étant fort peuplée de bêtes fauves pour les grandes chaſſes, & la plaine fourniſſant ſuffiſamment de gibier & de volatiles pour les chaſſes ordinaires.

Nous avons planté également, en face & aux deux côtés de la Salle de maronniers N, des allées d'arbres dans la plaine, pour prolonger la longueur de celles contenues dans l'intérieur des Jardins : d'ailleurs, ces allées, diſtribuées ainſi, ſemblent lier l'extérieur avec l'intérieur, & procurent à la forme de ce Plan, un enſemble qui nous a paru intéreſſant.

Sans doute les amateurs des formes contraſtées, n'approuveront point la régularité que nous avons préférée dans la diſtribution de ce Plan ; mais, nous l'avons déja annoncé dans le commencement de ce Volume : notre intention, avons-nous dit, n'a point été de ſuivre aucun eſprit de ſyſtême ; nous n'avons ſuivi à cet égard que notre goût naturel : jamais nous n'applaudirons que forcément, au genre que l'on cherche à introduire en France, d'après les nouvelles productions de l'Angleterre. Jamais nous ne nous laſſerons d'être Citoyen & François. Qu'on y prenne garde ; toutes ces imitations ne tendent qu'à nous faire ceſſer d'être, pour ainſi-dire, nous-mêmes ; à force de vouloir reſſembler à tous les peuples de l'Europe, nous riſquons, peut-être un jour, de ne reſſembler à perſonne. Mais, répond-on à cela, tous les Arts & tous les Propriétaires ſont libres, d'accord ; mais toutes ces innovations dans l'Architecture, dans le Jardinage, dans notre Muſique, & dans nos Modes, ne ſervent qu'à défigurer le vrai goût national : que l'homme de la Cour, que le riche particulier dans son Jardin essayent d'imiter les Jardins de Londres, il n'y a pas un grand inconvénient; mais que la tête tourne à la Nation, parce que tel Jardin à Paris, compris dans peu d'espace, a obtenu quelques suffrages, & que delà, on veuille changer totalement le goût véritablement estimable des productions de le Nôtre & d'Hardouin, nous trouvons cette manie inconséquente, pour ne pas dire, tout-à-fait déraisonnable. D'ailleurs, qu'on y réfléchisse, il en doit être, selon nous, des Jardins comme des Bâtiments; il convient que le style de ces derniers soit assorti à la représentation des personnes pour qui ils sont élevés. Nous l'avons dit plus d'une fois, c'est le caractère propre à l'Edifice, qui seul fait beauté. D'après ce principe incontestable, nous avons cru que nous ne devions pas abandonner ce précepte, lors même de la composition des Jardins de cette Maison de plaisance. Le même esprit nous a conduit dans les deux autres Plans qui vont suivre : nous laissons aux hommes non prévenus, le soin de juger de notre opinion à cet égard.

Plan général des Bâtiments & des Jardins d'un magnifique Château projeté pour l'Allemagne.

PLANCHE XXV.

Ce projet traité en grand, rassemble la majeure partie de tous les objets qui peuvent concourir à l'embellissement d'une résidence considérable élevée à la campagne pour un Prince d'Allemagne ; soit qu'on le considere du côté des Bâtiments & de leurs issues, soit qu'on en examine les plantations, telles que les Jardins de propreté, les Futaies, les Potagers, les Vergers, &c.

L'entrée A de cette belle habitation est précédée d'une grande avenue en patte d'oie B ; elle n'est fermée que par un pont tournant placé au milieu de l'étendue d'un fossé dont la longueur détermine la largeur de la premiere avant-Cour C, qui, de droite & de gauche, communique à des Bâtiments destinés d'un côté, à contenir des Casernes D & leurs dépendances, pour la garde du Prince, & de l'autre des Granges, des Selliers, des Buanderies, & autres départements E, nécessaires à une Maison de la plus grande importance. La grande Cour F, sert de place d'armes pour l'exercice des troupes, celle G, pour la course des chevaux : enfin, les deux Jardins potagers H, sont destinés particuliérement pour l'approvisionnement des corps de Bâtiments D, E.

De la premiere avant-Cour C, par une grande allée I, à ciel ouvert, & bordée de deux contre-allées, on arrive à une seconde belle avant-Cour K, plantée d'arbres dans ses parties latérales. Aux deux côtés de cette grande allée I, sont distribués les Jardins potagers marqués L, & les Vergers M, d'une étendue assez considérable ; ces Jardins doivent fournir des fruits & des légumes en abondance, ce Château ayant été projeté pour un lieu assez éloigné d'une ville Capitale : ils sont d'ailleurs plantés symétriquement dans un terrein neuf, presque de niveau, & régulier dans ses dimensions. D'un autre côté, comme ces Jardins se tiennent ordinairement à découvert, particuliérement les potagers L; il est de nécessité d'observer une sorte de régularité dans leur disposition, rien n'annonçant tant, à notre avis, la magnificence de la demeure des grands, que lorsqu'elle se trouve précédée par des Jardins de cette espece, & que ces Jardins sont bien tenus, & parés des dons de la nature; tels qu'on a vu long-tems ceux placés le long de la grande avenue du Château de Maisons, dont il ne reste plus aujourd'hui que le terrein dépouillé de culture; mais dont la belle disposition plaît encore aux connoisseurs.

L'avant-Cour K donne, en face, entrée à la Cour d'honneur marquée N; à droite, dans les Bâtiments, les Cours & les dépendances du département de la bouche, désignées par la lettre *a*; ensuite dans une basse-cour *b*, où sont des volieres pour les volailles, & enfin, dans une ménagerie *c*, où se trouvent distribués différents Bâtiments pour les animaux de diverses especes, une Laiterie & des logements *d*, pour les gens chargés de leur nourriture & de leur entretien. La même avant-Cour K donne entrée à gauche à des Cours & des Bâtiments *e*, destinés pour les Ecuries, les Remises, les Chenils, le logement de l'Ecuyer, & du sous-Ecuyer; ensuite à une Cour & un Manége couvert marqué *f*; enfin, à un Manége découvert *g*, entouré de verdure, & dans le fond duquel est élevé un Amphithéâtre: ensorte que par la disposition de ces Bâtiments qui se trouvent alignés par leur axe principal, on jouit, avant d'entrer dans la Cour N, de toutes les dépendances qui précedent l'habitation du Prince (r).

Arrivé dans la Cour N, au fond de laquelle est le Château, on jouit pleinement de son aspect. Il est double dans sa profondeur & de deux étages dans ses façades, y compris le rez-de-chauffée. De cette même Cour, on découvre à travers les colonades placées de droite & de gauche, d'un côté, le Jardin & le Bâtiment de l'Orangerie marqué O ; & de l'autre, un Jardin fleuriste, & un Bâtiment P, dans lequel est placé la Salle de spectacle : de maniere que ces nouveaux Bâtiments O, P, de même dimension, quoique destinés à des usages différents, offrent un coup d'œil satisfaisant, par les entrecolonnements qui décorent les ailes de cette cour principale : tous ces objets, dans une Maison Electorale, doivent s'offrir à découvert aux yeux des étrangers, parce que les ayant envisagés, pour ainsi-dire, sous un même point de vue, ils s'en forment la plus grande idée, & se font un plaisir d'en parcourir à loisir toutes les beautés.

Derriere le Bâtiment P, se trouve placé un Mail circulaire Q, dans le goût de celui de Marly, & au milieu duquel sont distribués des Salles & des Cabinets de verdure. Derriere le Bâtiment O, on remarque un Labyrinthe, marqué *, qui oc-

---

(r) Nous sommes entrés, lors de ce projet, dans le plus grand détail ; il n'y a pas un seul Bâtiment cité ici, dont nous n'ayons fait les Plans particuliers, les coupes & les développements, secondé par M. de la Roche, l'un de nos Eléves, qui, à présent tenant un grade distingué dans les Ponts & Chaussées, sçait se concilier, par ses lumieres & sa probité, l'estime de ses Chefs, & la bienveillance du Ministre éclairé qui préside à ce département.

cupe à peu-près la même longueur que le Mail qui lui est opposé.

En face du principal corps-de-logis *b*, règne, dans toute la largeur du Jardin, une double terrasse toujours intéressante à observer, lorsque le terrein le peut permettre; parce que, de dessus cette éminence, on aperçoit plus facilement les objets qui sont à découvert, tels que les parterres, les pieces d'eau, les tapis verds distribués ordinairement en face du Château, & désignés ici par les lettres R, S, T. Le canal S, à l'une de ses extrémités, retourne d'équerre, & forme deux bras distribués en parties égales, n'ayant pu l'étendre au-delà, parce qu'il est fourni par deux sources, & que la pente insensible, est toute du côté du Château, & la partie du tapis verd T, parfaitement de niveau; cette pente insensible auroit permis, si l'on eut voulu, de former une cascade dans la partie longitudinale de ce canal; mais le Propriétaire ne jugea pas à propos de faire cette dépense.

Aux deux côtés des Parterres R, sont distribuées des Salles de verdures U, & des Cabinets moins spacieux que ceux marqués V, X; parce qu'étant placés vers le principal corps de logis, ils doivent fournir plus d'ombrage; ce qu'on n'a pas droit d'attendre de ces sortes de pieces de verdure, lorsqu'elles ont un grand diamètre; malgré les petites allées que l'on prend soin de faire circuler autour, ainsi qu'on le remarque dans ce Plan. Nous en abrégerons la description, pour ne pas répéter ce que nous avons dit précédemment, en parlant en particulier des Parterres, des Bosquets, des Boulingrins, &c. Nous finirons seulement par faire observer, qu'à l'extrémité de cette Planche, se trouvent placés d'un côté, les Bâtiments, Cours & Jardins d'une Faisanderie Y, qui nous avoit été demandée. Nous donnerons, dans la suite de ce Cours, les desseins & les détails de ce genre de distribution; cette espece de Bâtiment étant assez ignorée de plusieurs de nos Eleves, quoiqu'ils puissent s'en former une idée très-satisfaisante, en allant visiter la Faisanderie placée dans les Jardins de Chantilly. En face, & de l'autre côté de ce petit Bâtiment, en est un autre Z, destiné à servir de retraite au Propriétaire, tel que se remarque celui de Trianon près Versailles; mais Trianon est beaucoup plus considérable que celui que nous proposons. Nous donnerons dans la suite, les développements de ce dernier.

Le défaut essenciel de ce Plan Général, est d'être planté en plaine; ce qui rend nécessairement sa distribution monotone: d'un autre côté, les promenades sont bien moins fatigantes, que lorsque leur surface est montueuse; mais aussi, dans le premier cas, perd-on l'effet pittoresque que l'on trouve au contraire dans le deuxieme; combien, dans les terreins montueux, les Jardins ne présentent-ils pas de variétés? Nous avons déja fait ces remarques, au commencement de ce Chapitre; nous ne nous lassons point de les répéter, pour l'utilité de nos Lecteurs. Certainement, les Jardins de Versailles paroissent trop parés de Sculpture: quelle fut vraissemblablement la cause de cette profusion? c'est sans doute la nécessité où l'on s'est trouvé de leur procurer de la magnificence par le ministere de l'Art; ce lieu étant dépourvu, dans ses environs, de toute espece de spectacle champêtre. Il est vrai que, dans son sol, on remarque plusieurs terrasses; celles des parterres d'eau, celles du midi & celles du nord, qui ajoûtent un assez grand relief à la disposition de ces Jardins superbes; mais, encore une fois, ils ne sont véritablement admirables que pour les connoisseurs & les Artistes qui y viennent avec plaisir contempler la plus grande partie des chefs-d'œuvre de Sculpture qui se sont faits sous le regne de Louis le Grand; au-lieu que dans les autres Jardins de nos Maisons Royales & de nos belles Maisons de plaisance, sans être connoisseurs, toutes les classes de citoyens (*s*) sont à portée d'applaudir à l'ordonnance, à la disposition ; enfin, de jouir & des beautés de l'Art, & des beautés de la nature, lorsqu'ils parcourent les belles promenades de Saint-Cloud, de Seaux, de Chantilly (*t*), de Saint-Germain-en-Laye, de Meudon, bien supérieures, par l'aspect des environs, à celles de Trianon, de Bagnolet, du Rinsi, & peut-être à celles de Marly, qui cependant à tant d'égards, méritent d'être admirées.

(*s*) Ce que nous avançons nous a été confirmé plus d'une fois ; lorsque, dans nos Leçons publiques, nous nous transportions sur les lieux avec les étrangers qui nous étoient adressés, avec les amateurs & les Artistes qui nous suivoient dans nos Conférences, Conférences qui se répétoient toutes les années ; ce qui nous a mis à portée de réfléchir sur tous ces différents objets : ensorte que c'est moins notre sentiment particulier que nous rapportons, que le jugement général des hommes éclairés, avec qui nous avons été à même de discuter les beautés ou les médiocrités qui s'offroient à nos regards.

(*t*) Voyez tous les dessins de ces Jardins Tomes IV & V de l'Architecture Françoise.

Plan général des Bâtiments & des Jardins d'une belle Maison de chasse projetée en Allemagne pour l'Électeur de ***.

PLANCHE XXVI.

Ce projet, moins confidérable en apparence que le précédent, a néanmoins tout autant de promenades, & il ne diffère guère que par les Jardins fruitiers & potagers qui n'étoient pas néceffaires ici, cette belle habitation n'étant éloignée que de trois lieues d'une des Villes les plus opulentes de l'Allemagne. Les principaux Bâtiments, par la même raifon, ont auffi moins de dépendances, fans pour cela, qu'aucuns départements effenciels y foient épargnés, ayant pris foin que leur difpofition, leur ordonnance & leur ftructure répondiffent à la magnificence du Prince pour qui cette Maifon de chaffe avoit été projetée. La diftribution des Jardins répond auffi à l'éclat des Bâtiments, & l'on fe rappellera que nous en avons donné quelques parties dans les Planches XIV, XV, XVI & XVII de ce Chapitre. Parcourons à préfent cette production, & mettons nos Eleves à portée de connoître la marche que nous avons fuivie, pour répondre aux intentions du Grand Seigneur, qui nous avoit chargé de cette diftribution.

Le Château A, a affez peu d'étendue ; mais il eft double dans fa profondeur, & a dans fes façades, deux étages élevés au-deffus d'un foubaffement; dans celui-ci, fe trouvent diftribués de magnifiques Appartements de bains, une Grote, une Salle à manger d'été, & des Offices : l'étage au-dessus est occupé par un grand Sallon, dans le goût de celui de Marly, & de plusieurs piéces formant un bel Appartement de société ; de maniere que ce n'est que dans le premier étage, qu'on a pratiqué quatre Appartements de Maîtres, la plus grande partie des personnes de dehors étant à portée de retourner à la Ville après le soupé.

On arrive à ce Château par une Cour quadrangulaire B, fermée seulement par des grilles dans les parties latérales : cette Cour est précédée d'une belle avenue C, qui tient lieu d'avant-cour, & elle est aussi fermée par une grille D : aux deux extrémités de cette grille, se trouvent deux Pavillons, l'un pour le Suisse, l'autre pour un Garde-chasse.

De chaque côté de l'avenue C, sont distribués, à droite, le département des Ecuries & des Remises E, & à gauche, celui de la bouche, marqué F ; l'un & l'autre pourvus de toutes les commodités que la libéralité du Prince avoit permises à l'Architecte. C'est dans l'enfilade des Bâtiments E, F, que se trouvent placés le Manege découvert G, & la Ménagerie H, raportée précédemment Planches XIV & XV ; nous y renvoyons ; les formes y sont plus distinctes & plus étudiées que dans ce Plan, que nous n'avons pu donner que sur une très-petite échelle, à cause du format de notre ouvrage. Nous aurions voulu pouvoir en user de même pour ce qui regarde le détail de la distribution & de la décoration des Bâtiments, dont nous avons conservé des doubles,

dessinés

deſſinés avec le plus grand ſoin (*t*); mais les mêmes conſidérations nous en ont empêché.

Les lettres I déſignent une partie des Potagers plantés à l'entrée de l'avenue C. La lettre K indique une partie des Bâtiments de l'Orangerie; celle L, la Gallerie appelée la Gallerie des Cerfs, telles qu'il s'en remarque à Fontainebleau & à Chantilly, & dans leſquelles, ſur des têtes en ſculpture, on place les bois des cerfs vaincus à la chaſſe. Au commencement de chacune de ces deux Ailes, & à l'entrée de la Cour B, ſont placés deux Pavillons *a*; l'un pour la Chapelle, & l'autre pour le Concierge. En face du Bâtiment N, eſt un Jardin fleuriſte, & en face de l'Aile K, un Jardin pour les orangers. En retour d'équerre, on voit deux autres Bâtiments M, N; le premier contient une Salle de ſpectacle & ſes dépendances, le ſecond une Salle de Bal, une Salle de jeu, une Salle de billard, &c. Derriere celle-ci, eſt un grand Boſquet renfermant un Mail circulaire; & derriere le Bâtiment N, eſt planté un Labyrinthe: l'une & l'autre de ces deux piéces de verdure ſervent de petits Boſquets pour les promenades du matin.

Dans la ligne capitale qui enfile la longueur du Château, ſe trouve placé le milieu d'une grande allée O, qui traverſe toute la largeur du Parc; mais dont cette Planche n'offre que les principales parties. Cette allée eſt à ciel ouvert, & bordée de

---

(*t*) Nous avons été ſecondé dans ce travail par M. Delorme, l'un de nos Eleves alors, & qui, aujourd'hui, par ſes talents décidés, & par la douceur de ſes mœurs, a ſçu s'attacher la bienveillance des hommes de la plus haute conſidération, ainſi que celle des Artiſtes qui ſont en relation avec lui.

chaque côté par une contre allée couverte, qui procure de l'ombrage aux personnes qui, du Château, veulent parcourir les Bosquets du Parc, contenus entre l'allée O & celle P, paralelles entr'elles. C'est dans cette étendue O, P, que sont comprises les Salles de spectacle champêtre Q, & la Salle de bal R, données aussi précédemment plus en grand, dans les Planches XVI & XVII. En face du Château, est un Canal d'eau vive S, au bout duquel on voit une Cascade T, le terrein, vers cet endroit, étant élevé d'environ dix-sept pieds : ensuite, on arrive dans une plaine fort étendue, où se trouve planté le commencement d'un Bois de haute-futaie U, qui, assez près de l'allée P, contient deux piéces d'eau de source V, lesquelles, par leur supériorité sur le sol des Jardins & des Bâtiments de cette Maison de chasse, fournissent de l'eau, & dans les bassins, & dans les Appartements, aussi-bien que dans toutes les dépendances dont nous venons de faire la description.

Tous les Bosquets, les Salles & les Cabinets de verdure exprimés dans ce Plan, sont disposés de maniere, qu'ils ont des enfilades respectives, & sont entourées de petites allées prises dans les massifs des bois : ces allées formant autant de berceaux naturels, procurent à toute heure un ombrage intéressant pour la promenade. Ces Bosquets sont ornés, pour la plupart, de statues, de bassins, de fontaines qui les embellissent encore, & qui, étant distribués avec art, servent à relever l'éclat de la belle nature; la verdure, dans ces cantons, nous ayant semblé sur les lieux, plus belle que par-tout ailleurs, tant par l'espece des arbres du pays, que par les soins que les Jardiniers, en Allemagne, prennent de leur culture & du terrein qui les reçoit : d'ailleurs, il en faut convenir ; l'abondance des eaux dans les Jardins contribue beaucoup par sa fraîcheur, à entretenir l'émail des fleurs ; & à procurer un verd tendre à la chevelure des arbres, aux palissades, aux arbustes, &c.

Nous ne nous arrêterons pas à décrire plus long-temps la distribution des piéces de verdure qui se remarquent dans ce Plan. Les personnes exercées dans cette partie de l'Art, ont peu besoin de ces descriptions, & celles qui ne le sont pas ne pouroient l'apprendre dans nos Livres. Nous le répétons pour la derniere fois, c'est dans les Jardins de nos Maisons Royales, dans ceux de nos Maisons de Plaisance, enfin, dans les promenades des Maisons de nos riches particuliers, à la campagne, & dans le sein des Villes, qu'on peut seul bien apprendre à étudier & à concevoir cette partie si intéressante de l'Architecture ; aidé, si l'on veut, des préceptes généraux, & des exemples particuliers répandus dans ce Chapitre ; quoique nous n'ayons pas prétendu, ainsi que nous l'avons déja annoncé, épuiser la matiere ; mais offrir seulement à nos Eleves ce qu'ils ne peuvent absolument ignorer à cet égard.

CHAPITRE II.

DE LA DISTRIBUTION DES BATIMENTS EN GÉNÉRAL.

Nous avons commencé les premieres notions des préceptes de la distribution des Bâtiments, par celle des Jardins, distribution qui vient de faire l'objet du Chapitre précédent ; il nous a paru convenable d'ailleurs de faire marcher ensemble, lors de la composition d'un Plan, la distribution des Bâtiments & celle de leurs Jardins, parce qu'assez ordinairement, le premier désir du Propriétaire, & le premier soin de l'Architecte, est de planter les Jardins, avant d'entamer la partie des Edifices ; ceux-ci étant toujours plusieurs années à élever, la plantation acquiert de la force pendant les années qui s'écoulent, entre le commencement de la main-d'œuvre, & le moment de jouir de l'habitation.

Nous voici donc arrivés à la distribution des Bâtiments, considérée ici comme la seconde branche de l'Architecture, branche, pour ainsi dire, ignorée de nos anciens Architectes, & que ceux du commencement de ce siécle ont sçu réduire en Art. Pour nous convaincre de ce que nous avançons, donnons un précis de l'origine de la distribution des Bâtiments, & rendons compte comment elle a pris faveur chez nous, au point que nos productions de ce genre, sont imitées avec le plus grand soin par tous les peuples de l'Europe savante, & même par ceux des Nations les plus éloignées.

Précédemment, nous avons trouvé l'origne de la Décoration de nos Edifices dans les différentes productions de la nature; les arbres particuliérement ont donné naissance aux colonnes; les feuilles, les fleurs & les fruits aux ornements qui les embellissent. Nous allons trouver l'origine de la distribution dans la nécessité de se mettre à l'abri des intempéries de l'air, & de se procurer les commodités relatives à la vie civile.

En remontant à la source, nous trouverons que les abeilles naturellement industrieuses, donnerent aux hommes les premieres notions de l'Art de diviser & de partager l'intérieur de leurs demeures. En effet, à peine eurent-ils abandonné les entrailles de la terre, qui, originairement, leur avoient servi de retraite, qu'à l'imitation des ruches, ils éléverent des huttes pyramidales qu'ils formerent avec du bois enduit de terre grasse. D'abord ils les isolerent, pour prévenir les accidents du feu; ensuite, s'apercevant du besoin qu'ils avoient d'user d'économie, ils les rapprocherent, pour se communiquer plus facilement. Ils imaginerent des portes qui en défendissent l'entrée, & des croisées pour en éclairer les dedans: ils établirent des foyers qui les missent à l'abri de la rigueur des saisons: ils employerent plusieurs étages, dans le dessein d'occuper moins d'espace sur le terrein d'où ils tiroient leur subsistance.

La culture des terres, qui amena à sa suite le partage des Domaines, introduisit entre les hommes l'idée de propriété. De-là, ils se virent obligés de marquer des limites, de planter des haies, de creuser des fossés, qui distinguassent leurs possessions d'avec celles de leurs voisins. Les premières huttes, qui d'abord leur avoient servi d'asile, firent place à des cabanes plus étendues, où ils établirent leur résidence : on y joignit des dépendances pour contenir les animaux nécessaires à l'Agriculture, les dépouilles de la terre, & les provisions dont on avoit besoin pour subsister en attendant une nouvelle récolte. Le nombre de ces habitations s'étant accru avec celui des familles, on parvint insensiblement à former des Hameaux, des Bourgades & des Villes : dans ces dernieres, on disposa des rues, on les alligna; on érigea des Temples, on éleva des Bâtimens plus réguliers & plus vastes pour les principaux Chefs, enfin on mit, peu à peu, de la symétrie dans la disposition de ces différents genres d'Edifices.

L'aisance & le loisir dont les hommes parvinrent à joüir dans la suite, les déterminerent à porter leurs vues sur d'autres objets non moins intéressants. Pourvus des premiers besoins, ils songerent à rendre plus salubre l'intérieur de leurs demeures, & se procurerent plusieurs genres de commodités inconnues à leurs prédécesseurs : le cercle de leurs idées s'agrandit par le commerce qu'ils eurent les uns avec les autres, d'abord, de proche en proche; après, dans les Provinces les plus éloignées. La décence qui s'introduisit dans leurs mœurs, leur fit imaginer de partager l'intérieur de leurs demeures en plusieurs pieces, qui devoient contenir les deux sexes à part. Bientôt les infirmités de la vieillesse leur apprirent à préférer les lieux éminents aux vallées, & à faire choix des matieres qui assurassent une durée plus constante à leurs Bâtiments, & les dédommageassent de la main d'œuvre dont ils avoient essuyé les peines. Aux végétaux, ils firent succéder les minéraux & les métaux, & commencèrent à les allier ensemble : enfin, leur jugement s'étant développé, ils convertirent les dépouilles des animaux en étoffes, pour s'en faire des meubles. C'est par ces différents progrès sans doute que les hommes sont parvenus à rendre leurs habitations, & plus commodes & plus agréables : mais, osons le dire, c'est de cette commodité & de cet agrément, qu'est né le luxe qui règne aujourd'hui parmi nous. En effet, si la plupart des peuples eussent eu moins d'ambition, ils se fussent contentés d'une demeure simple ; ils s'en feroient tenus à la culture des terres, & à l'éducation de leurs semblables : combien n'en voyons-nous pas de nos jours, qui font leur bonheur d'une vie champêtre? La plupart des Pasteurs dans le fond de nos Provinces ; plusieurs familles dont les ancêtres ont versé leur sang pour la patrie : les Fermiers des grands Seigneurs, leurs Laboureurs, nos Pâtres y vivent encore dans cette simplicité, qui faisoit partie des mœurs de nos ancêtres. Aussi, n'est-ce que dans les Capitales que les besoins se sont accumulés. La splendeur des Nations, l'ambition des Peuples, le culte extérieur de la Religion, les cérémonies d'éclat, la communication des étrangers, l'opulence des Cours, le voisinage des gens du monde, tant d'exemples ont fait éclore dans tous le désir de se surpasser; ce que n'eût jamais fait une vie sobre & retirée. Peut-être, aurions-nous plus de vertus, si nous vivions comme les premiers peuples du monde. D'un autre côté, comparons les temps, & considérons, avec Plutarque, combien nous sommes heureux, & combien nos peres l'étoient peu; puisque dans le premier âge, appelé par nos Poëtes l'âge d'or, la terre nouvellement formée, & l'air chargé de vapeurs grossieres, étoient indociles à l'ordre des saisons : le cours incertain des rivieres dégradoit leurs rives de toute part. Des étangs, des Lacs, de profonds marécages inondoient les trois quarts de la surface du globe; l'autre étoit couvert de bois & de forêts stériles. La terre ne produisoit que des fruits imparfaits; ses habitants n'avoient nul instrument pour le labourage. La moisson ne venoit jamais pour qui n'avoit rien semé; l'hiver, quelques herbages, quelques racines, étoient leur seule nourriture : ils regardoient alors la terre comme leur nourice & leur mere. Ce ne fut même qu'après une longue expérience, qu'ils firent usage de la chair des animaux, qu'ils vécurent de poissons secs & du lait de leurs troupeaux. Quelle différence aujourd'hui, quelle affluence de bien nous environne! que de fruits! que de richesses dans les campagnes! Quels secours ne nous donnent pas le commerce & la navigation, pour apporter dans le sein de nos Villes les différentes productions des pays étrangers! Que ne devons-nous pas enfin à l'industrie d'un peuple rassemblé, & qui, soutenu par la découverte des beaux Arts, fait enfanter tant de chefs-d'œuvre.

D'après ce tableau, plus intéressant pour les amateurs de l'Histoire, que pour les Artistes, disons qu'aucune Nation, néanmoins, n'a sçu, comme la nôtre, réduire en Art la distribution qui fait ici notre objet. Les Assyriens, les Hébreux, les Egyptiens, n'ont guère excellé que dans la structure & l'immensité de leurs monuments; les Grecs & les Romains, dans l'ordonnance de la décoration & la distribution intérieure de leurs Temples. Nos Provinces d'Italie, le Nord, l'Allemagne, l'Angleterre même, n'ont rien produit de bien essenciel sur cette branche de l'Architecture. Tous ces peuples ont presque recours aux exemples des Bâtiments François, lorsqu'il s'agit de la distribution de leurs Edifices. Encore, sommes-nous forcés de convenir que cet Art n'est pas fort ancien chez nous : que ce n'est que depuis le règne de Louis le Grand, que nous sommes parvenus à lui donner un certain degré de perfection. Nous pouvons le dire ici : quelle étoit la distribution de nos Edifices sous les premieres races de nos Rois? une distribution intérieure, sans symétrie & sans régularité : des Appartements mal éclairés, sans commodités, sans dégagements : des piéces spacieuses, mais sans proportion, sans enfilades respectives : des escaliers obscurs & sans dignité; en un mot, on n'y remarquoit que de petites ouvertures de portes, de croisées; ou, au contraire, des foyers d'une grandeur excessive. Qui de nous ignore, par exemple, que, sous Charles VI, l'Appartement de ce Prince à l'hôtel de Saint-Pol (*u*), consistoit seulement en une grande anti-chambre, une chambre de parade (*x*) qui avoit quinze toises de longueur sur dix de largeur; une autre chambre d'habitation (*y*), deux cabinets, une

---

(*u*) Érigé anciennement au quartier Saint-Antoine, dans une partie qu'occupe aujourd'hui la place Royale à Paris.
(*x*) Qu'on appeloit alors chambre à parer.
(*y*) Appelée, dans ce temps, la chambre au gîte du Roi.

salle à manger (z), une salle d'étude, une salle de bains, une chambre du Conseil, &c. (a). Mais, sans aller chercher des Bâtiments qui n'existent plus que dans nos Chartres, qu'on examine ceux du Château de Saint-Germain-en-Laye, les anciens Appartements de celui de Chantilly, avant d'être réparés, & une infinité d'autres de ce genre, élevés anciennement dans nos Provinces, & l'on reconnoîtra bientôt combien notre distribution est aujourd'hui supérieure. Personne n'ignore que nous devons cette partie de l'Art à Jules Hardouin Mansard; cet homme célèbre nous a en effet prouvé l'universalité de ses connoissances sur l'Architecture en général, mais en particulier, sur la distribution : encore faut-il convenir que c'est depuis cet homme de génie, que nos Architectes l'ont perfectionnée, lorsque, pendant près de trente années, & faute de grandes occasions, ils se sont trouvés obligés de négliger l'objet le plus sublime de leur Art, nous voulons dire, l'ordonnance extérieure de nos Edifices, pour ne s'attacher qu'à la partie des dedans, à la commodité & à la décoration des Appartements, que nous avons portées de nos jours au dernier période.

Aujourd'hui donc, que toutes les parties de l'Art nous sont connues, & que les grandes entreprises sont offertes à nos Architectes célebres,

---

(z) Que l'on nommoit anciennement la Salle des nappes.
(a) Les Mémoires qui nous ont transmis ce fait, nous apprennent encore, en parlant de la décoration de cet Appartement, que les poutres des Chambres les plus ornées, n'étoient enrichies que de fleurs de lys d'étain d'oré, & que les chenets n'étoient que de fer, & pesoient 180 livres.

par la libéralité du Prince, & par les connoissances acquises du plus grand nombre de nos concitoyens : que n'avons-nous pas lieu d'espérer du concours de ces trois branches réunies, qui, sans doute, nous feront laisser à la postérité des chefs-d'œuvre, même au-dessus de ceux élevés par nos prédécesseurs.

Quoique nous venions de remarquer que la distribution avoit fait, de notre temps, les plus grands progrès, nous observerons néanmoins, que c'est peut-être la seule partie de l'Art, sur laquelle nos Architectes ont le moins écrit. Jusqu'à présent, Daviler, M. Boffrand, M. Briseux & nous-même, dans notre Traité de la décoration des Edifices, avons plutôt donné la description des Bâtiments de notre invention, que des préceptes sur l'Art de distribuer nos Appartements : de sorte, que les quatre premiers Volumes de l'Architecture Françoise, sont, pour ainsi dire, l'unique ouvrage qui traite de la distribution d'une maniere assez intéressante ; encore, faut-il convenir, que, pour les lire avec fruit, il est nécessaire de faire précéder cette lecture par les Leçons que nous offrons aujourd'hui.

Sans doute, la distribution peut être regardée comme une science difficile à acquérir, à cause de la variété des Edifices qui s'élevent dans la Capitale & dans nos Provinces : variété qui facilite l'Architecte à manifester, dans plus d'une occasion, l'essor de son génie ; qui le force, pour ainsi dire, à remonter à la source, en le portant à réfléchir sur l'importance de cette branche si intéressante de l'Architecture.

Avant d'entrer en matiere, nous dirons, qu'on doit distinguer deux sortes de distribution, l'une, qui a pour objet la division des piéces qui composent l'intérieur des Appartements ; l'autre, qui dans les dehors, contribue à déterminer la répartition des avant-corps, des pavillons, des arrieres-corps, & des corps intermédiaires qui procurent un certain mouvement à l'ordonnance des façades. Nous avons déja dit quelque chose de cette derniere distribution, en traitant, dans les Volumes précédents, de la décoration extérieure : notre intention est d'y revenir encore à la fin de celui-ci, après que nous aurons expliqué ce que nous nous proposons d'enseigner, concernant la distribution intérieure des Bâtiments. Mais nous exposerons d'abord les règles les plus approuvées sur les principales issues de l'Edifice ; sur la dimension des cours, des basses-cours & des Bâtiments qui y sont contenus, & qui, ordinairement, servent de dépendances aux principaux corps-de-logis, destinés à la résidence des Maîtres, soit à la Ville, soit à la campagne.

Préceptes généraux, concernant la disposition des issues, des cours principales, des basses-cours, & des Bâtiments qui servent de dépendances aux corps-de-logis destinés à la résidence des Maîtres.

Les Bâtiments destinés à servir de dépendances aux principaux Edifices, exigent, de la part de l'Architecte, la même attention que lorsqu'il est requis pour donner les dessins d'un monument de la premiere importance. N'en doutons point ; l'esprit de convenance doit le guider dans toutes ses opérations; il lui est également indispensable, de veiller à la disposition des lieux, à l'exposition des différents départements, & de se rendre compte de la qualité des eaux dont on se propose de faire usage, pour les hommes & pour les animaux.

De la Convenance.

La Convenance doit être regardée comme la partie la plus essencielle de toutes les productions de l'Architecte. C'est par elle qu'il assortit la dignité & le caractère, non-seulement du principal édifice, mais aussi de tous les Bâtiments qui composent ses dépendances. Elle lui enseigne le choix des emplacements; elle lui indique le plus ou moins de pieces principales ou de dégagements qui doivent entrer dans son plan; soit pour la commodité personnelle du Maître, soit pour ceux qui sont en relation avec lui: c'est la convenance qui indique le rapport qu'on doit observer entre l'étendue ou le racourcissement des Bâtiments qui précedent la principale habitation, & qui, pour l'ordinaire, se placent dans les avant-cours, soit qu'on masque ceux-ci par des murs de clôture, soit au contraire, qu'on en expose les façades aux regards des étrangers. C'est encore la convenance, qui, après la disposition de ces derniers Bâtiments, indique le genre de leur décoration, celui de leur structure, leur élévation, enfin la richesse ou la simplicité qu'ils doivent avoir relativement au style qui préside dans l'ordonnance du principal corps-de-logis. Qu'on y prenne garde; rien de si inconséquent, lorsque ces Bâtiments subalternes disputent de grandeur ou de dignité avec l'objet principal dont ils ne font que l'accessoire. Plusieurs de nos belles Maisons de plaisance ont ce défaut, ainsi que quelques-uns de nos grands Hôtels à Paris; parce qu'assez souvent, ces diverses parties s'attaquent dans des temps différents, & qu'un nouvel Architecte étant appelé pour continuer l'Edifice commencé, loin de suivre la marche de son prédécesseur, se plaît à se frayer une route nouvelle, qui nuit essenciellement à l'esprit de convenance dont nous parlons. Nous avons plus d'une fois fait ces remarques, à propos de l'ordonnance de nos Palais; on doit les rappéler ici, pour ce qui concerne la distribution & la disposition des Bâtiments dont il s'agit. Enfin l'esprit de convenance exige encore que l'espace des lieux où ces Bâtiments sont contenus, n'anéantisse pas, par sa grandeur, la capacité du principal Edifice : défaut qu'on pourroit reprocher aux avenues & à l'avant-cour du Château de Maisons, à Choisi & ailleurs.

Maniere de concevoir le projet d'un Bâtiment.

Nous venons de remarquer que la convenance doit être regardée comme l'un des premiers principes de l'Architecture : si cela est vrai, comme nous l'avançons, un Architecte intelligent doit d'abord se former une idée générale de tout son Edifice : il doit se le représenter dans son imagination, comme s'il étoit élevé, & même comme s'il se trouvoit chargé d'en faire la critique.

Pour parvenir à cet examen impartial; il faut qu'il en considere la distribution générale; ensuite qu'il apprécie toutes les parties les unes après les autres, en comparant ensemble la décoration extérieure avec l'usage des dedans ; soit par raport à leurs parties principales, soit relativement à leurs détails.

Après avoir conçu l'idée entiere de son Edifice, il doit passer à l'esquisse des Plans, des élévations & des coupes, & y placer même les principaux ornements. Il doit prévoir en même temps la hauteur qu'il doit donner à ses Planchers ; enfin, il doit déterminer les enfilades essencielles, dans l'intention que les dehors & les dedans ayent une parfaite correspondance entr'eux : autrement, il est à craindre qu'à la faveur de quelques parties, peut-être estimables, il n'en néglige d'autres plus importantes, qui ne se peuvent réparer qu'en faisant un tout autre projet ; ce qui devient d'autant plus difficile, qu'on peut rarement se soustraire aux sujétions & aux entraves qui lui ont d'abord été prescrites par les personnes qui le mettent en œuvre.

Nous répéterons encore ici ce que nous avons dit, lorsqu'il s'agissoit de l'ordonnance extérieure : le moyen le plus sûr de parvenir à bien faire, est de se rendre compte des ouvrages de l'Art que nous ont laissés les plus habiles Maîtres à cet égard : ouvrages qui fourniront à l'Eleve de nouvelles idées, & le mettront à portée de passer, avec plus de facilité, à un autre projet qu'il comparera ensuite sans précipitation ni prévention avec sa premiere pensée. Après ce double travail, il en devra conférer avec les personnes intelligentes, pour profiter de leurs avis, & se regarder alors comme un juge équitable de sa premiere opinion avec celle des autres.

Il est encore à propos, lorsque l'Architecte a

du loisir, & jamais il ne doit se presser, il est à propos, lorsque son projet est de quelque importance, de le laisser reposer pour quelque temps, afin de l'examiner de nouveau, comme s'il lui étoit étranger, &, qu'après en avoir fait une nouvelle critique, il en tente un troisieme qui puisse réunir les avantages des précédents, sans en avoir les défauts. Qu'on y prenne garde, toutes ces précautions sont indispensables, sur-tout lorsqu'il s'agit du projet d'un Bâtiment qu'on doit planter en place neuve. Il en peut être autrement, sans doute, lorsqu'il est question de projeter un nouveau corps-de-logis, avec d'anciens Bâtiments à raccorder, pour former, dans la suite, un ensemble intéressant. Ce genre de composition demande une méditation particuliere, & une expérience consommée : c'est ici que les préceptes seuls sont insuffisants ; c'est souvent aux ressources de l'Art qu'il faut avoir recours. S'agit-il, par exemple, de racheter des biais, des inégalités, des obliquités ; on appelle à soi les formes circulaires, elliptiques, triangulaires ou irrégulieres, qui, lorsquelles sont amenées à propos, procurent à l'ouvrage entier un certain agrément, préférable à une symétrie scrupuleuse, & presque toujours monotone. Mais il est bon de ne pas abuser de ces moyens ; la plupart des Edifices exigent des formes simples, qui sont à beaucoup d'égards reconnues meilleures que tout ce que le génie le plus fécond pouroit imaginer ; ces formes sinueuses ne doivent guère se permettre, que lorsqu'il s'agit de nos Maisons de plaisance, ou de nos Bâtiments particuliers, où l'Architecte est moins asservi, que quand il est question des Temples, des Places publiques, ou des Palais des Rois.

Précautions

Précautions qu'il convient de prendre avant de bâtir.

L'Architecte, après avoir conçu le projet de son Bâtiment, doit commencer, avant de passer à l'exécution, par prendre connoissance du lieu où il doit bâtir, afin de se mettre en état de profiter des avantages que peut lui offrir la nature du terrein, & d'en éviter tous les inconvénients. Il doit ensuite éviter aussi, autant qu'il lui est possible, de s'assujétir à d'anciens Bâtiments, qui le forcent, pour ainsi dire, à manquer son projet; ce qui causera un jour des regrets au Propriétaire, soit parce qu'il se trouvera mal logé, soit parce qu'il aura dépensé tout autant que s'il eut démoli la totalité : inconvénients dailleurs, qui font, que les plus excellents Architectes se trouvent contraints, par ces sortes de sujétions, d'introduire, malgré leur expérience & leur capacité, des licences dont ils ne peuvent se dispenser : d'où il résulte souvent, que les anciennes parties ne se trouvant avoir aucun rapport avec les nouvelles, on se trouve obligé d'abattre ce qu'on avoit conservé avec tant de soin. Il suit de-là que cette économie, presque toujours mal entendue, ne manque jamais de causer une plus grande dépense, qui, quelquefois, non-seulement fait abandonner l'ouvrage entier; mais dégoûte le Propriétaire du lieu qu'il avoit choisi, & le détermine à bâtir dans un autre, ce qui acheve de le ruiner entiérement, comme nous n'en avons que trop d'exemples.

Au reste, il faut convenir qu'un Architecte, doit de son côté entrer, le plus qu'il lui est possible, dans les vues de la personne pour laquelle il bâtit, & ne faire ses projets que d'une maniere relative au motif qui lui fait mettre la main à l'œuvre : en un mot, il doit profiter habilement de tous les avantages que lui présente la distribution des lieux, & ne jamais rejeter que ce qui lui paroît nuisible à la solidité, à la commodité ou à l'ordonnance. C'est pourquoi, après y avoir réfléchi murement, il en doit conférer à plus d'une reprise avec le Propriétaire, lui exposer ses raisons, entrer avec lui dans les discussions de l'Art, les lui faire sentir & le convaincre ; enfin, il doit chercher à lui rendre compte de l'économie qui résulteroit de la destruction totale, & de la perfection de l'ouvrage entier : après quoi, c'est à lui, s'il ne peut le persuader, de sçavoir renoncer à l'entreprise, plutôt que de risquer sa réputation, principalement, lorsqu'il s'agit d'un Edifice d'une certaine importance, pour lequel, alors, on ne passe rien à l'Architecte.

De l'exposition des Bâtiments.

Il est assez difficile de prescrire des regles générales, pour ce qui concerne l'exposition des Bâtiments ; parce que, ce qu'on prend souvent soin d'éviter dans un lieu, est, au contraire, recherché dans un autre. Par exemple, il se trouve dans plusieurs de nos Provinces, que le levant est froid, & exposé à des vents impétueux ; de maniere que, quoiqu'assez généralement, cette exposition soit reconnue la plus salubre & la plus agréable, on est obligé d'y renoncer : au contraire, dans les pays froids, l'exposition du midi est regardée comme la seule avantageuse, le soleil même, au milieu de l'été y étant fuportable; au-lieu que, dans les pays chauds, on préfere avec raifon, l'expofition du feptentrion & du levant à toute autre.

Il faut donc qu'un Architecte, avant d'entamer fon projet, prenne foin de fe faire rendre compte de l'expofition du lieu où il veut bâtir, ou de la reconnoître par lui-même; principalement, lorfqu'il eft le maître de choifir celle qui lui paroît la plus convenable. Il eft vrai que cela lui arrive rarement, parce qu'il fe trouve prefque toujours affujéti par des motifs qui paroiffent inconteftables au Propriétaire, & qu'alors il force, pour ainfi dire, l'Architecte à projeter fes Plans, & à planter l'Edifice, fans avoir égard à la meilleure expofition. Une belle vue, un Jardin tout planté, un Parc dans fa perfection, font les motifs qui le déterminent. Mais c'eft alors à l'Architecte à employer toutes fes reffources, pour chercher à concilier enfemble l'expofition avec la fituation; pour cela, il peut faire ufage des aîles en retour, & difpofer fes pieces d'habitation, de maniere que placées dans les angles de fon Edifice, elles puiffent jouir, tout à la fois, & d'une expofition avantageufe, & d'une fituation intéreffante. Au refte, fans avoir égard à ces diverfes fujétions, donnons les regles générales qu'on doit obferver, lorfqu'il eft queftion du projet d'un Bâtiment.

Affez ordinairement, on évite en France de faire les principales ouvertures du côté du couchant, & l'on préfere le levant, particuliérement pour les chambres à coucher, les cabinets deftinés pour l'étude, &c. Nous eftimons néanmoins, qu'on peut faire ufage de l'expofition qui eft entre le levant & le midi, fur-tout fi le Bâtiment devient aſſez conſidérable, pour avoir des Appartements d'été & d'hiver. Une des raiſons qui font éviter de percer les ouvertures au couchant, c'eſt que cette expoſition eſt ſujète à l'humidité, à cauſe des vents, des orages & des grandes pluies, plus abondantes & plus nuiſibles de ce côté que de tout autre.

Les ouvertures des bibliothèques & des galleries de magnificence, doivent auſſi être expoſées au levant : néanmoins, pluſieurs Architectes préferent le ſeptentrion, l'expérience leur ayant fait connoître, diſent-ils, que les livres & les meubles de prix ſe conſervent mieux à cette expoſition. A l'égard des cabinets de tableaux, il convient de choiſir le ſeptentrion, le jour étant plus égal de ce côté ; mais il faut obſerver qu'il vienne directement du ciel, & non par réflexion, les faux jours, où les jours gliſſants ôtant aux tableaux la plus grande partie de leur effet.

Dans les grands Edifices, on doit toujours avoir des ſalles à manger pour l'hiver & pour l'été : les premieres doivent être expoſées au midi, & les dernieres entre le levant & le ſeptentrion.

Les Orangeries & les Appartements des bains doivent être expoſés au midi : les écuries au levant : les remiſes au ſeptentrion, ainſi que les caves, les celliers, les garde mangers, les greniers, &c. Le vent qui vient de cette partie du ciel étant plus pur, eſt, par cette raiſon, plus convenable pour la conſervation des denrées qui y ſont contenues.

Les cheminées des Bâtiments qui ſont voiſins de quelques montagnes, ou de quelque monument conſidérable, ſont ſujètes à fumer, lorſque les vents viennent de ce côté ; parce qu'en paſſant par-dessus ces éminences, il s'éleve & se rabaisse ensuite, & fait refluer la colonne d'air dans l'intérieur des Appartements ; néanmoins, il est des moyens de prévenir ces inconvénients, dont nous traiterons dans le cinquieme Volume, en parlant de la décoration intérieure ; & dans le sixieme, en parlant de la construction.

Il est bon qu'un Architecte prenne soin de placer vers le septentrion les lieux où se déchargent les immondices, soit à la Ville, soit à la campagne ; parce que le vent qui vient de ce côté étant sec & frais, charie au loin les exhalaisons, sans qu'on en éprouve aucune incommodité.

Enfin, dans les grandes Capitales, il est aussi très-bon d'observer de tourner du côté du septentrion les boucheries, les tueries, les magasins & les atteliers des taneurs, des corroyeurs, &c. & même, autant que le service public le peut permettre, de les placer hors de l'enceinte de la Ville : en un mot, il faut faire ensorte que ces divers Bâtiments, dans quelque endroit qu'on les place, soient environnés d'eau courante & en assez grande abondance, pour emporter avec elles les immondices, & par conséquent les exhalaisons qui en sont la suite.

Du choix du lieu où l'on veut bâtir.

Il faut, autant qu'il est possible, éviter le voisinage des torrents & des grandes rivieres, qui étant sujètes à changer de lit en se débordant, ruinent & renversent les fondations des Edifices. Il est encore bon d'éviter les vallées, où regnent des vents impétueux, qui s'échappent entre les montagnes, comme entre autant de canaux ; à moins que, par une longue suite d'expériences, on ne se soit convaincu que ces vents sont opposés à la direction du vallon ; autrement, ils procurent des maladies considérables.

On doit fuir aussi les lieux bas & marécageux ; ils sont sujets aux brouillards, qui, nécessairement, nuisent à la salubrité de l'air, si nécessaire à la vie. Assez généralement, on préfere le sommet des montagnes, parce que cette situation offre plusieurs aspects agréables ; mais il faut prendre garde que souvent cette préférence prive les Appartements & les Jardins de propreté, des eaux nécessaires, qu'on ne peut alors se procurer qu'à grands frais, à cause de la stérilité naturelle de ces terreins ; d'ailleurs, l'issue de ces Bâtiments est toujours d'un assez difficile accès. Ce n'est pas que, sur les lieux les plus élevés, on ne trouve quelquefois des sources ; mais du moins, faut-il s'en assurer avant de faire un tel choix : Meudon, Bellevue, Saint-Cloud, élevés à une très-grande hauteur du niveau de la riviere, jouïssent d'eaux assez abondantes ; mais ces exemples ne peuvent servir d'autorité pour les Maisons particulieres qu'on éleve à la campagne, à moins, comme nous le faisons entendre, qu'on ne rencontre des sources fécondes, comme on en remarque à Montmorency & ailleurs.

D'après ces observations, il faut, quand on veut élever un Bâtiment, choisir un lieu qui ait une quantité suffisante de bonnes eaux ; ou s'il n'y en a pas, qu'au moins on y en puisse amener de quelqu'endroit voisin. Qu'on y prenne garde ; c'est ordinairement la bonté des eaux qui assure la salubrité de l'air. D'ailleurs elles facilitent la cuisson des légumes, elles sont utiles aux pâturages; c'est par elles enfin, que les habitants sont exempts d'infirmités, & que les hommes vivent plus long-temps à la campagne.

Ce seroit peut-être ici le lieu d'enseigner l'art de lever le Plan du terrein où l'on veut bâtir; mais cette connoissance qui s'acquiert par l'étude de la Géométrie, & que nous supposons à nos lecteurs, nous dispense d'en parler, pour les entretenir plus particuliérement de la nature des eaux, sans la bonté & l'abondance desquelles, il seroit inutile de vouloir entreprendre d'ériger un Edifice.

De la nature des Eaux.

Les eaux tiennent ordinairement de la nature des terres par où elles passent : il y en a de limpides, qui sont mal saines & désagréables au goût; au contraire, il y en a qui sont troubles, & qu'on estime salutaires; telles, entre autres, celles du Tibre & de la Seine; c'est pourquoi, pour s'assurer de leur excellence, on les garde, pendant quelques jours, dans des vases où l'on met un peu de gravier, sur lequel elles déposent leur limon & leurs parties terrestres.

Il y a des eaux dont on fait usage, qui, néanmoins se convertissent en pierres; ces eaux, par la suite des temps, bouchent les tuyaux par où elles passent, & les remplissent d'une pierre trèsdure, dont on peut faire d'assez bonne chaux; telle est celle d'Arcueil près de Paris.

Les eaux qui prennent leur origine, ou qui séjournent dans les carrieres à plâtre, sont fades au goût, & rendent les légumes amères.

Il y a des eaux minérales qui sont fort salutaires dans certaines maladies; mais on n'en peut faire son usage ordinaire.

En général, on connoît la nature de l'eau, en la mêlant avec de la teinture de rose ou de tournesol; car cette teinture qui est violette deviendra rouge, si l'eau a un peu d'acidité.

On regarde l'eau la plus légere, comme la plus saine: on en fait l'épreuve avec l'aréomètre, petite phiole de verre, dont le cou est fort long & délié. Ce cou est divisé en plusieurs parties égales, qui servent à faire connoître combien l'aréomètre enfonce dans l'eau, en observant de mettre un peu de vif argent dans le fond pour le faire tenir droit: plus l'eau est pesante, moins l'aréomètre enfonce; au contraire, plus l'eau est légère, plus il y entre avant; ce qui se reconnoît aux divisions du cou tracées sur le papier que l'on cole dans l'intérieur, avant que de sceller hermétiquement l'orifice de ce même cou. On peut, par ce moyen, sans se servir de balances, connoître la pesanteur des fluïdes; le trait des balances empêcheroit de connoître la différence exacte de la pesanteur. On juge encore, par l'usage de l'aréomètre, que l'eau de pluie est la plus saine de toutes, parce qu'elle est la plus légère; c'est pourquoi, au défaut d'eau de riviere ou de source bien éprouvée, on la conserve dans des citernes dont nous parlerons, en traitant de la construction.

On connoît encore la bonté de l'eau, si le gravier sur lequel elle dépose, n'est point sujet à la mousse, ou taché d'une couleur rougeâtre ou noirâtre; ou enfin, si faisant bouillir l'eau dans quelque vase de terre, jusqu'à ce qu'elle soit entièrement consommée, elle ne laisse aucun limon dans le fond. Cette derniere épreuve alors fait recon-

D'ARCHITECTURE. 121

noître sa pureté : mais pour s'assurer de sa qualité, il faut l'éprouver en y faisant cuire des légumes, &, si elle les cuit promptement, également & sans amertume, on l'estime bonne pour l'usage de la vie.

On éprouve encore l'eau avec du savon ; car on est sûr que, si elle est bonne, elle le divise facilement, autrement, il se réduit en grumelots : aussi, les eaux de nos puits à Paris, ne sont pas propres à savonner ; elles sont d'ailleurs d'un mauvais goût & nuisibles à la santé.

Les eaux de neige fondue, causent ordinairement des maladies assez considérables : c'est pour cette raison, que lorsque l'on construit des citernes, on prend soin de n'y point faire entrer d'eau de neige fondue ; on doit prendre le même soin pour celle qui tombe pendant les orages. Les anciens estimoient que les meilleures eaux étoient celles qui tombent pendant le vent du septentrion, & l'expérience nous a confirmé que celles qui tombent la nuit sont préférables à celles du jour, l'air étant alors moins chargé de parties hétérogenes.

Nous étions tenté d'extraire ici du cinquieme Volume de l'Encyclopédie, l'article très-intéressant qui regarde les eaux, nous étant cru permis d'avoir recours à cet ouvrage où nous avons eu quelque part (b) ; mais nous avons préféré d'y renvoyer nos Eleves, n'y ayant rien à perdre de

---

(b) Nous nous chargeâmes alors avec plaisir, de la partie qui concerne l'Architecture pour l'Encyclopédie, dont nous avons fourni les Articles & les Dessins des Planches. Il n'a pas même tenu à nous que cette partie intéressante ne devînt plus complette dans ce Dictionnaire. Nous avions fait à cette occasion plusieurs Articles qu'on a négligé d'y inférer, & qu'on trouvera répandus dans ce Cours.

tout ce que nous y avons lu avec le plus grand plaisir, pour notre propre instruction. C'est pourquoi, nous le citons à ceux de nos lecteurs qui désirent acquérir des connoissances au-delà des éléments de l'Art dont nous traitons ici.

Après ces notions préliminaires, nous croyons devoir entrer, avant de parler de la distribution des Bâtiments, dans ce qui concerne leurs issues & leurs principales dépendances; parce qu'ordinairement celles-ci doivent faire partie de l'ensemble général d'un projet, & que les dehors doivent annoncer, plus qu'on ne s'imagine, la beauté & la dignité du principal corps-de-logis.

Des Avenues.

Autant que cela se peut, il est essenciel de faire précéder les principales entrées des Edifices élevés à la campagne, par des avenues placées en face de la ligne capitale du Château, ne fut-ce que pour prolonger le coup d'œuil, & dussent elles même être plantées au milieu des terres labourées, des prés, des bois, &c. en supposant que le grand chemin eût une toute autre direction. Alors, ces Avenues doivent avoir une largeur proportionnée, & à leur longueur, & aux avant-corps distribués dans la principale façade du côté de la cour. Ces avenues doivent être accompagnées de contre-allées, & de triples allées en patte d'oie, selon que l'importance de l'Edifice semble l'exiger : mais une attention indispensable qu'il faut avoir, c'est de faire ensorte que la file des arbres de l'Avenue & de ses contre-allées, soit plantée de maniere, qu'elle rencontre toujours, ou l'angle d'un avant-corps, ou le milieu du trumeau d'un arriere-corps, &

jamais l'axe d'une arcade, ni celui d'une croisée. Voilà pourquoi, il est essenciel, ainsi que nous l'avons remarqué plus d'une fois, que l'Architecte qui donne les desseins du Bâtiment, donne aussi celui des Jardins & de leurs dépendances. Voilà pourquoi encore, il convient, après la premiere esquisse, qui rend compte de la totalité, qu'on attaque la partie intérieure de la distribution du Château ; qu'on arrête l'ordonnance des façades, & que ce soit d'après ces deux études inséparables l'une de l'autre, qu'on détermine la largeur des allées & des contre-allées dont nous parlons. On n'a pas toujours eu cette attention, néanmoins, lorsqu'on a élevé les Bâtiments, & qu'on a planté la plus grande partie des Maisons de plaisance érigées en très-grand nombre, dans les environs de cette Capitale.

Lorsque ces avenues servent de principales issues aux Châteaux, on pratique des fossés ou des grilles à leur embouchure ; & de part & d'autre de ces grilles ou fossés, on distribue des Pavillons, qui servent de corps de garde dans les Maisons Royales ; ou de retraite pour un Suisse, dans les Maisons des grands Seigneurs ; ou enfin de loge pour un Portier, dans les Maisons des riches particuliers. C'est alors ici qu'il faut bien se garder de planter ces Pavillons de maniere qu'ils offusquent le coup d'œuil du principal corps-de-logis, qui doit s'annoncer du plus loin possible.

Quelquefois aussi, ces avenues sont bordées de murailles percées de distance à autre par des grilles, à travers lesquelles on découvre les principales allées des Potagers, des Vergers ; ainsi qu'on le remarque au Château de Maisons, que nous avons cité précédemment.

Des Avant-Cours.

Les Avant-Cours n'ont guère lieu que dans les Maisons de la plus grande importance à la campagne. Elles doivent être grandes, vastes, à raison de l'étendue des Bâtiments auxquels elles donnent entrée. Quelquefois dans les parties latérales de ces Avant-Cours; on élève des Bâtiments pour les basses-cours : quelquefois aussi, pour plus d'économie, on se contente d'y élever des murailles ornées de quelques membres d'Architecture, & au-devant desquelles on plante des doubles-allées d'arbres, & dans leur enceinte, de grands tapis verds, au milieu desquels est pratiquée une chaussée de pavé, pour laisser pénétrer les voitures jusque dans la Cour d'honneur. Lorsqu'au contraire, l'économie dont nous parlons n'a pas lieu, les Bâtiments de la droite & de la gauche doivent se correspondre entre-eux, quoique destinés à des usages différents, & le style de leur ordonnance, prendre un ton plus ou moins élevé, selon le degré de richesse répandu dans la décoration extérieure du Château; mais annoncer néanmoins une infériorité assez considérable dans leur élévation & dans la maniere dont ils sont couronnés.

On doit observer encore, que vers le milieu de la longueur de cette Avant-Cour, dans les Bâtiments placés à droite & à gauche, il y ait d'assez grandes ouvertures, qui, à leur tour, fassent le milieu des basses-cours, & au fond desquelles on aperçoive d'autres Bâtiments ou d'autres ouvertures qui se prolongent horisontalement, ou dans les Potagers, ou dans des bouquets de bois, ou enfin dans des terres dépendantes du Domaine du Propriétaire.

Lors du nivellement du terrein, & après s'être rendu compte des excavations des terres; il faut faire ensorte que cette Avant-Cour ait une pente insensible, & que son éminence soit placée à l'entrée de la Cour d'honneur ; cet aspect étant intéressant, & même préférable à un parfait niveau. Cependant, il faut bien se garder que cette pente, ne fut-elle réduite qu'à un demi-pouce par toise, ne masque l'entrée de l'Avant-Cour, le sol de la Cour d'honneur, & une partie du socle du principal corps-de-logis : ce qui arriveroit nécessairement, malgré la pente prescrite, si l'Avant-Cour avoit une très-grande étendue.

Ce que nous disons ici des Avant-Cours doit s'entendre des avenues dont nous venons de parler, ainsi que des basses-cours dont nous parlerons incessamment.

Lorsque dans les Maisons de plaisance on doit se passer d'Avant-Cours; il faut au moins, s'il est possible, faire usage des avenues simples : autrement, cette suppression ôtant la dignité du projet, ne lui donne plus que l'air d'une Maison de campagne. Il faut prendre garde; chacun de ces Edifices doit s'annoncer par un caractère qui le distingue de tout autre, & certainement, ce caractère est essenciel, ainsi que nous l'avons annoncé plus d'une fois, en parlant de la décoration des façades : mais comme la partie que nous traitons ici, n'est pas moins indispensable, il convient que ces deux objets concourent ensemble à confirmer le caractère relatif à chaque Edifice.

L'Avant-Cour & la Cour principale, dans les

Maisons de Plaisance, ne doivent être séparées que par un fossé ou par une grille. Dans les Maisons Royales, elles peuvent l'être par une colonade : mais, s'il nous est permis de risquer notre avis, nous donnons la préférence aux fossés revêtus de balustrades peu élevées. François Mansard, que nous nous plaisons à imiter, en a usé ainsi dans les dépendances du Château de Maisons. Il a fait plus ; il a préféré de faire deux entrées à une seule, dans ses Avenues & dans ses Avant-Cours, afin de découvrir tout-à-fait les principales enfilades. Il eut été à désirer qu'il en eût usé de même pour la Cour principale, comme nous l'avons remarqué ailleurs : elle se trouve mal-à-propos entourée de terrasses & de balustrades qui, par une élévation mal entendue, font perdre le coup d'œuil des Jardins distribués de part & d'autre de cette principale Cour.

La proportion la plus universellement reçue pour les Avant-Cours, est d'établir leur longueur sur une diagonale formée sur un carré dont les côtés égalent le plus petit diamètre de ces mêmes Cours. Leur forme, quelquefois, se chantourne du côté de l'entrée. Nous les préférons par-tout à angles droits, tous les dehors devant être simples. N'en doutons point ; il faut, par une gradation insensible que, du commencement de l'Avenue, à l'entrée de l'Avant-Cour, & de celle-ci, à l'entrée de la Cour principale, on s'aperçoive qu'on approche de l'habitation du Maître qu'on vient visiter. C'est par cet enchaînement réfléchi qu'on n'est pas obligé d'avoir recours à la prodigalité, à la multitude des membres d'Architecture, & aux ornements de Sculpture, pour que cette Cour principale, & les Bâtiments qui l'entourent, puissent acquérir une prééminence sur toutes les autres parties accessoires de l'Edifice.

Des Cours principales.

C'est l'étendue des façades du Château & son importance, qui doivent déterminer le diamètre des Cours principales, ainsi que celui des Avant-Cours & des avenues dont nous venons de parler. Lorsqu'une Cour d'honneur se trouve précédée d'une Avant-Cour, il convient que celle-là contraste de forme & de grandeur avec celle-ci. Elle peut être carrée ; mais alors il est intéressant que les ailes de la droite & de la gauche de cette Cour principale soient plus basses que la façade du Château, & que son entrée soit à découvert, comme nous venons de l'indiquer. Le Château de Richelieu auroit acquis plus de dignité, si l'on n'eut pas élevé, à l'entrée de la Cour, une aîle de Bâtiments & un Pavillon, tel à peu près qu'on le remarque au Palais du Luxembourg du côté de la rue de Tournon. Certainement, les Bâtiments élevés dans le sein des Villes, doivent différer de ceux qu'on érige à la campagne. Ce sont ces différences qui portent au caractère de l'Edifice. Nous nous répétons sans cesse, parce que sans cesse nous devons mettre sous les yeux de nos Eleves la nécessité de concevoir diversement un projet d'avec un autre projet : dussent-ils être destinés pour le même Propriétaire ; dès que les Edifices ont des fins différentes, ils doivent s'annoncer sous différents aspects. Il y faut prendre garde ; un grand Hôtel à Paris, élevé pour une personne de considération, où sans cesse il est en représentation, doit avoir un tout autre caractère que la Maison de plaisance qu'il fait bâtir aux environs : & celle-ci doit différer encore du Château qu'il fait ériger dans ses terres & au milieu de ses Domaines. Peu de ces différents Edifices élevés en France, nous indiquent la route que nous proposons de faire suivre à nos jeunes Architectes ; parce que, jusqu'à présent, l'Architecture a été sujette à une certaine vicissitude, dont il est temps de fixer les lois. Le seul moyen d'y parvenir, c'est de faire ce que nous avons fait nous même pendant trente années ; de se transporter sur les lieux ; d'examiner toutes ces productions avec soin, & d'en conférer avec les Maîtres de l'Art. Heureux, si notre expérience, & ce que nous enseignons ici, contribuent à faire réfléchir nos Eleves sur la marche qu'ils doivent suivre, dans les occasions qui leur seront confiées : mais, qu'ils y réfléchissent, nous leur avons dit plus d'une fois, nous leur répétons avec complaisance : avant de se transporter sur les lieux ; qu'ils parcourent les recueils de l'*Architecture Françoise*, où tous ces Bâtiments sont gravés ; qu'ils se nourrissent des remarques impartiales que nous avons faites sur plusieurs, & que, pleins de ces observations, ils s'accoutument à en faire par eux-mêmes, qui, bientôt les mettront à portée d'être moins novices lorsqu'il s'agira d'entamer la distribution générale d'un projet. D'ailleurs, pour les aider dans ce travail, nous allons leur offrir les principales dispositions par masses de plusieurs de nos Maisons Royales, de nos Maisons de plaisance, & de nos Maisons de campagne ; leurs issues, leurs cours & leurs principales dépendances, après avoir néanmoins dit quelque chose, sur les Basses-Cours en général.

Des

Des Basses-Cours.

Dans le nombre des Basses-Cours, celles des Cuisines & des Offices, & celles des Ecuries & Remises tiennent le premier rang; aussi prend-on soin de les disposer de manière, que lorsqu'on est maître du terrein, elles forment entr'elles une symétrie respective avec les autres dépendances du principal corps-de-logis. Pour que ces Basses-Cours puissent procurer un coup d'œuil intéressant; il faut que les Bâtiments qui les entourent soient réguliers, & que l'exposition de chacun d'eux soit relative à leur destination particuliere. Il convient encore, pour que ces Cours soient toujours tenues dans un état de propreté, que d'autres Cours subalternes les environnent, & que chacune de celles-ci ait des issues qui dégagent dans les dehors, sans être obligé de passer par les Avant-Cours & les Cours principales; sur-tout lorsqu'il s'agit d'un projet important. Autre chose est d'une Maison économique, où tous les différents départements d'une Maison de campagne doivent faire leur service sous les yeux du Maître ou de la Maîtresse du logis.

La décoration des Bâtiments des principales Basses-Cours, quoique simple, doit être donnée par l'Architecte. Tout importe dans l'ensemble d'un Edifice du premier ordre : la symétrie, l'appareil, l'art des profils, quelques avant-corps distribués à propos, décelent l'intelligence de l'ordonnateur. A la campagne, on aime à tout voir, à tout examiner : moins occupé qu'à la ville, on se fait un plaisir de parcourir l'intérieur du Domaine, les dehors, les environs; & l'on n'est jamais plus satisfait, que lorsque par-tout on remarque le goût sûr du Propriétaire, & la méditation profonde de l'Architecte. Il faut éviter de faire ces principales Basses-Cours, d'une trop vaste étendue. Il faut bien se garder que leur grandeur dispute avec celle des Cours & celle des Avant-Cours : en un mot, toutes ces différentes parties doivent concourir à former un beau Plan. Combien ne voit-on pas d'Edifices importants élevés à la campagne, où les dépendances, & sur tout les Basses-Cours, ont été abandonnées à l'ignorance des Concierges ou des Maçons du lieu. Combien d'autres, au contraire, dont les issues, les Avant-Cours, les Cours & les Bâtiments qui les environnent, anéantissent par leur faste, la demeure du Propriétaire, & les parties qui l'entourent. Qu'on y prenne garde ; cette étude demande de grandes vues, des préceptes sûrs, le goût de l'Art, & une très-grande expérience. Aussi, convient-il de commencer son projet par ces premieres distributions, & faire ensorte que, de disposition en disposition, on parvienne à fixer la situation du Bâtiment principal ; de maniere que toutes les dépendances lui soient assujéties, & se fassent valoir les unes par les autres.

A ces principales Basses-Cours, & leurs dépendances, il en est encore d'autres non moins essencielles, lorsqu'il s'agit d'une terre considérable, régie par un Receveur : telles sont les Basses-Cours des grains, des bestiaux ; les Cours pour les celliers, les vendanges, les buchers, les buanderies ; enfin celles des chenils, des volailles, &c. dont nous traiterons en parlant de la distribution des Bâtiments de chacun des ces différents départements, & sur-tout des différentes piéces qui les composent, de leur disposition, & de leur exposition; autant d'objets que nous comprendrons dans les deux Plans par masses qui précéderont la distribution du Palais qui nous servira à expliquer d'une maniere générale la distribution intérieure des bâtiments. Passons à présent à l'explication des Plans que nous avons promis, pour nous donner l'idée des principales issues & dépendances de nos Maisons Royales, de nos Maisons de plaisance, & de quelques-unes de nos Maisons particulieres à la campagne.

Plan du Château de Versailles, de ses issues, & de ses principales dépendances.

PLANCHE XXVII.

Nous commençons les descriptions que nous venons de promettre, par les issues & les dépendances du Château de Versailles; parce qu'aucun Edifice, à notre avis, ne présente autant de dignité, de grandeur & de majesté, que les avenues & les Bâtiments qui amenent à cette superbe Maison Royale. Il falloit tout le génie d'Hardouin Mansard, & la puissance de Louis le Grand, pour concevoir un tel projet. En effet, quelle belle disposition n'offrent pas les trois avenues qui amenent à ce Château ? Celle du milieu A venant de Paris; celle B venant de Saint-Cloud, & celle C venant de Seaux : toutes trois se réunissant à une place d'armes D, d'une grandeur immense, laquelle donne entrée à la cour des Ministres E, à la cour du Château F, & enfin à la cour de marbre G; ces cours sont élevées sur une pente qui, quoique douce, se

I ij

présente amphithéatralement, & procure du Château le plus bel aspect qu'il soit possible d'imaginer. Il est vrai que les façades des Bâtiments de Versailles, du côté de cette entrée, n'offrent rien de bien recommandable; mais il n'en est pas moins certain que de leur intérieur, on jouït avec transport, de la disposition des cours, des trois avenues dont nous venons de parler, & particuliérement de l'aspect des Bâtiments des grandes & des petites Ecuries, marquées H, I, placées à la droite & à la gauche de l'avenue de Paris: Bâtiments, qui seuls attesteroient la magnificence de Louis XIV, & la capacité d'Hardouin, si l'Orangerie, l'intérieur des Appartements du Château K, & les trésors sans nombre renfermés dans les bosquets du Jardin de cette belle Maison Royale, ne se disputoient à l'envi, le droit de se faire admirer des connoisseurs.

Il n'y a pas jusqu'à l'Hôtel du grand Veneur, qui comprend le Chenil marqué L, & celui du grand Maître marqué M, qui n'annoncent avec dignité, dès l'entrée de la principale avenue, les dépendances considérables d'un pareil Palais. Il est vrai que l'intérieur des Bâtiments compris entre les trois avenues en patte d'oie, à l'exception des grandes & petites Ecuries, n'offre rien de bien régulier; mais l'usage particulier de chacun de ces différents Bâtiments, a amené à cette irrégularité, sans pour cela que toutes les parties extérieures en soient altérées; & c'est de cette symétrie seulement qu'il s'agit, lorsqu'on compose les abords d'un Edifice, même de la plus grande importance : or, l'on peut dire que cette premiere loi a été scrupuleusement observée, dans le Plan que nous donnons.

Autant que le format de cette Planche nous l'a pu permettre, nous y avons compris la masse des principaux Edifices, & la majeure partie des Jardins du petit Parc. La Lettre K indique la partie principale du Château, dans lequel se trouve la grande Gallerie. N, indique l'aile du midi ; O, celle du nord, à l'extrémité de laquelle on vient de bâtir une superbe Salle de spectacles. Les deux ailes de Bâtiment P, sont le logement des Ministres : Q, est le grand Commun : enfin, R indique les Parterres d'eau : S, les Bassins & les Parterres de Latone : T, les Parterres du midi : U, les Parterres du nord : V, le Jardin de l'Orangerie : X, le Bosquet des trois fontaines : Y, le Bosquet de l'Arc de triomphe : Z, le Labyrinthe : enfin &, le Bosquet du Théâtre d'eau, entièrement détruit aujourd'hui.

Nous ne prétendons pas que ce projet, quoique traité de la plus grande maniere, puisse servir de guide à nos Eleves, pour la plupart des occasions qui leur seront offertes; mais il peut les porter du moins à développer leurs idées, & à reconnoître dans la marche de ce Plan, l'ordre qu'ils doivent suivre dans des occasions moins importantes, & leur apprendre à méditer la route la plus sûre pour disposer les dehors & les dépendances, de maniere à ne faire jamais repentir le Propriétaire de leur avoir confié, & ses intérêts, & le succès de l'Edifice qu'il veut faire élever.

Plan de l'ancien Château de Meudon, de ses issues, de ses cours, & de ses principales dépendances.

PLANCHE XXVIII.

Ce Château dont nous ne donnons ici que les principales dépendances, fut bâti par le Cardinal de Lorraine, sous le règne de Henri II, à deux lieues de Paris, & sur le sommet d'un côteau qui borde la riviere de Seine. Il a été depuis considérablement augmenté par Monsieur Abel de Servien, Intendant des Finances, & depuis, par Monsieur le Marquis de Louvois, Ministre d'Etat, & enfin par Monseigneur le Dauphin, fils de Louis XIV. C'est ce Prince qui a fait construire le Château neuf, & réparé les Jardins qui avoient anciennement été plantés par Monsieur de Louvois, sur les Desseins de le Nôtre. Nous avons plus d'une fois vanté la situation de ce Château, d'où l'on découvre la ville de Paris, & la riviere qui serpente non loin du pied de cet Edifice. Il est peu d'Architectes citoyens, & d'étrangers éclairés qui n'ayent désiré comme nous, que les dépenses qu'on a faites à Versailles, eussent été faites à Meudon, comme le plus beau lieu du monde, & par sa disposition, & par sa situation : mais son approximation avec la riviere empêcha, dit-on, Louis le Grand de choisir ce lieu, dans la crainte d'être importuné par les habitants de Paris, qui, par le canal de la riviere, auroient rendu cette promenade trop tumultueuse.

Une grande Avenue A, de quinze toises de

largeur, & bordée de deux contre-allées, amene à ce Château, & conduit à celui de Belle-vue, nouvellement érigé près de l'Edifice que nous décrivons. Cette Avenue donne entrée à une grande avant-cour B, la plus vaste qui soit en France; elle est pratiquée en terrasse du côté de la campagne C. Cette terrasse s'éleve de près de soixante & dix pieds au-dessus du village, & laisse découvrir de cette avant-cour de cent soixante-cinq toises de longueur, sur soixante-deux de largeur, cette superbe vue, dont nous venons de parler. Cette avant-cour, du côté de cette terrasse, est bordée d'une balustrade, & de l'autre, d'une double allée de maronniers ornée de tapis verds, qui, l'une & l'autre, donnent aux spectateurs l'idée des Jardins de Sémiramis, si vantés par nos Historiens. De cette avant-cour, on entre dans la cour d'honneur D, précédée d'un fossé à fond de cuve; ce fossé contribue, avec l'ordonnance qui préside, dans la décoration de ce Château, & les combles qui le terminent, à lui assigner un caractère relatif à son objet.

Au reste, l'ordonnance de ce Château est d'une Architecture assez médiocre, malgré les restaurations considérables qu'y a fait faire Louis le Grand, sur les Dessins d'Hardouin Mansard. Les combles, d'ailleurs, y sont d'une hauteur extravagante: mais rien de si magnifique, de si considérable, & de mieux orné que les immenses Appartements contenus dans ce Château. En effet, rien de si intéressant pour les amateurs & pour les Artistes, que de parcourir les différentes pieces de cette belle demeure. La vue dont on jouit de l'intérieur de ses Appartements, ajoûte encore aux beautés de l'Art qui y sont répandues. On y remarque entr'autres un Sallon, appelé le Sallon des morts; une assez grande Gallerie, une Chapelle heureusement située, un Vestibule fort beau; enfin, un Escalier d'une disposition très-ingénieuse; sans parler ici des Jardins dont nous recommandons l'examen à ceux de nos Eleves qui s'intéressent véritablement à l'Art du Jardinage, à la décoration intérieure, à la Peinture & à la Sculpture dans tous les genres, enfin, à la situation & à la véritable grandeur qui se remarque, en entrant dans cette belle Maison Royale.

Peut-être sera-t-on étonné du peu de dépendances qu'on remarque dans le Plan que nous offrons ici; la basse-cour des Cuisines & des Offices E, étant peu considérable, ainsi que les basses-cours des Ecuries & Remises F, sur-tout lorsqu'on viendra à les comparer avec l'immensité des issues qui amenent au Château G: peut-être aussi trouvera-t-on la Cour principale D trop petite, n'ayant que vingt-quatre toises de largeur, quoique la façade, du côté du Jardin, en ait quarante-cinq: mais il faut se souvenir qu'originairement cet Edifice n'étant pas destiné à faire une Maison Royale, il en a dû résulter les défauts que nous remarquons ici. C'est pour cela que Monsieur le Dauphin, lorsqu'il en fit sa résidence, fit construire un nouveau Bâtiment qu'on appelle le Château neuf de Meudon, dont on trouvera les Dessins dans l'Architecture Françoise; mais dont nous ne parlerons point ici, n'en estimant, ni la distribution, ni l'ordonnance, quoiqu'élevé sur les Dessins de Jules Hardouin Mansard, qui lui a plutôt donné l'air d'une belle Manufacture, que d'un Edifice destiné à la résidence d'un Prince du Sang Royal.

Plan du Château de Saint-Cloud, de ses issues, & de ses principales dépendances.

PLANCHE XXIX.

Après la situation du Château de Meudon, dont nous venons de parler, & celle du Château de Saint-Germain-en-Laye, Maison Royale à quatre lieues de Paris; il n'est peut-être point de Maison de plaisance mieux située que le Château de Saint-Cloud que nous décrivons. Il est aussi élevé sur le sommet d'un côteau en face de la riviere de Seine: coup d'œuil si intéressant, qu'on n'a pas hésité de rendre oblique l'avenue A, qui donne entrée à cette magnifique demeure ; ensorte que du Château B, & de sa principale cour C, on jouït du spectacle des Jardins, tenus dans la partie basse du Parc marqué M, & de la vue de la riviere ; la cour C, dans laquelle on arrive par l'avant-cour D, forme terrasse vers *a*.

Le Château B contient une quantité de très-beaux Appartements, magnifiquement décorés & ornés de Peintures du meilleur genre. On y remarque entr'autres, une belle Gallerie placée en E, précédée d'un magnifique Sallon, commun à une seconde grande Gallerie F, qui, l'hiver, sert de serre pour les orangers. On y remarque aussi un magnifique Escalier à double rampe, placé vers G, revêtu de marbre, dont nous donnerons la décoration dans le Volume suivant. Tous ces Bâtiments annoncent de la grandeur ; mais cependant ils tirent leur principal relief de la beauté de leur situation : ils ont été restaurés sous la régence de feu Monsieur le Duc d'Orléans, sur les Desseins d'Hardouin Mansard, qui s'en est tiré en homme de goût; mais il n'a pu corriger la disposition locale des anciens Bâtiments, qui n'offrent rien ici de bien régulier. Il en est à peu près de même de ceux qui contiennent les dépendances de ce vaste Edifice : l'aile H, est celle où sont contenues les Offices & les Cuisines; celle I, contient les Ecuries & Remises ; enfin, l'aile K est destinée pour les logements des Officiers, & les Communs. Par cette énumération, & la disposition des Bâtiments exprimés dans cette Planche, il est aisé de concevoir qu'on auroit pu tirer un meilleur parti de leur ensemble; mais cette Maison de plaisance a subi le sort de toutes les grandes entreprises, qui s'érigeant dans des temps différents, & sur les Desseins de divers Architectes, produisent rarement un ensemble intéressant. Au reste, selon quelques-uns, ce désordre annonce un coup d'œuil pittoresque, qui s'accorde, disent-ils, avec l'irrégularité du terrein & sa montuosité : si cela est vrai à quelques égards, sans nuire à la situation du lieu, il étoit possible, sans doute, d'étudier les formes générales des Bâtiments, & de les rendre moins disparates entr'elles, sans rien changer au local.

Malgré ces remarques, on ne peut disconvenir que le Château de Saint-Cloud, sa situation & son exposition, ne méritent l'attention des connoisseurs, & sur-tout des Artistes. C'est sur le lieu, que ceux-ci apprendront plus que par-tout ailleurs, à démêler les chefs-d'œuvre de l'Art, d'avec les licences dont il n'est pas exempt. Les Jardins, entre-autres choses, plantés sur les Desfins de le Nôtre, offent cent beautés qui ne se rencontrent pas ailleurs. L'inégalité de leur sol, & l'espece d'irrégularité des pieces de verdure qui les composent, pourront persuader à nos Eleves, qu'on peut s'écarter d'une symétrie scrupuleuse, sans blesser les loix de la convenance, ni le goût du Jardinage.

C'est dans ces Jardins charmants qu'ils y admireront la plus grande & la plus belle Cascade artificielle L, que nous connoissions en France, & dont le spectacle attire le Citoyen & l'Etranger, pendant la belle saison, pour jouir de son aspect, & visiter les chefs-d'œuvre répandus dans l'intérieur du Château.

Plan du Château de Maisons, de ses issues, & de ses principales dépendances.

PLANCHE XXX.

Nous ne craignons point, après avoir décrit les trois Plans précédents, de mettre celui dont nous allons parler en parallele avec eux. La grandeur des dehors, leur magnificence, & tout ensemble la simplicité symétrique qui s'y remarque, semblent faire le charme des abords de cette belle Maison de plaisance. Qu'on y prenne garde : cette symétrie dont nous parlons, sur-tout lorsqu'elle est bien entendue, sert à relever encore l'éclat des beautés pittoresques de la nature, ordinairement répandues dans les dehors.

Ici tout est taillé en grand, une superbe avenue A, de cinq cent cinquante toises de longueur, sur trente-trois de largeur, est plantée en face du Château, & se trouve croisée par une autre avenue B, en retour d'équerre vers la principale entrée de l'avant-cour C. Cette seconde avenue B, a la même largeur que la précédente, sur deux cents toises de longueur. A l'extrémité de chacune de ces avenues, sont élevés des Bâtiments *a*, d'une structure & d'une décoration pastorale & champêtre, & où, pour cette raison, un ordre Toscan pilastre préside : ce qui devoit être ainsi ; ces Bâtiments se trouvant sur le bord de diverses routes qui amenent au Château, & n'étant destinés d'ailleurs que pour les Portiers, les Gardes-chasses, & les auberges où les équipages des étrangers & leur livrée se retirent, loin du coup d'œuil des Maîtres.

Nous avons déja fait remarquer, que ces Bâtiments sont disposés de maniere, que les portes qui donnent entrée aux avenues, se trouvent placées sur le côté ; ensorte que le milieu n'est occupé que par un fossé, exprimé ici en *b*, moyen très-ingénieux, dont l'Architecte a aussi usé à l'entrée de l'avant-cour C, où le fossé *c* se remarque ; il l'a de même employé au bout de la grande avenue A, qu'on n'a pu rapporter dans ce Plan, à cause du format de cette Planche.

A l'entrée de l'avant-cour C, & de chaque côté du fossé *c*, sont placés deux petits bâtiments *d*, dans lesquels sont les portes qui donnent issue à cette avant-cour. Ces Bâtiments sont d'ordonnance Dorique, d'une composition qui seule mériteroit toute l'attention des connoisseurs, si elle ne se trouvoit partagée par la véritable admiration qu'on se trouve obligé de porter à tout l'ensemble. Cet Edifice, nous ne nous lassons point de le répéter, est peut-être le seul chef-d'œuvre d'Architecture en ce genre que nous ayons en

France, particuliérement pour ce qui regarde l'ordonnance des dehors, & la beauté des proportions de chacune de ses parties.

L'avant-cour C, est grande & spacieuse; elle est entourée de terrasses *e*, qui en relevent la planimétrie. C'est dans cette avant-cour que se remarquent les Bâtiments des Ecuries D; Bâtiments ici de la plus grande importance, & qui n'ont de rivaux, quoique dans un autre genre, que les Ecuries de Versailles. En face de ces Ecuries, est commencé un autre Bâtiment E, destiné pour les Cuisines & Offices, quoiqu'anciennement on en ait pratiqué provisionnellement dans les souterreins du Château F. Ces deux Bâtiments D, E, à juger par celui D, entiérement fini, auroient formé une avant-scène admirable au Château (*c*) qui, sur un Plan reculé & isolé de toute part, produit un spectacle & un coup d'œuil véritablement intéressant : il semble même que François Mansard, pour porter à l'illusion, a tenu exprès le module des ordres des Bâtiments D, E, beaucoup plus fort que celui des ordres du Château F : moyen qui, effectivement, fait paroître ce dernier dans un éloignement beaucoup plus considérable : trait de génie, qui seul feroit l'éloge de cet habile Maître, si tous ses Ouvrages n'annonçoient sa supériorité dans l'Architecture.

Le Château F, est entouré d'un large fossé, bordé d'une terrasse qui circule autour de la cour prin-

---

(*c*) Voyez la Planche XII de ce Volume, où nous avons rapporté l'avant-corps de ce Château, du côté du Jardin. Voyez aussi ce que nous avons déja dit, page 85, de cette belle demeure : notions qu'il est bon de rapprocher avec les remarques que nous faisons ici.

cipale G. C'est cette terrasse néanmoins que nous avons trouvée précédemment trop élevée ; sa hauteur masque les Jardins parés, distribués de part & d'autre aux deux extrémités de cette même cour.

Du côté du Jardin, au pied du Château & au-delà des fossés, se remarque une terrasse H, qui descend dans les parterres I, bordés de droite & de gauche, par des allées K en palissade, dont nous avons donné les Dessins, Planche IXe de ce Volume, Figure Iere.

Les lettres L, indiquent la situation des anciens potagers, dont nous avons dit aussi quelque chose ailleurs. Enfin les Bâtiments marqués M, sont les Maisons du village de Maisons, situé près la riviere de Seine, à quatre lieues de Paris, & près de la forêt de Saint-Germain-en-Laye. Les autres objets exprimés dans cette Planche, sont les dépendances, & une partie des Jardins de ce Château : ils sont trop négligés aujourd'hui pour que nous en donnions la description ; d'ailleurs ils ne renferment rien de bien remarquable, à l'exception de quelques grottes, & de plusieurs belles routes, percées dans l'épaisseur du Parc. Les Jardins de propreté sont presque tous incultes.

Plan général de Champ, de ses issues, & de ses principales dépendances.

PLANCHE XXXI.

Ce Château situé en Brié, à quatre lieues de Paris, fut bâti originairement pour Monsieur le

Duc de la Valliere, sur les Deſſins de Monſieur de Chamblin Architecte, fils du célebre Bullet, dont nous avons parlé plus d'une fois avec éloge. Ce Château, ou plutôt cette belle Maiſon de campagne, a paſſé depuis à différents Maîtres; elle eſt habitée aujourd'hui par Madame Michel, veuve de Monſieur Michel, ancien Tréſorier général de l'Artillerie & du Génie.

Comme notre intention n'eſt pas de donner la deſcription du principal corps-de-logis, nous ne dirons rien ici de ſon ordonnance extérieure; d'ailleurs, elle reſſemble à celle de tous les Bâtiments qui s'élevoient chez nous, il y a cinquante ans; je veux dire qu'elle eſt commune & triviale. Nos Architectes alors s'appliquoient plus particulièrement à la diſtribution des dedans, qu'à l'ordonnance des dehors, qui n'ont repris leur premier éclat, que depuis qu'on eſt parvenu à goûter les productions des Manſards. Au reſte, on a ſenti mieux que ce grand Maître, la néceſſité de concilier la beauté extérieure avec la commodité & l'agrément des dedans; de maniere que, de nos jours, on n'oſeroit plus faire, entre-autres choſes, comme on le remarque à Champ, un grand Sallon de quarante-trois pieds de longueur, & de vingt-neuf pieds de largeur, ſur une hauteur ſeulement de dix-huit pieds ſous plancher (*d*), défaut de rapport qui ſe remarque dans plus d'un de nos Edifices, ſans excepter le Sallon du Château d'Iſſy (*e*), quoique bien autrement traité du côté du ſtyle de l'Architecture, & de

---

(*d*) Voyez les Plans dont nous parlons dans le VI Volume des Planches de l'Architecture Fra çoiſe.
(*e*) Bâti ſur les Deſſins de Pierre Bullet.

la perfection des ornements. Mais venons à l'objet qui nous occupe dans ce Chapitre ; & difons, que, pour procurer plus de dignité à l'abord de cette habitation, on a planté dans les terres, de l'autre côté du grand chemin, une avenue A, & une demi-lune B, qui, fe réuniffant, pour ainfi dire, à l'avant-cour C, communiquent un air libre à la cour principale D, & aux Appartements du Château E. Cette cour D a de largeur vingt-trois toifes feulement; étendue de la façade du Château, & fa longueur eft établie fur la diagonale d'un carré, formé fur fon petit diamètre ; enforte que toutes fes iffues offrent fur le lieu un effet affez agréable, qui nous a déterminé à en donner ici le Plan.

A l'égard des Bâtiments des baffes-cours, leur difpofition fe reffent un peu de la négligence que nous avons déja dit qu'on apportoit fouvent dans leur diftribution générale : rien de fi facile néanmoins que de rendre ces Bâtiments moins irréguliers, lorfque dans fon projet on les attaque à la fois, qu'on fe rend compte de leurs différents ufages, & qu'on fait mettre en oppofition ceux qui peuvent figurer enfemble, de maniere que les pavillons, les avant-corps, & même les murs de clôture paroiffent refpectivement égaux entre-eux : ici cependant la baffe-cour I, qui comprend le Bâtiment des Ecuries F, & le Colombier K, ne paroît avoir aucune relation avec les Jardins de l'Orangerie N. D'ailleurs, quelle connexité remarque-t-on entre la baffe-cour des remifes G, & celle deftinée pour le logement des domeftiques O ; qui, toutes deux, devoient offrir un coup d'œuil, & plus uniforme & plus régulier. Les baffes-cours placées à l'entrée & à la droite

de

de l'avant-cour, & où se trouve la glaciere L, ne présentent non-plus aucune symétrie avec la cour du Jardinier T : d'où il résulte qu'il semble que toutes ces dépendances ayent été élevées à plusieurs reprises sous les ordres du Jardinier, & que l'Architecte n'ait été consulté que pour donner les Plans du Château ; ce que jamais nous ne conseillerons à aucun Propriétaire ; le principal corps-de-logis n'ayant un véritable relief, que lorsque les Bâtiments qui le précedent l'annoncent sous son véritable point de vue. On peut dire même que plus le projet doit être simple, plus il faut sçavoir se dédommager de cette simplicité par l'accord général de toutes les parties environnantes. Sans doute, dans nos belles Maisons Royales, & dans nos belles Maisons de plaisance, la symétrie dont nous parlons, est peut-être moins essencielle. Tout, dans ces Bâtiments d'éclat, dédommage de cette sévérité : l'aspect des lieux, une certaine magnificence, une belle vue peut porter l'Architecte à éloigner de dessous les yeux du Maître, les dépendances de son Palais : ici au contraire, l'économie le force de rassembler tous les objets d'utilité, qui, par leur réunion bien entendue, ne laissent pas d'offrir un coup d'œil très-intéressant, malgré leur simplicité. Loin de trouver ici cette réunion, les divers Bâtiments présentent une disparité choquante, qui ne provient sans doute, que de ce qu'ils ont été élevés dans des temps différents, & selon les besoins des Propriétaires à qui cette terre a passé successivement. Ces personnes ayant regardé ces Bâtiments comme autant de parties accessoires, en ont négligé la correspondance, sans songer que la régularité des abords contribue & ajoûte beaucoup à la beauté du principal corps de logis.

Plan du Château de Montmorency, de ses issues, & de ses principales dépendances.

PLANCHE XXXII.

Cette belle Maison de campagne, située à quatre lieues de Paris, a appartenu long-temps à Monsieur le Brun, premier peintre du Roi, qui, comme grand Artiste & homme de goût, l'avoit déja beaucoup embellie, lorsqu'ensuite elle passa à Monsieur Croisat (*f*), qui en a fait bâtir le principal corps-de-logis, sur les desseins de Monsieur Cartand: les Jardins commencés par Monsieur le Nôtre & originairement plantés sur les desseins de Monsieur le Brun, furent aussi continués par cet Architecte. Dans les Volumes précédents de ce Cours, nous avons fait l'éloge de la disposition des Jardins charmants de cette belle Maison; on en trouvera le Plan, & celui des Bâtiments dans le *Recueil de l'Architecture Françoise*. Nous remarquerons seulement ici, que la magnifique vue dont jouit cette belle demeure, a déterminé, comme au Château de Saint-Cloud, à placer l'entrée A, sur le côté; par ce moyen on a ménagé de l'intérieur du Château B, le coup d'œil des dehors: coup d'œil admirable, qui met cette habitation au-

---

(*f*) Cette belle Maison appartient aujourd'hui à Monsieur le Duc de Choiseuil, par Madame de Choiseuil, qui l'a vendue à vie, à Monsieur & à Madame de Luxembourg.

dessus de toutes les Maisons particulieres, situées aux environs de Paris.

Ce n'est pas qu'on n'eût pu tirer un meilleur parti de la disposition des Cours & des Bâtiments qui amenent au Château : l'avant-cour C est beaucoup trop petite ; la cour principale D est d'une mauvaise forme : &, quoiqu'elle présente un aspect assez riant, parce qu'elle est ornée de tapis verds, & entourée de charmilles percées d'arcades ; il n'en est pas moins vrai qu'elle n'a pas assez de profondeur ; &, que sa portion circulaire en face du Château, contribue à rendre encore sa largeur trop considérable pour sa longueur. Nous l'aurions préférée rectangulaire, & nous aurions cherché à réunir à la surface de cette cour, celle de la piece de verdure E, au milieu de laquelle est une magnifique piece d'eau, qui, aujourd'hui, s'aperçoit à peine du Château.

Les basses-cours F, & leurs Bâtiments paroissent aussi avoir été distribués au hasard. Il étoit possible néanmoins, sans beaucoup de dépense, de les faire entrer pour quelque chose dans l'ensemble du projet. Nous avons déja condamné cette négligence, & elle doit avertir nos Eleves, que lorsqu'ils commencent à composer le Plan d'un Bâtiment, soit pour la Ville, soit pour la campagne, il est nécessaire qu'ils fassent entrer dans leur premiere esquisse, ne fut-ce que par masse, tous les accessoires ; qu'ils en étudient toutes les parties, & qu'une fois bien mises chacune en leur place, ils y reviennent encore, pour les comparer, d'abord avec l'importance ou la simplicité du principal corps-de-logis ; ensuite par rapport à leur disposition, à leur structure, & à leur ordonnance ; en un mot, c'est pour les y amener avec plus de facilité, que nous venons de leur offrir les Plans précédents, sans leur en dissimuler les désavantages; & qu'enfin nous allons mettre sous leurs yeux, deux autres Plans de notre composition, faisant partie des dépendances projetées pour un Palais de soixante-six toises de face: ce qui nous servira, comme nous l'avons déja annoncé, à réduire en principes, ce que nous aurons à dire dans la suite, concernant la distribution intérieure des Bâtiments d'habitation.

Plans par masses d'un Bâtiment de soixante-six toises de face, de ses issues, & de ses dépendances; de la composition de l'Auteur.

Planches XXXIII & XXXIV.

Nous voici arrivés, pour ainsi-dire, à la théorie, ou plutôt au raisonnement concernant la distribution des Bâtiments. Ce que nous avons dit jusqu'à présent dans ce Chapitre n'a guère eu pour objet que des notions générales sur cette branche de l'Architecture: il s'agit ici de faire comprendre à nos Eleves, l'art de faire marcher ensemble les issues, les dépendances & la distribution extérieure des façades du principal corps d'un Bâtiment, & d'y observer plus de régularité & de relation qu'on ne fait ordinairement: relation que nous avons tâché de réunir dans les Plans tracés sur les deux Planches suivantes. Ces Plans néanmoins different entre-eux, parce que nous avons cru devoir proposer des changements aussi considérables qu'intéressants, dans l'intérieur du Palais, dont nous rendrons compte bientôt, après avoir donné les détails qui regardent les Bâtiments répandus dans les dehors de ces deux Plans. Commençons par la Planche XXXIII ; mais avertissons nos Lecteurs que notre intention n'est pas de leur offrir ces deux productions comme exemptes de défauts ; il s'en faut bien que nous ayons la témérité de mettre ces deux compositions en parallele avec les exemples précédents ; particuliérement avec Versailles, Meudon, Maisons, Saint-Cloud ; nous voulons seulement enseigner comment on doit concevoir l'esquisse d'un projet, combien il est intéressant d'en conférer ensuite avec les Propriétaires, de le recommencer, de consulter les Maîtres de l'Art, enfin de le méditer encore, & de passer aux développements, pour parvenir à se rendre compte du coût de la dépense, faire des approvisionnements, excaver & bâtir.

Le principal corps-de-logis A, indiqué dans la Planche XXXIII dont nous parlons, étant destiné à la résidence d'un grand Seigneur à la campagne, sa décoration extérieure a dû, non-seulement offrir une certaine majesté, mais être absolument réguliere dans toutes ses parties ; dès-là, l'ordonnance des dehors a du donner le ton à toute la distribution intérieure de ce Palais : en-sorte que les licences qu'entraîne ordinairement après soi l'application des trois branches de l'Architecture, la décoration, la distribution & la construction, ont dû nécessairement se porter toutes dans les dedans du Bâtiment, ainsi que nous le ferons voir lorsque nous en décrirons le Plan, Planche XXXV. Au contraire, on remarquera dans la Planche XXXVI, combien nous avons dû sacrifier les dehors aux dedans, pour produire la distribution moins irreguliere du second projet sur le premier : mais revenons à la Plan-XXXIII. Le principal corps-de-logis A, isolé de toute part, est entouré de terrasses, & précédé d'une cour d'honneur B, de quatre-vingt-douze toises en tout sens, dont les parties latérales sont ornées de Bâtiments : celui E, est destiné pour contenir les Appartements des étrangers, & celui F, pour le Gouvernement. Ces deux Bâtiments, de la longueur de soixante-huit toises, & de la plus parfaite symétrie, sont disposés de maniere, qu'ils forment aussi chacun un carré parfait, au milieu desquels se trouvent des cours quadrangulaires U, V, de cinquante-cinq toises de diamètre. L'entrée de la cour d'honneur B, n'est séparée de l'avant-cour G, que par une grille de fer élevée sur un appui de pierre de deux pieds & demi de hauteur : aux deux côtés de la porte de cette grille, se remarquent des guérites aussi en pierre, mais assez peu considérables, pour ne pas masquer la façade principale. Au reste, ces guérites doivent être regardées comme un objet de premiere nécessité, pour y mettre à couvert les Sentinelles ; ainsi qu'on en a placé à Versailles, à Choisy, à Clagny, &c.

L'avant-cour G a le même diamètre que la cour d'honneur B : mais comme elle a beaucoup plus de longueur, cette derniere étant formée de la diagonale produite par un carré égal à son petit diamètre, elle a acquis une grandeur suffisante : 1°, parce que son étendue semble s'agrandir encore par le coup d'œil de la cour B, qui n'est séparée d'avec celle-ci que par la grille de fer dont nous venons de faire mention plus haut ; 2°, parce que l'entrée de cette avant-cour n'étant fermée que par un fossé, elle y jouit de l'espace qu'occupe la patte d'oie H, & de toute la longueur de l'avenue I, qui enfile la ligne capitale A, B, G, H, I; attention qu'il faut apporter: car les cours & les avant-Cours, percées dans leur extrémité, doivent avoir une toute autre proportion que celles qui, étant fermées de toute part, soit par des Bâtiments, soit seulement par des murs de clôture, paroissent beaucoup moins vastes, quoique tenues de la même largeur & de la même profondeur. D'ailleurs, il faut encore prendre garde ici, que la moitié de la longueur de cette cour, dans chacun de ses côtés, est évidée par des allées d'arbres, qui, à travers les intervalles de leur tige, laissent apercevoir à découvert, d'une part, la principale cour K des Ecuries, & ses Bâtiments; & de l'autre, celle des Cuisines L; disposition qui a dû nous déterminer à ne pas augmenter la largeur de cette avant-cour; ce que nous aurions certainement fait, sans cette considération, ainsi que nous en avons usé dans le Plan de la Planche suivante, & que nous l'avons recommandé dans nos préceptes généraux. Qu'on y prenne garde; nous appuyons sur ces détails, parce qu'ils sont importants à observer, sur tout lorsqu'il s'agit de la distribution des dépendances d'un Edifice considérable. C'est pourquoi nous engageons nos Eleves à se rappeler, non-seulement nos Leçons précédentes; mais à tâcher de se rendre compte, à l'aspect des lieux qu'ils visitent, des motifs qui ont souvent déterminé leur Ordonnateur à s'écarter des préceptes le plus universellement reçus, pour se plier aux diverses circonstances dans lesquelles ils se trouvent engagés, malgré leur propre expérience.

Or, certainement, il faut faire entrer pour quelque chose dans la difposition de l'avant-cour G, non-feulement les percés de fes deux extrémités; mais la profondeur de la cour des Ecuries K, & celle des Cuifines L, placées dans chacun de fes côtés, & qui toutes deux, comme celle G, font parées de verdure, les Bâtiments qui entourent celles K, L, ayant d'autres iffues pour les charrois qui y amenent les provifions, & en facilitent le fervice : ces iffues font marquées dans ce Plan par les lettres *a*; & par elles, on voit qu'on peut entrer dans les autres cours *b*, *c*, *d*, *e*, par les dehors, fans nuire en rien au paffage des Maîtres, qui traverfe l'avant-cour G, pour parvenir à la cour d'honneur B. La cour *b* à gauche eft celle qui particuliérement donne entrée au logement de l'Ecuyer. Celle *c*, eft entourée de Bâtiments fubalternes, pour les Palfreniers & les bêtes de fomme. Dans la cour *d*, font les Bâtiments des Officiers de la bouche; & celle *e*, contient ceux pour les buanderies, les fournils, les buchers, les lavoirs, &c. Sans doute, tout ce dernier département paroîtra bien éloigné du Château A : nous convenons de cette vérité; mais en même temps, il faut fonger que lorfqu'il eft queftion de la demeure des grands ou des hommes riches; il paroît très-intéreffant de fouftraire aux yeux des Maîtres & des Etrangers, les Bâtiments des baffes-cours, & la plupart des hommes fubalternes qui les habitent. Qu'on fe rappelle à Verfailles le grand Commun, fitué de l'autre côté de la rue de la Surintendance; qu'on fe reffouvienne de Meudon & de Saint-Cloud, dont les Cuifines & les Offices font très-éloignés : qu'on fe rende compte enfin de la fituation des Cuifines nouvellement bâties au Château de Bercy, par feu Monsieur de la Guipiere; de celles du Château du Rincy, par Monsieur Rouffette, & de celles de tant d'autres belles Maisons de plaisance aux environs de la Capitale; & l'on sera moins étonné, que nous ayons pris le parti que nous proposons, prévenu qu'on doit être de l'usage des réchauffoirs dans l'intérieur du principal corps-de-logis, & des étuves ambulantes, pour le transport des mets, des Cuisines au Château, en cas de pluie, ou dans l'avant & l'arriere saison : sans oublier que, dans plus d'un de nos Edifices, où l'économie est comptée pour rien, on peut pratiquer des galleries souterreines, qui, dans notre Plan, recevroient du jour par les murs d'appui des terrasses pratiquées autour de la cour B. Ces galleries alors ameneroient au Château, pendant l'hiver, le service du département de la bouche.

La Planche XXXIV offre une toute autre disposition, dans les cours & les Bâtiments qui précedent le principal corps-de-logis; parce que celui-ci, marqué A, est lui-même disposé différemment que le précédent, dans l'intention de rendre l'intérieur de sa distribution plus commode, quoique peut-être aux dépens de la symétrie extérieure; mais comme il s'agit dans ces Leçons de discuter de plus d'une maniere, l'art de rendre relatifs les dehors avec les dedans; nous n'avons pas hésité d'offrir ces deux Plans, différents l'un de l'autre : ils nous donneront occasion de traiter plus à fond des difficultés qui se présentent à l'Architecte, lorsqu'il s'agit de concilier ensemble la régularité des dehors, & la distribution des dedans, imaginée par nos Architectes modernes, avec la beauté de l'ordonnance des façades employée avec tant de succès par nos prédécesseurs.

Dans la Planche XXXIII, la cour d'honneur étoit quadrangulaire ; ici, celle B est oblongue ; sa longueur est déterminée sur la diagonale formée par un carré établi sur son plus petit diamètre : au contraire, l'avant-cour C présente un carré parfait d'un plus grand diamètre que celui de la cour B, dont les Bâtiments D, placés dans ses parties latérales, n'ont qu'un seul étage, & par-là, procurent une prééminence considérable au Château A, sur toutes les dépendances qui l'accompagnent. Ses Ailes sont séparées dans leur milieu par des grilles de fer, qui laissent voir de part & d'autre, à droite, le Bâtiment de l'Orangerie E, & son Jardin F, & à gauche, un Bâtiment G, de même forme & grandeur, destiné pour une Salle de spectacle, & des Jardins fleuristes H, qui le précedent. Ces Jardins, ainsi que celui de l'Orangerie, sont accompagnés de Cabinets de verdure I, & de petites allées couvertes, qui procurent autant de promenades ombragées, près des Appartements d'habitation. Derriere le Bâtiment de l'Orangerie E, est pratiquée une Salle de bal champêtre K, qui conduit à des bosquets pour les rafraîchissements, mais dont on ne remarque ici que l'arrachement. Derriere le Bâtiment G, est encore un Jardin fleuriste L, accompagné de Cabinets qui conduisent à d'autres pieces de verdure, faisant partie des Jardins de propreté de cette Maison de plaisance ; néanmoins nous ne les donnons point ici, en ayant offert plusieurs exemples au commencement de ce Volume.

L'avant-cour C, n'est séparée de la cour d'honneur B que par un fossé. Ses parties latérales sont fermées par des murs de clôture ornés de piédroits, de corps de refends, & de tables diftribuées avec fymétrie, & couronnées d'un chaperon en pierre de taille. L'entrée de cette cour eft fermée par un mur d'appui, au-deffus duquel s'éleve une grille en fer, placée fur le bord du grand chemin, grille qui fépare la cour d'avec l'efplanade M, prife dans les terres dépendantes du Château. Cette efplanade mene à une grande avenue placée précifément en face de ce dernier. A la droite de la cour C, fe remarque la cour des Cuifines N, & dans le fond, le Bâtiment O qui les contient. Les autres Bâtiments P en font les dépendances; ils comprennent les Offices, les Buanderies, le Fournil, les Buchers, les Celliers, &c. autant de différents départements qui ont leurs cours marquées *a*. Les Cuifines O ont auffi de petites cours *b*, & au milieu, un paffage qui conduit aux Bâtiments & aux cours de la Ménagerie Q, qu'il convient de placer toujours le plus près qu'il eft poffible du département de la bouche, à caufe des volailles qu'elle contient, des Vacheries, des Laiteries, &c. La Ménagerie dont nous parlons ici, eft plutôt une Ménagerie d'utilité, qu'une Ménagerie de magnificence, deftinée par-tout ailleurs à contenir des bêtes fauves, des volatiles, & autres curiofités d'hiftoire naturelle.

A la gauche de cette même cour C, s'obferve le département des Ecuries, tels que le logement du premier Ecuyer R, celui du fous Ecuyer S, avec leurs cours particulieres *e*; le Bâtiment d'une grande Ecurie double T; fa cour principale U, & fa cour de décharge V. On y remarque encore les Bâtiments pour les chevaux de felle X, avec leurs baffes-cours *c*, un préau ou manége découvert Y; les baffes-cours & les Bâtiments des Remifes Z;

enfin la basse-cour des fourages, &c. ainsi que d'autres Bâtiments & des cours de décharge *d*, destinés pour les Palfreniers, le Maréchal, le Châron; en un mot, des Ecuries particulieres pour des chevaux de somme; des hangards pour des chariots, des fourgons, &c.

Il est aisé, en comparant ce Plan, & celui qui le précéde, de remarquer combien toute la disposition des dépendances a dû changer de forme en faveur des différences apportées dans la distribution extérieure du principal corps-de-logis : considération qui nous fait encore répéter à nos Eleves ce que nous leur avons déja recommandé plus d'une fois, c'est-à-dire, de commencer leur projet, sur-tout lorsqu'il s'agit de bâtir en place neuve, par attaquer toutes les parties par masses, presque toutes ces parties devant nécessairement dépendre les unes des autres, pour concourir à former un bel ensemble; mais, ce que nous ne craignons point de leur répéter, c'est d'abord de se bien pénétrer du genre de l'Edifice qu'ils ont à traiter, & de ne jamais oublier l'économie dont on doit user, selon qu'il s'agit d'un Edifice plus ou moins important. Par exemple, il est aisé de comprendre que les dépendances de notre dernier Plan, doivent coûter moins que celles du précédent. Ici elles ne font point-du-tout partie du Château, à peine les aperçoit-on en traversant l'Esplanade M, & l'avant-cour C; pendant que dans le premier projet, elles font parement de chaque côté, pour arriver au principal Edifice. Il est vrai ici, que les aîles D placées dans les parties latérales de la cour d'honneur B, supposent un faste qui ne se rencontre point dans ce second projet; mais aussi ne s'agit-il pas des corps de Bâtiments particuliers pour les étrangers & pour le gouvernement. Nous avons placé ces deux départements à bien moins de frais, & en bien moins grand nombre, dans les parties des deux aîles placées à l'entrée de la cour B; & les deux autres parties de ces mêmes aîles, au-delà de la grille du milieu de cette même cour, font dépendantes du Château, comme dans le Plan précédent.

Nous défirons que ces deux exemples, & les détails dans lesquels nous allons entrer, concernant l'intérieur de ces diverses dépendances, mettent nos Eleves à portée de bien étudier ces différentes parties, qui, quoiqu'accessoires, font souvent seules capables de donner à connoître la véritable intelligence de l'Architecte, & contribuent plus qu'on ne s'imagine ordinairement, à annoncer la dignité & l'opulence du Propriétaire.

Nous dirons encore que le style de l'ordonnance extérieure des divers départements qui forment les dépendances d'un Palais, doit figurer en quelque sorte, quoique dans un dégré inférieur, avec les principales façades. C'est pourquoi, avant de passer aux détails dans lesquels nous nous proposons d'entrer, au sujet de la distribution des différents départements, qui composent chacun de ces deux projets; nous observerons, qu'on doit en faire des développements particuliers, & ensuite un modele général, qui donne une idée complette de la totalité. Pour cet effet, parlons de suite de l'utilité des modeles généraux & particuliers, dans les entreprises importantes.

De l'utilité des différents Modèles dans les ouvrages importants.

La plupart des Architectes, ceux même qui ne sont pas sans un certain mérite, mais qui, faute d'expérience, s'en rapportent à leur premiere composition, sont souvent dans le cas d'attendre très-peu de succès de leurs Desseins, lorsqu'ils seront exécutés; puisqu'il est reconnu qu'il y a une grande différence entre le projet d'un Bâtiment & son entiere perfection. Qu'on y prenne garde; on peut être un assez bon Dessinateur, & ignorer l'Art de la construction : d'ailleurs, plusieurs se contentent d'un Plan & d'une élévation pour ériger un Edifice; ce qui ne suffit pas. Pour réussir, il faut faire les différents développements de l'ouvrage entier. Sans ces développements, le jeune Architecte se trouve dans la nécessité d'avoir recours à des ressources licencieuses, qu'il auroit lui-même condamnées dans les productions de ses contemporains, parce qu'elles apportent presque toujours quelqu'irrégularité remarquable, ou dans la décoration, ou dans la distribution, ou, ce qui est pis encore, dans la construction.

Pour éviter de telles licences, lorsque l'Edifice & ses dépendances sont considérables, on doit faire de l'Ouvrage entier, un modèle d'une médiocre grandeur, par lequel on puisse juger de l'effet que produira l'exécution; il est plus aisé de connoître par un relief, ce qu'on doit attendre de toute la partie d'un Bâtiment, que par un seul Dessein géométral, ou en perspective, quelque bien entendu qu'il soit.

Il faut même sçavoir qu'un modèle en petit, n'offre jamais précisément les proportions que comportera l'Ouvrage en grand : on doit s'attendre à remarquer toujours des différences sensibles ; parce que d'un seul coup d'œuil, dans le petit modèle, on embrasse toute la production ; au lieu que, dans le Bâtiment, on ne peut examiner les parties que les unes après les autres. D'ailleurs, il faut considérer que dans les modèles généraux dont nous parlons, les différentes masses qui les composent, sont presque toutes rapprochées de l'œuil du spectateur : au lieu que dans l'ouvrage réel, elles en sont fort éloignées : sans compter que dans le premier, les hauteurs apparentes different peu sensiblement des hauteurs réelles ; ce qui arrive tout autrement, lors de la construction, eu égard au point de distance d'où le Bâtiment doit être aperçu : considération qui exige, de la part de l'Architecte, les connoissances acquises de l'Optique, afin de pouvoir donner à son Edifice un accord général, sans lequel il n'offre plus qu'une composition médiocre.

D'un autre côté, il faut remarquer que les petits modèles ne présentent jamais assez parfaitement la majesté des grands Edifices, ni leurs dépendances ; ces derniers objets, sur-tout, n'offrant souvent rien de bien recommandable dans leur ordonnance, ensorte que ce n'est guère que leur disposition & leur masse, qui contribuent à en faire admirer l'ensemble. Par exemple, que peut-on attendre, dans un petit modele, de la représentation des façades simples, placées dans les avant-cours & dans les basses-cours, qui souvent, sont sans avant-corps, & qui, pour tout couronnement, sont couvertes en tuiles ? quel effet produisent dans un petit modele, des murs de clôture, ornés seulement de quelques pieds-droits ? Absolument rien de bien intéressant ; si ce n'est l'accord qui doit régner dans toutes ces différentes parties : cependant les plus habiles Architectes n'ont pas négligé ces accessoires dans leurs Bâtiments ; ils en ont fait autant de développements particuliers, & les profils en grand, avant de passer à l'exécution. Que pouroient produire en effet de petits modèles, pour représenter une grande voûte en brique, toute simple & sans ornement, restes des termes ou bains des Empereurs en Italie, qu'on ne sçauroit regarder encore aujourd'hui sans étonnement, à en juger par ceux de Julien l'Apostat, à Paris ? Que signifieroit même la façade de Versailles du côté des Jardins, un des plus grands Palais qui soient en Europe, pour son étendue ? Que penser d'un petit modèle qui représenteroit l'Aquéduc d'Arcueil, entreprise capable d'être mise en parallele avec les plus grands Ouvrages des Romains ? Enfin, quelle idée donneroit en petit le Péryſtile du Louvre, la porte Saint-Denis, les Ecuries & l'Orangerie de Versailles, autant d'ouvrages immortels qui honorent notre Nation ? Certainement ils ne donneroient qu'une idée bien imparfaite de ces chefs-d'œuvre ; semblables en cela aux ouvrages de Mécanique, qui, réduits en petit, n'offrent jamais l'effet qu'on a droit d'en attendre, lorsqu'ils sont exécutés en grand.

Il n'en faut point douter ; c'est pour s'assurer de la perfection de leurs œuvres, que les plus grands Architectes se sont déterminés plus d'une fois à faire faire, sous leurs yeux, des modeles de la grandeur de l'exécution ; ou du moins des parties le plus essencielles, sur-tout de celles qui doivent se réitérer dans l'Edifice ; ainsi que le

Bernin

Bernin l'a pratiqué pour la colonade de la place Saint-Pierre; l'Efcot, pour l'un des Pavillons de la grande cour du vieux Louvre; Perrault, pour l'Arc-de-Triomphe de la porte Saint-Antoine ; enfin Manfard, pour la majeure partie des façades du Château de Maifons; parce qu'alors, ces grands Maîtres jugeoient mieux du mérite de l'exécution, par ces modeles en grand, que par de petits reliefs : ceux-ci, comme nous venons de le remarquer, fe font ordinairement pour donner une idée générale du projet; mais ils ne peuvent faire juger qu'imparfaitement de la beauté & de la correction des détails.

Malgré ces précautions, encore faut-il s'attendre qu'il y a toujours une grande différence entre la totalité de l'ouvrage, & quelques-unes de fes parties qu'on voit en grand; puifqu'il eft aifé de concevoir que l'afpect que nous offrent quelques colonnes, quoique munies de leur couronnement, de leur foutien, & de leur accompagnement, ne préfente tout au plus que quelques belles parties; mais jamais l'effet des maffes générales d'où dépend tout le fuccès de l'Edifice : de même qu'un Pavillon ifolé dans un modele, pour être enfuite flanqué ou engagé dans une aîle de Bâtiments, n'offre fouvent qu'imparfaitement la correfpondance qu'il doit avoir avec l'ouvrage entier. On en doit dire autant du rapport d'un entablement, pofé feulement fur quelques colonnes de front, & du rapport qu'il doit avoir, lorfqu'il en couronne une certaine quantité. Enfin, un grand fronton doit avoir une autre dimenfion qu'un petit, ainfi de fuite, pour toutes les autres parties, dont les proportions doivent différer, felon leur point de vue, leur élévation & leur point de diftance : d'où nous conclurons qu'il eft bon, non-feulement de faire d'abord de tout l'Edifice un modele général d'une médiocre grandeur; mais ensuite d'en faire modeler à part les parties principales, telles que dans l'extérieur, les colonades, les portiques; dans l'intérieur, les escaliers & les galleries, avec tous leurs ornements, comme les chapiteaux, les corniches, les modillons, les consoles, & toutes les autres parties essencielles, pour être placées dans le Bâtiment, à leur vraie destination, afin de juger de leur effet. On ne sçauroit douter que les membres d'Architecture & de Sculpture, destinés à être appliqués au plus haut de l'Edifice, ne doivent être traités avec plus de fierté, que lorsqu'ils se trouvent placés à la portée de la vue du spectateur, soit dans l'extérieur des façades, soit dans l'intérieur des Appartements. Entrons à présent dans d'autres détails non moins intéressants.

Dénombrement des Pieces contenues dans chacúne des Aîles qui comprennent les dépendances tracées sur la Planche XXXIII.

Il est assez peu ordinaire que dans les dépendances dont nous allons parler, on pratique des caves; cependant, comme elles sont utiles auprès des Cuisines, des Offices & des Sommelleries, nous allons prendre occasion d'en parler ici, & ce que nous en dirons sera autant d'acquis pour les souterreins qu'on pratique par nécessité sous les Appartements d'habitation, placés à rez-de-chaussée, dans les principaux corps-de-logis, à dessein de leur procurer plus de salubrité.

Des Caves (g) en général.

Les Caves sont d'une utilité essencielle pour contenir les provisions, telles que les vins de table, les vins de liqueur, le bois, le charbon, &c. Elles sont dans les Bâtiments subalternes, ce que les souterreins sont dans un Edifice considérable ; mais ceux-ci sont seulement destinés, ainsi que nous venons de le remarquer, à rendre le sol du Bâtiment moins humide, & par conséquent plus habitable. Pour cela, on éleve le rez-de-chaussée, au moins de deux ou trois pieds du sol de la cour, & l'on y arrive par des marches d'environ cinq pouces de hauteur, placées au devant des principaux avant-corps de l'Edifice. Cette élévation sert dans les arriere-corps à pratiquer des soupiraux pour éclairer ces souterreins ; ces ouvertures se doivent placer les unes vis-à-vis des autres, au pied des murs de face, du côté de la cour & du côté des Jardins ; afin que par cette direction, elles puissent faciliter la circulation de l'air : ce qui contribue à rendre beaucoup plus sains les Appartements qui sont élevés au-dessus.

A l'égard des Caves proprement dites ; celles au vin doivent être exposées au septentrion ; leur hauteur, n'avoir guere plus de neuf pieds sous clef ; trop d'élévation dissipe la fraîcheur, & devient inutile, n'étant pas d'usage de placer plus de deux ou trois pieces de vin les unes au-dessus des autres, encore cela ne se pratique-t-il que dans les Celliers à rez-de-chaussée, placés ordinairement

---

(g) Cave du mot Latin *Cavea*, lieu creusé.

près des pressoirs dans les basses-cours des vendanges. Il ne faut pas non plus que la largeur des Caves soit considérable; à moins que cette largeur ne soit assujétie par les murs de face ou de refend du rez-de-chaussée. Il convient néanmoins de leur donner douze à quinze pieds, afin qu'on puisse tourner facilement autour des pieces de vin pour les visiter. Il est à considérer que moins les Caves ont de diametre, plus leurs voûtes ont de solidité pour soutenir l'aire de dessus. Lorsque dans les grands Edifices on se trouve forcé de faire les Caves d'un certain diametre, & d'en faire les voûtes plein-cintre; dans la crainte que celles-ci aient trop de poussée par rapport à l'épaisseur des murs, il faut dans leur largeur pratiquer plusieurs pieds-droits sur lesquels ces voûtes prendront naissance, qui alors deviendront voûtes d'arête vers les pieds-droits, & arcs de cloître du côté des murs.

On doit toujours éloigner les Caves au vin des fosses d'aisance, malgré les contre-murs qu'on pratique ordinairement à ces dernieres; parce qu'il est à craindre que les urines ne viennent à filtrer au travers des murs, & ne corrompent les vins: les exhalaisons seules qui s'échappent de ces fosses, sont capables de les gâter. Il convient que les principaux escaliers qui descendent dans les Caves soient commodes, & composés d'une seule rampe droite, autant qu'il est possible, afin de pouvoir y descendre le vin en piece, avec facilité, & en sortir de même les futailles : il est bon aussi d'y pratiquer un petit escalier pour le service du sommellier.

Pour ce qui regarde les Caves où l'on serre le bois & le charbon, il suffit qu'elles ne soient pas humides ; pour cela on expose leurs soupiraux du côté du midi, & on les fait assez grands pour faciliter la circulation de l'air. On doit aussi donner à ces Caves, plus de hauteur qu'à celles au vin; mais il faut sçavoir que ce n'est guere que dans les Maisons particulieres, bâties dans nos Villes, qu'on fait usage des Caves pour serrer le bois à brûler. Dans les grands Edifices, sur-tout à la campagne, on construit des buchers dans les basses-cours, qu'on prend soin d'exposer aussi au midi, & qu'on tient à couvert par des appentis (*h*).

Anciennement, on plaçoit ordinairement les Cuisines, les Offices & leurs dépendances dans les souterreins pratiqués sous le principal corps-de-logis, ou sous les ailes de Bâtiment qui lui étoient contiguës; ainsi qu'on le remarque au Château de Maisons, de Montmorency, de Clagny, &c. mais à moins que des fossés ne circulent autour, il faut que la hauteur de ces souterreins soit prise moitié en terre & moitié dehors, parce qu'alors cette élévation au-dessus du sol, procure des ouvertures convenables à l'usage de ces sortes de pieces : dans ce cas, on fait servir de buchers, les souterreins qui ne peuvent être éclairés, à cause des massifs des pérons ; & alors, sous ces souterreins, on pratique des Caves pour contenir le vin, les liqueurs, &c.

On évite aujourd'hui de faire usage de ces souterreins, pour y placer les Cuisines & les Offi-

---

(*h*) Espece de Hangar, tiré du mot Allemand, *Hangen*, lieu couvert d'un demi-comble, adossé contre un mur porté sur des pieces de bois debout, ou des piliers de pierre de distance à autre, pour soutenir le comble.

ees; ces pieces, par leur usage, ont le désagrément de communiquer à travers les voûtes, de mauvaises odeurs dans les Appartements, & y causent un bruit inévitable : d'ailleurs, elles amenent nécessairement sous les yeux des Maîtres, des hommes subalternes, aussi inconsidérés qu'ils sont curieux & indiscrets. Nous observerons encore que ces Cuisines, ainsi pratiquées sous terre, ont l'inconvénient de ne pouvoir écouler leurs eaux que dans des puisarts (*i*), & de-là se perdre dans des Aquéducs (*k*); qui les conduisent loin de l'Edifice; ce qui néanmoins n'est pas toujours praticable, & entraîne après soi une dépense très-considérable.

Des Cuisines & de leurs dépendances.

Commençons la description des dépendances, exprimées dans la Planche XXXIII, par la cour L, & les Bâtiments des Cuisines (*l*) qui l'entourent; mais avant d'y passer, parlons des Cuisines en général.

Dans quelqu'endroit que soient situées les Cuisines, elles doivent avoir de l'air, & être, selon nous, le plus éloignées qu'il est possible du principal corps-de-logis, à cause des exhalaisons

---

(*i*) Puisarts, especes de puits bâtis en pierre seches, placés au milieu d'une cour, ou sous des Cuisines souterreines, où se rendent les eaux pluviales, les eaux des Cuisines qui se perdent dans le massif des terres.

(*k*) Aquéducs, mot dérivé de deux mots Latins, *Aquæ ductus*, conduite d'eau; c'est, comme nous l'entendons, une espèce de Canal souterrein & vouté, pour conduire l'eau d'un lieu a un autre.

(*l*) Cuisine, du mot Latin, *Culina*.

qu'elles envoient. On doit auſſi prendre ſoin de placer leurs cheminées de maniere qu'elles ne ſoient jamais expoſées aux vents impétueux, ce qui rendroit ces pieces impraticables ; d'ailleurs, les Cuiſines doivent être grandes & ſpacieuſes, à cauſe du feu continuel qui y eſt allumé. Les cheminées doivent être en hotte, & aſſez élevées, pour que deſſous on puiſſe ſe tenir debout, & être aſſez ſaillantes pour recevoir la bouche du four, ordinairement placée ſous cette même hotte. On doit auſſi obſerver un contre-cœur en brique à ces ſortes de cheminées, pour que l'ardeur du feu ne dégrade pas les murs mitoyens, contre leſquels elles ſont ſouvent adoſſées ; leurs jambages doivent être formés en encorbellement, pour, d'une part, embarraſſer moins le ſol, & de l'autre, ſupporter la ſaillie de la hotte. Dans les Cuiſines, on doit pratiquer des fourneaux ou potagers (*m*), qui ſoient diſpoſés d'une maniere commode, & expoſés à la lumiere. On doit auſſi s'y procurer de l'eau, ou par un puits, ou par des robinets qui l'amenent d'un réſervoir ſupérieur. On doit y conſtruire encore une paillaſſe près de la cheminée ; petite plate-forme en brique de douze ou quatorze pouces de hauteur, & d'environ ſix pieds de long, ſur deux pieds

---

(*m*) Potager, eſpece de corps de maçonnerie à hauteur d'appui, dans lequel on établit des réchauds : ces corps de maçonnerie ſont évidés par des arcades d'environ deux pieds de large, qui ont leur retombée ſur de petits murs de brique, qui ont huit à neuf pouces d'épaiſſeur, & dont l'aire eſt retenue ſur ſes bords par une plate-bande de fer. Les réchauds de ces potagers ſe font de fer fondu de différentes grandeurs, de forme quadrangulaire, & ſe diſtribuent en échiquier, pour faciliter l'uſage de ces Potagers.

& demi de large, destinée pour entretenir la chaleur des ragoûts, en attendant qu'on les serve sur la table des Maîtres : on doit y placer une grande table bien exposée à la lumiere, un billot pour y couper les viandes de boucherie, & enfin toutes les commodités à l'usage des Chefs de Cuisine & de leurs aides. En général, les Cuisines doivent être d'une grandeur proportionnée à la quantité des Maîtres & des Domestiques de la Maison ; être élevées, claires, & voûtées pour prévenir les accidents du feu.

Avant de quitter ces observations générales sur les Cuisines, nous dirons, que de quelque maniere que l'on conçoive le projet d'un Bâtiment, & soit que les Cuisines soient contenues dans le principal corps-de-logis, ou en aile ; il faut affecter que leur sol soit le plus élevé de l'aire du pavé qu'il est possible, afin que, par-là, on ait la facilité d'en écouler les eaux ; car, on doit considérer que les Edifices élevés dans les Villes, se trouvent presque toujours, par la suite des temps, plus enfoncés qu'ils ne l'étoient d'abord ; les rues des grandes Capitales s'élevant toujours peu à peu lorsqu'on les pave de nouveau, par les reformis qu'on remet sous les pavés, sans enlever celui qui étoit sous les anciens : d'où il arrive qu'il faut relever les cours, à raison du nouveau sol des rues, & que, par-là, les Cuisines, les Ecuries, les Remises, & généralement toutes les piéces à rez-de-chaussée deviennent inhabitables : sans compter que ce relévement de pavé corrompt la proportion des ouvertures, dont les largeurs ne se trouvant plus en rapport avec les hauteurs, rendent l'ordonnance des façades plus imparfaite. Mais revenons à notre Plan.

Lorsque nous avons étudié les détails que contiennent les ailes de Bâtiment, & les dépendances de la Planche XXXIII; nous avons observé toutes ces précautions pour la Cuisine, contenue dans l'aile de Bâtiment qui fait face à celle des Ecuries tracées dans notre Plan. Parlons de suite à présent des principales pieces qui doivent accompagner les Cuisines; & ce que nous en dirons poura servir pour tous les départements de cette espece.

La Cuisine que nous citons, est précédée d'une aide de Cuisine, dans laquelle se préparent sous les yeux d'un sous-Chef, toutes les viandes qui se font cuire dans la Cuisine sous l'œil du Chef & de ses aides. Cette seconde piece est précédée d'un commun, dans lequel mange la livrée, & où, le matin, en présence du Maître d'Hôtel, s'apportent les provisions, pour être distribuées chacune dans leur destination. Près de la Cuisine proprement dite, se place la rôtisserie, & une petite piece particuliere pour y larder les viandes, une boucherie, un dépôt pour la volaille, un autre dépôt pour la venaison; ces dernieres pieces doivent être exposées au nord. Il faut aussi, attenant à la Cuisine, ménager une dépense où se serrent à la clef, les provisions confiées au Chef de Cuisine par le Maître-d'Hôtel; une pâtisserie avec un four particulier, une autre piece pour la préparer, enfin, un garde-manger & un lavoir: ce dernier, sur-tout, doit être éloigné de la Cuisine, & particuliérement de la boucherie, des dépôts & du garde-manger, les viandes ne pouvant se conserver à la chaleur, mais bien dans des lieux frais, secs, & ouverts du côté du septentrion. Il ne faut pas oublier que les lavoirs doivent être fermés avec une sûreté relative au dépôt que l'on confie aux Domestiques, & qu'ils doivent être munis d'un évier (*n*), d'un ou de plusieurs fourneaux, d'un vaisselier, d'un égoutoir, &c.

Toutes ces différentes pieces doivent se communiquer l'une à l'autre, par un corridor commun : ce corridor, autant qu'il est possible, doit circuler autour du département de la bouche, afin que le Chef, les sous-Chefs & les Aides, puissent conférer facilement ensemble pour le bien du service. Ces différentes pieces doivent aussi avoir des cours particulieres, telles qu'on le remarque dans notre Plan, pour y contenir tous les objets communs, qui ne sçauroient qu'offusquer le coup d'œuil des cours principales; au lieu que la basse-cour *e* contient les buchers seulement pour les Cuisines & Offices, ceux des Appartements du Château étant placés dans les Bâtiments qui entourent la cour du Gouvernement U, & ceux destinés pour les étrangers dans les Bâtiments de la cour V. C'est aussi dans les ailes de la basse-cour *e*, qu'est comprise la Buanderie (*o*) où se fait la lessive, les séchoirs pour le linge, les pieces pour le repasser & le contenir, deux

---

(*n*) Evier, pierre platte d'environ six pouces d'épaisseur, & creusée d'à peu-près trois pouces, placée près d'une Cuisine, pour y laver & faire couler l'eau de la vaisselle, qui par un caniveau, se répand dans les basses-cours.

(*o*) Buanderie; sous ce nom on comprend plusieurs Salles à rez-de-chaussée, dans l'une desquelles on pratique un fourneau & des cuviers pour couler la lessive ; on doit amener dans celle-ci des eaux assez abondantes, & dans des cours adjacentes, des lavoirs couverts & découverts ; ceux-ci au milieu des cours; ceux-là sous des appentis.

Fournils, l'un pour le pain des Maîtres, l'autre pour celui des gens ; enfin, au-dessus, des greniers pour serrer les grains & les farines. Il ne faut pas oublier que toutes ces provisions entrent dans ces différentes cours par les portes *a*, pratiquées dans les dehors, ainsi que nous l'avons déjà observé.

Des Offices & de leurs dépendances.

En général, les Offices (*p*) font partie du département de la bouche; ils doivent être plus ou moins spacieux, selon qu'ils appartiennent à une Maison particuliere, ou à un Bâtiment considérable. Ici, ils sont distribués dans les trois côtés de la cour *d*, & répondent à l'importance des Cuisines dont on vient de parler. Ils sont composés d'une piece appelée, Office paré, où viennent déjeuner les Maîtres, & où les Officiers de la bouche prennent leur repas. C'est dans cette sorte de pieces qu'on étale aussi l'argenterie, les cristaux, les porcelaines, &c. Près d'elle est ordinairement pratiqué un laboratoire d'Office, lieu où se préparent & s'apprêtent les desserts ; une Etuve pour les préserver de toute humidité ; une cantine pour contenir le sucre, les épices, les confitures, & les liqueurs ; une dépense pour les provisions qui sont confiées par le Maître-d'Hôtel à l'Officier pour la semaine ; une piéce

---

(*p*) Office, lieu où se déposent dans les Maisons particulieres, la desserte de la table, les liqueurs, les fruits, sous la garde de la femme de charge. Dans les Edifices considérables, les Offices sont composés de plusieurs pieces dont nous donnons dans le texte le dénombrement.

particuliere, avec un four pour préparer & cuire les croquantes, les biscuits, les massepins, &c; une autre piéce pour contenir l'argenterie confiée à la garde de l'Officier d'office. Cette piéce doit être fermée avec sûreté, & être située entre les Offices & les Cuisines, ou enfin, être placée près du logement du Maître-d'Hôtel. Ce logement doit être, entre-autres, composé d'une Salle à manger, où il traite les personnes de dehors, qui ne pouvant être admises à la table des Maîtres, ne peuvent non-plus prendre leur repas à l'Office.

De l'autre côté de l'allée N, & près de la cour L, & des Bâtiments des Cuisines, sont distribuées la basse-cour O, & celles Q, P. Celle O n'est qu'un grand préau planté de gazon : au milieu de ce préau se trouve une canardiere, & à la tête est placé un Colombier en pied (*q*). Cette cour est à pans coupés, & dans ses angles sont quatre autres petites cours servant de retraite pour les volailles, pour les toits à porcs, &c. La cour Q & ses Bâtiments, sont destinés à servir de ménagerie, lieu où l'on éleve les animaux domestiques, & où on les engraisse : on y

---

(*q*) Un Colombier en pied est réputé seigneurial; les autres s'appellent volets, fuies; mais les particuliers n'en peuvent avoir, s'ils n'ont un certain nombre d'arpents de terre, où les pigeons sont censés se nourir. Les fenêtres des Colombiers doivent être exposées au midi. Les Colombiers en pied doivent être préférés circulaires, à toute autre espece de forme, étant plus commodes dans leur intérieur, pour y placer une échelle tournante : leur fondation doit être solide, & leur aire bien battue & cimentée ; la fiente des pigeons étant sujète à ruiner les fondements. Ordinairement on blanchit en-dehors & en-dedans les Colombiers ; la blancheur plaisant aux pigeons, & les y attirant plus facilement.

distribue aussi quelques volieres pour y renfermer des oiseaux d'une espece moins commune, que celle des basses-cours proprement dites : dans cette vue, la disposition des Bâtiments & des cours, doit être tenue dans une parfaite symétrie ; sur-tout devant figurer, comme dans ce Plan, avec ceux de la basse-cour P, destinés à contenir le bétail & les fourages.

Toutes ces ailes de Bâtiment sont peu élevées, & d'une décoration simple, mais réguliere ; c'est le seul moyen dont on doive user pour attirer quelquefois la présence des Maîtres & des étrangers dans ces lieux écartés : aussi avons nous recommandé déja plus d'une fois que la distribution de tous ces Bâtiments entre dans le projet de l'Architecte, & qu'il préside lui-même à leur ordonnance. Une autre considération non moins importante de sa part, est de songer à exposer chacun de ces différents départements d'une maniere relative à leur objet particulier ; ce qui lui fait souvent changer la disposition de son premier Plan ; parce que ce n'est guere que sur le lieu même, qu'on peut déterminer convenablement la situation de ces différentes ailes, & en y conférant avec les personnes chargées de veiller à la conservation des divers objets que ces Bâtiments contiennent. Il est vrai que toutes ces précautions, néanmoins indispensables, rencontrent beaucoup de difficultés ; aussi est-ce pour cela, & pour éviter la dépense, qu'entraîne après soi la symétrie que nous recommandons, qu'on remarque tant d'irrégularité dans la plupart des dépendances de nos Maisons de plaisance aux environs de Paris ; ainsi que dans celles de nos Provinces. Ce faste & cette opulence, dit-on, ne conviennent guere que pour nos

Maisons Royales, où tout doit être médité & réfléchi. Cela peut être vrai ; mais nous désirerions qu'on y pensât davantage, même lorsqu'il ne s'agit que des basses-cours plantées à neuf dans nos Maisons de campagne, ou dans les Bâtiments d'économie ; la symétrie, après la proportion & le rapport des masses aux parties, tenant lieu d'une certaine décoration qui doit être réservée pour le principal corps-de-logis, & quelquefois dans les parties correspondantes qui l'avoisinent. Passons à présent de l'autre côté de l'avant-cour G, pour parler de suite des basses-cours contenues dans ce Plan.

Des Ecuries, des Remises, & de leurs dépendances.

La cour K semblable à celle L, parce qu'elles s'aperçoivent ensemble en traversant l'avant-cour G, contient dans sa profondeur, une aile de Bâtiment semblable à celle qui lui est opposée, & dans laquelle est placée l'Ecurie (r) du Maître du logis. Cette Ecurie est double, & au milieu de sa largeur sont distribués des pieds-droits,

---

(r) Ecurie ; on comprend sous ce nom tout le département des Ecuyers, des sous-Ecuyers, & des Domestiques attachés à ces sortes de Bâtiments. Ordinairement elles sont simples, comme celles placées sous les Galleries du Louvre, bâties avec beaucoup d'art, par Philibert Delorme. Les Ecuries doubles se font de deux espèces, sçavoir, avec un passage au milieu, comme celles de Chantilly, par M. Aubert, ou avec deux passages de chaque côté, & les chevaux tête à tête ; comme dans les petites Ecuries du Roi à Versailles, bâties sur les Desseins d'Hardouin Mansard. Les piliers qui séparent les chevaux de carosse, doivent avoir quatre pieds de distance ; il suffit seulement de leur donner trois pieds & demi pour les chevaux de selle.

portant des arcs, & qui forment deux voûtes plein-cintre, qui terminent la partie supérieure de cette Ecurie. Les mangeoirs des chevaux sont adossés de chaque côté de ces pied-droits : d'où il arrive que la lumière ne frappe que sur leur croupe, le jour les incommodant, lorsqu'il ont la tête tournée du côté des croisées. Ces Ecuries doubles doivent avoir trente-trois pieds dans œuvre; trois pieds de pieds-droits; huit pieds pour la longueur de chaque rang de chevaux, y compris les mangeoirs; & huit pieds pour chacun des passages. Les voûtes doivent être portées à une certaine élévation, & leurs arcs doubleaux construits en pierre; enfin, ces voûtes se font en moilon ou en brique.

Les Ecuries de Versailles, ainsi que nous l'avons déja dit ailleurs, peuvent passer pour autant de chefs-d'œuvre en ce genre. Celles de Chantilly bâties nouvellement, & que nous n'estimons guère, sont aussi doubles; mais les chevaux ont la tête tournée du côté des ouvertures, & elles n'ont qu'un passage commun entre les deux rangs de chevaux. Ces Ecuries occupent moins d'espace, & n'ont besoin que de vingt-quatre ou vingt-six pieds dans œuvre. Nous venons de recommander de donner une certaine élévation aux voûtes des Ecuries; mais il faut prendre garde néanmoins de leur donner trop de hauteur. Celles de Chantilly sont trop élevées, aussi les chevaux y ont-ils froid, lorsqu'il n'y en a pas la quantité qu'elles doivent contenir. Les Ecuries du Château de Maisons, après celles de Versailles, sont encore très-bien.

Les Ecuries simples peuvent n'avoir de largeur que seize ou dix-sept pieds; celles-ci, dans les grands Edifices, servent pour les chevaux de main, de manege & de chasse; dans les doubles, on met les chevaux d'équipage: souvent, au milieu de ces dernieres, lorsqu'elles ont beaucoup d'étendue, on pratique un grand porche carré, circulaire, ou à pans, terminé en calotte; &, dans les angles, on place des abreuvoirs en pierre remplis d'eau, pour la nuit, & en cas d'incendie: quelquefois aussi, lorsque ces porches ont un certain diamètre, ils servent de manège couvert, pour exercer les chevaux à la course.

Les principales ouvertures des Ecuries doivent être tournées du côté du septentrion, à moins qu'il ne s'agisse de celles destinées particuliérement pour les chevaux malades; alors, elles doivent être exposées au midi; au contraire, celles qui contiennent les chevaux entiers, peuvent l'être au nord. Le sol des Ecuries, en général, doit être pavé avec des revers qui en écoulent facilement les urines: il y faut disposer aussi des endroits commodes, pour contenir les coffres à l'avoine & les lits pour les palfreniers.

Attenant les grandes Ecuries, il faut ménager des pieces particulieres pour ferrer les selles & harnois, & des Salles pour le travail des ouvriers chargés du soin de leurs réparations. Il faut aussi ménager des cours à fumier & des abreuvoirs; enfin, dans une enceinte particuliere, le logement de l'Ecuyer, composé ordinairement de deux ou trois Appartements, d'un Office, d'une Cuisine, de plusieurs Remises & de deux petites Ecuries, l'une pour les chevaux de selle, & l'autre pour ceux de carrosse. Dans notre Plan, ce département est placé en *b*, pendant que la cour *c* qui lui est opposée contient le logement du sous-Ecuyer

Écuyer, chargé du soin de faire dresser les chevaux pour la course, & de toute la manutention de ce département. C'est aussi dans les Bâtiments de cette cour c, que sont distribuées quelques remises pour les charriots & les équipages de campagne, quelques Ecuries particulieres ; enfin des Greniers à foin, à paille & à avoine, des Chambres pour les palefreniers, les cochers ; des Latrines, &c.

Tous ces Bâtiments, dans notre Plan, sont plantés régulièrement, aussi-bien que ceux qui leur sont opposés ; &, comme nous l'avons déja remarqué, ils ont peu de hauteur, n'y ayant que les Bâtiments des grandes Ecuries & celui des Cuisines, placés en face l'un de l'autre, qui ayent une certaine élévation : le Bâtiment des Ecuries, dans le fond de la cour K ; celui de la Cuisine, dans le fond de la cour L. Qu'on y prenne garde ; c'est cette opposition de hauteur, dans les Bâtiments dont nous parlons, qui, réunie avec la disposition symétrique de leur distribution, fait le charme des dépendances de nos belles demeures ; rien n'annonçant tant la magnificence du Maître & la capacité de l'Architecte, que l'aspect régulier & souvent pyramidal dont ces dépendances sont susceptibles ; ainsi qu'on le peut voir au Château de Maisons bâti par Mansard, & particuliérement à celui de Richelieu, bâti par le Mercier : ce dernier est peut-être, le seul Edifice en France de cette espèce, qui soit entièrement achevé dans toutes ses parties, & sur-tout dans ses issues & ses dépendances.

En face des grandes Ecuries, & de l'autre côté de l'allée de communication N, est placée la cour R, servant de manége découvert, dont nous avons précédemment expliqué l'usage. Cette cour R donne entrée, par une de ses extrémités, à une basse-cour T, entourée de Bâtiments destinés pour le Chenil (ƒ), contenant les chiens de chasse, le logement des Piqueurs, des valets de chiens, &c. Ces Chenils sont de grandes Salles à rez-de-chaussée, exposées diversement selon les différentes espèces qui composent la meute. Près des chenils, il faut ménager des cours particulieres munies d'eaux abondantes pour laver, rafraîchir & abreuver ces animaux.

La cour S contient les Bâtiments où sont placées les remises; celles destinées pour les équipages des Maîtres, doivent être exposées au septentrion, jamais au midi ni au couchant. Chacune de ces remises doit avoir de profondeur au moins vingt-un pieds, sur neuf de largeur, & être fermée par des portes de menuiserie qui en conservent les équipages: les autres remises destinées pour les carrosses de moindre valeur, peuvent être exposées au nord, & avoir moins de largeur & de profondeur: mais, dans toutes, il faut y pratiquer des coursieres, composées de pieces de charpente de forme triangulaire, qui facilitent l'entrée & la sortie des équipages dans les remises, sans qu'ils se nuisent les uns aux autres. Les autres remises pour les chaises de poste, les cabriolets & les diligences peuvent se placer indistinctement à différentes expositions. Il ne faut pas oublier, que près de ces remises, il faut pra-

---

(ƒ) Chenil, du Latin *Canile*, dérivé de *Canis*, chien. C'est ordinairement le lieu où se retirent & où se couchent les chiens de chasse. Sous ce nom on comprend aussi les Bâtiments destinés à loger les Officiers de la Vénerie, les Piqueurs.

tiquer des cours de décharge; ainsi que des atteliers pour les Charrons, des forges pour les Maréchaux, des magasins pour déposer les ustensiles & les provisions, des escaliers pour monter dans les combles; enfin, des pompes, ou au moins des puits, & toutes les autres commodités de leur ressort.

Nous le répétons; pour parvenir à entrer dans tous les détails, concernant ces différents Bâtiments, il faut les étudier chacun séparément, toujours d'après le Plan par masses, & en faire les développements sur une échelle un peu grande, afin de pouvoir se rendre compte de l'économie dont on peut user dans la bâtisse, de la commodité que doit contenir chaque département, & de la simplicité ou du certain degré de richesse qu'on peut leur procurer. Passons à présent à d'autres départements non moins importants, parce qu'ils font partie de la décoration de la cour d'honneur B.

Les Bâtiments qui se remarquent à droite, entourent une grande cour U, & contiennent dans leur intérieur ce qu'on appelle, dans un Edifice considérable, le Gouvernement. C'est ici que se distribue le logement du Gouverneur du Château; celui de l'Intendant, des Secrétaires, de l'Aumônier, du Concierge, du Receveur des Domaines, enfin, ceux des anciens Officiers de la Maison, à qui le Maître conserve une retraite honorable. Tous ces Appartements se trouvent ici à rez-de-chaussée avec des Entresols pratiqués sur les moyennes & les petites pieces. Tous ces différents appartements doivent se communiquer par une gallerie intérieure, pour faciliter la communication des personnes qui habitent ce nouveau département. On y place quelquefois une Salle de spectacle, des Salles de billard, un Jeu de paume, des Bains, une Chapelle indépendante de celle contenue dans l'intérieur du principal corps-de-logis : assez souvent aussi, comme nous l'avons déja indiqué, le sol de ces cours est garni de tapis verds, pour plus d'économie ; d'ailleurs ils procurent un coup d'œuil plus intéressant aux Appartements, & dispensent de l'entretien du pavé.

Le corps de Bâtiment placé à la gauche de la cour d'honneur B, & qui entoure la cour V, est de même grandeur & de même forme que celui que nous venons de décrire. C'est dans les quatre aîles de ce corps de Bâtiment que sont distribués les différents Appartements des étrangers, munis chacun de toutes les commodités qu'on aime à rencontrer à la campagne. Quelques-uns doivent avoir leur Cuisine particuliere ; on doit aussi y pratiquer le logement d'un Concierge, qui puisse communiquer à tout ce département, par une Gallerie intérieure qui en facilite les communications respectives. Nous n'entrerons point à présent dans les détails de la distribution de ces différentes piéces ; les procédés dont on doit user ici, étant les mêmes que ceux dont nous aurons occasion de parler, en décrivant le principal corps-de-logis A, dont nous offrirons les distributions intérieures dans la Planche XXXV. Nous observerons seulement que la décoration des Appartements dont nous parlons, doit être traitée avec bien plus de simplicité que celle du Château ; la commodité & la symétrie devant en faire presque tous les frais.

Ce corps de Bâtiment & celui du Gouvernement

qui lui est opposé, paroîtront peut-être un peu éloignés du château; & l'on regardera comme un un très-grand inconvénient de ne pouvoir y communiquer à couvert; néanmoins l'avantage que le principal corps-de-logis se trouve avoir d'être isolé de toute part, nous a fait passer par-dessus cette considération, ainsi qu'on le remarque dans presque toutes nos belles Maisons de Plaisance en France, où l'on a recours alors aux chaises à porteur dans le cas de mauvais temps, pour que les Maîtres puissent se rendre chacun à leur destination. Passons à présent à la Planche XXXIV.

Nous avons déja décrit la différence qui se rencontre dans la distribution des dépendances de la Planche dont nous venons de parler, comparée avec celle-ci; ainsi, nous n'ajouterons rien à ce que nous en avons dit, page 150, non plus qu'aux détails des différentes basses-cours; ils peuvent s'appliquer ici. Nous remarquerons seulement que l'aile de l'Orangerie placée en E, & celle qui lui est opposée G, dans laquelle se trouve comprise la Salle de spectacle, semblent exiger de nous quelques détails.

Dans ce deuxieme Plan, plus économique que le précédent, on ne remarque ni le Bâtiment particulier pour les étrangers, ni celui destiné pour le gouvernement : ces deux départements particuliers se trouvant compris, quoiqu'en abrégé, dans les ailes placées à la droite & à la gauche de l'entrée de la cour d'honneur B, du milieu de laquelle s'aperçoit le Bâtiment de l'Orangerie E, dont la principale façade se remarque du côté du parterre F, & fait face à celle du Bâtiment G: l'intérieur de ce Bâtiment renferme une petite Salle de spectacle, une Salle de bal & de concert, leurs dépendances, & quelques pieces pour les rafraîchissements. Ces sortes de Salles demandent une étude particuliere, &, pour être bien entendues, exigent des développements bien dessinés : développements toujours plus faciles à concevoir, qu'une narration dépouillée de ses exemples ; ainsi, nous en traiterons ailleurs en donnant les Plans de quelques-unes qui viennent de s'exécuter nouvellement à Paris avec autant d'art que de capacité, de la part de leurs ordonnateurs.

A l'égard des Bâtiments destinés l'hiver à serrer les orangers, nous dirons qu'ils doivent toujours avoir dans leur intérieur, leurs ouvertures percées du côté du midi, & être plus ou moins spacieux, à raison de la quantité des arbres qu'ils doivent contenir : il faut qu'ils soient voûtés, que les murs en soient solidement bâtis, & que les croisées soient garnies de doubles châssis, pour préserver ces pieces du froid pendant l'hiver. Nous observerons encore qu'il ne suffit pas d'exposer les ouvertures de ces Bâtiments au midi ; mais qu'il convient qu'ils soient isolés de toute part, dans la crainte que d'anciens Bâtiments, de petites cours ou des bouquets de bois en les entourant, ne leur occasionnent de l'humidité. Il est encore bon d'éviter qu'ils soient placés dans un fond ; cependant, pour les garantir de ce défaut, on ne doit pas les élever sur des terrasses, à cause de la difficulté du transport des caisses de la serre dans le Jardin, & du Jardin dans la serre.

Assez souvent l'intérieur de ces Bâtiments est susceptible de quelque décoration, selon qu'on les destine, l'été à y donner des fêtes ou des festins. L'Orangerie de Saint-Cloud & celle de Seaux nous ont paru les plus propres à servir de modeles en ce genre à nos Eleves ; celle de Versailles étant d'une étendue & d'une magnificence dont on a peu d'exemples en Europe.

On peut compter encore dans ce dénombrement des dépendances de nos belles Maisons de plaisance, les Serres chaudes (*t*) & les Pavillons (*u*), tels qu'ils s'en remarque dans les Jardins potagers de Choisy & de Seaux ; les Grottes (*x*), comme dans les Jardins de Noisy & de Montmorency ; les Kiosques (*y*), comme à Bercy ; les petits Trianons (*z*), comme à Saint-Cloud ; les Belveders (*a*), comme dans les Jardins de Ba-

---

(*t*) Les Serres chaudes sont des pieces toutes vitrées du côté du midi, & où, l'hiver, on entretient la chaleur par des poiles pour y élever des fruits précoces, des fleurs & des plantes étrangeres, ainsi qu'il s'en remarque dans les Jardins de nos Maisons Royales, dans ceux de nos riches particuliers, & qu'il s'en voit une au Jardin du Roi à Paris.

(*u*) Pavillon, petit Bâtiment composé seulement d'un Sallon pour y servir la colation, & de deux petits Cabinets, l'un pour les rafraîchissemens, & l'autre pour servir de garderobe.

(*x*) Grotte, espece de petit Bâtiment souterrein orné de rocailles, terminé en voûte, & souvent percé d'une lunette à travers laquelle on découvre le ciel. Sur l'aire de ces Grottes on place des bassins avec des eaux jaillissantes, & l'on pratique près d'elles de petites pieces, pour y contenir des rafraîchissemens.

(*y*) Kiosque, petit Sallon, à l'imitation de ceux des Levantins, ouvert de toute part, placé en belle vue sur le bord d'un grand chemin, d'un lac ou d'une riviere, & disposé de maniere qu'il fasse point de vue avec quelque maîtresse allée, & qu'il corresponde à quelque autre objet à peu-près du même genre.

(*z*) Trianon, petit Bâtiment servant de retraite aux Maîtres ou aux Couvives, pour se soustraire au tumulte, pour s'y retirer en cas d'indisposition, ou y vivre dans la Philosophie & la solitude.

(*a*) Belveders, petits Bâtiments exposés en belle vue, &

gnolet, enfin les Laiteries (*b*), & les Faisanderies (*c*), comme à Chantilly, autant de productions ingénieuses, dont nous donnerons quelques deſſins particuliers, dans les Volumes qui ſuivront notre Cours, où nous prendrons ſoin de rapporter les Bâtiments de Paris & de ſes environs qui n'ont point été gravés, & particuliérement les Edifices les plus importants, élevés dans les Provinces du Royaume; nouvel ouvrage qui, précédé des Leçons que nous donnons ici, fournira aux jeunes Architectes des reſſources & des exemples intéreſſants, qui, en leur fertiliſant l'imagination, les rapprocheront du vrai caractere qu'il conviendra de donner à chacune de leurs productions.

Paſſons à préſent à la diſtribution (*d*) intérieure des Appartements (*e*), dont le mérite eſſenciel, ainſi que nous l'avons déja remarqué, conſiſte à ne jamais nuire aux dehors, à quelque degré de perfection qu'on la veuille porter, ſoit pour la commodité, la beauté, ou l'agrément.

---

contenant un Sallon & un ou deux petits appartements, avec Cuiſine & Office dans les ſouterreins, & où ſe retire le Maître quand il vient ſeul avec un ami, dans ſes Domaines.

(*b*) Laiterie, lieu, comme nous l'avons dit ailleurs, où les les Dames viennent prendre le lait, battre le beure, & faire des fromages, pour ſe délaſſer des courſes & des amuſements champêtres.

(*c*) Faiſanderie, petit Bâtiment, dont nous avons auſſi parlé, en citant & promettant la deſcription de celle placée dans les Jardins de Chantilly.

(*d*) Diſtribution, nommée par Vitruve *Ordinatio*, s'entend de la diviſion & de l'arrangement des différentes pieces qui compoſent le Plan des divers étages d'un Bâtiment.

(*e*) Appartement, du mot Latin *Partimentum*, qui vient du verbe, *Partiri*, diviſer.

CHAPITRE III.

DE LA DISTRIBUTION INTÉRIEURE EN GÉNÉRAL;

Et en particulier, de la Forme, de la Proportion et de la Symétrie qu'il convient d'observer dans chacune des piéces qui composent les Appartements.

Pour pouvoir entrer dans tous les détails que comprend cette partie de l'Architecture; nous donnerons deux Plans faits pour le même Palais: dans le premier, nous avons sacrifié une partie des dedans aux dehors; dans le second au contraire, nous avons préféré la commodité intérieure à la beauté extérieure. Nous avons cru devoir prendre cette route, parce qu'elle nous a amené naturellement à des discussions, qui, appartenant à notre propre ouvrage, ont pu nous dispenser de faire la censure des productions de nos Maîtres. Il ne faut donc pas s'attendre à trouver, dans ces deux projets, tout le degré de perfection qu'on a droit d'espérer; puisqu'il est question ici de faire sentir la difficulté de concilier la distribution, dont nous parlons, avec l'ordonnance des Bâtiments, qui a fait l'objet des Volumes précédents.

On doit d'ailleurs se rappeler que ces deux Plans, variés dans leur distribution intérieure & extérieure, nous ont déja fourni l'occasion, page 148 & suivantes de ce Volume, de présenter des dépendances qui ne se ressemblent point, dans les Planches XXXIII & XXXIV ; ce qui nous a porté à faire sentir plus d'une fois l'avantage ou le désavantage d'un projet sur l'autre ; à traiter, en outre, des différentes expositions qu'il convient de donner à chaque département ; enfin de l'économie qu'il faut apporter, dans la structure & l'ordonnance de chacun de ces objets, considéré en particulier. Nous dirons même ici, que cette méthode, quoique traitée assez briévement, a plu à la plupart de nos Lecteurs ; à en juger par les suffrages que nous ont donnés les Maîtres de l'Art & les Amateurs qui ont suivi nos Cours. Fondé sur cette approbation, nous avons cru devoir suivre le même procédé, tant pour les dedans dont nous allons parler, que pour les dehors dont nous avons traité dans les Chapitres précédents : par-là, nous suivrons l'ordre que nous avons tenu dans nos Leçons, jusques à présent. Nous osons même avancer, d'après cette marche, que les meilleurs Eleves qui sont sortis de nos mains, n'ont guère atteint le degré d'estime dont ils jouissent aujourd'hui, que parce que nous avons pris soin, dans nos Conférences, de nous éloigner de la routine qui fait la base de la plupart des Livres qui traitent de la distribution, & où, assez communément, on ne trouve que les descriptions des Ouvrages de leur Auteur, plutôt que des principes sur cette partie si essencielle de l'Architecture. Sans nous inquiéter donc, jusqu'à un certain point, des objections qu'on pourroit nous faire, sur la division de ce Traité, nous nous en tiendrons à la méthode qui nous a réussi, pour le plus grand nombre des jeunes Artistes confiés à nos soins ; & nous allons rendre compte des motifs qui nous ont porté à suivre cette route.

Le défaut de préceptes répandus dans nos Auteurs, nous a déterminé à aller visiter, à diverses reprises, les différents genres d'Edifices de cette Capitale & de ses environs, à dessein de prendre occasion d'y conférer avec les Propriétaires, d'y prendre les mesures exactes de quelques-uns, & d'en composer ensuite de notre invention, afin, par-là, de suppléer à ceux qui se trouvent répandus dans nos Recœuils, & qui, quoiqu'estimables, à beaucoup d'égards, ne sont pas toujours distribués, de maniere à réunir toutes les commodités dont on fait faire usage aujourd'hui : en sorte que nous ne nous proposons pas seulement de donner ici des exemples & des définitions générales ; mais aussi d'entrer dans le détail de chacune des parties, qui constituent la distribution proprement dite, & d'en appliquer, dans la suite, les préceptes à la décoration extérieure & intérieure des Bâtiments de même genre & de genre différent.

Nous avons déja cité, page 107 de ce Volume,

d'Aviler (*f*), M. Boffrand (*g*), M. Briseux (*h*), notre Traité de la Décoration des Edifices (*i*), enfin l'Architecture Françoise (*k*), dont nous avons donné la description des quatre premiers Volumes; autant d'Ouvrages que nous rappelons encore ici, comme devant faire l'ob-

---

(*f*) Commentateur de la premiere Edition de Vignole, Architecte Italien, cité premier Volume de ce Cours, page 215, Note (*o*).

Cette premiere Edition fut imprimée en 1691, petit *in*-4°. La seconde le fut en 1710, & la troisieme en 1720, c'est dans cette derniere qu'Alexandre le Blond, dont nous avons fait mention dans l'introduction du premier Volume, page 155, Note (*z*), & dont nous parlons dans ce quatrieme Volume, page 2, a donné les distributions. En 1737, nous avons revu la quatrieme édition de cet Ouvrage, format grand *in*-4°. où en conservant les distributions de le Blond, nous avons donné de nouveaux desseins de décoration intérieure; cette partie de l'Architecture ayant souffert dans tous les temps, en France, des changements assez considérables.

Daviler étoit né à Paris, où il est mort en 1700, âgé de 47 ans. Le Blond étoit aussi né à Paris, & est mort à Pétersbourg, âgé de 40 ans. C'est de cet Architecte qu'est l'excellent *Traité de la théorie du Jardinage*, qui, ainsi que l'Ouvrage de d'*Aviler*, se trouve à Paris, chez Jombert.

(*g*) Voyez ce que nous avons dit de cet Architecte, dans l'introduction du premier Volume de ce Cours, Note (*f*).

(*h*) Cet Architecte a donné en 1742, l'*Art de bâtir les Maisons de campagne*, 2 vol. *in*-4°, & les distributions en sont plus estimées que les décorations. Nous avons aussi de cet Architecte 2 vol. *in*-4°. qui traitent du beau essenciel dans les Arts; Ouvrage systématique, qui a eu peu de succès.

(*i*) Nous avons donné cet Ouvrage d'Architecture en 1737, en 2 vol. grand *in*-4°. & dans lesquels se trouvent plusieurs Bâtiments, à propos desquels, nous avons eu occasion de parler de la distribution, de la décoration extérieure & intérieure, ainsi que du Jardinage. A Paris chez Jombert.

(*k*) Voyez ce que nous avons dit de cet Ouvrage important, dans les différents Volumes de notre Cours: nous en avons recommandé essenciellement, & l'étude & l'examen à nos Eleves.

jet de la méditation de nos Eleves, malgré l'imperfection dont la plupart de ces productions ne font pas exemptes. L'Art de distribuer l'intérieur des Bâtiments doit être considéré comme une science inépuisable, par la diversité des motifs & des occasions qui offrent à l'Architecte de nouveaux moyens d'arriver à la perfection.

Il n'y a point de doute, cependant, qu'il existe des principes généraux à observer, dans la distribution des dedans, comme dans l'ordonnance des façades, ainsi que des usages particuliers, qui consistent à mettre une certaine variété dans la forme des pieces d'un Appartement, à déterminer leur diametre relativement à leur hauteur, à assujétir leur exposition à raison de leur destination ; enfin, à procurer à une Maison d'économie, seulement les commodités de son ressort ; à un Hôtel, les pieces de société qui en font l'agrément ; à la résidence d'un Souverain, non-seulement les Appartements de parade & les autres pieces spacieuses relatives à sa dignité, mais encore celles utiles aux personnes qui sont attachées à sa suite, à sa personne, ou qui composent sa société.

Pour parvenir à distinguer ces différents objets, il est trois choses essencielles à observer : la premiere, dans toutes les especes de distributions, d'avoir égard aux pieces de nécessité ; la deuxieme, d'observer celles de commodité, & la troisieme enfin, de donner toute son attention à celles de bienféance. Définissons ces trois objets en particulier.

Les pieces de nécessité semblent avoir un fondement certain & réel, parce qu'il paroît naturel qu'un Edifice élevé pour la demeure des hommes, soit muni essenciellement des pieces relatives à l'état ou à la fortune du Propriétaire qui le fait ériger, auſſi-bien qu'au nombre des perſonnes qui compoſent ſa famille ou ſa ſociété. De ce principe de convenance naît la diſpoſition du Bâtiment & l'arrangement des différentes pieces d'un Appartement, quoique les Edifices dont nous parlons, ſemblent être élevés pour les mêmes fins. De-là naît encore la quantité des étages qu'on éleve les uns au-deſſus des autres, principalement lorſqu'on ſe trouve, pour ainſi-dire, forcé de bâtir dans le quartier d'une Capitale très-fréquenté, ſoit par raport à ſes affaires particulieres, ſoit à la faveur du voiſinage des grands avec leſquels celui qui bâtit eſt en relation. Qu'on y prenne garde; ces différentes conſidérations, loin de rebuter l'Architecte, doivent lui fournir de nouveaux moyens de manifeſter ſes talents; elles lui font naître des idées nouvelles qui varient ſes productions, quoiqu'elles ne ſoient pas toujours faites pour être imitées, parce que les tournures qu'il a priſes, doivent ſeulement leurs ſuccès à l'occaſion, & que ſouvent un autre projet, quoique de même genre, exige une toute autre marche, preſque toujours ignorée du jeune Artiſte, qui, comptant bien faire, copie tout ce qui lui paroît neuf; mais dont il abuſe néceſſairement, faute de bien ſaiſir l'intention du véritable Architecte, & les beſoins du Propriétaire.

Que nos Eleves ne s'y trompent pas; qu'ils ſçachent que c'eſt en accordant les choſes de néceſſité, ſans nuire à l'accord général de tout le projet, & en les tenant dans un rapport exact, avec toutes les parties de la conſtruction & de la décoration, qu'ils peuvent ſeuls réuſſir. Qu'ils ſe rappellent encore, en compoſant leurs Plans, que cette même construction exige que les vides soient en rapport avec les pleins, que les parties foibles soient soutenues par des parties solides, & que l'économie dans les matieres, est du ressort de toutes leurs productions : enfin, qu'ils n'ignorent pas que la décoration demande que les portes qui donnent entrée à l'Edifice, soient disposées de maniere à faire époque dans l'ordondonnance, que les croisées qui l'éclairent soient d'une grandeur proportionnée à ces premieres ouvertures, au diamètre des piéces, & qu'elles soient d'une forme relative au caractère des façades extérieures.

Les piéces qui regardent la commodité, ont aussi leurs sujétions à cause de la relation qu'elles doivent nécessairement avoir avec l'exposition générale de l'Edifice, avec sa situation, & avec sa disposition; sans oublier la relation immédiate que l'on doit mettre entre la grandeur de ces mêmes pieces, & l'étendue du Bâtiment ou ses limites; enfin, à cause des dégagements dont il faut qu'elles soient pourvues, sans cependant nuire en rien aux Appartements de société, à ceux de parade, ni aux pieces consacrées au repos, dont la plupart doivent se communiquer avec celles destinées à contenir les Domestiques, pour que ceux-ci puissent faire leur service sans troubler les Maîtres. Qu'on y prenne garde; sans toutes ces précautions, on arrive rarement à procurer à nos demeures, les commodités dont nous parlons, lesquelles nous portent néanmoins à chérir ce qui nous est propre, & à éviter tout ce qui peut nous nuire, principalement dans les Edifices destinés à l'habitation, & relatifs à la vie civile.

A l'égard des pieces de bienséance, il est peut-être plus difficile d'en donner des notions justes & précises, parce qu'elles tiennent, presque toutes à la magnificence, & que, par-là, elles sont sujettes aux différents usages des grands Seigneurs, qui, selon le rang qu'ils tiennent dans l'État, exigent une opulence qui, par-tout, ne peut raisonnablement être la même. Mais sans nous arrêter à présent à cette discussion particuliere, dont nous traiterons dans son lieu, parlons d'une maniere générale des moyens de réduire en pratique ces différentes parties de la distribution.

Premiere Distribution intérieure du principal Corps-de-logis d'un Palais de soixante-six toises de face,

A l'occasion duquel on traite de la forme, de la proportion, & de l'usage des différentes piéces qui composent les Appartements de parade, de société, & les Appartements privés.

Le Bâtiment dont nous allons faire la description, consiste dans la distribution d'un Plan à rez-de-chauffée de soixante-six toises de longueur, lequel sera suivi d'une autre distribution pour le même Palais; ces deux objets nous ameneront aux discussions que nous avons promises. Nous donnerons aussi dans la suite une élévation principale, une sur la face latérale, & une coupe de ce même Edifice, qui nous fourniront l'occasion de récapituler ce que nous avons pu dire d'intéressant fant, concernant la décoration des dehors dans le Volume précédent, à deffein de réunir, dans celui-ci, la relation qui doit fe rencontrer nécessairement, entre les dedans & les dehors des Edifices d'une certaine importance.

Description de la Planche XXXV.

Le principal objet de la difpofition intérieure d'un Edifice, eft d'obferver, que les enfilades les plus effencielles s'allignent les unes avec les autres, de maniere, que, des pieces de parade & de celles de fociété, on puiffe, non-feulement jouir de toute l'étendue de l'intérieur du Bâtiment & de fes dehors, mais auffi de fa profondeur ; tel que l'expriment dans cette Planche les lignes AB, CD, EF, GH, VX, ST, &c. Il eft même à remarquer, que c'eft par le fecours de ces différentes enfilades & de ces différentes lignes qui s'élevent perpendiculairement les unes fur les autres, que l'on parvient à planter régulièrement les murs de face & ceux de refend, qui conftituent la cage du Bâtiment, ainfi que les principales divifions des piéces qui le compofent.

Le Bâtiment dont nous parlons, peut être confidéré comme une Diftribution double, femi-double & fimple : par exemple, le principal corps du milieu, marqué I, eft nommé double, parce que, non-feulement, entre fes deux murs de face eft interpofé un mur de refend; mais parce que la plûpart des piéces diftribuées dans fa profondeur, font à peu-près égales entre elles; au-lieu que la diftribution des arrieres-corps, marquée K, eft nommée femi-double, parce que les pieces d'enfilade du côté du Jardin, font grandes & fpacieufes, & que celles du côté de la cour ont peu de profondeur, étant deftinées feulement pour des garde-robes, de petits cabinets, des dégagements, &c. & qu'enfin, les ailes en retour, marquées L, étant compofées d'un feul rang de piéces continues, comprifes entre deux murs de face, font une diftribution fimple.

Nous remarquerons ici que le projet de ce Bâtiment, fuppofe une dépenfe illimitée, en faveur du double, du femi-double & du fimple qui compofent ce Plan; dépenfe qu'il faudroit favoir éviter en toute autre occafion, à caufe de la multiplicité des murs de face qui font toujours infiniment plus difpendieux que les murs de refend, ceux-là étant fufceptibles d'une décoration à laquelle ceux-ci ne font pas fujets. Les premiers, dans toute leur étendue & leur pourtour, doivent avoir la même ordonnance, les mêmes membres d'Architecture, & les mêmes ornements, pendant que les feconds féparant feulement les piéces de parade, les antichambres & les garde-robes, & n'étant conftruits qu'en maçonnerie fujette, à la vérité, à recevoir divers revêtiffements, ils ne peuvent entrer en comparaifon avec l'ordonnance des façades.

Nous ajouterons ici, que le Bâtiment dont nous parlons, étant à un feul étage, dans fa plus grande partie, a exigé plus d'étendue & de pérymètre; que, par-là, fa dépenfe s'eft multipliée, puifqu'il eft aifé de concevoir que les fondations, la charpente & la couverture ont du doubler à proportion de la longueur des façades; ce qui ne feroit pas arrivé, fi la même quantité de piéces eût été comprife dans deux étages.

Il est vrai qu'il faut convenir que ce genre d'Edifice, lorsqu'il s'agit de la demeure d'un grand Seigneur, est presque le seul convenable à mettre en œuvre, & que c'est à la prudence de l'Architecte, à éviter la réitération des étages dans son Bâtiment, à raison de l'importance de la personne pour laquelle il bâtit, sur-tout, s'il s'agit de l'élever à la campagne, & non à la Ville, l'acquisition des terreins, dans les grandes Capitales, étant toujours très-dispendieuse, à moins qu'on ne puisse s'écarter vers l'extrémité de quelques-uns de leurs fauxbourgs, ainsi que cela se pratique à Paris, où nos plus belles habitations sont élevées hors de ses limites.

Quoique nous paroissions applaudir aux Bâtiments à un seul étage, néanmoins, lorsqu'ils sont d'une certaine étendue, il en faut élever le principal avant-corps, afin de procurer à ce genre d'Edifice, une forme piramidale qui le distingue des Maisons ordinaires. D'ailleurs le double étage, que nous semblons proposer, leur procure un air de dignité, sans lequel ils ressemblent de trop près aux Bâtiments d'Orangeries : critique assez judicieuse qu'on a faite du Palais Bourbon, avant qu'il fût restauré comme on le voit aujourd'hui, & qui, dans son état actuel, paroît encore trop peu élevé, quoiqu'il ait moins de longueur que celui tracé sur cette Planche.

Il est vrai que nous avons des Edifices importants, élevés à plusieurs étages; mais qui cependant, ne pyramident pas dans leur milieu : le Château de Versailles, par exemple, est dans ce cas; mais les ailes en arrieres-corps, sont si fort reculées sur l'avant-corps, qu'il offre naturellement, du point de distance, pris à la terrasse supérieure de Latone, un effet pyramidal qui semble élever cette partie du milieu, de toute la hauteur de l'étage Attique; magie dont Hardouin Mansard a senti tout le prestige, & qu'on ne sauroit trop applaudir dans le cas dont il s'agit.

Qu'on y prenne garde : les observations que nous faisons ici, n'appartiennent pas seulement à la décoration extérieure; elles tiennent essenciellement à la distribution des dedans, dont nous parlons dans ce Chapitre; & l'on ne peut se dispenser de faire marcher ensemble ces observations, lorsqu'on veut établir une véritable correspondance entre les dehors, les dedans, & la relation qu'on doit observer entre la Distribution, la Décoration & la Construction.

D'après ce que nous venons de rapporter, il est assez facile de concevoir, que rien n'est si difficile à composer qu'un Plan, sur-tout lorsqu'à l'esprit de convenance, on veut allier l'utilité, le commode & le grand : car, quoiqu'il paroisse d'abord, que la Distribution n'a pour objet que de constater les différents diamètres des pieces, leur forme & leur proportion, suivant leur usage particulier; que deviendroient ces mêmes diamètres, ces proportions & ces formes, si l'on ne connoissoit, en déterminant leur disposition, les rapports que leur largeur & leur longueur doivent avoir, précisément avec leur hauteur, & si on ne les faisoit pas correspondre à la magnificence, ou à la simplicité des dehors, à la hauteur des étages, à la symétrie extérieure & intérieure, à l'enfilade des portes, à la situation des cheminées, &c. D'ailleurs, comment déterminer dans les dedans, la largeur & la hauteur des ouvertures qui éclairent ces différentes piéces ? dans les dehors, les entrecolonnements, les trumeaux, les écoinçons, si l'on ne s'est attaché, dans le commencement de son projet, à combiner les relations que toutes ces diverses parties doivent avoir avec les principes établis dans les Volumes précédents, où nous avons traité de la Décoration extérieure, en annonçant son analogie, avec la Distribution dont nous parlons ici.

Qu'on y réflechisse : dans quel abus ne sont pas tombés quelques-uns de nos jeunes Architectes, pour avoir voulu précipitamment planter leur Edifice sur la composition de leur premier Plan ; n'est-ce pas une négligence condamnable de leur part, d'attendre, lors de la pleine exécution, à résoudre sur le lieu les difficultés qui se rencontrent souvent dans la main d'œuvre ; au-lieu de faire, avant tout, non-seulement les développements nécessaires ; mais même des modeles en grand des parties les plus essencielles. Quelle autre erreur encore, de vouloir faire entendre, comme nous en avons été témoins plus d'une fois, qu'on peut se passer de faire des élévations & des coupes, pour déterminer son Plan ? Que nous pensons différemment ! Nous ne craignons pas même d'avancer, que le génie le plus fécond, & l'expérience la plus consommée, ne peuvent dispenser un Architecte, quelqu'habile qu'il soit d'ailleurs, d'entrer dans tous les détails qu'entraîne après soi le projet d'un Bâtiment ; puisqu'il est reconnu, que les plus petites inadvertances coutent toujours infiniment à réparer, soit par rapport à la matiere, soit relativement au temps qu'il faut employer pour se corriger. Combien de jeunes Architectes ne négligent-ils pas la Distribution, parce qu'ils la regardent seulement comme une partie accessoire de l'Architecture, sans se douter que pour réussir à faire un beau Plan; il faut beaucoup de jugement, d'usage, & même de goût, afin de pouvoir décider, selon l'occasion, du choix des formes des différentes piéces d'un Appartement, de la symétrie respective, & des proportions variées, qu'il convient de donner à leur diamètre, à l'élévation de leurs Planchers, enfin, à la courbure de leurs plafonds; connoissances, sans lesquelles, toutes les productions d'un Architecte se ressemblent; & malgré la diversité des occasions qu'il a de bâtir, on le reconnoît par tout pour un Artiste foible, timide, ou sans expérience.

Pour nous former dans la théorie de cette partie de l'Architecture; considérons le Bâtiment qui fait ici notre objet, comme un Edifice où un grand Seigneur peut faire sa résidence, & qui, pour cette raison, doit être muni de toutes les pieces que comportent une belle Distribution, l'ordonnance d'une Décoration intéressante, & l'appareil d'une Construction soignée. Rendons compte en même temps des difficultés que nous avons rencontrées, en cherchant à réunir dans un même projet les principes de la convenance, de la symétrie, des proportions & de la main d'œuvre.

Notre intention n'est pas de dissimuler les imperfections qui se rencontrent dans notre Plan; nous devons en avertir ceux à qui ce Cours est destiné, pour qu'ils parviennent à démêler les préceptes d'avec les ressources, celles-ci, d'avec les licences, & les abus de l'Art; par-là, ils se ressouviendront que, sans de très-grandes considérations particulieres, ils ne doivent point négliger l'esprit de convenance, les lois de la symétrie & les proportions dont nous allons dire un mot en paſſant.

Par l'eſprit de convenance, relativement à la Diſtribution, nous entendons les différents dégrés de magnificence qu'on doit chercher à répandre dans l'intérieur des Appartements, ſelon la dignité du Propriétaire qui doit l'habiter, auſſi bien que l'attention que l'Architecte doit apporter à rendre les principales pieces plus ou moins ſpacieuſes, de formes variées, bien percées, éclairées & dégagées, ſelon l'uſage de chacune.

Par la ſymétrie, l'on entend la régularité reſpective des corps mis en oppoſition, les uns vis-à-vis des autres ; la néceſſité de placer les cheminées & les trumeaux dans le milieu de la longueur & de la largeur des pieces. La ſymétrie conſiſte encore dans la relation que doivent avoir entr'elles les différentes pieces d'un Appartement ; elle exige, autant que cela ſe peut, que l'un des axes du Sallon, placé ordinairement au centre, s'alligne avec l'enfilade qui règne dans toute l'étendue du Bâtiment, comme celle A B ; que la ligne G H enfile auſſi le milieu de la gallerie, comme celle E F enfile une partie des Appartements diſtribués dans l'aile qui eſt oppoſée à cette même gallerie ; que les pieces de forme variée ſoient régulieres, ſinon dans les quatre angles, du moins du côté oppoſé à la principale entrée, ainſi qu'on l'a obſervé dans la Bibliothèque, ou dans le grand Cabinet marqué N 5.

Par la proportion, on doit entendre combien il eſt eſſenciel de donner aux différentes pieces d'un Bâtiment, les hauteurs relatives à leur différents diamètres & à leur uſage particulier, ainſi que d'établir un rapport direct entre leur longueur

& leur largeur: on doit, par exemple, donner aux grands Cabinets, aux Salles de compagnie, aux Salles d'assemblée, des formes rectangulaires; en sorte, que leur largeur soit à leur longueur, comme sept est à dix; ou que cette derniere soit déterminée par la diagonale d'un carré formé sur le petit côté, pendant au contraire, que les Sallons peuvent être carrés, circulaires, elliptiques, ou à pans. La proportion demande que les galleries & les grandes Bibliothèques, aient au moins de longueur, quatre fois leur largeur, & au plus de longueur, sept fois leur largeur; mais de toutes ces proportions, la plus essencielle, est celle qui établit le rapport qu'on doit observer entre les diamètres de ces différentes pieces, & leur hauteur. Comme ce rapport est très-important, nous allons donner celui que les Anciens ont établi à cet égard; ensuite nous expliquerons les différentes dimensions des pieces tracées dans notre Plan, en citant les proportions de celles de nos Edifices les plus considérables, afin que, par l'étude de ces divers procédés, le jeune Artiste puisse trouver les moyens d'établir des relations convenables aux différentes pieces qui composeront les Appartements de son Plan.

Rapport que la hauteur des pieces des Appartements doit avoir relativement à leur diamètre, selon le sentiment de Vitruve, de Palladio & de Scamozzy.

Vitruve prescrit, que les salles & les chambres, qu'il appelle *Triclinia*, aient de longueur le double de leur largeur, & que leur hauteur soit égale à la moitié de la longueur & de la largeur prises ensemble ; & il recommande que la hauteur des pieces qui sont carrées par leur Plan, soit égale seulement à un diamètre & demi.

Palladio prétend que les plus belles formes des chambres (*l*) sont au nombre de sept, sçavoir les rondes, qui sont, dit-il, les plus rares, les carrées, celles dont la longueur est égale à la diagonale du carré formé sur leur largeur, celles d'un carré & un tiers, d'un carré & demi, d'un carré & deux tiers, ou enfin de deux carrés, telles qu'elles se trouvent tracées, dans les Plans A, B, C, D, E, F, G. Fig. I de Planche XXXVII ; & que la plus belle proportion de la hauteur de ces différentes pieces, doit toujours être la même que leur largeur, lorsqu'elles sont plafonnées : mais qu'elles doivent différer, si elles sont terminées en voûte ; c'est-à-dire, que dans ce cas, les pieces carrées doivent avoir un tiers de plus, sous clef, que leur largeur ; & qu'à l'égard de celles qui sont plus longues que larges, leur hauteur, sous clef, peut se trouver de trois manieres ; sçavoir,

La premiere, après les rondes & les carrées, par une moyenne arithmétique entre la longueur & la largeur, qui se trouvera, en prenant la moitié de l'une & de l'autre sommes ajoûtées ensemble ; ou en lignes de cette maniere.

―――――――――――――――――――

(*l*) Vitruve, Palladio & Scamozzi, appellent indistinctement toutes les piéces d'un appartement, salles ou chambres ; les Modernes entendent plus convenablement par cette derniere dénomination, les piéces destinées seulement au repos, & où l'on place un lit en estrade, en niche, &c. & appellent toutes les autres, suivant leurs destinations particulieres, anti-chambre, salle d'assemblée, sallon, salle à manger, cabinet, &c.

PRATIQUE. Soit la longueur A B & la largeur B C; décrivez un quart de cercle C D, qui ait pour rayon C B; puis, divisez A D en deux également au point E, duquel, comme centre, vous décrirez un demi-cercle A F D, & la hauteur E F sera celle désirée. Voyez cette démonstration N° premier, Fig. II de la Planche XXXVII.

La deuxieme, par une moyenne Géométrique, entre la longueur & la largeur, qui se trouve en nombre, en multipliant les grandeurs de l'une par l'autre, & prenant la racine carrée du produit, & en ligne de cette maniere.

PRATIQUE. Soit la ligne A B égale toute ensemble à la longueur AE, & à la largeur EF. Divisez A B en deux également au point C, pour, de ce point comme centre, décrire le demi-cercle ADB; & l'endroit où la ligne EF, prolongée en D, rencontrera la demi-circonférence DE, donnera la hauteur proposée. Voyez le N° II, même Planche.

La troisieme, par une quatrieme proportionnelle à trois grandeurs, dont la premiere est la moyenne arithmétique entre la longueur & la largeur, & les deux autres, de la même longueur & de la même largeur; elle se trouve en nombre, en multipliant la longueur par le double de la largeur, & divisant le produit par la somme de la longueur & de la largeur, ajoutés ensemble, & en ligne, de cette maniere.

PRATIQUE. Soit la ligne A B, moyenne arithmétique, entre la longueur BC, & la largeur CD. Du point A, par E, prolongez la ligne AE, jusqu'en F, de maniere que la perpendiculaire CD étant prolongée aussi en F, la hauteur FD soit celle que l'on se propose de trouver. Voyez le N° III, même Planche (*m*).

Scamozzi dit que les Anciens faisoient leurs chambres carrées, ou bien deux fois plus longues que larges, & que leur hauteur en général, soit qu'elles fussent voûtées en plein cintre, en arc surbaissé ou en ogive, avoient la largeur de la piece au moins, ou, au plus, la moitié de la largeur & de la longueur prises ensemble ; & il est du sentiment que les cabinets, ou Sallons, peuvent être agréables, de forme circulaire, octogone, à pans, ou de toute autre forme réguliere.

Voici les cinq manieres qu'il propose, & que nous avons tracées sur la Planche XXXVIII. Les premieres, dit-il, sont carrées, comme le N° I, les secondes ont de longueur une fois un quart leur largeur N° II : les troisiemes une fois & demie, N° III : les quatriemes, une fois trois quarts, N° IV ; & les cinquiemes, le double, N° V. Il prescrit de hauteur aux premieres, leur petit diamètre : il donne aux deuxiemes le huitieme de plus que leur largeur ; aux troisiemes, un quart ; aux quatriemes, trois huitiemes ; & aux cinquiemes, une fois & demie leur largeur : & il ajoûte que toutes les hauteurs des pieces du premier étage doivent être un peu plus basses que celles à rez-de-chaussée, fondé sur ce qu'il dit de la proportion des colonnes. En cela, il paroît être du sentiment de Palladio, qui prétend que les Appartements supérieurs doivent avoir un sixieme de moins que ceux de dessous.

(*m*) Cette démonstration & cette opération pratique que nous donne Palladio, ne peuvent avoir lieu dans les pieces à un seul étage ; leur hauteur seroit extravagante, ayant plus de deux fois leur petit diamètre : mais elles pourroient servir de regle, pour déterminer la hauteur des pieces qui monteroient de fond, dans un Bâtiment.

Sentiment des Modernes sur les différents rapports que la hauteur des pieces des Appartements doit avoir relativement à leur diamètre & à leur élévation; soit que ces mêmes pieces soient plafonnées ou terminées en calotte.

Nos Architectes François déterminent ordinairement la forme de leurs pieces, à raison de leur destination particuliere, & selon la variété qu'il convient d'apporter dans celles de leur Plan. A l'égard de leurs proportions; ils déterminent leurs pieces carrées, lorsqu'elles se trouvent terminées en calotte, par leur diamètre plus un sixieme; & lorsqu'elles sont seulement plafonnées, leur hauteur égale seulement leur largeur. On peut même leur donner quelque chose de moins, lorsqu'elles sont circulaires ou à pans, parce que ces dernieres présentant moins de surface, elles peuvent avoir moins de hauteur sous plancher.

Pour ce qui regarde les pieces rectangulaires attribuées assez ordinairement aux salles d'assemblée, aux salles de compagnie, aux salles à manger, &c. communément, leur longueur est établie comme chez les Anciens, par une diagonale formée sur leur plus petit diamètre, tel que l'exprime la Figure I, tracée sur la Planche XXXIX, & dont la profondeur étant de vingt-cinq pieds, donne la longueur de trente-cinq pieds & demi : ensuite, pour trouver leur hauteur, on additionne ces deux sommes ensemble, qui donnent soixante pieds six pouces, dont on prend la moitié du produit, qui est de trente pieds un quart, pour déterminer la hauteur des pieces, où la partie supérieure imite la courbure d'une voûte. Cette hauteur, ainsi déterminée, doit se diviser en neuf parties, comme dans la Figure II : on en donnera deux neuviemes pour la courbure de la calotte, & une neuvieme partie pour la corniche de couronnement : les six parties restantes seront réservées pour les lambris ou les étoffes. Lorsque ces pieces ne sont que plafonnées, comme la Figure III, elles peuvent être réduites aux sept neuviemes des précédentes, & l'on donne de même un neuvieme du total à la hauteur de la corniche. Il faut prendre garde que nous avons tracé ces deux dernieres Figures sur le grand diametre, & que, pour faire sentir leur rapport exact, nous avons aussi tracé, Figure IV, cette même piece sur son petit diametre, dont la moitié A fait voir la piece voûtée, & l'autre, B, celle qui n'est que plafonnée. Nous observerons que c'est en faveur de ce petit diamètre, qu'on ne doit pas donner plus de hauteur à ces pieces; autrement, les décorations qui les revêtiroient dans leur profondeur, s'accorderoient difficilement avec celles qui orneroient ces mêmes pieces sur leur longueur ; attention à laquelle on ne prend pas toujours assez garde, sur-tout lorsqu'on ne s'occupe, dans son projet, que de la distribution des Appartements, sans se rendre compte de la décoration intérieure, & de la relation que celle-ci doit avoir avec celle des dehors.

Lorsqu'on ne peut donner au Plan de ses autres pieces, pour longueur, la diagonale du carré, formé sur le petit côté, on doit toujours prendre, sur-tout lorsqu'elles doivent être terminées en calotte, la moitié du produit des deux sommes de la longueur & de la largeur, pour en déterminer la hauteur; il en faut prendre seulement les sept neuvièmes, lorsqu'elles ne peuvent être que plafonnées. Il faut se ressouvenir néanmoins, que les pieces terminées en voûte, font toujours un beaucoup meilleur effet que celles plafonnées; principalement lorsqu'il s'agit d'un Appartement faisant partie d'un Edifice public, d'un Palais, ou d'un grand Hôtel.

Parlons d'un autre moyen, que la plupart de nos Architectes mettent en œuvre, lorsque dans la distribution de leurs Bâtiments, ils ne peuvent donner à la hauteur de leurs planchers, une élévation relative au diamètre de leurs pieces. Après avoir considéré la plus grande & les moyennes pieces de leur Plan, & dont la premiere semble exiger une élévation au-delà de la hauteur de l'étage; ils prennent d'abord celle-ci, supposée, dans la Figure V, de trente pieds six pouces, comme devant avoir naturellement le plus d'élévation; ensuite, ils considerent celles qui, comme moyennes, doivent en avoir moins; celles, par exemple, à qui il suffiroit de donner vingt-deux pieds six pouces: alors ils additionnent trente pieds six pouces, & vingt-deux pieds & demi, valant ensemble cinquante-trois pieds, dont la motié du produit est vingt-six pieds six pouces; élévation qui alors détermine la véritable hauteur des planchers du premier étage. Par ce moyen, il est aisé de concevoir que la grande piece, Fig. V, deviendra trop basse de quatre pieds, & les moyennes pieces, Figures VI & VII, trop élevées de quatre pieds. Voici alors comme on parvient à corriger ce défaut de rapport, étant souvent obligé d'avoir recours aux ressources, au défaut des préceptes de l'Art. Dans la grande piece, Fig. V, on fait usage seulement d'une corniche à gorge, à laquelle on donne la douzieme partie de la hauteur de la piece ; par-là, le lambris acquiert plus d'élévation, & le plafond moins de surface. Dans l'une des moyennes pieces, Fig. VI, on pratique un entablement régulier, à qui l'on donne la sixieme partie de la hauteur totale ; enfin, dans celles qui ont encore moins de diamètre, comme la Figure VII, on pratique une calotte au-dessus de la corniche, l'une & l'autre chacune de la huitieme partie de la hauteur de la piece ; moyen qui, en quelque sorte, efface à l'œuil les imperfections, qui se rencontreroient entre la hauteur réelle que ces pieces devroient avoir. Nous ne parlons point ici des petites pieces au-dessus desquelles on pratique ordinairement des entresols, ce qui, en levant toute difficulté, procure des commodités essencielles à observer dans un Plan, au-dessus des petits Appartements d'habitation. Disons un mot à présent de la solidité qui regarde la distribution, après quoi, nous traiterons des Appartements en général, & ensuite des pieces en particulier.

Par la solidité, nous entendons ici la nécessité d'accorder les lois de la construction avec les principes établis précédemment, concernant la distribution ; lois qui consistent à donner aux murs de face une épaisseur relative à leur hauteur & à leur charge, à lier & à unir les murs de refend les uns avec les autres, & à leur procurer un enchaînement mutuel qui les fasse concourir à ne former qu'un tout avec les murs qui forment la cage du Bâtiment ; à éviter sur-tout les portes à faux dans les murs de refend, ensorte que la distribution du premier étage soit tellement disposée, qu'elle n'interrompe aucune des pieces essencielles du rez de-chauffée, principalement, lorsque ce dernier est consacré aux pieces de société & de parade; d'éloigner enfin, le plus qu'il est possible, les portes & les croisées de l'extrémité de l'Edifice ou de l'angle saillant des avant-corps; autant de précautions indispensables, utiles, non-seulement à la symétrie intérieure des Bâtiments; mais pour maintenir la solidité, entretenir la liaison des murs, les rendre capables de résister à la poussée des voûtes, à soutenir le poid des planchers, enfin, la charge des combles, &c.

Passons à présent à la disposition des trois Appartements, dont nous avons donné précédemment les définitions.

Des Appartements en général.

Quatre Appartements, marqués M, N, O, P, composent la distribution du Plan tracé sur la Planche XXXV. Nous avons déja dit, que sous le nom d'Appartement, l'on entendoit la communication de plusieurs pieces, ayant pour objet la même destination considérée en général; mais dont chacune d'elles peut avoir des usages particuliers; par exemple, l'Appartement marqué M, doit être ici considéré, comme l'Appartement de société; ceux P, N, comme Appartements de parade, & celui O, seulement comme Appartement privé, ou de commodité.

Nous avons encore dit que, sous le nom d'Appartement de société, l'on devoit entendre celui destiné, par le propriétaire, à recevoir sa famille

&

& ses amis particuliers. Nous recommanderons à présent, que cet Appartement paré soit situé de maniere, que, dans le cas d'une fête, il puisse se réunir aux autres Appartements; afin que, de la principale enfilade, il ne paroisse former qu'un seul ensemble avec celui de parade, & que l'un & l'autre annoncent l'opulence du propriétaire : avantage observé dans la distribution, dont nous parlons; les Appartements N, M, P étant distribués de sorte, qu'aucune piece destinée pour les domestiques, ne se trouve comprise dans l'enfilade A B.

En parlant des Appartements de parade, nous avons rapporté, qu'ils étoient destinés à rassembler les meubles de prix; nous ajouterons ici qu'ils servent souvent, dans les grands Edifices, pour la demeure personnelle des Maîtres; que c'est dans ces Appartements qu'ils traitent d'affaires importantes, & qu'ils reçoivent les personnes de la premiere considération. Pour les mêmes raisons, que nous venons de rapporter, il convient que ces pieces de parade s'allignent avec celles de société, pour que, de l'enfilade principale, on puisse y jouir du coup d'œuil des ornements, de la diversité des matieres, de la richesse des ameublements, & qu'à l'aspect de ces beautés rassemblées, les étrangers qui viennent visiter la demeure des Grands, puissent emporter une idée satisfaisante de l'opulence du Propriétaire, du goût de l'Architecte, & du talent des Artistes, qu'il aura sçu associer à ses entreprises.

Lorsque nous avons défini les Appartements de commodité, ou privés, nous avons encore recommandé qu'ils fussent moins spacieux que les précédents, & qu'ils fussent exposés d'une maniere convenable à leur destination particuliere. Nous ajoûterons que ces especes d'Appartements ne doivent jamais faire partie des enfilades principales, que l'on fait voir aux personnes de dehors; parce qu'étant destinés au repos & au recœuillement des Maîtres, il convient que les Etrangers puissent entrer & sortir, après avoir visité l'Edifice, sans être obligés d'observer un cérémonial souvent gênant, envers les personnes de même rang, naissance ou dignité : & si l'étendue du Bâtiment ne permet pas de pratiquer ces pieces privées, près des grands Appartements, on les distribue souvent en entre-sol ou en aile, en y observant tous les dégagements & toutes les commodités dont nous parlerons, en décrivant les garde-robes, qui font partie des pieces parées dont nous allons traiter, en commençant par les Vestibules, comme les premieres pieces, qui, ordinairement, donnent entrée à l'Edifice.

Des Vestibules.

La piece marquée M 1, toujours Planche XXXV, est un vestibule (n) de trente-deux pieds de longueur, sur vingt-cinq de profondeur, & vingt-un de hauteur, sous Plancher. Ce Vestibule est de l'espece de ceux nommés simples, parce qu'il n'a aucun ressaut sensible sur la surface de ses murs, & que ses côtés latéraux sont décorés & percés, aux co-

---

(n) Vestibule, du latin *Vestis* une robe, & *ambulare*, marcher; ce lieu étant dans un bâtiment considérable, la piéce où l'on commence à laisser traîner ses robes pour les visites de cérémonie. Martinien fait dériver ce mot de *Vestæ stabulum*, parce que chez les Anciens, les Vestibules étoient dédiés à la Déesse Vesta.

lonnes & pilaſtres près, comme celui du Château des Tuileries, qui a de longueur ſoixante pieds, ſur trente-un de largeur. Il en eſt d'autres que l'on appelle Veſtibules à reſſauts, lorſqu'ils ſont compoſés d'avant & d'arriere-corps, tel que celui du Château de Maiſons, qui a dix-huit pieds, ſur vingt-quatre. On donne le nom de tétraſtyles, aux Veſtibules qui ont quatre colonnes iſolées & reſpectives à des pilaſtres, ou à des colonnes engagées, comme au Porche des Invalides, qui a de longueur quarante-huit pieds, ſur vingt-huit de largeur. Les Veſtibules octoſtyles ronds, ſont ceux qui ont huit colonnes adoſſées, comme le Porche du Palais du Luxembourg, qui a vingt-cinq pieds & demi de diamètre; ou iſolées, comme celui de l'Hôtel de Beauvais, qui a dix-ſept pieds dans œuvre. Voyez les Plans de ces trois Porches, tracés ſur la Planche XXXIX. On appelle encore Veſtibule en périſtyle, celui qui eſt diviſé en trois parties, par quatre files de colonnes, comme celui du Château de Verſailles, au fond de la cour de marbre, qui a de longueur trente pieds, ſur vingt-deux & demi de largeur. Enfin, on appelle Veſtibule en aile, celui qui étant compoſé ſeulement de deux files de colonnes, laiſſe un paſſage dans le milieu, plus grand que les deux autres, pour les voitures, tel que celui du gros pavillon du vieux Louvre, du côté de la rue Fromenteau, qui a de longueur cinquante-huit pieds, ſur quarante quatre. Voyez dans l'*Architecture Françoiſe*, le Plan de ces différentes pieces, que nous ne pouvons donner toutes ici.

Au reſte, il ne faut pas confondre les Veſtibules, avec les Porches dont nous venons de parler; ces derniers ſont deſtinés à y paſſer en voiture, leur sol étant de plain-pied avec celui des cours; au-lieu que celui des Vestibules est toujours élevé de quelques marches, & de plain-pied aux Appartements du rez-de-chaussée.

La disposition la plus générale des Vestibules, est de se présenter plutôt sur leur longueur, que sur leur profondeur. Il n'y a même que dans des cas indispensables, qu'on peut s'éloigner de cette disposition; néanmoins, il faut éviter de les faire trop barlongs, comparés avec leur profondeur, parce qu'ils tiendroient de trop près à la forme des péristyles, & que chaque piece doit avoir un genre déterminé, relatif à son usage; par exemple, le Vestibule de la Planche dont nous parlons, & dont la longueur est environ à la largeur, comme six est à cinq, paroît établir un rapport assez convenable, pour le Plan de ce genre de pieces : nous disons assez convenable, parce que, dans le cas dont il s'agit, quelque différence sur cette dimension, ne cause jamais une erreur importante, comme s'il s'agissoit de la proportion d'une colonne, d'une porte, d'une croisée. D'ailleurs il faut observer, que les rapports que nous recommandons, à l'égard des Vestibules, peuvent supporter quelque altération, selon que ces pieces se trouveront à pans, ou arrondis par les angles; qu'ils auront des ressauts, des avant-corps, de grandes ouvertures, des renfoncements, &c. puisqu'alors, il faut avoir attention à ces différentes formes, pour établir des moyennes proportionnelles, qui déterminent de nouvelles dimensions, qui répondent d'une maniere relative, à la diversité des contours qui composent leur pérymètre; sans oublier que, non-seulement la principale dimension de ces sortes de pieces se juge par leur sol, mais encore par la surface de leur plafond, à compter du dans-œuvre de leur corniche, & du devant des colonnes & des pilastres qui les décorent. D'après cette réflexion qui regarde leur distribution particuliere, répétons qu'il faut songer à la relation que ces diverses formes peuvent avoir avec leur hauteur, ainsi qu'à la courbure de leur plafond, ou à la forme méplate de ces derniers : ensemble, d'où dépend absolument tout le succès d'une piece. C'est pour cela que nous avons donné plusieurs exemples exécutés, dans la Planche XXXIX, en indiquant les moyens d'arriver, par différentes modifications, à satisfaire l'œil par la route du goût, au défaut d'une exactitude géométrique.

Le revêtissement des Vestibules se fait ordinairement de pierre de Saint Leu, de pierre de Liais ou de marbre, selon leur avoisinement avec les grands escaliers, qui peuvent être construits de ces différentes matieres, & dans lesquels, communément, les Vestibules donnent entrée, & souvent même ne forment qu'un tout ensemble. Quelquefois on applique les ordres d'Architecture dans ces sortes de pieces, principalement, lorsqu'elles sont ouvertes sur la cour : alors le diametre de ces ordres doit être égal à celui des colonnes de dehors ; autrement, lorsque ces pieces sont fermées par un mur de face, leur module & le choix de l'ordre devient plus arbitraire. Ces ordres introduits dans les Vestibules, n'exigent pas toujours un entablement régulier : quelquefois un seul Architrave y suffit ; ou bien on y substitue une corniche de couronnement architravée, ou à gorge, à laquelle on se contente de ne donner de hauteur, que le sixieme, au lieu du quart : mais il faut éviter d'y faire usage des corniches, qu'on appelle corniches en plâtre, parce qu'elles imitent trop la menuiserie, & qu'elles ne doivent être employées que sur les lambris d'un Appartement. La décoration du Vestibule du Plan dont nous parlons, est fort simple, sans ordre ni ornements, à l'exception de la Sculpture des Claveaux des arcades; voyez la Planche XLIV; ensorte que la proportion & la régularité, font seules les frais de cette piece. Cette retenue nous a paru nécessaire ici, parce que ce Vestibule donne entrée, principalement, à un grand Sallon, dont la décoration conserve une certaine simplicité, dans son ordonnance, malgré la richesse de la matiere dont il est revêtu. Il en faudroit user autrement sans doute, si cette premiere piece donnoit entrée à un Sallon orné de lambris, de dorures & de glaces; car quoique les Vestibules puissent être revêtus de maçonnerie, comme nous venons de le rapporter, on ne seroit pas dispensé pour cela d'introduire, dans leur décoration, une richesse relative aux pieces qui les environnent; les lois de la convenance exigeant que, depuis l'anti-chambre jusqu'à la gallerie, on observe une gradation relative à la destination, & à l'usage de chaque piece.

Des Sallons.

La piece M 2 de notre Planche XXXV, est un Sallon (o) de trente-cinq pieds de largeur, sur quarante-six de longueur, & dont la hauteur, qui est de soixante un pieds, est à deux étages, non compris la calotte qui les couronne; ensorte que son diametre est à sa hauteur, comme qua-

---

o) Sallon, du Latin, *Aula*.

tre est à sept, à trois pouces près; différence que nous avons déja observée être peu importante, lorsqu'il s'agit du rapport d'une piece intérieure. D'ailleurs, cette dimension a été assez heureusement observée aux Sallons des Châteaux de Clagni & du Rainsi; au-lieu que ceux des Châteaux de Marly & de Montmorenci, n'ont de diamètre, que les quatre sixiemes de leur hauteur. Au reste, il faut savoir, que la diversité des formes des Sallons, doit souvent apporter de la variété dans le rapport de leur largeur, comparée avec leur hauteur. Par exemple, celle que nous proposons, est bonne à mettre en œuvre, pour les Sallons à l'Italienne, tel que celui dont nous parlons; car lorsqu'ils sont octogones, comme à Marly; ou elliptiques, comme à Montmorenci, leur hauteur peut se réduire aux quatre sixiemes. Ce qui autorise ces changements, c'est souvent la nécessité d'assujettir la hauteur de ces pieces, à celle des étages de l'Edifice, ainsi qu'à celle des combles; mais, dans quelque occasion que ce puisse être, il faut avoir l'attention de terminer la partie supérieure, par des voûtes ou calottes, qui occasionnent souvent l'introduction des combles, dans la partie du milieu du Bâtiment, tel qu'on le remarque au gros Pavillon des Tuileries (p), & que nous en avons

---

(p) On en voit aussi un au vieux Château de Meudon, dont la forme pentagonale, & dont la hauteur extérieure paroît extravagante : sans doute cette hauteur exorbitante, a été faite ainsi, à dessein de pouvoir donner une grande élévation au Sallon, nommé Sallon des Maures, placé au premier étage de ce Château, & dont le Plan elliptique a de diamètre quarante-deux pieds six pouces, sur trente-deux pieds & demi de largeur, & cinquante quatre de hauteur.

placé un sur l'avant-corps du Palais que nous décrivons, & dont on trouvera une des principales élévations, Planche XLII de ce Volume.

Ordinairement les Sallons à double étage ne se pratiquent guère que dans les Maisons de plaisance, les Edifices érigés dans les Villes, étant rarement assez considérables, pour les y mettre en œuvre: les escaliers sont presque les seules pieces qui montent de fond, à cause de la nécessité de communiquer des Appartements du rez-de-chaussée, à ceux du premier étage; & le Bâtiment de l'observatoire à Paris, est le seul où nous connoissions un vestibule à pans, dont le premier plancher soit percé, & dont le trotoir qui circule autour, soit soutenu par une voussure; mais cet exemple que nous citons, comme appartenant à un Edifice d'une classe extraordinaire, paroît peu propre à être imité dans un Bâtiment d'habitation.

Notre Sallon revêtu de marbre, est décoré de colonnes composites à rez-de-chaussée, & de pilastres Corinthiens au premier étage. Ces colonnes soutiennent un entablement sur lequel est pratiqué un trotoir de trois pieds de largeur, non compris la saillie de la corniche. Ce trotoir devient ici intéressant, non-seulement pour communiquer aux pieces adjacentes, pratiquées au premier étage (*q*); mais pour y placer un Orchestre en cas de fête. Pour le rendre plus commode encore, nous avons préféré un balcon de fer à une balustrade. Dans tout autre cas, celle-ci seroit préférable, étant toujours plus du ressort de l'ordon-

---

(*q*) Voyez ce Plan que nous annonçons Planche XLI de ce Volume.

nance de l'Architecture où les Ordes préfident.

Nous obferverons encore, que ces pieces à double étage n'exigent guère de cheminées, parce que leur grande élévation & leur diamètre, rendroient inutile la chaleur d'une feule, & même de plufieurs cheminées (r); d'ailleurs, il feroit difficile de placer dans l'étage fupérieur, un genre de décoration qui pût aller avec celle du manteau & du chambranle, placés à rez-de-chauffée. Une arcade feinte y fait mal; un tableau, un bas-relief, n'y réuffiffent guère mieux : enforte que, fi quelque circonftance particuliere exigeoit que ces Sallons fuffent échauffés pendant l'hiver, il faudroit avoir recours aux poëles, comme ceux marqués QQ dans cette Planche; poëles qui fe trouvent mafqués par les revêtiffements des portes feintes, & qui peuvent s'allumer, l'un par le deffous du grand efcalier Y 1; l'autre, par la piece M 3, de maniere que ce dernier échaufferoit auffi la piece dont nous parlons, & la Salle de compagnie M 4.

Les entrecolonnements du rez-de-chauffée font occupés par douze arcades plein-cintre, dont quatre, feulement, font feintes; dans les huit autres font pratiquées les portes croifées qui donnent fur le Jardin, les portes à placard qui fe trouvent comprifes dans l'enfilade A B, & celles qui donnent du côté du Veftibule. Les entrecolonnements du premier étage font occupés par des portes & des croifées enfoncées dans des chambranles

---

(r) On en a pratiqué néanmoins une, dans chacun des quatre pans du Sallon du Château de Marly, qui a de diamètre quarante-huit pieds; mais nous n'approuvons pas les quatre tableaux placés au-deffus dans l'étage fupérieur.

bombés, au-dessus desquels sont distribués des panneaux de sculpture. Nous avons aussi préféré de la sculpture aux tableaux, pour les dessus-de-porte du rez-de-chauffée. L'usage ordinaire, nous le savons, est d'y placer des tableaux, parce qu'étant plus près de l'œuil, ils font plus d'effet. Mais quand la hauteur d'une piece est considérable, & qu'il s'agit d'orner un petit espace, il est plus naturel de forcer les ornements de sculpture, que les symboles ou les allégories rendues, par le ministere du pinceau : autrement, on est souvent obligé de faire choix de demi-figures, de proportion naturelle, qui, non seulement, produisent un mauvais effet; mais s'accordent toujours mal avec le genre de l'ordonnance. D'ailleurs, dans ce Sallon, revêtu de marbre de couleurs variées, comme il nous a paru indispensable de peindre la voûte de la calotte placée dans sa partie supérieure; nous aurions craint de nuire au repos nécessaire à observer, si nous y avions préféré des tableaux à la sculpture, sur les dessus-de-porte. Les petits entrecolonnements sont ornés de tables, & reçoivent des trophées de métal doré, ainsi que les bases & les chapiteaux des ordres ; trophées que nous avons préférés à des niches, dont, selon nous, on doit faire peu d'usage dans la décoration intérieure des Edifices, qui ne sont pas consacrés au culte du Seigneur.

Si à la place du marbre de couleur, on revêtissoit ce Sallon en marbre blanc veiné, ou en pierre de Liais ; au-lieu de peindre la calotte, d'un sujet colorié, il y faudroit peindre seulement des arcs doubleaux, dans les compartiments desquels on exprimeroit des bas-reliefs en grisaille ; les sujets coloriés faisant un assez mauvais effet, pour couronner de tels revêtiffements ; ce qu'il faudroit même éviter, fi, par économie, ou pour plus de falubrité, on faifoit ufage de la menuiferie peinte en blanc; car les grands fujets de peinture ne conviennent abfolument que dans les lieux conftruits de marbre, ornés de bronze, ou revêtus de menuiferie mariée avec la fculpture, la dorure & les glaces; il faut même, lorfque ces pieces font en marbre, apporter un grand foin dans leur choix ; pour que leur ton dominant ne foit point contredit par le coloris des tableaux : attention qu'on n'a pas négligée, lorfqu'on a décoré le Sallon d'Hercule à Verfailles, dont la calotte eft un chef-d'œuvre de peinture, du célèbre le Moine.

Pour convaincre nos Eleves, fur ce que nous avançons, nous les invitons de voir à plus d'une reprife cette merveille de l'Art, & d'examiner, en même temps, le Veftibule de la Chapelle qui précede cette piece, & dont le revêtiffement n'étant que de pierre de Liais, eft feulement orné de fculpture dans la courbure de fon plafond : idée de convenance qui devroit, à plus forte raifon, s'obferver dans nos Temples, où, le plus fouvent, on enrichit les Dômes de peinture coloriée & de dorure, comme on le remarque aux Invalides. Malgré la célébrité de cet Edifice, il femble que la coupole & les arcs doubleaux auroient été préférables en pierre ou en ftuc. Nous contredifons ici l'opinion la plus commune; mais nous ne nous permettrons jamais d'employer le pinceau de nos Artiftes dans ce genre de peinture, que lorfque les coupoles, ou l'intérieur des Appartements pourront être revêtus de marbre & de bronze, foit réel, foit factice. Il eft vrai que le Sallon de Marly revêtu de menuiferie & imprimé en blanc, contient quelques tableaux coloriés; ce n'eft pas ce que nous y approuvons le plus, & nous ne ferons guère tenté d'imiter cet exemple. Il en eft, felon nous, du contrafte des tons dans les couleurs, comme des contraftes dans les formes de l'Architecture & de la Sculpture. Si nous ne nous trompons, une belle fimplicité doit plaire à tous les yeux; elle nous femble préférable à cet affemblage de différentes matieres, qu'on n'entaffe, que trop ordinairement, les unes fur les autres, fans autre but que de parvenir à une très-grande richeffe.

Nous avons dit plus haut, que les Sallons à double étage étoient peu communs dans nos Edifices François, & nous n'avons pu guère citer que ceux de Marly, du Rainfi, & de Clagny : on fe contente pour l'ordinaire de leur faire comprendre la hauteur d'un étage & demi, tel qu'au Château de Montmorenci, dont nous donnerons les décorations dans le Volume fuivant : quelquefois aufli, on éleve feulement la hauteur de leur calotte dans l'étage fupérieur, comme on le remarque à l'hôtel d'Argenfon, rue des Bons-Enfans, & à l'Hôtel de Nivernois, rue de Tournon à Paris. Cette maniere nous paroît la feule bonne à mettre en œuvre, fur-tout lorfqu'il s'agit d'un Sallon principal, faifant partie d'une belle Maifon particuliere; rien n'étant fi défectueux, à notre avis, que de terminer ces pieces d'éclat par un plafond, & de négliger le rapport de leur hauteur avec leur diamètre; comme cela fe remarque dans la plupart de nos Edifices, fans excepter même celui du Château d'Iffy, que nous avons déja cité, & dont nous donnerons néanmoins la décoration dans le cinquieme Volume, parce qu'à ce défaut près, elle eft d'un excellent genre.

En général, nous obferverons, qu'on abufe trop fouvent de la prodigalité des ornements, de la dorure, des bronzes, & des glaces, dans nos Sallons : cette richeffe nous paroît prefque toujours déplacée; &, fi jamais elle peut être tolérée, du moins faudroit-il la réferver pour les Galleries & les Salles de compagnie, faifant partie des Appartements de fociété. Il nous femble que les Sallons, qui ordinairement occupent le centre de l'Edifice, & qui font fuite avec les Appartements de parade, doivent être décorés avec nobleffe & avec retenue : avec nobleffe, parce que ces pieces de marque ont toujours une certaine capacité : avec retenue, parce qu'elles peuvent être confidérées comme un paffage du Veftibule au Jardin, & qu'elles deviennent une communication indifpenfable avec la droite & la gauche du Bâtiment. Ce que nous difons ici, ne regarde, ni les petits Sallons, ni les Cabinets de jour, ni les Boudoirs, où l'Architecte peut fe permettre davantage ; mais il ne doit jamais oublier que la convenance doit accompagner chaque partie de fes œuvres. Nous traiterons, en particulier, de tous ces objets dans le Volume qui va fuivre ; revenons à la fuite de notre Plan.

Le Sallon à l'Italienne M 2, que nous venons de décrire, donne entrée à la droite & à la gauche de tout l'Edifice, & fe trouve d'autant plus heureufement difpofé, que, du centre, on découvre toute la longueur de l'enfilade A B, qui fe retourne d'équerre fur l'enfilade C D : attention qu'il eft indifpenfable d'avoir, dans la diftribution d'un Bâtiment d'une certaine importance ;

pourvu toutefois, qu'il soit précédé d'un Vestibule, dans lequel se tiennent les Domestiques; autrement, une telle piece, si elle étoit seulement comprise entre deux murs de face, ne deviendroit elle-même qu'un Vestibule; ce défaut se remarque au Château de Clagni, dont le Bâtiment est simple. Nous l'avons évité, dans notre Plan, l'avant-corps du milieu étant double; ensorte que l'Anti-chambre M 3, donne entrée aux Appartements M, N, & l'Escalier Y 1, à ceux M, P.

Des Anti-chambres.

La piece marquée M 3, est une Anti-chambre (ʃ) de vingt-six pieds de largeur, sur vingt-neuf de profondeur, & de vingt-un pieds de hauteur: elle sert ici de Salle à manger; il seroit néanmoins à désirer, & c'est un défaut dans notre Plan que nous ne voulons pas dissimuler, que cette piece fut précédée d'une premiere Anti-chambre, dans laquelle la livrée pût se tenir. Les Salles à manger doivent être susceptibles de quelque décoration, à cause de la présence des Maîtres & des étrangers à l'heure des repas: attention qu'on néglige assez ordinairement, dans les Anti-chambres proprement dites, à cause de l'imprudence des Domestiques. Malgré ce défaut, nous ne conseillerions pas de faire la Salle à manger de la piece M 4; parce que celle-ci se trouvant située dans l'enfilade A B, elle intercepteroit, au moins pendant quelques heures, la communication que cette

---

(ʃ) Anti-chambre Vitruve, l'appelle *Anti-thalamus*, piece qui précede une Chambre à coucher.

piece doit avoir avec les Appartements; & que cette communication, dans tous les genres de Bâtiments, doit être confidérée comme une des beautés principales de la diftribution. Cette attention eft néanmoins tous les jours oubliée par nos jeunes Architectes; elle l'a même été par le plus grand nombre de ceux qui ont élevé les Edifices gravés dans l'*Architecture Françoife*; ce que nous avons eu occafion de remarquer plus d'une fois, en faifant la defcription des quatre premiers Volumes de ce Recœuil important.

Nous ferons prendre garde ici, que ce qui nous a empêché, dans ce Plan, de faire précéder d'une premiere Anti-chambre, celle qui fert ici de Salle à manger, c'eft que notre Bâtiment n'eft double, que dans l'avant corps, marqué I, pendant que les ailes K ne font que femi-doubles, ce qui prive toute cette diftribution des principales commodités du reffort d'un Palais. Mais, qu'on s'en reffouvienne, nous avons déja averti que ce projet n'étoit pas fans imperfections; que notre deffein même avoit été de le préfenter tel, pour en faire comprendre quelquefois l'inconféquence à nos Eleves; inconféquence que nous avons laiffé fubfifter, pour leur faire fentir, qu'il ne faut pas feulement s'appliquer à la beauté des dehors; mais s'attacher également à la régularité & à la convenance des dedans: auffi rectifierons-nous, dans la fuite, les imperfections de ce Plan; lorfque nous en offrirons un fecond, Planche XXXVI, fait pour le même projet, fans taire néanmoins, que ce mieux, dans ce deuxieme Plan, concernant la commodité des dedans, eft peut-être pris au préjudice des dehors, ainfi que nous en avons déja averti, en avouant, que c'eft par cette difcuffion, que nous pouvions parvenir à faire concevoir aux perfonnes, pour lefquelles nous avons compofé ce Cours, combien il eft difficile de concilier la partie dont nous traitons à préfent, avec l'ordonnance des façades extérieures qui a fait le fujet des Volumes précédents.

Au refte, nous pouvons le dire ici, il faut quelquefois, dans un grand Edifice, favoir facrifier l'intérieur à l'extérieur; par exemple, nous avons penfé que les dehors, dans le projet dont il eft queftion, pouvoient avoir le pas fur les dedans, principalement, lorfqu'il ne s'agit que des pieces acceffoires, toutes les autres devant néceffairement être régulieres, ainfi que nous aurons occafion de le faire fentir, en continuant cette defcription. Moins vrai que nous ne le fommes, nous pourions avancer, pour en impofer à nos Lecteurs, que la régularité des façades de notre Palais femble autorifer, en quelque forte, le défaut du Plan : mais ce feroit, tout au plus, une excufe; & toute excufe fuppofe une imperfection condamnable dans l'Architecture : or, il ne faut fe permettre aucun défaut, dans un projet de cette importance ; pour cela, nous répétons à nos Eleves, qu'après la connoiffance des préceptes de leur Art, il leur faut le courage de recommencer plus d'une fois leurs productions ; qu'à un travail opiniâtre, ils doivent joindre beaucoup de défintéreffement, que c'eft-là le feul moyen de perfectionner leurs projets, & d'éviter les défauts dont celui-ci n'eft pas exempt ; mais, nous ne le donnons tel, que dans l'intention de nous procurer l'occafion d'en relever les erreurs, & de mettre nos Eleves en état de fe garantir du même inconvénient.

Pour

Pour remédier au défaut de l'Anti-chambre, qui devroit précéder la piece M 3, le Vestibule pouroit ici en tenir lieu, & servir de buffet; ce Palais, pour la campagne, n'étant guère habité que dans la belle saison. On pouroit alors fermer par des portes croisées, les deux arcades qui donnent entrée à l'Escalier Y 1; fermeture qui contribueroit à rendre cette piece plus habitable: d'un autre côté, nous ne pouvons dissimuler, qu'il paroît essenciel de ne pas masquer le grand escalier par ces portes qui en intercepteroient, pour ainsi-dire, la communication.

Nous considérons donc ici la Piece M 3, comme Anti-chambre; nous aurons occasion ailleurs de traiter des Salles à manger; &, quoiqu'irréguliere, cette piece, comme Anti-chambre, est sans inconvénient. Nous disons irréguliere, parce qu'elle est seulement à pans coupés, du côté opposé au mur de face, & que chaque cheminée est placée dans un de ses angles: sans doute elle eût été mieux située en face de la croisée; mais l'enfilade S T, nous a paru préférable. D'ailleurs cette piece s'est trouvée trop peu profonde, pour placer cette cheminée sur le mur de refend, qui sépare cette piece d'avec le Vestibule: le mur de face qui lui est opposé, ne pouvoit pas non plus la recevoir, à cause de la décoration extérieure, & de la croisée indispensable, qui se trouve de ce côté; croisée néanmoins, qui ne rend pas cette Anti-chambre mieux éclairée, n'en ayant qu'une du côté de l'entrée, & celle-là produisant peu de lumiere; son principal objet, dans ce Plan, est de contribuer à former l'enfilade V X; percé nécessaire à la symétrie des dehors, & qu'il nous a paru essenciel de ne pas négliger. Au reste, ces irrégularités peuvent fe tolérer dans cette Anti-chambre; mais elles deviendroient autant de licences dans une piece plus importante. Il eſt donc eſſenciel que l'Architecte ſçache ſe défendre ou ſe permettre l'uſage des reſſources ou des licences de ſon Art; ces dernieres ſont preſque inévitables, ſur-tout lorſqu'il s'agit de la diſtribution d'un Edifice conſidérable, où il convient de concilier enſemble la ſolidité, la commodité & l'ordonnance. Nous ne doutons point que ce ne ſoient ces difficultés qui ont empêché la plupart des Maîtres de l'Art, de donner des préceptes particuliers ſur la diſtribution. A notre égard, nous avons cru devoir franchir cette crainte, en avouant de bonne foi les écœuils qu'entraîne après ſoi cette triple unité. Notre Plan n'eſt pas exempt de défauts ſans doute; mais ces défauts nous fourniſſent l'occaſion de parler des moyens qu'il convient d'apporter, pour les faire éviter à nos Eleves, dans les parties les plus eſſencielles de leurs productions.

La décoration de cette Anti-chambre doit être tenue d'une moyenne richeſſe, parce qu'elle ſert ici de Salle à manger. Sa corniche, y compris ſa vouſſure, a de hauteur la ſeptieme partie de toute celle de la piece. Deux portes feintes qui ſymétriſent, l'une à celle qui donne entrée dans cette Anti-chambre par le Veſtibule, l'autre, à la croiſée compriſe dans l'enfilade V X, contribuent à ſa régularité : ſes lambris peuvent être imprimés en blanc, & être ornés de Sculpture, à cauſe de la préſence des Maîtres, & en faveur de ſon avoiſinement avec la Salle de compagnie M 4, dont nous allons parler, après avoir obſervé que le ventail d'une des portes feintes de cette Anti-chambre, communique à une garderobe marquée

M 5, que nous aurons occasion de décrire dans la suite.

Des Salles de Compagnie.

La Pièce marquée M 4, est désignée ici sous le nom de Salle de compagnie (*t*). Elle a vingt-huit pieds de largeur, sur trente-huit de profondeur, & ving-un pieds de hauteur. Les enfilades S T & A B passent par le centre, ce qui lui procure une disposition avantageuse; mais il est à remarquer que, pour satisfaire à cette disposition, il en est résulté la nécessité de placer les cheminées dans les angles, du côté de l'entrée, par l'Antichambre M 3 : ce qui nous a déterminé, ne pouvant guère faire autrement, d'affecter, du côté opposé à ces pans coupés, des tours creuses, qui, en rendant cette piece, pour ainsi-dire irrégulière, ne laissent pas néanmoins de conserver une sorte de symétrie dans chacun de ses angles, quoiqu'ils different dans leur forme.

Ce qui nous a fait prendre ce parti, que nous ne conseillons pas d'imiter, sans de fortes raisons, c'est que, d'une part, la largeur des croisées nous a laissé trop peu d'écoinçons du côté du mur de face, pour pratiquer des pans coupés, & que,

---

(*t*) Le mot de Salle, selon Volsius, vient de l'Allemand, *Saal*, qui a la même signification. Vitruve, Liv. 6, Chap. 5, parle de trois especes de Salles : les premieres, qu'il nomme Tétrastyles, ont, dit-il, quatre colonnes; les secondes, qu'il nomme Corinthiennes, ont des colonnes engagées dans le mur; les troisièmes qu'il appelle Égyptiennes, ont dans leur pourtour un péristyle de colonnes isolées. Ce sont ces dernieres pieces que nous nommons en France, Sallons à l'Italienne, tel, à peu-près, que celui de notre Plan marqué M 2.

du côté de l'Anti-chambre, il a fallu nécessairement observer ces pans coupés, pour y placer des cheminées d'une largeur relative à la grandeur de la piece. Cette derniere considération nous a déterminé à rendre irréguliers les angles, pour amener, de l'autre part, la régularité des quatre grandes parties des lambris placés à côté des deux portes d'enfilade. En faveur de ces quatre parties de lambris, nous avons renoncé à l'agrément qui auroit pu résulter d'une décoration plus exacte, si les quatre angles de cette piece eussent été semblables entr'eux : car on ne peut dissimuler, qu'en entrant dans cette Salle de compagnie, par le Sallon M 2, qui s'annonce par l'enfilade A B, les deux parties anguleuses, de droite & de gauche, présentent une disparité choquante, qui ne s'observe pas, en entrant par l'Anti-chambre M 3; sans détruire néanmoins, le défaut dont nous parlons. Or ce défaut ne peut se tolérer ici, qu'en faveur des dehors, qui, dans ce projet, deviennent, pour ainsi-dire, un objet de préférence, auquel tout doit céder; quoique dans l'intérieur, cette piece puisse néanmoins être regardée comme capitale, dans cette distribution, par raport à sa destination particuliere, & par raport à l'enfilade principale.

Pour se rapprocher plus près de la symétrie, on a affecté une cheminée feinte, à la droite de cette piece, qui peut être échauffée par un poêle placé derriere, ou qu'on allumeroit par la Piece M 3, sans nuire à la solidité, quoiqu'il paroisse ici, que cette partie anguleuse soit affoiblie par le vide Q : mais comme ce vide ne monte pas de fond, il ne peut nuire à la construction. Au reste, nous ne rapportons ces observations, que pour faire part, à nos Lecteurs, des licences qu'on peut se permettre quelquefois, pourvu qu'on évite d'en faire usage, lorsqu'on peut s'en dispenser, & qu'il en résulte un bien réel, pour les dedans & pour les dehors de l'Edifice : ce qui, dans ce cas, annonce plutôt l'intelligence de l'Artiste, que son impéritie.

Il faut convenir, cependant, que la piece dont nous parlons, sujette à rassembler une nombreuse compagnie, porte le désagrément, par sa disposition, de ne pouvoir contenir un certain nombre de sieges, nécessaires à son usage; défaut qu'il convient d'éviter, & qui entraîne après soi l'inconvénient de faire faire des meubles exprès : dépense excessive, qu'on ne peut guère se permettre, que lorsqu'il est question d'une Maison Royale; autrement, ces accessoires, achevent souvent de ruiner le Propriétaire : de maniere, qu'on a vu plus d'une fois ces derniers, forcés de se défaire de leurs demeures, pour le prix que leur avoient couté les meubles.

Nous remarquerons encore, que la Piece, dont nous parlons, est un peu profonde, pour n'être éclairée que par deux croisées, dont les parties supérieures se trouvent à couvert, par la saillie du sofite de l'architrave de l'entablement extérieur. Comme Salle de compagnie, certainement cette piece demanderoit une lumiere plus considérable : deux croisées suffisent, sans doute, pour une deuxieme Anti-chambre; mais comme on l'annonce ici pour un autre usage, comme elle fait partie des enfilades A B, & qu'elle avoisine le grand Sallon M 2, elle auroit dû recevoir plus de lumiere. Pour obvier à ce défaut, nous ne connoissons qu'une ressource, c'est d'y multiplier les glaces, ce qui ne se peut guère ici par la disposition des lambris; en sorte que le meilleur parti qu'on puisse prendre, en pareille circonstance, est de peindre ses revêtissements en blanc, ou d'une couleur tendre, qui puisse en corriger l'obscurité. Néanmoins, ce conseil, bon par-tout ailleurs, ne convient guère dans cette piece, parce que dans une Salle de compagnie, d'une continuelle habitation, ces couleurs claires sont sujettes, pendant l'hiver, à se ternir, ainsi que les dorures, par la chaleur du foyer & la fumée des bougies. Ces considérations doivent encore faire user avec prudence de l'emploi de la Sculpture dans les plafonds; car ces ornements deviennent méconnoissables au bout de quelques années, ainsi qu'on le remarque, dans la plupart des Appartements des grands Hôtels bâtis dans cette Capitale.

Enfin, nous remarquerons qu'une Salle de compagnie, qui, ordinairement, succéde à une Salle à manger, doit avoir au moins un percé qui donne, d'un côté, dans l'une des croisées du mur de face, & qu'il faut faire ensorte, que cette croisée soit plutôt placée du côté du Jardin, que du côté de l'entrée, quoiqu'elle ne se trouve pas ainsi dans notre Plan. Ce qui détermine à en user de cette maniere, c'est, qu'étant à table sur le midi, on aime à jouïr de l'aspect des Jardins : comme le soir, on est bien aise qu'une glace, placée dans le trumeau, du côté de l'entrée, perpétue la lumiere des girandoles, & termine agréablement cette enfilade, pratiquée dans la profondeur du Bâtiment. Au reste, quand cela ne se peut ainsi, deux percés font un également bon effet, ainsi que deux trumeaux; mais il faut éviter absolument qu'on aperçoive d'un côté, une partie du trumeau, & de l'autre, une demi croisée : cette irrégularité est un défaut contraire à la symétrie qu'on doit observer jusques dans nos Maisons particulieres. Dans notre Plan, la disposition des dehors, n'a pu nous permettre ce percé, que du côté de l'entrée, quoiqu'il eût été mieux du côté des Jardins, ce qui auroit pu se faire à la vérité, en ne perçant ce dernier mur que par une seule croisée, comme du côté de l'entrée; mais alors la Piece M 4 n'auroit plus été assez éclairée, défaut plus condamnable encore que celui qui se remarque dans ce Plan.

Des Salles d'Assemblée.

La Piece marquée M 6, est une Salle d'assemblee de trente-deux pieds de longueur, sur vingt-cinq de profondeur, & sur autant de hauteur. Elle est ici bien éclairée par trois croisées; sa cheminée est aussi placée convenablement dans le milieu de sa profondeur, sur le mur de refend, en face de sa principale entrée. La nécessité d'observer une symétrie exacte dans cette piece, nous a fait placer une cloison sur laquelle est attaché le lambris, vers l'écoinçon de l'angle K, à dessein de faire ce dernier égal avec celui qui lui est opposé. Il est vrai que cette cloison, ainsi pratiquée, donne sept pieds de largeur, à l'embrasure de la porte à placard, qui donne entrée à cette Salle d'assemblée, par la Salle de compagnie, & que ce lambris, ainsi avancé, diminue d'autant la longueur de cette piece; mais nous avons mieux aimé employer ce moyen, que de rendre les écoinçons inégaux, dans une piece telle que celle-ci, susceptible par son usage, d'une décoration intéressante : d'ailleurs, l'intervalle observé entre cette cloison & le mur de refend, peut servir d'armoire, capable de contenir différents ustensiles relatifs à l'usage de la piece. Nous disons relatifs à l'usage de la piece ; car, sous le nom de Salle d'assemblée, on comprend ordinairement celle, où s'assemble la société l'après midi, pour y tenir jeu, faire de la musique, &c : ou bien celles qui sont destinées à donner des audiences publiques ou particulieres, comme se remarque dans notre Plan, la Piece M 10, faisant partie de l'Appartement de parade, destiné pour le Maître de la Maison : quelquefois aussi on la donne à un Etranger de quelque considération, pendant son séjour à la campagne. Chez les Princes du Sang, cet Appartement est destiné pour le Monarque ; ainsi que cela est arrivé à l'ancien Château de Maisons, à celui de Petit-Bourg ; & que cela se pratique encore aujourd'hui à Chantilly, à Rambouillet, & ailleurs.

Au reste, de quelque espèce que soient les Salles d'assemblée, dont nous parlons, il faut que leur périmètre soit de forme régulière, à cause du nombre des siéges & des meubles d'usage qu'elles doivent contenir. On a coutume d'y placer des sofas, des tables de marbre, des encoignures, un bureau, un Clavecin, &c. considération qui nous a déterminé à n'affecter aucune porte feinte, dans les deux Salles d'assemblée M 6 & M 10, parce qu'il nous paroit peu vraissemblable, contre l'usage ordinaire, de placer des siéges ou des meubles devant des portes, qui, quoique factices, paroissent aux Etrangers devoir s'ouvrir. Cette réflexion nous a aussi fait prendre le parti de laisser la cheminée sur l'un des murs latéraux de cette piece, & non en face des croisées ; cette derniere maniere ne se tolérant guère que dans les Cabinets de travail ou d'étude (*u*). D'ailleurs, il faut prendre soin, lorsqu'on les place, comme dans les pieces M 6 & M 10, qu'elles soient toujours en face de la principale porte d'entrée: premiérement, parce qu'elles font spectacle, leur chambranle étant de marbre, leur manteau revêtu d'une menuiserie ornée de sculpture, de dorure & de glaces; secondement, parce qu'elles permettent plus volontiers, l'hiver, de faire cercle autour de leur foyer: ajoutons que, placées ainsi, elles sont moins sujettes à fumer; parce qu'il est plus aisé alors de proportionner le volume d'air qui circule dans la piece, à la colonne d'air extérieure, qui se trouve, pour ainsi-dire, chassée avec violence, par le vent de la porte d'entrée, qui, s'ouvrant plus fréquemment que celle qui lui est opposée, sert, pour ainsi-dire, de ventilateur à cette cheminée.

— Les Salles d'assemblées se décorent, selon la diversité de leur usage, de belles tapisseries ou de lambris. Lorsque ce sont des tapisseries, on en décore seulement les parties marquées *a*, *b*, exprimées dans la piece M 6; le reste est occupé par de la menuiserie. Ces tapisseries alors, se renouvellent, selon les saisons, ce qui occasionne une certaine variété aux Appartements, que les lambris ne peuvent leur procurer: car à l'ex-

---

(*u*) On préfere quelquefois, dans ces sortes de pieces, de placer les cheminées en face des croisées, parce que l'hiver, près du foyer, & livré à la lecture, la lumiere vient frapper sur les livres, sans fatiguer la vue; pourquoi, nous l'avons pratiqué ainsi, Piéce N 5, dont nous parlerons en son lieu.

ception des sieges, des rideaux & des portieres (x), leur décoration reste toujours uniforme. L'usage des étoffes, dans les pieces dont nous parlons, n'empêche pas que les murs de face, & ceux de retour, y compris les portes à placard & les cheminées, ne soient revêtus de menuiserie; mais c'est ici qu'il faut réfléchir sur les teintes qu'il convient de donner aux lambris; teintes qui doivent tout à la fois, tenir du ton foncé des meubles d'hiver, & du ton clair des meubles d'été. Qu'on ne s'y trompe pas, ces diverses réflexions sont inséparables de la composition du Plan de l'Architecte; aussi avons-nous recommandé plus d'une fois, à nos Eleves, & leur recommandons-nous encore ici, de visiter souvent les demeures des grands Seigneurs, les Edifices publics, & les Maisons des riches particuliers; là, de refléchir sur l'esprit de convenance, sur les objets de goût, & sur les choses d'agrément; afin qu'au besoin & sans efforts, ils puissent saisir le véritable genre qu'il convient de donner à la décoration de chaque Appartement, & toujours à raison de l'économie ou de l'opulence des personnes pour qui l'on bâtit.

(x) On ne fait plus guère usage aujourd'hui des portieres dans nos Appartements parés, à l'exception des pieces destinées, l'hiver, à l'habitation des Maîtres; encore cela ne s'observe-t-il guère que dans les Maisons élevées dans la Capitale, quoiqu'il s'en remarque encore dans les Appartements du Roi, à Versailles, à Fontainebleau, à Marly & ailleurs : cette espece de meuble, selon nous, anonce cependant une certaine dignité; elle contribue d'ailleurs à caractériser tel Appartement d'avec tel autre Appartement; mais la mode aujourd'hui semble exclure tout ce que nous appelons dans ce Cours, le raisonnement de l'Art.

Nous en avertissons, les observations que nous faisons sur la partie de la décoration intérieure, à propos de la distribution de notre Plan, ne sont point déplacées ; &, dussions-nous nous répéter dans le Volume qui va suivre, nous croyons que le vrai moyen d'acquérir l'art de distribuer un Plan, est de faire sentir en même temps à nos Eleves, la relation que cette partie intéressante de l'Architecture doit avoir avec la décoration des dedans, & celle-ci avec celle des dehors ; il faut donc s'attendre & même s'accoutumer à cette répétition indispensable, dans un ouvrage d'une certaine étendue, & divisé, comme nous avons cru le devoir faire, en trois parties, pour distinguer chacun des objets particuliers de l'Art, qui réunis ensemble, dans un projet, doivent paroître ne faire qu'un seul & même tout.

Dans notre Plan, la Salle d'assemblée M 6, qui appartient à un Appartement de société, est tenue un peu plus profonde que les dimensions proposées au commencement de ce Chapitre ; mais l'usage auquel cette piece est destinée ici, nous a engagé à lui donner vingt-cinq pieds de profondeur, tandis que nous n'en avons donné que vingt-un (*y*) à celle M 10. Nous avons pris ces quatre pieds, sur l'espace qu'occupent les garderobes pratiquées dans le semi-double de ce Plan.

Les dosserets des portes à placard qui forment la principale enfilade A B, & qui font corps avec le mur de face, sont peut-être, un peu foibles ici ;

(*y*) Nous rendrons compte dans la suite de notre description, pourquoi la Salle d'assemblée M 10, peut avoir moins de profondeur que celle M 6.

& si l'on plaçoit dans les trumeaux de chaque piece, des tables de marbre, ou des crédences, comme cela se pratique ordinairement, il seroit à craindre que les saillies de ces meubles n'interrompissent la direction de cette même enfilade, ainsi qu'on le peut observer, dans les grands Appartements de Versailles. Certainement, ce défaut que nous relevons, & dans cette Maison Royale, & dans notre Plan, doit s'éviter absolument : ainsi, on ne peut raisonnablement, donner à ces dosserets moins de vingt-un pouces ; de même qu'il est essenciel de ne leur jamais donner au-delà de deux pieds & demi ; dans la crainte qu'une plus grande largeur n'empêchât de placer les cheminées, dans le milieu de la profondeur des pieces, ou n'obligeât d'approcher si près leur chambranle de celui des portes, qu'on n'eût plus la liberté de faire usage du foyer. Au reste, lorsqu'on ne peut donner à ces pieds-droits qu'environ un pied, il faut avoir l'attention de consulter la moindre largeur qu'on peut donner aux chambranles des portes à placard, relativement au caractère qui doit présider dans l'ordonnance de la piece ; il faut aussi considérer le recouvrement que doit avoir le lambris sur la maçonnerie ; & enfin la distance (z) que l'on peut laisser entre ce revêtissement & le chambranle. Ce n'est que d'après toutes ces attentions, que l'on doit constater

---

(z) Cette distance ne doit jamais avoir moins de quatre pouces, afin que le chambranle ne se confonde pas avec le devant du lambris de revêtissement du mur de face ; d'ailleurs, les quatre pouces proposés ici, sont, assez ordinairement, la largeur des champs qui forment l'intervalle des cadres qui composent les compartiments des lambris.

définitivement la largeur des dosserets : mais si, par rapport à l'enfilade principale, on ne pouvoit leur donner que moins d'un pied, il faudroit alors convertir ce chambranle en bandeau, afin d'éviter que non-seulement il ne pénétrât le lambris du mur de face, mais qu'il pût y avoir un champ qui l'en séparât. Dans le cas où cette même enfilade contraindroit de donner à ce dosseret vingt, vingt-cinq ou trente pouces de largeur, il faudroit d'abord à côté du chambranle, introduire un champ qui fît avant-corps, & ensuite un pilastre ravalé ou embreuvé, qu'on prendroit soin de répéter de l'autre côté du chambranle, pour plus de symétrie.

Ce que nous venons de dire, concernant les Salles d'assemblée, regarde également les Salles des gardes, les Salles d'Audience, les Salles du dais, les Salles de compagnie, les Salles à manger, &c. La symétrie & la proportion sont, non-seulement du ressort des pieces dont nous parlons ; mais aussi de toutes celles qui entrent dans la composition d'un Plan. Nous détaillerons ces différentes pieces, à mesure que nous avancerons dans la description de notre projet, ainsi qu'à l'occasion des distributions suivantes.

Des Cabinets.

La Piece M 7 est un Cabinet (a), éclairé par deux croisées : il a seulement vingt-trois pieds de profondeur, sur vingt-un de largeur, & autant

---

(a) Cabinet, du latin *Tablinum* & *Musæum*, piece secrete, où l'on s'applique à l'étude.

de hauteur : cette forme, presque quadrangulaire, opposée à celle de la Piece M 6 qui la précede, & à celle de N 1, qui lui succede, procure une variété nécessaire, dans les diverses Pieces qui composent la distribution d'un Plan. Il seroit désagréable, ainsi qu'on le remarque dans la plupart de nos anciens Edifices, que toutes les Pieces d'un Bâtiment fussent de même forme & grandeur. Il faut même prendre garde que, lorsque nous avons rapporté, qu'aujourd'hui on donnoit trop de mouvement ou trop de chantournement au périmètre des Chambres, des Cabinets, des Salles à manger, &c. cette réflexion ne portoit que sur les contours dissemblables & irréguliers de chacune de ces Pieces, considérée séparément, & non sur leurs dispositions, qui doivent nécessairement différer entr'elles ; de maniere qu'on puisse, dans l'enfilade d'un Edifice, d'une certaine étendue, en rencontrer d'oblongues, de barlongues, de carrées & à pans, ainsi que se remarquent celles M 4, M 6 & M 7 de notre Plan.

A ces observations, plus importantes qu'on ne s'imagine, il faut ajouter que, de ces Pieces de différente grandeur, sur une même hauteur de plancher, il résulte plus d'une difficulté, pour accorder les rapports de leurs divers diamètres, avec leur élévation commune, puisqu'il est prouvé, d'après ce que nous avons rapporté précédemment, page 201 & suivantes, que, plus les Pieces ont de diamètre, & plus elles doivent être élevées ; qu'au contraire, elles doivent être réduites à une moyenne hauteur, lorsque leur diamètre devient moyen. Nous avons rapporté encore, & il convient de le rappeler ici, que, dans le cas où les Appartements supérieurs doivent être de plain-pied, il faut, après avoir pris la moitié du produit de la hauteur des plus grandes Pieces, & de celle des moyennes, avoir recours pour ces premieres aux corniches de couronnement composées, offertes dans la Planche XXXIX Fig. I. A moins qu'on ne se trouve dans le cas des Bâtiments à un seul étage, tels, que le Palais Bourbon, l'Hôtel de Lassay, le Château de Trianon, &c. & telles que sont les Pieces de notre Plan, qui se trouvent comprises dans les ailes K L, dont on peut baisser ou élever les planchers, dans la charpente des combles pratiqués au-dessus, afin que, par-là, on puisse concilier la hauteur des Pieces d'un plus petit diamètre, ou d'un diamètre plus considérable; avantage dont nous avons profité dans notre projet, en composant les ailes K L d'un seul étage; ce qui, en procurant de l'agrément & de la variété dans l'intérieur, a produit aussi une ordonnance d'Architecture dans les dehors, qui nous paroît réussir dans la décoration des Palais de l'espece de celui dont nous parlons.

Pour ne pas répéter ce que nous avons déja dit, sur les corniches des Appartements, nous observerons que celle du Cabinet M 7, regardé comme piece moyenne dans ce Plan, a seulement trois pieds & demi de hauteur, y compris une calotte d'environ deux pieds; en sorte que ce Cabinet sous corniche, n'a guère que dix-sept pieds & demi de hauteur de lambris, dont il faut déduire environ deux pieds trois quarts, pour le lambris d'appui; à quoi nous ajouterons que les profils, dont est composée cette corniche, doivent se ressentir du caractère de légéreté & de richesse du revêtissement de Menuiserie qu'elle couronne : qu'enfin elle peut être sculptée & dorée;

mais qu'elle ne doit pas recevoir la même couleur d'impression que le lambris, afin que la hauteur de ce dernier paroisse se terminer sous la corniche; pendant, au contraire, que dans les grandes pieces, où la hauteur des corniches doit être réduite, il faut affecter de les colorier comme le lambris, à dessein de faire paroître les pieces plus élevées, de maniere qu'il n'y ait plus que la surface du plafond qui soit peinte en blanc: cette ressource, d'ailleurs, apporte une ingénieuse diversité, dans les pieces qui composent les lambris d'un Appartement.

C'est, n'en doutons point, dans cette partie de la décoration, que la plupart des Architectes de nos jours ont excellé, quoiqu'ils se soient éloignés du genre des le Brun & des le Pautre, & que plusieurs aient portée l'élégance, & peut-être la frivolité trop loin : mais on ne peut disconvenir, qu'au moins ; il se rencontre des détails charmants dans les productions de ce dernier genre : que, même aujourd'hui, le goût des ornements se fait admirer, ainsi que nous aurons occasion de le rapporter, dans le cinquieme Volume de ce Cours. Contentons-nous à présent, de faire entendre à nos Eleves, que, pour avoir ce genre de talent, il faut qu'ils aient soin de s'occuper de bonne heure, de cette partie du goût qui ne s'acquiert ordinairement que par l'exercice du dessin; en examinant, avec attention, la route que les meilleurs Maîtres ont suivie, & en se rendant compte des obstacles qu'ils ont sçu vaincre, des ressources qu'ils ont employées, enfin des moyens qu'ils ont mis en œuvre, pour parvenir à concilier ensemble la commodité avec la solidité, la symétrie avec la beauté, & souvent, la dignité avec la belle simplicité.

La

La cheminée du Cabinet, dont nous parlons, est aussi placée dans le mur de refend opposé à la porte qui, de la Salle d'assemblée M 6, donne entrée dans cette piece; l'une & l'autre faisant partie de l'Appartement de société. Ce Cabinet, alors, est particulièrement destiné, les jours de galas, à retirer les Convives, & à les garantir du tumulte d'une compagnie nombreuse; ou, au contraire, on s'y amuse à des jeux qui, devenant bruyants, troubleroient le plus grand nombre des personnes qui composent la société. Nous avons aussi évité les portes feintes dans ce Cabinet, à dessein de laisser plus de place pour les sieges. Cette piece, & la précédente, n'ont aucune communication apparente avec les Garderobes M 5 & M 8, destinées cependant, pour les commodités de l'Appartement de société, composé, non compris le Sallon M 2 & la Piece M 9, des Pieces M 3, M 4, M 6 & M 7; de manière que, sans la porte masquée *e*, il faudroit revenir par l'Antichambre, pour faire usage de ces Garderobes, ce qui apporteroit un inconvénient aussi indécent que pénible. C'est pour éviter un tel inconvénient, que nous avons percé cette porte *e*; elle s'ouvre avec le lambris, & se trouve, dans le mur de refend opposé aux croisées, pour communiquer plus facilement aux Garderobes déja citées, dont celle M 5, est destinée pour tenir une femme de chambre: alors cette petite piece donneroit entrée au lieu à soupape M 8, pour les Dames; car il seroit peu convenable que les personnes de dehors fissent usage des autres Garderobes marquées N 2, N 3, N 7, qui, dans ce Plan, sont réservées pour l'Appartement paré N 1, N 4, limitrophe de celui de société dont nous parlons.

Tome IV. Q

Pour traiter de suite des Pieces qui composent l'Appartement de société, passons à celle marquée M 9, qui doit lui servir de supplément. Cette Piece a vingt-huit pieds de largeur, trente-quatre de profondeur, & vingt-un de hauteur. Comme l'enfilade A B lui sert d'axe, cela nous a déterminé à placer la cheminée sur le mur de refend opposé aux croisées; cette piece, d'ailleurs, ne doit avoir aucune communication avec le grand Escalier Y 1. La forme de ce Cabinet est irrégulièrement réguliere, l'intérieur du mur de face étant surbaissé, & celui vis-à-vis, déterminé par une seule ligne droite. Nous n'avons pas craint de faire ici usage de cette forme, afin que les parties de lambris c d, soient parfaitement symétriques. Nous remarquerons néanmoins, que cette tour creuse qui, du côté de la cheminée, fait un assez bon effet, paroît vicieuse, lorsqu'on traverse cette piece par l'enfilade A B; sa droite & sa gauche, vers ses extrémités, étant dissemblables. Mais, comme nous venons de le dire, il étoit indispensable d'observer une régularité scrupuleuse, dans les quatre parties de lambris c d; ce qui ne seroit pas arrivé, si nous avions continué le mur de face, comme le mur de refend, tel que l'exprime la ligne ponctuée e f. D'un autre côté, si nous avions fait continuer le lambris dans une même direction, comme la seconde ligne ponctuée a b, les embrasures des croisées seroient devenues trop profondes, & cette profondeur auroit soustrait une partie de la lumiere qu'il étoit nécessaire de conserver, dans une piece de trente-quatre pieds de longueur. Plus les pieces ont d'étendue, moins il faut donner d'embrasure aux croisées; on doit même tenir celles-ci le plus élevées qu'il est possible;

par la raison, que le Soleil élevé à quarante-cinq dégrés, ne peut pénétrer jusqu'au revêtissement placé sur le mur opposé aux croisées : d'où il résulte que toute la décoration des lambris, les tableaux & la sculpture placés de ce côté, se trouvent éclairés de reflet, ce qui produit un changement inévitable dans les masses & dans les parties, quoique le décorateur ait pris le plus grand soin de rendre chacun de ces objets réguliers.

Les deux derniers moyens proposés, par la ligne ponctuée ef, ab, ne peuvent donc avoir lieu ici ; & la tour creuse nous a paru obvier à ces deux inconvénients ; non que nous approuvions ce contraste dans la forme d'une piece susceptible d'une certaine magnificence : autre chose est de se permettre de caler un lambris de quelques pouces, de rejeter une erreur peu considérable sur la largeur d'un panneau, d'un pilastre, ou autre corps de menuiserie ; ces erreurs étant toujours comptées pour rien, sur-tout lorsqu'elles sont portées sur les grandes parties de la décoration, & que l'Artiste, en se les permetant, sait les masquer, par son industrie & son intelligence. Quelquefois encore, lorsque les embrasures deviennent trop profondes, on a recours, dans les Appartements d'hiver, aux doubles châssis, les uns, pour satisfaire à la décoration extérieure, les autres, pour parvenir à celle des dedans. Il faut savoir néanmoins que ces doubles châssis ôtent beaucoup de jour, & que, pour y remédier, il ne faut employer que des châssis compartis par de grands carreaux garnis de glaces ou de verres de Bohême ; & que, malgré cela, il convient de peindre les lambris en blanc, ce qui cependant ne doit pas se faire dans toutes les pieces d'un Appartement, ainsi que nous le remarquerons bientôt.

Nous avons déja dit quelque chose de la Piece M 10, en la faisant connoître comme une Salle d'assemblée de trente-trois pieds de longueur, sur vingt-un pieds de profondeur, & vingt-trois d'élévation; mais nous avons promis d'y revenir, pour désigner son usage particulier: car, quoiqu'elle puisse faire partie, dans l'occasion, de l'Appartement de société, encore est-il certain qu'elle est principalement destinée à servir de Salle d'audience à l'Appartement de parade marqué P; cette piece étant dégagée par une Anti-chambre M 11, prise dans la profondeur du Bâtiment, & qui a son entrée par le grand Escalier Y 1 : en sorte que le Propriétaire, dans le cas de donner une audience extraordinaire pendant les heures consacrées à la société, celle-ci auroit pour retraite les pieces M 9, M 2, M 4, M 6, M 7, dans lesquelles on arriveroit par le Vestibule M 1, & par l'Antichambre M 3. Alors cette Salle d'assemblée M 10, quoique faisant partie de l'enfilade A B, devroit être décorée d'un style plus grave; on y employeroit moins de sculpture, de glaces & de dorure que dans les pieces précédentes. Qu'on y prenne garde, cette observation doit être regardée comme un principe incontestable, parce qu'il est contre les regles de la convenance, d'orner également, & dans un même genre, les différentes pieces intérieures d'un Edifice : cependant, osons le dire, c'est un défaut dans lequel tombent généralement presque tous nos Décorateurs; la multiplicité des ornements semble être seule leur objet. Il est vrai qu'on ne fait plus de rocailles, de dragons, de palmettes, de pagodes, comme il y a vingt ou trente ans; mais on leur a substitué depuis, sans trop savoir pourquoi, des rosaces, des festons, des guillochis, des formes carrées, pesantes & Égyptiennes; ensuite, comme c'est la mode aujourd'hui, on a introduit, même dans les lieux les plus graves, les Chimères & les Arabesques, en attendant, sans doute, qu'à leur tour, les marmousets des Gots viennent occuper la scène. Il est vrai qu'il faut convenir, sur-tout à présent, que tous ces différents objets étant traités par nos plus habiles Artistes, l'excellence de leur travail séduit la plupart des personnes de goût; mais, selon nous, qu'il y a loin de cette richesse à la beauté que nous concevons! Qu'on nous permette une réminiscence: pourquoi ne s'en est-on pas tenu aux productions d'Hardouin & de Bullet en ce genre? Qui de nous ne se rappelle pas avec plaisir la décoration intérieure de Clagni, de Trianon, & du Château d'Issy pour les grands Appartements; &, pour les petits, les dedans de la Ménagerie, charmante bagatelle, où tout annonce une légéreté ingénieuse. Mais finissons cette digression, & disons, que quelques excellents tableaux allégoriques sur un fond d'étoffe de couleur assortie à celle des lambris, nous paroîtroient la décoration la plus convenable, pour le revêtissement de la piece M 10. Nous croyons encore que le chambranle de la cheminée, devroit être d'un beau marbre antique, revêtu de bronze d'un bon genre, d'une forme sévère; mais non-ressemblante à nos pieds de tables. Nous désirerions peu d'ornements au-dessus; mais nous les voudrions réguliers: enfin, au lieu de glaces, nous préférerions des panneaux de sculpture dans les trumeaux du mur de face. Nous fouhaiterions que les portes à placard fuffent parfaitement fymétriques, & d'une proportion relative à celle des croifées ; que la forme des attiques fût analogue à la richeffe des portes à placard, & au manteau de cheminée ; en un mot, que les meubles, les luftres, les torchières fe trouvaffent affortis à l'ordonnance impofante qui doit préfider dans cette piece.

Il ne faut pas s'y tromper, la retenue que nous recommandons ici, ne peut jamais nuire à l'accord qui doit régner dans les différentes pieces comprifes dans l'enfilade principale ; au contraire, cette variété de ftyle fait oppofition, pourvu qu'on y fache éviter une difparité choquante, écart que nous n'avons garde de jamais approuver, ni de confeiller à nos Eleves.

Cette piece M 10, paroîtra peut-être un peu oblongue, ayant trente-trois pieds de longueur, fur vingt-un de largeur feulement ; mais nous avons déja averti, que l'on pouvoit quelquefois s'écarter du rapport déterminé, par la diagonale du carré formé fur fon petit diamètre : par exemple, il femble ici qu'elle doit avoir une certaine longueur, étant deftinée à contenir une quantité de fieges pour les Courtifans, à donner des audiences, &c. que pour cela, on y doit circuler avec facilité, fans empêcher néanmoins les perfonnes âgées, fatiguées ou infirmes, de fe repofer, en attendant la préfence du Maître. On doit favoir encore, qu'autant qu'il eft poffible, il convient de terminer la partie fupérieure de ces fortes de pieces, par des voûtes en arc de cloître furbaiffées ; autrement, lorfqu'elles ne font que plein-cintre en berceau, elles ont trop de reffemblance avec les voûtes des souterrains; genre peu convenable à la décoration des Appartements. Mais, pour que cette voûte produise un bon effet, il faut pouvoir donner, comme nous l'avons dit ailleurs, une assez grande hauteur au plancher; autrement, on doit se contenter d'une calotte qui pouroit avoir ici dix-huit pouces, ainsi que la corniche : dans ce cas, nous croyons que celle-ci devroit être ornée de consoles & de métopes, qui à bien des égards, nous paroissent préférables à ces dessins courants, & souvent trop légers, qu'on affecte dans les gorges des corniches des pieces de nos Appartements.

L'Anti-chambre M 11, n'a que vingt-deux pieds de longueur, sur quinze pieds de profondeur. La médiocrité de sa surface, comparée aux autres grandes pieces distribuées du côté des Jardins, est cause que nous ne lui avons donné que treize pieds d'élévation sous plancher; ce qui pouroit faciliter au-dessus un entre-sol de sept pieds de hauteur; lequel pouroit se continuer, sur toutes les petites pieces situées du côté de l'entrée, & où l'on arriveroit par l'escalier Y 2. Il faut savoir néanmoins, que ces entre-sols pratiqués ainsi sur les anti-chambres, qui donnent entrée aux Appartements de parade, sont défectueux ; toutes les pieces qui précedent les grands Appartements, devant, par leur diamètre & leur élévation, annoncer l'importance & la magnificence de celles destinées à la présence des Maîtres & des Etrangers; ensorte, que le peu de grandeur de notre Anti-chambre, est ici un vice qui ne pouroit se tolérer, que lorsqu'il seroit question d'un Appartement privé : d'un autre côté, son peu de hauteur paroîtroit insoutenable. Peut-être aussi seroit-il ridicule de lui laisser toute l'élévation du plancher : ensorte que, pour éviter l'un & l'autre excès, il faudroit seulement pratiquer un faux plancher, qui la fixât à seize ou dix-sept pieds; encore ce dernier moyen n'empêcheroit-il pas cette Anti-chambre d'être, par sa petitesse, trop peu digne de celles auxquelles elle donne entrée.

Cette piece est éclairée par deux croisées, dont l'une enfile le milieu de la Salle d'assemblée M 10, & elle est échauffée par un poêle, la symétrie ne nous ayant pas permis de faire usage d'une cheminée. D'ailleurs, il est assez ordinaire, lorsque ces sortes de pieces ne servent pas de Salles à manger, de n'y pratiquer que des poêles, qui échauffent plus facilement les lieux destinés à contenir les Domestiques, & préservent mieux les Appartements de l'air froid des dehors.

La piece marquée M 12, est un Cabinet de vingt pieds de hauteur, sur vingt-un pieds de largeur, en tout sens : selon les circonstances, elle pouroit encore faire partie de l'Appartement de société; mais comme elle se trouve limitrophe de l'Appartement de parade, il seroit convenable de la destiner pour une Salle du dais, en observant cependant que, pour ce dernier usage, il est bon que ces sortes de pieces soient plus profondes que larges, ce qui ne se seroit pu faire ici, qu'en rendant la chambre en niche P 2, moins considérable ; parti que nous n'avons pas cru devoir prendre, parce qu'il est essenciel que, près d'une chambre parée, comme celle P 1, on pratique un double Appartement, pour l'habitation particuliere du Maître. C'est pour cette raison que nous avons préféré de faire de cette piece M 12, un Cabinet de forme quadrangulaire, & non une

Salle du dais. Quoi qu'il en soit, obfervons qu'il faut éviter, dans ces dernieres pieces, de placer le dais au-deffus de la cheminée, comme il s'en remarque aux Hôtels de Soubife, de Villeroi, &c. Car il paroît peu vraiffemblable qu'on puiffe donner des audiences publiques, ou recevoir des hommages, fous un dais ainfi placé, quoique fouvent, cette marque de dignité ne foit qu'une étiquette, dans la plupart des demeures des Grands.

Ce Cabinet doit auffi être décoré avec une forte de retenue, pour la même confidération que nous venons de rapporter, en parlant de la piece M 10; c'eft-à-dire, qu'étant deftiné à traiter d'affaires particulieres, il faut éviter dans fes revêtiffements, l'élégance des ornements; ils doivent être réfervés pour le Cabinet M 7, qui, faifant partie de l'Appartement de fociété, peut, plus raifonnablement, foutenir dans fa décoration, l'application de la fculpture, de la peinture, de la dorure & des glaces.

Des Chambres de Parade.

Les pieces marquées P 1, N 1, font deux chambres (b) parées, nommées ainfi, l'une, parce qu'elle fait partie de l'Appartement de parade P; l'autre, parce qu'elle eft une fuite de celui de fociété M. C'eft dans ces fortes de pieces, qu'on raffemble les meubles & les étoffes les plus précieufes; confidération qui ne les fait guère habi-

---

(b) Chambre, du mot Latin *Camera*, voûte furbaiffée; il dérive de *Camerus*, courbé ou cambré, parce qu'anciennement la plupart des Chambres étoient voûtées en arc de cloître.

ter par les Propriétaires, que dans des cas extraordinaires, les Maîtres préférant de se retirer, sur-tout l'hiver, dans de petits Appartements plus commodes, & d'un service plus aisé, tel qu'on remarque dans notre Plan, celui composé des pieces P 2, P 3, P 4 & P 5, au-dessus desquelles sont pratiqués des entre-sols, où le Valet-de-chambre puisse renfermer le linge, les habits, & les autres objets dont il est chargé. Ordinairement, les Chambres dont nous parlons, sont ornées de colonnes qui renferment l'enceinte du lit, & au-devant desquelles on pose une balustrade de menuiserie qui le contient & le sépare, pour ainsi dire, d'avec le reste de la piece. Alors il faut faire ensorte d'observer dans ces Chambres parées, une proportion intéressante; par exemple, à compter du devant des colonnes au mur de face, leur profondeur doit être égale à leur largeur; dimension que nous avons observée dans celles M 7 & P 1, qui chacune ont vingt-un pieds de hauteur, de largeur & de profondeur, non compris l'enceinte du lit, qui est de sept pieds; ce qui fait en tout vingt-huit pieds de profondeur.

Il est assez d'usage de revêtir de menuiserie les murs des Chambres de parade, à l'exception néanmoins, de l'endroit où le lit est contenu, qui, ordinairement, se garnit de la même étoffe que le lit; de maniere que cette tenture, non-seulement rend cette enceinte plus salubre, en apparence; mais autorise à colorier les lambris de l'intérieur de la piece, d'une couleur analogue au fond dominant des étoffes qu'on a choisies, en l'assortissant néanmoins, avec les meubles d'hiver ou d'été; ensorte, que la couleur préférée restant toujours la même, elle ne devienne jamais disparate avec les tentures qui se renouvellent deux fois l'an, dans les grands Appartements. Mais il faut savoir éviter, sur-tout dans les pieces consacrées au repos, aussi bien que dans celles destinées à une habitation journaliere pendant l'hiver, d'imprimer ces lambris en blanc; cette couleur qui imite le stuc ou le marbre blanc paroît froide à l'œuil, pour les chambres à coucher, & se salit aisément dans les pieces d'habitation. Il est vrai que l'éclat de l'or, sur un fond blanc, détermine souvent de préférer cette couleur à toute autre: mais qu'on s'en ressouvienne, nous avons dit ailleurs, que, dans les Salles de compagnie, dans les Salles d'assemblée, &c. où l'on faisoit usage, la nuit, d'une certaine quantité de lumieres; les lambris imprimés de blanc étoient trop sujets à se noircir: ce qui doit déterminer à n'employer cette couleur qu'avec beaucoup de circonspection, même partout ailleurs, que dans les Chambres à coucher dont nous parlons.

En général, depuis long-temps, dans la décoration intérieure de nos Appartements, on ne laisse plus à la menuiserie sa couleur naturelle; on la trouve triste: mais pour éviter cet inconvénient assez vrai, à certains égards, on est peut-être tombé dans un autre excès, en imprimant indistinctement toutes les pieces en blanc; ce qui, indépendamment des défauts dont nous venons de parler, éblouit & fatigue la vue. Cet inconvénient a fait imaginer, depuis, d'imprimer les lambris en verd d'eau, en jonquille, en lilas, en bleu tendre, &c. Ce moyen a réussi plus d'une fois; ces divers tons s'assortissent assez bien avec les différentes couleurs des étoffes: pour éviter la dorure, on a même essayé de rechampir les moulures des lambris : nous discuterons ailleurs l'usage qu'on doit faire de ces différentes couleurs, des rechampissages & de l'emploi de l'or, lorsque nous traiterons en particulier, de la décoration intérieure, ainsi que des plafonds, des divers compartiments des voûtes, enfin, de l'art d'unir & de marier ensemble, & sans confusion, l'Architecture, la Sculpture, la Peinture & la dorure; objets trop intéressants, pour être négligés dans nos Leçons, & dont le plus grand nombre de nos Elèves a besoin de connoître jusqu'aux plus petits détails.

La situation du lit, dans une Chambre à coucher, & principalement dans une Chambre parée, n'est point arbitraire. Il est d'usage reçu, de placer ce meuble de nécessité en face des croisées, en sorte, qu'il se trouve précisément dans le milieu de la profondeur de la piece, & vis-à-vis le trumeau des croisées ; nous disons le trumeau, parce qu'il est rare qu'on donne plus de deux croisées à une piece de l'espece de celle dont nous parlons, & qu'il n'y a que dans des cas particuliers, qu'on doit se contenter d'une seule ouverture. Sa forme, comme nous l'avons fait entendre, doit être rectangulaire, puisqu'elle contient un meuble principal, auquel cette forme semble être consacrée, & que naturellement, ce meuble doit déterminer la disposition du périmètre de la piece. Certainement, un lit, de forme oblongue, placé dans une Chambre barlongue, carrée, ou circulaire, ne peut faire un bon effet ; &, si cela se peut permettre, ce ne doit être que dans les Appartements privés, subalternes, ou en galetas. Il faut encore observer que les portes de dégagements, qui passent d'une Chambre parée, dans les Garderobes, soient percées sous les étoffes qui garnissent l'intérieur de l'alcove ; autrement, ces portes coupent les lambris, dérangent les meubles, nuisent à la symétrie, & empêchent le service journalier des Domestiques : aussi avons-nous pris cette précaution, dans la piece P 1 ; & nous y avons placé ces portes de maniere à ne pouvoir nuire aux sieges qu'on place ordinairement de chaque côté du lit. L'une de ces portes donne entrée dans la Chambre d'habitation P 2 ; l'autre, dans un arriere Cabinet P 5 : & toutes deux se communiquent encore, par les petites pieces P 3, P 4 ; la premiere servant de soupape, & la seconde de serre papier : de sorte que, par ces différents dégagements, le Maître peut à son lever, sans passer par les grands Appartements, s'entretenir avec sa famille, donner des ordres à ses gens, & expédier des dépêches, sans être troublé ni aperçu des personnes de dehors, que la curiosité pouroit attirer, pour visiter les grands Appartements.

C'est au-dessus de ces petites pieces P 2, P 3, P 4, P 5, que sont pratiqués les entre-sols, dont nous avons dit quelque chose précédemment, en parlant de l'Anti-chambre M 11. Le peu de diametre de ces petites pieces nous a déterminé à en baisser les planchers ; le rapport de leur hauteur, comparée avec leur largeur, étant essenciel à observer, lors même qu'il ne s'agit que de petits Appartements ; car, rien n'est si choquant dans un Edifice, que de rencontrer de grandes pieces trop basses, & de petites trop élevées. D'ailleurs, quoique l'entrée de ces petits Appartements soit, pour ainsi-dire, interdite aux étrangers, ils exigent une sorte de proportion, de la symétrie & une magnificence assortie à l'importance du Propriétaire; pour cela, il n'eſt pas permis de négliger les dimenſions qu'il convient de donner aux différentes pieces qui les compoſent; conſidération même, qui porte quelquefois l'Architecte à faire, d'une hauteur inégale, les entre-ſols pratiqués au-deſſus de ces pieces; ainſi qu'on peut le remarquer dans ceux du Château de Marly, au-deſſus de l'Appartement de Monſieur & de Madame la Dauphine.

La Chambre de parade N 1, eſt auſſi pourvue des Garderobes qui lui font néceſſaires, & dans leſquelles on entre par une ſeule porte, pratiquée dans l'intérieur de ſon alcove. Cette porte donne entrée à une ſoupape N 2, & de-là, dans un Cabinet N 3, qui, à ſon tour, dégage dans une Garderobe N 7, pour un Domeſtique: cette derniere a ſon entrée par l'eſcalier Y 3, qui ſert à monter aux entre-ſols pratiqués ſur tout ce ſemidouble. Arrêtons-nous un moment, pour parler plus préciſément des Garderobes en général, pièces d'où dépend la commodité des Appartements.

Quoique les Garderobes (c) tiennent, pour ainſi-dire, le dernier rang dans la diſtribution d'un Plan, cependant, c'eſt par leur ſecours que les pieces de parade & de ſociété conſervent leur beauté, acquierent de la commodité, & que le

---

(c) Garderobe, en Latin *Veſtiarium*, que Perrault entend, dans Vitruve, par *Sella familiarica*, connu aujourd'hui ſous le nom de Cabinet d'aiſance.

Garderobe, chez les Italiens, ſe prend pour Garde-meuble. On appelle Garderobe de bain, le lieu où l'on ſe déshabille; ce lieu eſt appelé par Vitruve, *Apoditerium*: il appelle celles des Théâtres, *Choragium*, & dit qu'elles ſont compoſées de pluſieurs petites pieces près du théâtre, où s'habillent ſéparément les Acteurs, & où ſe tiennent les habits, auſſi bien que tout ce qui dépend de l'appareil de la ſcène.

service des Domestiques se fait avec exactitude.

Ordinairement, sous le nom de Garderobes, on comprend les petites Anti-chambres de dégagement, les Cabinets de toilette, les Méridiennes, les petites Chambres en niche, celles où couchent les Valets-de-chambre, les lieux à soupape, les petites pieces où se tiennent le linge & les habits du Maître ou de la Maîtresse du logis. C'est aussi dans l'une de ces petites pieces qu'ils serrent avec sureté leur argent, leurs papiers, leurs titres ; enfin, on appelle Garderobes toutes celles, qui situées de plain-pied aux Appartements ou aux Entre-sols, sont autant de lieux privés, également indispensables, dans les Bâtiments élevés à la Ville ou à la campagne.

Les Garderobes de Maîtres doivent, selon leur usage particulier, être décorées avec plus ou moins de richesse; & à l'exception de celles nommées à soupape, elles doivent avoir, autant qu'il est possible, des cheminées, ainsi que la plupart de celles où se tiennent les Domestiques ; afin que ceux-ci puissent, en toute saison, procurer à leurs Maîtres tous les secours dont ils pouroient avoir besoin. Il n'est pas toujours facile de donner à ces sortes de pieces, même à celles destinées pour l'usage des Propriétaires, les dimensions que l'on desireroit ; & c'est ici que les regles de l'art se plient à la nécessité. Il en est à peu près de même, pour ce qui regarde leur décoration, où l'on peut cependant, plus que par-tout ailleurs, donner carriere à son imagination ; la symétrie, dans les formes principales, étant tout ce qu'il paroît essenciel d'y observer. Mais une chose à laquelle il faut prendre garde ; c'est que les Garderobes principales soient bien éclairées, que celles du second genre le soient suffisamment, & qu'elles aient beaucoup d'air, des dégagements & des communications, qui facilitent le service auquel elles sont destinées. Toutes celles distribuées dans notre Plan, jouissent des avantages dont nous parlons, étant comprises dans le semi-double placé derriere les Appartements de parade & de société : considération qui nous a déterminé, pour ainsi-dire, à distribuer ainsi notre projet, & tel, à peu-près, que M. de l'Assurance avoit composé son Château de Petit-Bourg, lorsqu'il le fit bâtir pour M. le Duc d'Antin.

Nous ne dirons rien ici de précis, touchant la décoration des Garderobes de Maîtres ; elles sont moins sujettes à la régularité des préceptes de l'Art, que toutes les autres pieces des grands Appartements, & il ne faut guère que du goût & un peu d'imagination, pour s'en acquitter avec succès, & parvenir à surmonter les difficultés qui se présentent dans leur distribution. D'ailleurs, de quoi le génie ne vient-il pas à bout, surtout lorsqu'il ne s'agit que des choses d'agrément, que l'usage des lieux autorise ? Nous recommanderons pourtant, dans ces sortes de pieces, comme par-tout ailleurs, de ne jamais abuser de la prodigalité de la Sculpture : moins les lieux ont d'espace, plus il faut user de retenue ; l'élégance & la légéreté dans les formes, le choix dans les ornements, des contours doux & coulants dans les Plans, sont les objets qu'il faut préférer ; la richesse des matieres, réelles ou feintes, vient ensuite, pour charmer la solitude que procurent ces différentes pieces destinées, pour l'ordinaire, à éloigner les Maîtres du tumulte qui se passe dans les grands Appartements.

A l'égard des Garderobes connues sous le nom
de

de lieux à soupape, disons qu'on y doit pratiquer une niche circulaire ou carrée par son Plan, capable de contenir une banquette d'environ quatorze ou quinze pouces de hauteur, dans laquelle on enferme un bloc de marbre, percé, évidé & taillé dans son intérieur en talus, pour faciliter la chute des matieres, telles que l'expriment les Figures de la Planche XL.

La Figure I présente le revêtissement horisontal, fait de menuiserie ou de marqueterie, que forme la banquette. A, représente la moitié de la lunette, dont l'autre est recouverte par le revêtissement B, qui s'éleve ou s'abaisse, selon le besoin. C, désigne l'endroit de la main ou poignée, qui leve la soupape ou bonde D N, Figure III, lorsqu'on veut laisser passer la matiere : voyez aussi la Figure II. E F, Figure I, sont deux poignées, la premiere, lorsqu'elle est ouverte, pour faire sortir l'eau abondamment qui chasse la matiere G Figure III, dans le tuyau de descente de la fosse H; la seconde, pour faire jouer un robinet nommé flageolet, marqué L, Figures II & III, d'où il sort un jet au milieu & au-dessus de la lunette A. Ces deux poignées en forme d'olives, sont soudées chacune, dans un tuyau de plomb I, formant un enfourchement exprimé dans la Figure II : par l'un de ces enfourchements, la poignée E, Figure I, étant ouverte, l'eau en sort avec tant d'abondance, que, lorsque la bonde ou soupape N est levée, cette eau se précipite sur le talus K K, Figure III, & rencontrant la matiere G, la chasse dans la descente H, avec tant de précipitation, que la matiere ne laisse aucune espece d'odeur dans l'intérieur de la Garderobe, sur-tout lorsque la bonde N est bien jointe & des-

Tome IV. R

cendue dans sa feuillure : car, autrement, l'exhalaison de la fosse communiqueroit dans le siége; de ce dernier, dans la piece, & enfin dans les Appartements, lors même qu'on préféreroit des fosses perdues ; fosses qui ne peuvent pas toujours se pratiquer, soit à cause de l'inégalité des terrains, soit parce que ces fosses corrompent l'eau des puits. D'ailleurs, quand il seroit possible de pratiquer de ces sortes de fosses, on ne seroit pas dispensé pour cela, de faire usage des lieux à soupape dont nous parlons, sur-tout, lorsqu'on doit les tenir près des Appartements : car les matieres qui s'attachent aux parois intérieures de la descente H, construite ordinairement en pierre ou en poterie, porteroit une odeur insuportable dans les Garderobes, malgré les ventouses que l'on doit pratiquer à tous les siéges d'aisance.

Cette bonde C D N, Figure I & Figure III, est composée d'une masse de plomb, afin que, par son propre poids, elle se ferme le plus exactement possible dans sa feuillure. Cette masse est soudée à une tige ou tringle de bronze ou de fer, qui perce le revêtissement horisontal de la banquette B, afin qu'étant assis sur la lunette A, d'une main on leve la bonde C, & de l'autre, on tourne la poignée E, & que, dans le même instant, la matiere soit précipitée dans le tuyau de descente H, avant qu'on soit sorti de dessus la lunette : ensuite, si on le juge à propos, on fait usage de la poignée F, pour faire venir l'eau au centre de la lunette A, par le flageolet L, d'où s'éleve un filet d'eau, pour se laver, ainsi que l'exprime la Figure III, & qu'elle est tracée dans le Plan de la Figure II.

On a donné long-temps à ces Garderobes, le

nom de Lieux à l'Angloife, quelques Artiftes ayant prétendu qu'on en devoit la découverte à cette Nation; mais comme plufieurs perfonnes de confidération qui habitent Londres, nous ont affuré les avoir méconnus avant leur ufage en France, nous leur donnons ici le nom de Lieux à foupape, à caufe que la bonde ou maffe N, noinmée ainfi par les Artifans, empêche par fon moyen, l'odeur des foffes d'aifance de tranfpirer dans l'intérieur des pieces, au point qu'on n'héfite plus de les placer très-près des Appartements d'une continuelle habitation, ce qui eft d'une beaucoup plus grande commodité que les chaifes percées dont on fe fervoit auparavant, & que la négligence des Domeftiques rendoit impraticables; de maniere qu'on ne fait ufage de ces dernieres aujourd'hui que par économie, ou lorfqu'on ne peut pratiquer autant de foffes dans les fouterrains, qu'on auroit befoin de les multiplier dans la diftribution d'un Plan. Nous convenons que la conftruction des aifances dont nous parlons, occafionne une certaine dépenfe; mais l'avantage qui en réfulte ne doit jamais empêcher leur ufage dans un Bâtiment un peu confidérable, ni même dans une Maifon ordinaire. Chez les particuliers, pour ne pas trop multiplier les frais, on tâche de faire répondre ces différentes Garderobes dans une même foffe : d'ailleurs, au lieu de faire ces foupapes en marbre, en bronze & en marqueterie, on peut faire le bloc en pierre, les poignées en fonte très-fimple & fans ornements, & les banquettes en menuiferie, au lieu d'ébénifterie.

Les communications qu'on eft obligé de pratiquer, entre les Lieux à foupapes, & les Appartements de Maîtres, pour faciliter l'ufage de ces petites pieces, font souvent, qu'on est obligé d'user de formes irrégulieres, dans leur Plan; mais on doit alors profiter de ces mêmes irrégularités, pour former des armoires capables de contenir différents ustensiles nécessaires à la propreté. En général, les portes de ces Garderobes doivent être à un seul ventail, les corniches être peu élevées, les moulures des lambris & les couronnements peu saillants; souvent même, la Peinture doit y être préférée aux corps de relief, &c. Revenons à présent aux pieces des grands Appartements.

Celle marquée P 6, est encore un Cabinet de vingt-un pieds de hauteur, de largeur & de profondeur : il doit être décoré avec quelque magnificence; non-seulement, parce qu'il fait partie de la principale enfilade A B; mais parce qu'il est intermédiairement placé entre une Chambre de parade & une grande Galerie. Cette piece P 6 peut servir ici au Propriétaire, pour y donner des audiences secrètes à des personnes de considération qui y seroient annoncées de préférence, par le Vestibule P 9, & par la grande Gallerie. C'est dans ce Cabinet, que doit être nécessairement placé un bureau, pour y dresser des transactions, y signer les expéditions, les dépêches, &c. Alors l'arriere Cabinet P 5, serviroit à tenir le premier Secrétaire, qui, des dehors, entreroit par une des arcades qui lui sert de croisée. Au reste, comme le Plan dont nous parlons, est supposé élevé à la campagne, & qu'ordinairement on vient s'y délasser des occupations de la Ville; l'arriere Cabinet P 5 pouroit suffire, pour contenir le bureau & les papiers du Maître. Par ce moyen, celui P 6, resteroit libre en faveur de la principale enfilade : mais, à tout événement, il seroit bon de méditer le genre de la décoration de cette piece, afin que, dans le besoin, les attributs & les allégories qui y seroient répandus, puſſent correſpondre, & à la magnificence des Appartements voiſins, & à l'uſage particulier auquel cette piece pouroit être deſtinée.

Ce Cabinet eſt éclairé par deux croiſées donnant ſur le Jardin ; l'un des murs de refend de cette piece ſe trouve placé à droite dans la partie anguleuſe K : ce mur de refend eſt double, tant à cauſe de la ſymétrie des écoinçons, que parce que cette partie anguleuſe devoit être renforcée, pour ſatisfaire à la ſolidité de cet angle rentrant. Au reſte, ces deux murs ici ſont réunis enſemble à la hauteur d'environ dix pieds, par une voûte qui forme liaiſon dans ſa partie ſupérieure. C'eſt ſur l'un de ces murs que ſe trouve placée la cheminée ; autrement, il auroit fallu l'adoſſer à celui qui ſépare la chambre de parade de ce Cabinet : alors, ſans la raiſon de ſolidité dont nous parlons, on auroit pu ſe contenter d'une ſeule cloiſon en brique, en charpente, ou en menuiſerie, telle qu'on en remarque dans les Salles d'aſſemblée M 6 & M 10. D'un autre côté, il faut ſe ſouvenir que nous avons recommandé de placer, autant qu'il eſt poſſible, les cheminées en face des principales entrées ; d'ailleurs, il étoit important de fortifier, par un double mur, cette partie du Bâtiment, comme nous l'avons obſervé dans le côté oppoſé de cet Edifice, ainſi qu'aux angles rentrants K du côté de l'entrée : de plus, ces doubles murs n'occaſionnent pas une dépenſe confidérable pour un Edifice auffi important. Autre chofe feroit, s'il s'agiffoit d'un Bâtiment économique, où il faudroit même tâcher d'adoffer les cheminées les unes contre les autres, pour les réunir à leur extrémité fupérieure, dans une même fouche, & éviter la réitération du percement des combles ; ainfi que nous l'expliquerons en parlant des couvertures & des différents objets d'économie dont il convient d'ufer, lors de la conftruction.

Des Galleries.

Les Galleries étant toujours un objet très-important dans un Edifice ; non-feulement, nous allons donner la defcription de celle comprife dans notre Plan; mais encore rapporter les dimenfions de la plupart de celles de nos Maifons Royales & de nos grands Hôtels, afin de donner à nos Eleves une idée diftincte de l'ufage, de la proportion & de la décoration de ces fortes de pieces.

La Gallerie P 7 (*d*) a vingt-quatre pieds de largeur fur cent vingt-fept de longueur, & vingt-quatre de hauteur ; en forte que fa largeur eft à peu-près à fa longueur, comme un eft

---

(*d*) Gallerie, en Latin *Porticus*, s'entend d'un lieu couvert, mais percé d'arcades, pour communiquer extérieurement autour d'un Edifice confidérable. C'eft ce que nous appelons chez nous Portique. Les Galleries comme nous l'entendons, font des pieces intérieures décorées avec magnificence, ornées d'Architecture, de Sculpture & de Peinture, & où quelquefois on fait entrer les bronzes, les dorures & les glaces, felon l'ufage particulier de ces fortes de pieces, & l'importance des Edifices où elles font élevées.

à cinq, non compris les tours creuses pratiquées dans ses extrémités. Ces tours creuses forment vouſſure, & par-là ſemblent raccourcir à l'œuil la longueur de cette Gallerie. Cependant on ne doit faire uſage de ces moyens qu'avec beaucoup de prudence; car, ainſi que nous l'avons remarqué plus d'une fois, il ne faut jamais abuſer des tours rondes, des tours creuſes & des pans coupés, dans les décorations graves, & qu'on veut tenir régulieres. Ce qui nous a déterminé ici à faire uſage de ces arrondiſſements, ce n'eſt pas la crainte que cette piece ne parût avoir trop de longueur, puiſque, comme nous le verrons dans la ſuite, les grandes Galleries peuvent avoir juſqu'à ſept fois leur largeur; c'eſt la difficulté d'éclairer ſuffiſamment les deux extrémités de cette piece, par raport à la diſpoſition des croiſées extérieures : celles ci, ſans cela, auroient occaſionné des écoinçons trop conſidérables, & une certaine obſcurité que ces tours creuſes en vouſſure, ſemblent faire diſparoître. Nous obſerverons néanmoins deux choſes : lorſqu'on eſt obligé de faire uſage de ces tours creuſes, premierement on doit faire en ſorte que ces arrondiſſements ſoient proportionnés à la grandeur de la piece, pour que les angles de la corniche puiſſent ſe remarquer aſſez, & concourir à la beauté de tout l'enſemble : ſecondement il faut obſerver, autant qu'il eſt poſſible, que ces formes circulaires ſoient répétées dans leurs côtés oppoſés, afin de ſatisfaire à la ſymétrie, ſur-tout lorſque l'entrée principale de ces ſortes de pieces ſe trouve placée ſur la longueur, comme dans notre Plan. Il eſt vrai que ces portes, ainſi diſpoſées, ne produiſent jamais un auſſi bon effet, que lorſqu'on entre par l'une des extrémités, comme à Verſailles, à Meudon, à Saint-Cloud, à Paris, dans celles du Palais Royal, de l'Hôtel de Toulouse, de Villars, &c.

On remarque, dans cette derniere, des arrondissements placés dans les deux angles du fond, beaucoup trop petits, comparaison faite avec la grandeur de la piece. Au reste, cette piece est moins une Gallerie, qu'un très-grand Cabinet, lorsqu'on vient à comparer sa longueur avec sa largeur. Chaque genre de pieces doit avoir un rapport relatif à son usage, & le mérite principal est d'observer les dimensions qui y conviennent; rapport trop négligé dans la piece que nous citons; les ornements d'ailleurs en sont trop frivoles, quoique d'une assez bonne exécution.

La Gallerie de l'Hôtel de Toulouse, au contraire, a de longueur près de six fois sa largeur; ses ornements sont d'un excellent genre, & peuvent servir d'exemples à beaucoup d'égards, pour la décoration de ces sortes de pieces; aussi en donnerons-nous les dessins, dans le Volume suivant. Nous dirons seulement ici, que les trumeaux placés entre les croisées de cette Gallerie, paroîtront trop larges, ce qui apporte un peu d'obscurité dans cette piece; mais, d'un autre côté, cette largeur, occupée par d'excellents tableaux, produit un admirable effet, & l'on peut remarquer, que le peu de lumiere dont nous parlons, est racheté avec beaucoup d'art, par les glaces placées en face des croisées; situation, seule convenable pour ces corps transparents: peut-être même le manteau de la cheminée, située en face de l'entrée, auroit-il mieux été occupé par un bas-relief que par une glace; ce bas-relief auroit été assorti au compartiment de la voûte, qui, d'accord avec celui des lambris, les peintures &

la dorure, forme un tout intéressant, digne des talents de Vaſſé le pere, qui a été chargé de l'ordonnance & de l'exécution de ce chef-d'œuvre.

La Gallerie du Palais Royal, n'a de longueur qu'environ quatre fois ſa largeur ; au reſte elle eſt décorée avec une très-grande magnificence. Peut-être les ornements y ſont-ils trop prodigués ; mais ils ſont d'un très-beau choix. D'ailleurs, cette Gallerie eſt bien annoncée par le Sallon de tableaux qui la précede ; ce Sallon eſt éclairé par en-haut. Nous ſaiſiſſons cette occaſion, pour obſerver, qu'il conviendroit que toutes les pieces un peu ſpacieuſes, & de l'eſpece de celle-ci, fuſſent ainſi éclairées ; autrement, on jouit imparfaitement des chefs-d'œuvre qu'elles contiennent ; auſſi, dans le même Palais, en a-t-on pratiqué un autre, où ſont rangés avec beaucoup d'ordre, les Ouvrages des plus grands Peintres. Il nous ſemble que ces deux exemples devroient ſuffire, pour déterminer nos Artiſtes à faire un plus fréquent uſage, dans nos Appartements, de ces pieces à double étage. Cependant, à l'exception du Palais dont nous parlons, elles ne ſe rencontrent dans aucun de nos Hôtels, ni chez nos riches particuliers, quoique la plupart des Amateurs de la Peinture ſoient convaincus du bon effet que produiſent ces pieces éclairées par en-haut, comme nous le propoſons. En effet, on ne peut diſconvenir que les Cabinets de nos Curieux, ni même les Appartements dans leſquels ſont expoſés les tableaux du Roi aux Luxembourg, ne ſoient mal éclairés : néanmoins les tréſors qu'ils contiennent méritent bien la peine qu'on y réflechiſſe ; puiſque cette lumiere mettroit en même temps, dans tout leur jour, les talents des grands Artiſtes, qui se sont signalés dans les trois Ecoles, & qu'on rassemble assez volontiers dans ces sortes de pieces.

Nous pensons encore que les Galleries qui servent à renfermer assez ordinairement ce que chaque particulier a de plus précieux en ce genre, seroient aussi très-bien éclairées de cette maniere. On devroit peut-être en user de même pour les Bibliothéques & les Cabinets d'estampes; d'ailleurs, la décoration de ces derniers deviendroit plus symétrique, & ce jour seroit plus propre que tout autre, au recœuillement nécessaire à l'étude. Il est vrai qu'on ne peut guère tirer parti de ce genre de pieces, que lorsqu'elles entrent dans la premiere composition du Plan, & qu'il est difficile de les pratiquer ainsi, dans d'anciens Edifices, sans faire de très-grands sacrifices, dans les pieces du premier étage, à cause de la construction des lanternes ou calottes qu'il y faut pratiquer, pour attirer des dehors une lumiere convenable dans les dedans; nous ajouterons même que notre climat, plus sujet aux neiges que les pays méridionnaux, apporte souvent de grands obstacles pour ce genre de couverture; mais, sans s'arrêter à ces difficultés, l'art pouvant les soumettre toutes, disons que, soit qu'on les éclaire par en-haut, comme on a vu long-temps le grand escalier des Ambassadeurs à Versailles, soit qu'on tire ces jours par des croisées supérieures, comme au Palais Royal, ou par des croisées attiques, comme on l'a pratiqué dans le second Cabinet de tableaux du même Palais, la dépense ne devient jamais assez considérable, pour rebuter un Propriétaire assez opulent d'ailleurs, pour acquérir une collection de tableaux d'un grand prix.

Nous obferverons néanmoins, qu'en tirant ces jours par en-haut, il faut éviter d'orner les extrémités fupérieures de ces ouvertures, par des vouffures portées trop près des calottes du plafond, ces deux formes en tour creufe, produifant une monotonie défagréable à l'œuil. D'ailleurs, les ornements de Peinture ou de Sculpture qu'on introduit quelquefois dans ces vouffures, ne fe trouvant éclairés que de reflet, produifent rarement l'effet qu'on a droit d'en attendre.

Nous dirons de plus que, lorfqu'on éclaire ces pieces par des lanternes verticales, il faut faire enforte que la largeur de ces dernieres foit au diamètre total, comme trois eft à cinq; & que leur hauteur ait les deux tiers de leur largeur, non compris la calotte de leur plafond. Les jours tirés d'en-haut, par des glaces inclinées, peuvent être tenus moins confidérables : il fuffit que leur largeur foit à celle de la piece, comme deux eft à trois, & que leur hauteur ait les deux cinquiemes de leur largeur. Cette derniere maniere a moins de dignité, quoique le grand efcalier des Ambaffadeurs à Verfailles, déja cité, fût éclairé ainfi. On a fuivi à peu-près les mêmes proportions dans la nouvelle Chapelle de Saint-Méry; mais la difpofition de celle de Saint-Jean-en-Grêve dans le même genre, nous plaît davantage.

Au refte, il faut convenir, que cette maniere de tirer les jours par des lanternons, ne peut réuffir que dans les pieces d'un certain diamètre; parce que ces lanternons, ainfi continués dans des Galleries, deviendroient difformes, en comparant leur largeur avec leur longueur : il faudroit alors les divifer en plufieurs parties, & cette divifion paroîtroit mefquine dans une piece d'éclat. Cette méthode ne peut donc raisonnablement être admise que pour les dortoirs dans nos Maisons Religieuses, ou pour les corridors dans nos Maisons de plaisance.

En général, il convient que les Galleries à rez-de chaussée, qui font partie des Appartements de société, & qui donnent sur des Jardins parés, soient éclairées comme toutes les autres pieces de l'Edifice. En effet, ces Galleries étant ordinairement destinées pour le jeu, le bal & les concerts, il est intéressant que, de l'intérieur de ces pieces, une nombreuse assemblée puisse jouir de l'aspect des dehors : on jouit de cet avantage dans celle de Choisy-le-Roi. Ces divers usages auxquels on destine les Galleries, font qu'on en distingue de quatre espèces : celles qui, distribuées, comme nous le disons, à rez-de-chaussée, servent d'asile à la société : celles qui, dans les Maisons Royales, servent de communication aux grands Appartements : celles destinées à servir de Bibliothèques, ou à contenir des tableaux ; & celles où l'on rassemble des machines, des curiosités d'Histoire naturelle, des médailles, &c.

Par ces différentes destinations, il est aisé de concevoir la nécessité de varier la forme, la disposition & l'ordonnance de ces différentes Galleries. Par exemple, les premieres doivent être susceptibles, dans leur décoration, de tous les objets d'agrément, tels que la Sculpture, les tableaux, les bronzes, les glaces, & tout ce qui peut inspirer la gaieté & l'enjouement : les secondes doivent être traitées avec plus de majesté ; le choix de la matiere, la proportion de l'Architecture, le détail des ornements, & la beauté de leur exécution, doivent avoir la préférence sur l'élégance des formes, & la multiplicité des contours. La simplicité doit régner dans l'ordonnance des troisiemes; & l'arrangement des Livres, suivant l'ordre des matieres, doit former leur beauté principale. Le mérite des quatriemes enfin, doit consister dans la distribution des corps d'armoire qui doivent contenir les différents genres de curiosités qu'on y rassemble; elles doivent avoir peu d'ornements, à dessein que l'attention des spectateurs se puisse porter toute entiere & sans distraction, sur les beautés de la nature.

Rarement pratique-t-on des cheminées dans les grandes Galleries; celles de Versailles, de Meudon, de Saint-Cloud, du Vieux-Louvre n'en ont point. On en a placé une à la Gallerie du Palais Royal, à celle du Luxembourg, à l'Hôtel de Villars, & à celui de Toulouse; mais ces cheminées ont été introduites dans les grandes pieces que nous citons, plutôt pour la magnificence, que pour l'utilité; puisqu'autrement il faudroit en placer à chaque extrémité, ou bien les ranger sur la longueur, ainsi qu'on le remarque dans l'une des Salles du grand Appartement du Luxembourg. Or, selon nous, ces cheminées placées ainsi, font un effet désagréable; & nous croyons qu'il vaudroit mieux les supprimer tout-à-fait, lorsqu'une n'y peut suffire.

Dans notre Plan, il s'en remarque une seule en face des croisées, à dessein de conserver l'enfilade G H, que d'ailleurs, nous ne pouvions interrompre, en faveur de la principale entrée de notre Gallerie, par le Vestibule P 9. D'un autre côté, la Chapelle P 8 se trouvant placée à l'une de ses extrémités; il étoit essenciel d'en procurer le coup d'œil, de l'intérieur de la Gallerie, lorsque les Maîtres s'y rendroient pour entendre la Messe. Nous ne dissimulerons pas néanmoins, que la situation de cette Chapelle devient un obstacle à l'enfilade G H, n'étant guère convenable, à l'exception des heures consacrées au service divin, que ce lieu de recœuillement fasse partie d'un grand Appartement, & que sur-tout il se trouve placé à l'extrémité d'une Gallerie destinée, chez un grand Seigneur, à recevoir, les jours de galas, nombreuse compagnie. Cette Chapelle ne peut donc se tolérer ainsi, que parce que la Gallerie P 7 fait ici partie de l'Appartement de parade, & non de celui de société : autrement, il auroit fallu transporter cette Chapelle par-tout ailleurs, par exemple, dans le Cabinet ou petit Sallon marqué M 6. Elle auroit eu alors pour principale entrée, la Bibliothèque ou le grand Cabinet M 5 ; lieu plus convenable que tout autre pour précéder une Chapelle particuliere, ainsi que nous aurons occasion de le dire dans la suite. Sans cette transposition, il est aisé de remarquer que l'enfilade G H n'est d'aucune utilité pour cette Gallerie, puisque, dans l'état actuel de notre Plan, d'une part, la porte qui donne entrée dans la Chapelle, doit, par décence, être presque toujours fermée, & que, de l'autre, celle du Vestibule P 9, qui donne entrée à cette Gallerie, ne doit s'ouvrir, que pour introduire ou reconduire les personnes à qui, de préférence & par distinction, le Propriétaire désireroit donner le matin des audiences secrètes, ou l'après midi, sans troubler la société qui se tiendroit assemblée dans les différentes pieces qui servent à former l'enfilade A B.

Notre Gallerie est éclairée par sept portes croisées : vis-à-vis de celle du milieu, est la cheminée, à la place de laquelle on pouroit substituer un trumeau de glace, si l'on craignoit qu'une seule fût insuffisante pour échauffer cette piece : en face de chacune des autres croisées, sont placées des arcades feintes, renfermant aussi des glaces; soit que ces arcades contiennent des portes à placard, des ouvertures, ou seulement des niches en renfoncement : nous disons des ouvertures, parce que nous avons réservé deux croisées vers K ; or, non-seulement nous croyons que celles-ci procureroient un jour louche ; mais que ces deux percés sont inutiles, parce qu'ils pouroient nuire à l'accord général, & empêcher d'examiner avec attention, les ornements dont cette Gallerie pouroit être ornée. D'ailleurs, ces deux ouvertures sont, pour ainsi-dire, indépendantes des dehors, & les glaces qu'on y substitueroit intérieurement, ainsi que toutes celles rangées de ce côté, contribueroient à répéter, du dedans de cette Gallerie, le spectacle des Jardins : derniere considération qui nous a fait préférer d'éclairer cette Gallerie à rez-de-chaussée, par des portes croisées, & non en lanternes, comme nous venons de le proposer pour les Bibliothèques ou les Cabinets de tableaux placés au premier étage. Pour bien éclairer la partie supérieure de la Gallerie de notre Plan, & toutes celles de son espece, il convient de terminer les portes croisées qui l'éclairent, en voussure; cette maniere procure plus de lumiere au plafond : mais il est intéressant de prendre garde de ne pas faire les corniches en gorge, principalement, lorsqu'au dessus, on pratique une calotte, parce que ces triples courbes placées l'une sur l'autre, produisent un mauvais effet, qui doit au moins faire préférer un entablement régulier, parce que la frife verticale de celui-ci apporte un repos, qui, placé entre la vouffure de la croifée, & la courbure de la calotte du plafond, empêche la monotonie que préfenteroient néceffairement ces trois efpeces de tours creufes; répétition toujours défagréable dans l'ordonnance de la décoration des dedans. Il eft vrai que les vouffures dont nous parlons, ne font pas continues dans toute la longueur de la piece; mais il ne faut pas moins prendre garde, que les trumeaux n'ayant guère dans les dedans, que la moitié de la largeur des croifées, ces vouffures réitérées occafionnent, comme nous venons de le remarquer, une répétition que l'homme d'expérience fait éviter; laiffant à la mode ou à la routine, tout ce qui ne préfente qu'imparfaitement les vraies beautés de l'art & l'arrangement de fes parties.

Lorfque dans les Galleries dont nous parlons, ou dans les autres pieces d'un Edifice, on introduit des glaces, foit, parce que ces pieces font fréquentées bien avant dans la nuit, à raifon de leur ufage; foit que, dans le jour, ces corps tranfparents contribuent à répandre une lumiere plus abondante, on doit prendre garde que ces glaces femblent agrandir l'efpace de ces pieces; que, pour cela, il convient de donner aux membres d'Architecture, & aux ornements de la décoration, un caractère de légéreté, qui fatisfaffe à la fois, & à la grandeur réelle de la piece, & à l'augmentation apparente que femble lui procurer l'effet des glaces. Il eft aifé de concevoir, par exemple, que fi l'on en introduit dans les trumeaux, tel qu'il s'en voit à l'Hôtel de Villars; alors ces glaces avec le vide des croifées, donnent

à la

à la Gallerie, l'air d'être percée à jour : raison qui, sans doute, a porté l'Architecte à user de trop de légéreté dans les ornements : ainsi la Gallerie de l'Hôtel de Toulouse nous plaît beaucoup plus, parce que, dans les trumeaux, on a placé des tableaux, & qu'on n'a mis des glaces qu'en face des croisées.

Nous remarquerons encore qu'il est essenciel, dans ces sortes de pieces, lorsqu'on fait usage des glaces, de ne pas en distribuer dans tout le pourtour, principalement, lorsque la hauteur du plancher n'est que moyenne ; parce que nécessairement cette multiplicité de corps transparents, semble agrandir le diamètre de la piece, ce qui fait paroître le plafond trop bas. D'ailleurs, nous croyons qu'il convient de les supprimer tout-à-fait, lorsque les trumeaux intérieurs ont moins que la moitié de la largeur des croisées : car ces glaces qui présentent des vides, semblent devoir être assujéties en quelque sorte, à la proportion régulière des ouvertures réelles : rapport auquel on ne prend pas assez garde, quand on leur donne de hauteur jusqu'à trois fois, ou trois fois & demie leur largeur. Souvent on tombe encore dans le défaut d'approcher les bordures de ces glaces, si près des chambranles, des portes ou des croisées, que ces corps solides paroissent à peine avoir six ou sept pouces de largeur, comme on le remarque au grand Cabinet de l'Hôtel de Belle-Isle : ce qui, non-seulement présente un défaut de solidité ; mais ne laisse aucun espace convenable, pour pouvoir placer sur ces pieds-droits, des girandoles, des portieres, des rideaux, &c.

Dans les tours creuses, placées aux extrémités de notre Gallerie, on pourroit pratiquer des ni-

Tome IV. S

ches, pour recevoir des ſtatues, telles qu'il s'en voit dans celle de l'Hôtel de Toulouſe à Paris; néanmoins, malgré cet exemple aſſez célèbre, ce genre de décoration nous paroît peu propre à figurer avec les ornements, les glaces & la peinture, dont ces ſortes de Galleries ſont ordinairement ornées, ces niches ne pouvant guères convenir, que lorſque ces Galleries ſont toutes décorées d'Architecture, de Sculpture & de tableaux; comme celles de Meudon, de Clagny, & celle d'Apollon au Vieux-Louvre; ou bien dans les Galleries de magnificence, telles qu'à Verſailles, où les matieres précieuſes, la Sculpture, la Peinture, les bronzes, les glaces, ſont mariés avec beaucoup d'art, & où néanmoins on remarque des ſtatues, ſans être enfermées dans des niches, ces dernieres ne nous paroiſſant guères convenables, que dans l'intérieur des Temples, ainſi que nous l'avons déja expliqué dans les Volumes précédents. Néanmoins, lorſqu'on croit pouvoir faire uſage des niches, dans les pieces dont nous parlons; il faut conſulter ſi les murs qui les reçoivent ont aſſez d'épaiſſeur pour pouvoir donner à ces niches une profondeur, qui les rende capables de recevoir les ſtatues & les attributs, ſans que celles-ci ſoient obligées d'excéder le devant de leur demi-diamètre; puiſqu'autrement, on eſt obligé de faire placer les ſtatues en porte-à-faux ſur des culs de lampes; ainſi qu'on l'a pratiqué contre toute idée de vraiſſemblance, dans la Gallerie de l'Hôtel de Toulouſe, & dans celle de Meudon. N'en doutons point, on doit préférer à ces niches imparfaites, de grandes torchieres, des candélabres, quelques beaux médailliers ou des meubles, dans le goût de ceux que Boulle, le plus célebre Sculpteur, & le plus habile Ebéniste que la France ait produit de son temps, a fait exécuter, dans nos Maisons Royales; ou si, enfin, les statues paroissent nécessaires ici, en faveur de la grandeur du vaisseau, il faut qu'elles soient isolées & portées sur des piédestaux qui prennent naissance sur le parquet. Passons à présent à la Chapelle placée au bout de notre Gallerie.

Des Chapelles, faisant partie des Appartements des Edifices de quelque importance.

Les Chapelles dont nous nous proposons de parler ici, sont de petites Eglises à rez-de-chaussée, avec Tribune pour la Musique, comme celle de Versailles & celle de Fontainebleau; ou bien, dans un Palais, c'est une piece attenant les grands appartements, & dans laquelle est un Autel pour dire la Messe & l'entendre, sans sortir du principal corps-de-logis, telles que sont à Paris, celles des Palais des Tuileries & du Luxembourg. Lorsque ces Chapelles sont détachées des Bâtiments, on les désigne en dehors, par quelques symboles puisés dans le Christianisme; autrement, il faut s'en abstenir; ces symboles se trouvant le plus souvent confondus avec les allégories profanes de l'Edifice, & plus souvent encore, avec les attributs du Paganisme; ainsi qu'on le remarque au Palais du Luxembourg du côté des Jardins.

Quelquefois ces Chapelles sont pratiquées tout près des principales pieces, comme au Château de Vincennes, à celui de Belle-Vue & ailleurs: ce qui dispense de traverser tous les grands Appartements, comme à Versailles, à Fontainebleau,

S ij

à Meudon; ou bien de descendre & de monter des Appartements dans la Chapelle, pour entendre la Messe; comme aux Tuileries & au Luxembourg; situation peu commode, l'hiver, à cause de l'air froid qu'on éprouve, pendant la longueur du trajet. Au reste, il faut convenir que si, d'un côté, ce trajet n'est pas sans difficulté, de l'autre, il est contre la bienséance de placer ces Chapelles trop près des pieces de société; puisque, raisonnablement, elles doivent être éloignées de toute action mondaine. Mais c'est, sur-tout, manquer à cette même bienséance, que de les placer, comme on ne le fait que trop communément, attenant les Anti-chambres où se tient la livrée, ou dans des retranchements pratiqués dans les Salles à manger.

La décoration des Chapelles dont nous parlons, n'exige pas moins de retenue dans son ordonnance, que de précautions pour ce qui regarde leur situation & leur disposition: leur grandeur & leurs dépendances doivent aussi être proportionnées à l'étendue de l'Edifice, au nombre des Maîtres, & à celui des Domestiques; ensorte que, selon le besoin, on pratique des tribunes, par distinction pour les premiers, & des places particulieres pour les derniers: ce qui détermine souvent à faire monter de fond ces Chapelles, comme celles de Choisi, de Meudon, &c. & ainsi que nous l'avons pratiqué dans celle marquée P 8 de notre Plan, dont la forme circulaire est de vingt-quatre pieds de diamètre, & s'éleve dans toute la hauteur de l'Edifice; de maniere que, pour arriver aux Tribunes elevées au plain-pied des terrasses du premier étage, on peut, de l'intérieur de la Gallerie P 7, y monter par le petit Escalier *f*, pris dans le massif des murs.

Cette Chapelle est éclairée par trois grandes arcades à rez-de-chaussée, & par sept autres placées au-dessus (*e*), & dont les embrasures servent de tribunes, qui se communiquent par un trotoir formé sur la saillie de la corniche; ainsi qu'on le remarque dans le Plan du premier étage de ce projet, Planche XLI.

Au rez-de-chaussée, & en face de l'enfilade de la grande Gallerie, est placé un autel & un retable, qui est détaché du nu du mur, de trois pieds & demi; ce retable est adapté contre un lambris de neuf pieds de hauteur, derriere lequel est pratiquée une petite Sacristie *g*, un passage extérieur *h*, & un Oratoire *i* pour l'Aumônier; qui, des dehors, peut entrer dans cette Chapelle, sans passer par les Appartements : ce lambris est continué circulairement par une balustrade d'appui, élevée sur trois marches; elle forme, à rez-de-chaussée, des tribunes basses, qui, par la profondeur des embrâsures *l*, procurent un espace suffisant, pour contenir des sièges, des banquettes, &c.

Cette Chapelle est terminée en calotte ornée d'arcs doubleaux qui répondent à chaque trumeau placé entre les huit arcades du premier étage. Elle est supposée construite en pierre de Liais, & son ordonnance composée de grandes parties. Les ornements doivent y être distribués avec choix & sans confusion; la proportion & la simplicité doivent y présider plus que dans tout au-

---

(*e*) La huitieme est feinte à cause de la communication du petit escalier.

tre genre de décoration ; car il ne convient point ici d'employer des ornements frivoles, ou des formes hafardées ; ils font trop contraires à la majefté du lieu : celles de Meudon, de Clagny & de Seaux font des modèles à imiter, & toutes les trois préférables à toutes celles que nous ne citons pas, mais où l'on remarque que l'Architecture, la Peinture & la dorure n'offrent que de la profufion, & de trop petites parties : exemples dangereux qui nous portent à répéter, que le premier mérite de l'Architecte confifte à monter le ftyle de fon ordonnance, à raifon de la deftination des lieux, & des matieres qu'il doit employer ; autrement, toutes fes productions fe reffemblent, quoiqu'élevées pour des fins différentes.

Nous avons déja défaprouvé dans notre Plan, la pofition de cette Chapelle, placée à l'extrémité d'une Gallerie de communication aux Appartements ; cette pofition n'étant guères favorable que dans le cas d'un Palais Epifcopal, ou de tout autre Edifice de ce genre : parce qu'alors la porte qui eft vis-à-vis l'autel, étant ouverte, procureroit la facilité au Prélat d'entendre la Meffe, de l'intérieur de la Gallerie : mais ici, cette Chapelle prive néceffairement cette Gallerie du fpectacle des Jardins ; coup d'œuil trop intéreffant pour être négligé, dans un Edifice de l'efpece de celui dont nous parlons : auffi, avons-nous déja avancé, qu'elle feroit mieux fituée dans le Cabinet ou petit Sallon N 6, l'enfilade E F, étant interceptée par le mur de refend qui divife les pieces O 2 & O 3, à caufe de la Chambre à coucher qui fait partie de l'Appartement privé; ainfi que nous le dirons bientôt.

La piece P 9, est un Vestibule de forme circulaire de vingt-quatre pieds de diamètre, qui donne entrée à la Gallerie; & celle-ci à l'Appartement de parade P, sans être obligé de passer par celui de société M; de maniere, qu'en transposant la Chapelle dans la piece N 6, la Gallerie pouroit avoir, à l'une de ses extrémités, un Sallon, dont la forme figureroit avec le Vestibule. On pouroit même orner ce dernier, à raison de la magnificence répandue dans l'ordonnance de la Gallerie, & du Sallon qui prendroit la place de la Chapelle. Ce Sallon & le Vestibule n'auroient à la vérité, que vingt-un pieds de hauteur; celle des planchers étant assujétie aux pieces de dessus; mais cela n'empêcheroit pas que la Gallerie en eût vingt-quatre : ces trois pieds d'augmentation pouvant être pris dans la hauteur des combles qui couvrent les ailes simples de ce projet.

La chambre de parade N 1, dont nous avons parlé, en décrivant celle P 1, a sa principale entrée par les pieces M 7, M 6, M 4, M 3 & M 1, qui composent l'Appartement du Maître, & celui de société. Cette piece N 1, a pour dépendances celles N 4, N 5 & N 6. Nous avons nommé celle marquée N 4, arriere Cabinet ; la Chambre N 1, étant précédée d'un Cabinet proprement dit : ensorte que la piece N 4, peut servir à contenir un bureau, & à donner entrée à la piece N 5, qui serviroit de Bibliothèque d'une suffisante grandeur, pour une Maison de plaisance : elle auroit d'ailleurs, pour supplément, le petit Sallon ou Cabinet N 6, capable de contenir des curiosités, des tableaux, des estampes, &c. Pour le service du Maître, nous avons pratiqué une Garderobe particuliere N 7; afin que, livré à l'étude, il ne soit pas obligé de traverser son Appartement, pour venir chercher celle M 2; précaution nécessaire à observer dans la distribution d'un Plan; l'Appartement P étant, comme nous l'avons déja dit, un Appartement de parade, & celui O, que nous allons décrire, un Appartement privé, destiné pour la Maîtresse du logis.

Les pieces O 1, O 2, O 3, 4, 5 & 6, composent l'Appartement d'habitation destiné pour la Maîtresse de la Maison; aussi n'est-il pas compris dans l'enfilade A B, ni dans le dénombrement des pieces indiquées dans notre Plan M, N, P. Cet Appartement privé, placé près de celui N, habité par le Propriétaire, a son entrée particuliere par l'Anti-chambre O 1; entrée qui ne doit avoir rien de commun avec celles par où les Etrangers arrivent; mais seulement pour les personnes en familiarité avec la Maîtresse qui réside dans cet Appartement. Celui-ci est composé d'une Antichambre, dont les angles sont à pans coupés; elle a vingt quatre pieds de diamètre, & est éclairée par trois portes croisées; elle peut être échauffée par un poële introduit dans la cheminée placée dans l'un de ses angles. La décoration de cette Antichambre doit être de menuiserie compartie à grands panneaux, sans Sculpture, dorure, ni glaces, non-seulement à cause du séjour continuel des Domestiques; mais encore, parce que cette piece est la premiere, qui donne entrée à l'Appartement d'habitation, lequel, comme privé, peut être décoré avec moins de magnificence; & comme tel, il est convenable qu'il n'ait aucune communication avec l'enfilade E F. Cette communication se trouve ici interceptée par le mur de refend qui sépare la piece O 3 de celle

O 2; ainsi que nous l'avons déja remarqué.

Dans l'un des massifs des pans coupés de cette piece, est placé un petit escalier à vis évidée, ainsi qu'il s'en trouve pratiqués dans les autres Pavillons placés dans les angles de cet Edifice : ces escaliers servent à monter au premier étage élevé sur ces Pavillons. A la droite de cette Antichambre, est un bouge marqué O 7, nommé ainsi, parce que cette petite piece est peu éclairée, & qu'elle ne sert ordinairement qu'à contenir du bois pour les Appartements, & pour serrer les ustensiles utiles aux Domestiques : ensorte que, par ce moyen, ces bouges ou dépots débarrassent les Antichambres, & les tiennent dans un certain état de propreté.

De cette Antichambre, on passe dans une Salle de compagnie ou Cabinet de jour O 2, éclairé par trois croisées qui donnent du côté de l'entrée : celles du côté du Jardin ne sont que feintes ; l'axe de ces dernieres ne se rencontre pas avec les autres, à l'exception de celles qui pouroient s'alligner avec l'enfilade V X : mais nous n'en avons point fait usage ici, parce que cet allignement ne se trouvant pas placé dans le centre de la piece, nous croyons qu'il vaut mieux intercepter cette enfilade, que d'en faire usage dans l'un de ses angles ; sur-tout lorsque la piece se trouve suffisamment éclairée ; ces jours placés ainsi, produisent un louche qui réussit toujours mal, comme nous l'avons remarqué ailleurs. Nous avons placé la cheminée de cette piece en face de sa principale entrée ; &, par cette position, elle arrête l'enfilade E F, pour les raisons que nous venons de rapporter. A la gauche de cette cheminée, est placée une porte à placard, qui donne entrée à la chambre à coucher O 3; enforte que l'enfilade E F, peut reprendre fon allignement, depuis la cheminée de cette Chambre, jufqu'à la porte croifée du Cabinet M 6 qui donne fur la terraffe; en fuppofant qu'on défire que les pieces N 5 & N 6, communiquent avec la piece O 3, dont nous allons parler.

Le lit de cette Chambre eft placé dans une alcove (*f*), qui differe des eftrades (*g*) qu'on remarque dans les Chambres de parade N 1, P 1; parce que les alcoves ne font foutenues que par des pieds droits; & que les ouvertures des eftrades ont pour point d'appui des colonnes, au bas defquelles font pratiquées des baluftrades, qui fouvent font élevées fur des marche-pieds, tels qu'on en remarque encore dans la plupart de nos anciennes Maifons Royales : aujourd'hui, on ne fait plus ufage de ces marche-pieds, tous nos Appartements étant parquetés. On diftingue feulement l'enceinte du lit par des tapis de pied, & par-là, on évite de monter & defcendre; ces gradins ne s'obfervent plus que dans les Chambres du dais, du trône, &c.

Nous avons recommandé que, dans une Chambre à coucher, le lit fût placé en face des croifées,

---

(*f*) Alcove, en Latin *Zeta*, ou felon les Arabes, *Elcoba*, qui fignifie une tente fous laquelle on dort : nous ferions tenté de croire que ce mot vient plutôt d'*Alveus*, qui veut dire en latin, une cellule, un efpace, un enfoncement, une retraite, une niche. Le lit d'une riviere en latin s'appelle *Alveus* : la petite cellule des ruches qu'occupe chaque chrifalide ou chaque mouche, s'appelle *Alveus* : nous en avons même fait le mot François Alvéole.

(*g*) Du latin *Stratus*, couché. Les eftrades des Divans & les falles d'audience chez les peuples du Levant, font appelés *Sopha*.

& qu'il fût situé dans le milieu d'une des extrémités de la profondeur de la piece ; ainsi qu'on le remarque dans les pieces N 1, P 1. Ici l'enfilade E F, quoiqu'interceptée, nous a empêché de le placer où est la cheminée : d'ailleurs, comme nous l'avons déja dit, il faut éviter, autant qu'il est possible, de placer la principale entrée d'une telle piece, fort près du lit; à moins que celui-ci ne soit en niche, comme dans la Chambre P 2 : autrement, l'air des pieces qui précedent, rend presque impraticable pendant l'hiver, l'usage de ce meuble essenciel : d'un autre côté, la saillie qu'il forme, vu de front, lorsqu'il est isolé, masque la décoration des portes entre lesquelles il se trouve placé : nous disons des portes ; car, pour satisfaire à la symétrie, on est obligé d'en feindre une du côté opposé à la véritable entrée : d'où il s'ensuit que le lit paroît être placé entre deux ouvertures réelles, ce qui blesse toute idée de convenance, sur-tout lorsqu'il s'agit d'un Appartement de distinction : autre chose est d'une Chambre ordinaire, où souvent, on supprime les portes feintes pour ranger le lit dans un des angles de la piece ; ce qui n'est supportable néanmoins, que dans une Maison bourgeoise, & non dans un Edifice élevé par la magnificence.

Pour pratiquer en face des croisées l'alcove de la Chambre à coucher O 3, dont nous parlons, &, tout à la fois, satisfaire à la symétrie, nous avons profité de la profondeur des deux doubles murs de refend, & nous y avons renfermé cette alcove ; de maniere qu'il n'y a que la balustrade qui saille dans l'intérieur de la piece ; & que, de l'enceinte de cette balustrade, on peut dégager, d'une part, dans le Cabinet N 4, pour arriver à la Chambre de parade N 1, & de l'autre, dans les Garderobes O 4, O 5; lesquelles auroient à leur tour leurs dégagements par la piece O 6, destinée pour une femme de chambre, qui auroit sa sortie par l'une des portes croisées, distribuée du côté de l'entrée, & par la terrasse qui regne au pourtour de cet Edifice.

Nous observerons, qu'à la place de la Garderobe O 4, destinée ici pour les lieux à soupape, on pouroit en faire un Cabinet de toilette, & placer plus convenablement ces aisances dans la petite piece O 5; car il est plus naturel de passer de la toilette dans la Garderobe, que de celle-ci dans l'autre: d'ailleurs, ces aisances transposées ainsi, pouroient servir pour l'Appartement N; & de la petite piece N 2, on en feroit un poudrier, quoique nous ayons recommandé, en général, de procurer à chaque Appartement une Garderobe particuliere à soupape, & même d'en pratiquer de doubles pour les étrangers, telle que celle M 8 que nous avons destinée à cet usage.

Nous avons déja dit, que nous avons pratiqué le passage qui se trouve à la droite du lit de la Chambre O 3, pour communiquer à l'Appartement N : nous répéterons, que ces doubles murs de refend sont observés ainsi, pour lier, d'une maniere plus constante, l'angle rentrant K du mur de face, & satisfaire à la symétrie des écoinçons de l'arriere Cabinet N 4, dans le même cas que celui P 6, que nous avons décrit précédemment.

Le grand Cabinet, ou la Bibliothèque N 5, a vingt-quatre pieds de hauteur & de largeur, & quarante-neuf de longueur, non compris la tour creuse placée à l'une de ses extrémités : cette tour creuse est encore pratiquée ici, dans l'intention de corriger le défaut de fymétrie qui fe feroit rencontré dans fes angles, fi l'on n'eut continué droit le mur de refend qui fépare cette piece d'avec le Cabinet ou petit Sallon N 6. Au milieu de cette tour creufe, fe remarque une porte d'enfilade, dont l'embrafure eft tenue un peu profonde, à caufe des maffifs des Pavillons qui s'élevent à pans coupés au premier étage, & que, dans l'embrafure de cette porte, on a pu en pratiquer deux autres petites; l'une, donnant entrée à un piffoir N 7 (*h*); l'autre, à un petit efcalier qui monte de fond : il eft bon néanmoins, d'éviter la trop grande profondeur de ces embrafures, qui néceffairement deviennent obfcures dans leur paffage; mais fouvent on s'y trouve forcé, en faveur de la fymétrie, qu'on eft obligé de conferver dans les pieces principales : enforte que c'eft à la prudence de l'Architecte, de combiner l'avantage qui peut réfulter de ce léger inconvénient, pour ofer fe le permettre ou fe le défendre abfolument.

Cette piece N 5, eft éclairée par trois portes croifées, percées dans la face latérale de ce Palais : vis-à-vis de celle du milieu eft une cheminée enfermée dans une arcade feinte, ainfi que nous en avons obfervé une, pour recevoir la porte à placard qui fe trouve placée dans l'enfilade A B. Pour plus de régularité, nous en avons auffi affecté une de l'autre côté de la cheminée ; de ma-

---

(*h*) Cette petite piece n'auroit de hauteur que huit à neuf pieds, & feroit voûtée, afin que le vide qu'elle occupe dans le maffif, ne pût nuire à la folidité des pans coupés placés dans les angles du premier étage : voyez ces pans coupés dans la Planche XLI.

niere, que vis-à-vis des trois arcades réelles, on en trouve autant de feintes, qui, en satisfaisant à la symétrie, n'en reçoivent pas moins différents genres de décorations, assorties à l'usage de la piece. Ce seroit dans les trumeaux placés entre chacune de ces arcades réelles ou feintes, qu'on pouroit, en calant les lambris, pratiquer des armoires pour contenir des livres; cependant, nous dirons qu'il est bon d'observer, de ne jamais placer ces Bibliothèques, dans l'enfilade du principal corps de logis, leur usage particulier exigeant une sorte de recœuillement qui, dans les heures d'étude, priveroit nécessairement de la jouissance de l'enfilade A B, ce qui, dans ce Plan, deviendroit un défaut essenciel; ou, ce qui seroit pire encore, on s'y trouveroit distrait, par le concours de la société, les portes étant ouvertes: ensorte que le moyen d'éviter ces deux inconvénients, ce seroit de faire ce Cabinet de Livres, ordinairement peu nombreux à la campagne, dans le Cabinet ou petit Sallon N 6, si l'on n'y plaçoit pas la Chapelle, comme nous l'avons proposé précédemment; ou bien on pouroit transporter au premier étage cette Bibliothèque, & faire des deux pieces N 5 & 6, ou seulement de la piece N 5, un Cabinet de tableaux, qui se trouveroit placé alors avec une sorte d'intérêt, à l'une des extrémités de l'enfilade des grands Appartements.

Il ne nous reste plus guère à parler que des Escaliers; mais comme ce genre de pieces exige des connoissances particulieres, nous allons d'abord en traiter d'une maniere générale: nous parlerons ensuite de celui Y 1, par lequel nous terminerons la distribution du rez-de-chaussée de ce Palais.

Des Escaliers en général.

Ce que les Anciens ont laissé concernant les Escaliers (*i*), nous fournit peu d'exemples. Ce qu'il en reste aux Thermes, aux Théâtres, aux Amphithéâtres, dans les Temples & ailleurs, nous prouve assez, que les Architectes de l'Antiquité ont négligé cette partie du Bâtiment ; sans doute, parce qu'ils distribuoient leurs Appartements à rez-de-chaussée, & qu'ils ne pratiquoient que de petits Escaliers, pour monter aux entresols & sur les terrasses. Ce qui nous confirme dans cette opinion, c'est que les vestiges que l'on remarque dans la plupart des ruines de ceux de l'ancienne Rome, ont des dégrés fort élevés, étant faits, pour l'ordinaire, sur la proportion du triangle de Pytagore (*k*) ; ensorte, qu'il n'est guères possible de concevoir que ces Escaliers fussent propres à l'usage des Bâtiments civils ; l'inclinaison de leur limon étant trop roide, & leurs dégrés trop élevés.

Entre les Auteurs qui ont écrit depuis Vitruve, tels qu'Alberti, Palladio, Savot & Scamozzi, ce dernier est celui qui s'est le plus étendu sur cette partie de la distribution, dont il propose dix exemples : savoir, six pour les grands & moyens

---

(*i*) Escalier, du latin *Scala*, qui dérive du verbe *Scandere*, monter.

(*k*) Vitruve prétend, L. 9. C. 2, que parmi les différents usages de ce triangle, si nécessaire dans le Bâtiment, celui de déterminer la mesure des Escaliers, est le plus utile ; car, dit-il, si l'on partage la hauteur depuis le rez-de-chaussée jusqu'au premier étage, en trois parties, & qu'on donne quatre de ces parties à la base, l'oblique qui aura cinq parties, sera une inclinaison convenable pour établir les rampes & les marches des Escaliers.

Escaliers, & quatre pour les petits. Les six premiers qu'il appelle à branche longue & simple, à branche double avec des paliers dans le milieu, à branche double ou simple, & vide dans le milieu, à branche simple ou double avec les dégrés secrets ou de dégagement, à branche à quatre rampes, de droite & de gauche, & vide dans le milieu. Les quatre autres pour les Escaliers de dégagement qu'il apelle en amande, en ovale, en coquille & en limace, dont il donne l'explication dans son Livre. Nous y renvoyons nos Eleves: la plupart de ces différents genres d'Escaliers ne sont plus en usage; nos Architectes François ont fait des découvertes beaucoup plus intéressantes à cet égard.

Savot rapporte aussi que les Anciens se servoient fréquemment des Escaliers à rampes sans marches, mais seulement en talut, auxquels ils donnoient de hauteur la sixieme partie de la base, ainsi que Vignole l'a observé au Château de Capraroles, & qu'il s'en voit un au Palais du Vatican à Rome, & aux grands Escaliers en terrasse du Château neuf de Saint-Germain-en-Laie. On en voit encore à peu-près de cette espece dans les Jardins du Château de Trianon (*l*), placés à la tête d'un des bras du Canal de Versailles; mais ces Escaliers ne sont d'usage ordinairement que pour les écuries souterraines, les serres, & les orangeries; ils ne font pas partie des Escaliers dont nous voulons parler, & que l'on peut considérer au nombre de vingt-quatre.

Par exemple on appelle principal ou grand

(*l*) Ces sortes d'Escaliers se nomment à girons rampans, parce que les marches qui les composent, ont beaucoup de largeur & peu de hauteur, & par conséquent un talut assez doux, pour que les chevaux puissent y monter & descendre.

Escalier,

Escalier, celui qui, ne montant qu'au premier étage où sont placés les beaux Appartements, est le plus spacieux de l'Edifice, & dont la décoration répond à la magnificence du grand Seigneur qui l'a fait élever.

On appelle *Escalier en péristyle circulaire*, celui dont les rampes (*m*) sont portées sur des colonnes, tel que celui à vis du Château de Capraroles; celui du Palais Borghèse à Rome; & à Paris, celui de l'Hôtel de Beauvais.

On appelle *Escalier à péristyle droit & en perspective*, celui dont la rampe continue (tel que celui du Vatican) se trouve entre deux rangs de colonnes non paralleles, & dont les diamètres sont inégaux; de maniere que celles d'en-haut sont environ d'un cinquieme moins élevées que celles d'en-bas, quoique du même ordre, & d'un diamètre proportionné à leur différente hauteur; ensorte que le berceau (*n*) rampant qui porte ces colonnes, n'étant pas non plus parallele à la pente des marches, l'ensemble de la cage de l'Escalier forme une gradation d'objets qui lui donne

---

(*m*) On comprend sous le nom de *rampes*, autant une suite de dégrés sans interruption entre deux paliers, que leur balustrade à hauteur d'appui, que ces dernieres soient de marbre, ou de pierre, ou de fer, &c. On appelle *rampe courbe*, une portion d'Escalier à vis suspendue, ou à noyau évidé, laquelle se trouve par une cerche rallongée, pour former des quartiers tournants à l'usage des Escaliers circulaires. On appelle *rampe à ressaut*, celle dont la continuité est interrompue par des piédestaux placés dans les angles des paliers: mais il faut observer, que celles-ci ne sont jamais si bien que les rampes continues.

(*n*) On appelle *berceau*, une voûte en plein-cintre, comme celles d'une cave, d'une écurie & d'une orangerie, qui peuvent être considérées comme voûtes droites, biaises, ou en ogive.

une longueur apparente au-dessus de la réalité. Cet ouvrage ingénieux est du Cavalier Bernin.

On appelle *Escalier à deux rampes alternatives*, celui qui est droit, & dont les échiffres (*o*) portent de fond, tel qu'un mur de refend; ainsi qu'on le remarque aux grands Escaliers du Vieux-Louvre à Paris, &c.

On appelle *Escalier à deux rampes paralleles*, celui qui, d'un même palier à rez-de-chaussée, monte au premier étage par deux rampes, l'une à droite, l'autre à gauche, sur deux murs de refend opposés, & qui aboutissent en-haut sur un palier (*p*) commun; tel que celui du Château de Saint-Cloud, qui différe de celui du Palais des Tuileries, en ce que ce dernier est composé de trois rampes, l'une qui monte sur un palier, pratiqué environ à la moitié de sa hauteur, & deux autres qui montent de ce palier au premier étage.

On appelle *Escalier à deux rampes opposées*, celui qui monte à droite & à gauche, par deux rampes égales, vis-à-vis l'une de l'autre, & qui

---

(*o*) *Echiffre* est le mur rampant qui porte les marches d'un Escalier, & sur lequel on pose la rampe de pierre ou de fer; il est ainsi nommé, parce que pour poser les marches, on marque sur ce mur des chiffres, qui expriment leur quantité, la largeur de leur giron & leur hauteur.

(*p*) *Palier* ou repos, est un espace entre deux rampes & dans les retours d'un Escalier; & dont la largeur communément est égale à la longueur des marches, ces paliers servent à se délasser de la fatigue d'avoir monté ou descendu de suite, une certaine quantité de marches. Il est des demi-paliers qui n'ont de largeur que deux girons, & que Philibert de Lorme appelle double marche; mais il en faut éviter l'usage, si ce n'est dans les Escaliers à vis, ou petits Escaliers dérobés, où de vingt marches en vingt marches, on peut observer un palier que l'on nomme triangulaire.

toutes deux commencent sur un palier commun au rez-de-chauffée, & finissent à une même hauteur, tel qu'on a vu celui des Ambassadeurs à Versailles.

On appelle *Escalier commun*, celui qui dans un Bâtiment, sert à communiquer à deux corps-de-logis par des paliers de communication, quand les étages sont de plain-pied; ou par des paliers alternatifs, lorsque les Appartements sont d'inégale hauteur; ainsi que cela arrive dans presque toutes les Maisons particulieres, dont le corps-de-logis est sur la rue, & les autres Appartements en aîle, entre cour & jardin.

On appelle *Escalier à repos*, celui dont les marches des rampes droites sont paralleles, & se terminent alternativement à des paliers, soit qu'ils ne montent qu'au premier étage, soit qu'ils montent jusqu'aux combles.

On appelle *Escalier à quartiers tournants*, celui dont les rampes dans une cage de moyenne grandeur, sont obligées de retourner plusieurs fois pour arriver à la hauteur d'un étage proposé, & qui, dans chacun de leurs retours, ont des paliers ou des marches tournantes en forme de rayons, où les colets (*q*) viennent se réunir; ce qui doit déterminer à arrondir ces quartiers tournants le plus qu'il est possible, afin de procurer une plus grande largeur à ces colets, qu'il faut cependant éviter dans un Escalier un peu considérable.

On appelle *Escalier triangulaire*, celui dont le

(*q*) *Colet* s'entend ordinairement de la partie la plus étroite du giron d'une marche. Il faut les éviter, autant qu'il est possible, dans les grands Escaliers; ils ne sont tolérables que dans ceux de dégagement.

limon (*r*) & la cage forment deux triangles parralleles ; mais ces Escaliers ne doivent être d'usage que pour les dégagements. On appelle encore Escalier triangulaire & à double rampe, celui dont les limons font faits de deux triangles dans une cage carrée, construits ainsi par la sujétion du terrain ; cet Escalier peut se mettre en pratique dans les Bâtiments ordinaires.

On appelle *Escalier cintré*, celui dont une des extrémités est circulaire ou elliptique, ensorte que les collets de ses marches sont plus larges, vers cet arrondissement que vers son noyau (*s*), comme dans tous les Escaliers à vis (*t*), qui se pratiquent avec des courbes rampantes & suspendues, tel que celui de l'observatoire.

On appelle *Escalier à jour*, celui qui, non-seu-

(*r*) On appelle *limon*, une tablette rampante, qui, dans un Escalier, sert à porter les marches, les rampes ou les balustrades.

(*s*) *Noyau*, est un cilindre de pierre qui porte de fonds, & qui est formé par les colets des marches gironnées d'un Escalier à vis. On appelle *Noyau creux*, celui qui étant d'un diamètre suffisant, contient une descente ou décharge pour les eaux des combles, tel qu'il s'en remarque aux Invalides. On appelle *Noyau creux*, *évidé* ou *suspendu*, celui qui étant percé à jour, en forme d'hélice, produit une légéreté agréable dans sa construction, tel qu'on le remarque aux petits Escaliers qui montent aux tribunes de la Chapelle de Versailles, & au Château de la Ménagerie. On appelle aussi *Noyau*, une piece de bois posée à plomb, qui reçoit dans ses mortaises, les tenons des marches d'un Escalier de charpente.

(*t*) *Vis*, s'entend d'un noyau plein ou évidé, fait en spiral, & taillé d'une grosse moulure en forme de scotie pour recevoir un écuyer. Il faut avoir attention au diamètre de ce noyau, pour y creuser cette moulure, & si l'on craignoit qu'elle n'en altérât la solidité, il seroit mieux de placer cette scotie dans le mur de cage, tel qu'on l'a pratiqué à l'Escalier à vis qui monte du premier étage au comble du Château de Maisons.

lement est tout ouvert d'un côté sans croisées, sans portes, ni balustrades; mais aussi généralement tous ceux dont les murs d'échiffre, les limons ou les noyaux sont évidés; ensorte que la lumière, soit qu'elle vienne des murs de face, soit qu'elle vienne d'en-haut, plonge facilement sur les paliers.

On appelle *Escalier rond*, *sphérique*, ou *cylindrique*, celui qui est en vis ou hélice avec noyau, & dont les marches tournantes, en forme de rayons droits, mixtes ou courbes, portent des délardements (*u*), ou adoucissements rampants : ces marches sont soutenues par leurs colets sur les cylindres qui montent de fond, & dont elles sont partie.

On appelle *Escalier rond suspendu*, celui qui est sans noyau, & dont les marches tiennent à une espece de limon formant spirale, qui laisse un vide circulaire dans le milieu, faute de jour sur le mur de cage, afin d'éclairer au moins les colets de ces marches par en-haut, lorsque ces sortes d'Escaliers sont pris entre deux murs de refend.

On appelle *Escalier rond à double vis*, celui qui a de doubles rampes l'une sur l'autre, tel que celui de Chambor, dont les marches tiennent par leurs colets à un mur intérieur aussi circulaire, & percé d'arcades, qui donnent du jour dans le milieu, tel encore que celui des Bernardins à Paris.

On appelle *Escalier à vis Saint-Gilles*, ronde,

(*u*) *Délarder*, c'est couper obliquement le dessous d'une marche de pierre que l'on veut rendre apparente & sans ravalement, soit qu'elle soit à joints ou à redens ; c'est pourquoi l'on dit dans un devis, que les marches porteront leur délardement. Ce terme s'applique aussi aux Escaliers de charpente, lorsque l'on en veut ravaler la coquille, ou laisser les bois apparents par économie.

celui dont les marches portent une voûte rampante fur le noyau, tel que celui du Prieuré de Saint-Gilles en Languedoc, dont le nom lui a été donné, & à l'exemple duquel ceux de Saint-Martin, des Barnabites, de Saint-Roch, à Paris, &c. ont été exécutés.

On appelle *Escalier à vis Saint-Gilles, carrée*, celui qui au lieu d'être conftruit dans une cage circulaire, eft pratiqué dans une cage carrée par fon Plan, tel qu'il s'en remarque au Luxembourg, à Paris.

On appelle *Escalier ovale à noyau fufpendu*, celui qui ne diffère des précédents que par fon Plan qui eft elliptique.

On appelle *Escalier en limace* (x), celui qui, dans une cage ronde ou ovale, a fes rampes qui tournent à vis autour d'un mur circulaire percé d'arcades rampantes, & foutenu par des vouffures en trompe.

On appelle *Escalier en arc de cloître, à lunette & à repos*, celui dont les paliers carrés en retour, portés par des voûtes en arc de cloître, rachètent des berceaux rampants, dont les retombées font foutenues par des arcs auffi rampants, qui portent fur des piliers ou noyaux montants de fond, qui laiffent un vide au milieu, & dont les arcs rampants forment des lunettes en décharges oppofées dans les berceaux, tel qu'il s'en remarque au grand Efcalier du Luxembourg.

―――――――――――――――――――

(a) *Limace*, nom qui dérive de l'efpèce de voûtes dont font conftruites ces fortes d'Efcaliers ; on les nomme voûtes en limaçons, ce qui s'entend de toute voûte fphérique, ronde, droite, furbaiffée, ou furmontée, & dont les affifes ne font pas pofées de niveau ; mais conduites en fpirale depuis les couffinets jufqu'à la clef.

On appelle *Escalier en arc de cloître, suspendu & à repos*, celui dont les rampes & paliers carrés & en retour, portent en l'air sur une demi-voûte en arc de cloître, comme celui de l'aile du nord au Château de Versailles.

On appelle *Escalier hors œuvre*, celui dont la cage est en dehors d'un Bâtiment, y tenant seulement par un de ses côtés, tel qu'on pratiquoit la plupart des anciens Escaliers, qui aujourd'hui ne sont plus d'usage, à moins qu'ils ne se trouvent compris dans un pavillon saillant, pour symétriser avec un autre qui lui sera opposé.

On appelle *Escalier dérobé*, celui qui sert à dégager les Appartements du premier étage, & du rez-de-chaussée d'un Bâtiment; il sert aussi à monter aux entresols & aux étages en galletas; la plupart de ces Escaliers montent de fond, & descendent même jusques dans les souterrains.

On appelle enfin, *Escalier en fer à cheval*, celui qui dans l'extérieur d'un Bâtiment est appelé communément grand Perron (*y*), dont le Plan est circulaire, & les marches non paralleles, tel que

---

(*y*) *Perron*, est un grand Escalier découvert dans un Bâtiment, qui se fait de différentes formes & grandeurs, selon l'espace & la hauteur où il doit arriver : il en est de plusieurs espèces, de doubles, de carrés, de cintrés & à pans.
Les Perrons doubles, sont ceux qui ont deux rampes égales, qui arrivent à un même palier, ou deux rampes opposées pour y arriver, comme celui de la cour des Fontaines à Fontainebleau. Il en est d'autres qui ont ces deux dispositions, tel que celui du Château neuf de Saint-Germain, du dessin de Guillaume Marchand, Architecte de Henri IV, & ceux du Jardin des Tuileries, par le Nôtre. L'usage de ces derniers est fort ancien ; car, au rapport de Delande, dans son Livre des beautés de la Perse; on voit encore, dit-il, les vestiges d'un Perron de cette espèce, parmi les ruines de Tchesiminar, près Schyras en Perse.

celui de Fontainebleau, celui de Trianon près Versailles, &c.

De la maniere de placer convenablement les Escaliers dans un Bâtiment.

On plaçoit autrefois les Escaliers en saillie au milieu du Bâtiment dans des tours rondes, dans des tours ou des pavillons carrés, circulaires ou à pans, ainsi qu'on le remarque encore aujourd'hui dans la plupart de nos anciens Châteaux. Cela se pratiquoit ainsi, selon l'opinion des Architectes de ce temps, dans l'intention de laisser libre la communication intérieure des Appartements; mais comme on a reconnu depuis que cette disposition défiguroit l'ordonnance extérieure de l'Edifice. On a préféré de les situer dans la cage du Bâtiment, ensorte qu'il ne s'en construit plus de cette premiere espèce dans nos Maisons un peu considérables; mais à leur place on construit de grands Perrons, tels que ceux dont nous venons de parler.

A ces Escaliers en saillie, ont succédé ceux qui sont placés dans le milieu de l'intérieur de l'Edifice, tel que se remarque encore celui du Palais du Luxembourg, & qu'on a vu dans le dernier siecle, celui que Philibert de Lorme, avoit

---

Les carrés, sont ceux qui sont d'équerre, comme à la Sorbone, au Val-de-Grâce, à Marly, &c.

Les cintrés, sont ceux dont les marches sont rondes ou ovales, & qui forment un palier circulaire ou elliptique au milieu; ainsi qu'on le remarque dans les jardins du Luxembourg.

Le Perrons à pans, sont ceux dont les encoignures sont coupées par un angle de 45 dégrés, comme au portail des quatre Nations à Paris.

fait conſtruire dans le gros Pavillon du milieu du Château des Tuileries (z). Ces Eſcaliers ainſi placés communiquoient ſouvent à deux Appartements diſtribués à la droite & à la gauche de l'Edifice ; ce qui dans ce temps, paroiſſoit ſuffire pour la demeure des têtes couronnées : aujourd'hui nous ne penſons plus de même ; le commerce que nous avons eu avec les Romains, qui donnoient la plus grande partie de leur loiſir au faſte & à la magnificence, nous a fait imaginer de longues ſuites d'enfilades d'Appartements, par leſquels il convient de paſſer, avant d'arriver à l'Appartement du Maître ; & c'eſt cette conſidération qui nous fait éviter de placer les grands Eſcaliers dans le milieu de l'Edifice ; & nous engage à préférer leur ſituation à la droite du Veſtibule ; tel que le Veau eut ordre de le faire au commencement de ce ſiecle, au Château des Tuileries. Au reſte, cette ſituation nous paroît préférable à toute autre, malgré le ſentiment de quelques Architectes, qui, indiſtinctement les placent dans des aîles particulieres, de maniere à n'être pas aperçus ; tel étoit l'ancien Eſcalier du Palais Royal. Diſons donc, que dans une Maiſon de quelqu'importance, & principalement lorſque le bel Appartement ſe trouve ſitué au premier étage, il convient d'annoncer le bél Eſcalier dès le Veſtibule, en obſervant pour cela une

---

(z) Cet Eſcalier étoit rond & à vis ſans noyau, la rampe en étoit ſuſpendue en l'air, ſon diamètre étoit de 27 pieds partagés en 3, 9 pieds pour chaque longueur de marche, & neuf de vide. Il étoit conſtruit avec tant d'induſtrie, & tant d'art, au rapport de François Blondel, qu'il ſervoit, dit-il, d'étude à ceux qui vouloient s'inſtruire dans la ſcience de l'art du trait.

grande ouverture, qui peut se terminer dans son extrémité supérieure, par une plate-bande droite soutenue par des colonnes ou des pilastres, ou par un arc surbaissé, élevé sur des piédroits, afin d'éviter par ce percé, un mur de refend qui masqueroit nécessairement l'entrée de l'Escalier. D'ailleurs il est bon d'observer, que dans un grand Bâtiment, cette piece doit être susceptible d'une belle ordonnance, qui contribue ordinairement à annoncer aux étrangers, la magnificence du Propriétaire qu'ils viennent visiter. Cette situation cependant, n'a pas toujours été observée dans la plupart de nos Edifices à Paris : par exemple, l'Escalier de l'Hôtel de Toulouse, a non-seulement le défaut d'être placé à la gauche du Bâtiment; mais encore, d'être si éloigné du Vestibule qui lui donne entrée, que ce chemin qu'il faut parcourir le rend presque toujours ignoré des personnes de dehors. Au contraire, aux Hôtels de Soubise, de Luines, d'Auvergne, &c. les Escaliers sont placés à droite. Il semble en effet que la nature nous porte à chercher nos besoins de ce côté; & nous estimons, que pour se dispenser de ce préjugé ou de cette habitude, il faut avoir des raisons essencielles, telles que l'exposition ou la situation d'un Edifice; ce sont les seules considérations qui doivent déterminer à changer ces Escaliers de côté, pour distribuer les Appartements selon leurs divers usages, au midi, au levant, ou au septentrion.

Il faut observer encore, que dans un Bâtiment considérable, composé d'un principal corps-de-logis, & de plusieurs grandes aîles; il est nécessaire de pratiquer différents Escaliers de Maître, qui s'annoncent également bien aux Etrangers, tel qu'on a vu celui des Ambassadeurs à Versailles, & que l'on y voit encore celui nommé de la Reine, & celui des Princes. A l'égard des moyens Escaliers, & de ceux de dégagement; leur situation n'exige pas tant de sévérité, n'étant construits, la plupart, que pour la communication des Maîtres les uns avec les autres; ensorte qu'il suffit de les placer de maniere qu'ils ne puissent interrompre les principales enfilades qui traversent les pieces de parade & de société. Il faut observer encore de les distribuer de façon qu'ils dégagent plusieurs Appartements à la fois, afin qu'en évitant leur multiplicité, on évite aussi la perte du terrain qu'ils occupent, & une dépense toujours assez considérable.

Pour ce qui est des Escaliers de dégagement, il est bon d'observer de ne les jamais placer trop près des chambres à coucher, principalement lorsque les murs auxquels ils sont adossés, ne sont que des cloisons, parce que le bruit que font les Domestiques dans leur service, trouble le repos des Maîtres. Au moins, faut-il avoir soin, lorsque cela ne se peut autrement, de construire ces Escaliers en pierre; ou, lorsqu'ils sont de charpente, revêtir le dessus des marches avec des dales dans toute leur longueur, & dans toute la largeur de leur giron, à dessein de rendre ces Escaliers plus sourds, & d'empêcher le bruit de pénétrer jusques dans les Appartements d'habitation.

De la grandeur des Escaliers.

L'espace qu'occupe un Escalier, doit être proportionné à la grandeur du Bâtiment; il faut entendre néanmoins que cet espace ne comprend que la grandeur de la cage, la longueur des marches, & l'intervale que l'on obferve entre leurs limons; car la hauteur & le giron (*a*) des marches, auffi-bien que leur appui, doivent être à peu-près par-tout les mêmes, foit dans les Efcaliers des grands Edifices, foit dans ceux des Maifons particulières. A l'égard de leurs cages, la hauteur des planchers détermine leur grandeur, de même que la réitération des paliers; ceux-ci doivent être mis en ufage en plus ou moins grande quantité, felon l'étendue du Bâtiment, & l'importance du Propriétaire. Au refte, il faut obferver en général, que les Efcaliers n'occupent pas trop d'efpace dans une Maifon particulière, ainfi qu'il feroit hors de convenance que, dans un grand Edifice, l'Efcalier fût trop refferré; en forte que pour éviter l'un & l'autre excès, on peut établir, que les moindres longueurs des marches, doivent être de quatre pieds, & les plus grandes de huit à neuf; encore ces dernières ne doivent-elles être mifes en œuvre, que dans les Maifons Royales, ou dans les Edifices deftinés aux Communautés Religieufes.

Les vides qu'on obferve aujourd'hui entre les limons, occafionnent beaucoup d'efpace pour les

---

(*a*) Giron, fous ce nom on entend la largeur d'une marche fur laquelle on pofe le pied. Il en eft de droits, de triangulaires, & de rampants. Les premiers font ceux qui font continués entre deux lignes parallèles, foit que les marches foient droites, courbes ou finueufes. Les feconds, font ceux qui fe rétréciffent vers le colet, & s'élargiffent vers le mur de cage. Les troifiemes font ceux qui ont une pente fuffifante pour écouler les eaux, ou bien une grande largeur, fort peu d'élévation, & une pente affez confidérable pour que les chevaux puiffent en monter les marches.

cages des Escaliers; mais d'un côté, il en résulte que les paliers se trouvent placés convenablement, dans les quartiers tournants, & de l'autre, que du rez-de-chauffée, l'on découvre les calottes, que l'on affecte ordinairement dans l'extrémité supérieure de leur cage. D'ailleurs, ce vide un peu spacieux dégage les rampes, leur procure de la lumière, & donne à leur construction & à leur ordonnance, un air de légéreté qui produit toujours un bel effet.

Des différentes formes des Escaliers.

Quoique nous ayons reconnu précédemment, que la forme des Escaliers étoit infinie, il faut convenir ici, que les formes carrées ou quadrangulaires, sont préférables, principalement lorsqu'il s'agit des grands Escaliers à l'usage des Edifices publics, & des Maisons Royales, malgré les exemples de cette espèce, que nous remarquons dans quelques-uns de ces Monuments, où l'on en voit de circulaires, à pans, ou demi-elliptiques, ce qui ne peut être imité que dans les Escaliers de peu d'importance, & où l'on se trouve contraint de faire usage de ces différentes formes, par quelques sujétions indispensables; encore faut-il éviter d'employer dans les rampes de ces Escaliers, des marches bombées en dehors, ou creusées en-dedans, comme semble l'autoriser Palladio. Cette maniere de gironner les marches est peu sûre, principalement lorsque les girons ne sont pas paralleles.

Le génie que l'on ne peut refuser à quelques-uns de nos Architectes François, forcés d'ailleurs par quelques circonstances difficiles à surmonter, leur a fait imaginer plus d'une fois des formes irrégulieres dans le Plan de leurs Escaliers, dans le contour de leurs limons, & dans la sinuosité de leurs marches; mais il est certain que ce sont autant de licences à éviter dans cette partie du Bâtiment; la noblesse & la simplicité devant être préférables à la singularité. L'esprit toujours attentif dans l'action qui nous fait monter ou descendre, aime à rencontrer des formes simples & analogues aux mouvements naturels qui nous font agir; de maniere que si le génie peut avoir lieu à l'égard des Escaliers, il ne doit se manifester que dans ce qui concerne leur décoration.

De la lumiere qu'on doit donner aux Escaliers.

Après la commodité, le jour doit être regardé comme la principale partie dans un Escalier; l'égalité de la lumiere est aussi une chose à laquelle il faut prendre garde, afin de n'en pas répandre trop dans certains endroits, & trop peu dans d'autres : cette opposition produit un mauvais effet dans un lieu qui est extrêmement fréquenté; & l'égalité de la lumiere dans un Escalier demande toute l'attention de l'Architecte, parce que plus la lumiere est vive sur une rampe, plus le passage de cette grande lumiere, à un palier moins éclairé, est désagréable; c'est ce qu'on remarque à celui des Princes au Château de Versailles, qui quoique vaste, a le défaut d'être mal éclairé, ainsi que la plupart de ceux de nos beaux Hôtels à Paris; considération qui devroit déterminer, selon nous, à tirer le jour de ces sortes de pieces par en-haut, comme on l'avoit observé à celui des Ambassadeurs, du Château que nous venons de citer; parce qu'alors les rampes reçoivent un jour égal, principalement lorsqu'elles ne montent qu'au premier étage, & que l'on prend soin de laisser un vide spacieux entre les limons des rampes. Il est bon aussi d'éviter dans ce cas, de pratiquer un palier continu au-dessus des rampes; ce palier porteroit sur les marches une ombre inévitable, qui rendroit leur pratique peu sûre; ensorte que, si l'on est obligé de faire retourner plusieurs fois les rampes les unes sur les autres, il faut préférer les croisées dans les murs de cage placés à chaque étage du Bâtiment, & tâcher qu'elles se trouvent disposées symétriquement en face de chaque palier, ou au moins au milieu des rampes, ce qui à la vérité n'est pas toujours facile, parce que la disposition de ces croisées par rapport à l'Escalier, doit être assujétie à l'ordonnance du dehors. Cette considération doit porter l'Architecte à se rendre compte, avant de mettre la main à l'œuvre, de la distribution intérieure, & de la décoration extérieure de tout son Edifice.

Si pour quelque raison indispensable on se trouvoit forcé de construire un Escalier situé de maniere à ne pouvoir tirer des jours que par en-haut, & qu'on fût obligé de monter de fond cet Escalier, c'est-à-dire, de lui donner plusieurs rampes les unes sur les autres, il faudroit avoir attention de ne faire le diamètre de la lanterne, que de la largeur du vide entre les limons, afin que la lumiere verticale d'un des côtés de cette lanterne placée à droite, pût éclairer les rampes de la gauche, & ainsi de suite; à moins qu'on ne pratiquât cette lumiere en forme de comble. Mais comme cette maniere de tirer des jours par en-haut n'a rien d'agréable pour la décoration extérieure, il faut tâcher de préférer les lanternes proprement dites, dont nous avons parlé en traitant des Cabinets de tableaux.

Lorsque la distribution intérieure porte un Architecte à ranger l'Escalier dans l'encoignure de son Bâtiment, & que la cage de ce dernier se trouve adossée entre deux murs mitoyens & deux murs de refend ; si la hauteur des étages, & les couvertures des combles ne lui permettoient pas de tirer des jours d'en-haut, il ne devroit pas hésiter de faire usage de l'Escalier que nous avons nommé triangulaire, page 291, c'est-à-dire, de pratiquer un pan coupé du côté de la cour, d'une largeur convenable ; afin qu'au rez-de-chaussée, on pût avoir une grande arcade qui en éclairât le sol, & une croisée au premier étage, qui fournît du jour aux rampes supérieures ; & l'on réitéreroit ces dernières, si l'on étoit obligé de faire monter cet Escalier de fond en comble. Mais si cet Escalier ainsi pratiqué à trois rampes doubles, rendoit la longueur des marches trop peu considérable, à cause du peu d'espace de la cage, on pouroit faire les limons rampants, quadrangulaires & continus. Ce dernier paroîtroit, & plus grand, & plus économique ; mais l'autre seroit plus régulier, jouïroit d'une lumière plus égale, & deviendroit susceptible d'une décoration plus relative à un Bâtiment de quelque importance.

Regle pour trouver la proportion de la hauteur, & le giron des marches d'un Escalier.

La plupart des Architectes sont d'avis, que lorsqu'on ne peut donner à la largeur des marches

ches (*b*) une proportion relative à leur hauteur, on peut incliner en devant leur giron, afin, disent-ils, de les rendre plus faciles à monter; cependant, il est certain, que si d'un côté on rend les marches plus commodes en montant, il n'en est pas de même lorsqu'on descend; car pour peu que cette pente soit considérable (elle ne peut être néanmoins que d'un quarante-huitieme de la largeur) cela produit un mauvais effet: ensorte que cette précaution n'est bonne à mettre en œuvre, que lorsque ces Escaliers sont extérieurs, connus sous le nom de perrons, dont nous avons déja parlé précédemment; parce que ces especes

---

(*b*) Sous le nom de marches, on entend la partie de l'Escalier sur laquelle on pose le pied, & qui tout ensemble signifie, la longueur, la largeur & la hauteur de la marche; il est des marches que l'on appelle carrées ou droites, d'autres qu'on nomme marches d'angle, gironnées, délardées, moulées, rampantes, &c.

Les carrées, sont celles dont le giron est contenu entre deux paralleles.

Les marches d'angle, sont celles qui sont situées dans la plus grande longueur des quartiers tournants.

Les marches gironnées, sont celles des quartiers tournants, pratiquées dans un Escalier circulaire ou ovale.

Les marches délardées, sont celles qui sont démaigries & chanfreinées par-dessous.

Les marches moulées, sont celles qui ont une moulure sur l'extrémité du devant de leur giron, & à la partie supérieure de leur hauteur. Cette espece de marche est appelée par les Ouvriers *quarderonnée*, parce que généralement ils appellent ainsi tout contour en forme de cercle ou demi-cercle parfait, qui approche de cette figure: mais ordinairement, une marche ornée de moulures, ne devroit être appelée, ni quarderonnée, ni moulée, parce qu'une marche ne se jette point en moule, & qu'on n'y peut faire usage d'un quart de cercle, à moins qu'il ne soit renversé.

Les marches rampantes, sont celles dont le giron est tenu fort large, & incliné sur le devant.

d'Escaliers découverts, étant sujets à recevoir les eaux du ciel, il paroît nécessaire d'en écouler les eaux par une pente insensible; pente qu'il ne paroît cependant pas que l'on ait observée, ni à ceux de l'Orangerie de Versailles, ni à celui de la Cour du Château de Fontainebleau, ni à ceux du Jardin des Tuileries, &c.

L'Architecte du Quirinal, ou de Monte Cavallo à Rome, a pratiqué le contraire de cette pente dans un grand Escalier qui monte du Palais de la Datterie à celui du Pape. Les marches de cet Escalier, quoique d'une largeur de giron assez considérable, & fort peu élevées, sont inclinées en arriere d'environ un quarante-huitieme de leur giron: contrepente qui, suivant quelques-uns, produit de la commodité à ceux qui montent cet Escalier; cette pente adoucissant, disent-ils, la fatigue que cause une longue suite de marches. Neanmoins, à l'exception des marches découvertes, nous serions d'avis d'éviter ces deux genres de pentes; l'une, parce qu'elle se porte en devant, & que l'usage fréquent d'un Escalier produit déja cette pente qui devient considérable en peu d'années; & l'autre, non-seulement, parce qu'elle ne peut se pratiquer à des Perrons, ni à des Escaliers découverts, qui se dégradent en peu de temps; mais parce que dans un grand Escalier, cette pente en arriere gêneroit ceux qui descendroient, & produiroit à l'œil des angles dissemblables, qui ne peuvent se tolérer que dans un Escalier à vis & de peu d'importance, où l'on est obligé de monter une grande suite de marches sans paliers.

Pour éviter ces pentes, qui, disons-nous, ne peuvent être mises en usage dans les marches d'un

Escalier de quelque considération, examinons quelle hauteur il convient de leur donner, relativement à leurs girons, afin de rendre leur accès facile dans toutes les occasions, en exceptant néanmoins celles des Escaliers souterrains, dérobés, & de dégagement; l'économie & la nécessité l'emportant dans ce dernier cas sur la commodité, la beauté, & la régularité.

Nous avons déja parlé du triangle de Pythagore, concernant la proportion de la hauteur & du giron des marches, dont le côté est à la baze, comme trois est à quatre; mais nous avons reconnu que cette dimension ne pouvoit avoir lieu que pour les gradins, à l'usage de nos spectacles, & des Jardins de nos Maisons de plaisance; & que, dans nos descentes de Caves, & dans nos Escaliers qui montent de fonds, cette forme ne sauroit être mise en usage.

Scamozzy donne deux manieres de trouver cette proportion. La première, par un triangle équilatéral, dont il donne la perpendiculaire au giron, & la moitié de la base à la hauteur de la marche. Cette proportion nous paroît plus convenable que celle que Vitruve enseigne d'après Pythagore; mais elle est encore trop élevée pour un Escalier considérable, & l'on doit préférer la seconde que Scamozzi donne par un triangle rectangle, dont la base soit le double de la perpendiculaire, & dont cette derniere forme la hauteur de la marche, & l'autre celle du giron. Néanmoins, cette maniere préférable à la précédente, nous paroît encore trop élevée; c'est pourquoi nous allons tâcher d'établir une proportion invariable, applicable à tous les genres d'Escaliers.

La longueur du pas d'une perſonne qui marche de niveau ou horizontalement, eſt communément de deux pieds, & la hauteur du pas de celle qui monte à plomb, n'eſt que d'un pied, d'où il ſuit que la longueur du pas horizontal, eſt double de celui fait perpendiculairement. Or, pour les joindre enſemble, il faut que la hauteur de la marche, priſe avec le giron, compoſe un pas qui égale la longueur de deux pieds ; enſorte que ſi dans une rampe d'Eſcalier, on ne donnoit qu'un pouce de hauteur à la marche, il faudroit donner vingt-deux pouces à ſon giron, parce que ces vingt-deux pouces de niveau avec le pouce vertical qui vaut deux horizontaux, égaleroient vingt-quatre pouces qui font le pas naturel. Si la marche à deux pouces de haut, qui égalent quatre pouces de large, elle ne devra avoir alors que vingt pouces de giron : ſi elle a trois pouces de haut, ſa largeur ſera de dix-huit pouces, ainſi des autres. Cette proportion eſt confirmée par l'expérience, & elle doit s'obſerver dans tous les cas, quoiqu'elle ne ſe rencontre pas toujours exactement : par exemple, à à Meudon, les marches ont de hauteur cinq pouces ſur quinze ; à Saint-Martin-des-champs, cinq pouces ſur ſeize ; à l'Hôtel de Soubiſe, cinq pouces ſur dix-ſept ou dix-huit ; à Saint-Germain-en-Laie au contraire, ſix pouces ſur onze, &c. différence qui fait ſentir la difficulté qu'il y a d'aſſujétir la grandeur des cages avec la hauteur des planchers, & la néceſſité de pratiquer des paliers relatifs à la différente longueur des rampes; ce qui fait que dans plus d'un Eſcalier un peu conſidérable, les girons des marches, & quelquefois leur hauteur ſont diſſemblables ;

disparité qu'il faut éviter autant qu'il est possible, principalement lorsque cette différence est trop fréquente. Autrement un quart de pouce est de peu d'importance sur un giron, de même qu'une ligne sur sa hauteur, sur-tout quand cette irrégularité produit un bien réel pour les dimensions générales.

De la décoration des Escaliers.

La partie la plus indispensable de la décoration des Escaliers est la symétrie. Elle est d'autant plus difficile à mettre en œuvre, qu'on est souvent gêné par l'ordonnance des dehors; ce qui doit déterminer un Architecte, ainsi que nous l'avons recommandé plus d'une fois, & que nous le recommanderons encore, à faire marcher d'un pas égal, lors de la distribution de son Plan, la décoration intérieure & extérieure de son Edifice, afin d'assujétir les écoinçons, les trumeaux, les portes & les croisées avec l'ordonnance entiere. Qu'on y prenne garde; la moindre négligence à cet égard, le rend inexcusable aux yeux des connoisseurs. En un mot, aucune licence ne doit avoir lieu que dans le cas d'une réparation ou d'une restauration; mais lorsqu'on bâtit à neuf, les licences ne peuvent porter aucune espece d'excuse.

Après la symétrie, la convenance doit présider dans la décoration d'un Escalier. C'est-elle qui empêche que dans un Bâtiment de peu d'importance, on ne donne à un Escalier trop de richesse, soit par la multiplicité des membres d'Architecture; soit par la prodigalité des ornements. La convenance empêche aussi que dans les Edifices d'une certaine confidération, la décoration de ces fortes de pieces ne foit tenue trop fimple; elle exige de plus que, dans tous, mais particuliérement dans les Monuments confacrés à la piété, la douceur des rampes, la longueur des marches, leur peu de hauteur, la largeur de leurs girons, la grandeur de leur cage, l'élévation de cette derniere, & la beauté de l'appareil, foient préférées à toute autre objet. A l'égard de ceux de nos Palais, & de nos grands Hôtels, il est bon que leur ordonnance réponde à la magnificence des dehors & des dedans de l'Edifice; mais, dût-on n'employer que le ministere de la Peinture, au lieu de l'Architecture & de la Sculpture en relief; il faut en éloigner le fafte mal entendu dont on a ufé dans les Efcaliers de l'Hôtel de Soubife (*c*) & de l'Hôtel de Luynes; de même qu'il eft bon d'éviter au contraire la trop grande fimplicité qu'on remarque à celui du Palais des Tuileries.

Il faut obferver que plus la convenance du Bâtiment paroît exiger de richeffe dans un Efcalier, plus il eft néceffaire que les paliers fupérieurs ne nuifent point d'en-bas au coup d'œil de la cage, & même de fon plafond, qui doit

---

(*c*) La décoration feinte de l'Efcalier de cet Hôtel, eft d'une belle exécution; mais fon fafte théâtral, la rend trop peu vraiffemblable. On a ufé à celui de l'Hôtel de Luynes de plus de retenue; mais les fujets galants qu'on y a peints, y font déplacés, ainfi que la plus grande partie des ornements qui décorent les voûtes & les rampes de cet Efcalier. La Peinture de l'Efcalier de l'Hôtel de Thiers, eft une de celles qui nous plaifent le plus; parce qu'elle ne préfente à l'œil du connoiffeur, que les membres d'Architecture, & les ornements que l'Architecte avoit droit d'y placer.

toujours, autant qu'il eft poffible, être terminé en forme de voûte, foit que le jour vienne de cette voûte, foit qu'elle foit feulement ornée de Sculpture ou de Peinture : à propos de quoi nous dirons que la premiere y convient davantage, à moins que la Peinture n'y foit employée en grifaille; principalement lorfque la conftruction de l'Efcalier fera de maçonnerie : autrement les fujets coloriés tranchent trop fur le fond blanc des murs de cage; ainfi qu'on peut le remarquer au grand Efcalier de la Bibliothèque du Roi, ce qui ne peut fe tolérer, que lorfque les revêtiffements des murs de cette piece font de marbre, comme on a vu celui des Ambaffadeurs à Verfailles, & qu'on remarque encore celui nommé des Princes dans le même Palais. Mais comme ces incruftations, toujours difpendieufes, n'appartiennent guères qu'aux Maifons Royales, il faut éviter de feindre en marbre, les revêtiffements des Efcaliers des Maifons ordinaires, & par la même raifon, y fupprimer la Peinture & la dorure, qu'on a employée, peut-être indifcrétement, à l'Efcalier de l'Hôtel de Tunis, place de Vendôme; non-feulement parce que cette richeffe eft fuperflue, mais parce que l'air extérieur ternit en peu d'années ce genre de décoration.

On fait fouvent ufage des ordres d'Architecture dans la décoration des Efcaliers; mais il eft à propos de remarquer, que leur ordonnance n'eft bonne à mettre en ufage, que lorfque les rampes finiffent aux paliers du premier étage, afin que les ordres colonnes ou pilaftres, fe trouvent de niveau avec le plain-pied de l'étage fupérieur; autrement ces ordres fe trouvent mal affis fur des bafes rampantes, & les architraves mal portés sur des chapiteaux inclinés ; c'est-à-dire, paralleles aux rampes ; tel qu'on le remarque au grand Escalier du Palais Quirinal à Rome, à celui de Belvéder, & à celui de Capraroles : defaut que le Cavalier Bernin a voulu éviter au Vatican, en faisant les bases & les chapiteaux de niveau, malgré l'obliquité des rampes. Cette maniere, quoique moins vicieuse, n'est cependant guère plus agréable à l'œuil, à cause des socles triangulaires en forme de coins, qui se contredisent avec l'inclinaison des rampes, qui à peine sont tolérables dans les balustrades des Escaliers. Pour éviter l'un & l'autre inconvénient, il faut nécessairement supprimer les pilastres dans la partie des rampes, y substituer un soubassement orné de tables & de corniches rampantes, & employer seulement les ordres d'Architecture dans la partie horizontale du premier étage, ainsi qu'on le remarque au grand Escalier du Château de Saint-Cloud, dont nous donnerons la décoration dans le Volume suivant, & tel qu'on le voit encore à celui nommé de la Reine à Versailles, & à celui de l'Hôtel de Toulouse à Paris. Alors les ordres, les entrecolonnes ou pilastres, tous les compartiments, & les bas-reliefs deviennent réguliers.

Les rampes d'un Escalier ajoutent beaucoup à sa décoration : pour qu'elles fassent un bel effet, il faut qu'elles soient continues & sans ressaut, tel qu'il s'en voit au Château de Maisons, & ailleurs. Ces ressauts paroissent contraires à leur usage, qui semble exiger qu'on s'appuie sur ces rampes pour descendre & monter ces Escaliers.

Pour éviter l'obliquité des piédestaux & des chapiteaux des balustres, ou les socles en forme de coins dont nous venons de parler, on substitue affez communément les rampes de fer à celles de pierre ou de marbre. Cependant quoique les rampes de fer paroiffent agrandir la longueur des marches, donner plus de jour aux rampes, plus de dégagement aux quartiers tournants, & moins de pefanteur aux voûtes, les baluftrades de pierre ou de marbre ne doivent pas être fupprimées indiftinctement, principalement lorfqu'il s'agit de l'ordonnance d'un Efcalier dont la décoration doit être grave, & où les rampes de fer paroîtroient trop légeres, trop évidées, trop frivoles, dans un lieu vafte, dont les revêtiffements font d'une matiere folide. Mais pour éviter la fragilité des chapiteaux & des bafes des baluftrades, on peut faire ufage d'entre-las, d'un caractère relatif à l'ordonnance qui préfide dans la décoration; ces entrelas par leurs contours variés, mafquent pour ainfi dire, les obliquités indifpenfables des rampes, &c.

De la Conftruction des Efcaliers.

La partie la plus effencielle d'un Efcalier, eft la conftruction; qui a pour objet la folidité, l'art du trait, & la beauté de l'appareil. En effet, on peut ne mettre aucune efpece de décoration dans un Efcalier; mais on ne peut fe difpenfer de lui donner une folidité capable de réfifter à la pouffée des voûtes qui le compofent, & au mouvement continuel des perfonnes qui montent & defcendent les étages qui conduifent aux Appartements d'un Edifice public, ou d'un Bâtiment de quelque importance. Ordinairement leur conftruction fe fait de marbre, de pierre ou de bois de charpente. Ces derniers ne font d'ufage que pour les Escaliers qui dégagent les Appartements d'un grand Hôtel, d'une Maison à loyer, &c.

Les grands Escaliers au contraire se construisent en pierre ou tendre, ou dure ; ils sont composés de voûtes de diverses espèces, plein-cintre, surbaissées ou méplates, en voussures rampantes ou droites, ou enfin en tours creuses avec des culs-de-four, des trompes, &c. leurs paliers sont soutenus par des plates-bandes droites en coupe, & par des claveaux à têtes égales. Ceux de marbre ont la même sujétion que ceux construits de maçonnerie, & ne different guère de ces derniers, que par leurs revêtissements, le massif des voûtes & des murs étant aussi de pierre, & seulement recouvert de marbre par compartiments, marbre uni à la Maçonnerie par des agraffes de bronze ou de fer.

Quelquefois par économie, on construit les Escaliers en pierre, seulement jusqu'au premier étage, & le reste en charpente appuyée sur un poitrail qui sert de marche de palier ; alors les parties supérieures se revêtent de maçonnerie, & peuvent être ornées de cadres qui imitent la pierre. Ce genre de construction, moins estimé que celui tout en pierre, produit de l'accélération dans la main d'œuvre, de l'économie dans la dépense, & donne un air de légéreté à la décoration des Escaliers : ces derniers ne laissent pas non-plus d'avoir de la solidité, & n'ont guère contre-eux que de résister moins à une grande portée, & au service journalier.

De quelque genre de construction que l'on veuille faire usage dans les Escaliers, il faut tâcher de rendre la forme des voûtes légère, d'un beau galbe & sans jarrets ; pratiquer, autant qu'il est possible, des piédroits sous la naissance des rampes, pour soutenir le poids & la poussée des voûtes qui les composent, sans cependant trop embarrasser le rez-de-chaussée, ni affecter une hardiesse téméraire. Il est bon que les voûtes paroissent retenues par l'art du trait ; mais il faut user de beaucoup de circonspection dans leur aspect ; car, quoique la théorie nous rassûre contre la légéreté apparente des voûtes, il est de la prudence d'un Architecte, de conserver de la vraissemblance dans ce genre de construction ; autrement on y monte avec inquiétude, & en cela ils ressemblent aux Edifices gothiques, qui sont trouvés par les connoisseurs, plus singuliers que raisonnables. La magie de l'Art veut des bornes ; trop de hardiesse étonne plus qu'elle ne satisfait. En un mot, une légéreté trop affectée, quoique reconnue solide par les Maîtres de l'Art, n'est pas plus recevable, dans le cas dont il s'agit, que l'ignorante pesanteur dont on usoit dans les Escaliers du dernier siecle. Tout consiste dans le choix des voûtes, soit par rapport à leur solidité, soit par rapport à la forme de leur courbe, & la relation de leur largeur avec leur hauteur : par exemple, jamais les voûtes d'un Escalier ne feront un bon effet, si la grandeur de la cage n'est proportionnée à la hauteur du premier étage ; car si, pour faire un Escalier dont les rampes fussent très-douces, on leur vouloit donner beaucoup de longueur pour rendre l'ouverture de l'angle moins grande, alors il faudroit allonger le côté du rectangle, sans pour cela que le plancher pût être plus élevé. Or cette nouvelle grandeur de cage sous une hauteur de plancher donnée, feroit paroître nécessairement la voûte, & trop écrasée & trop surbaissée pour sa largeur : ensorte que de quelque artifice que l'on puisse user dans l'art du trait pour rendre cette voûte réellement solide & légere en apparence, les masses n'étant pas faites pour les parties de détail, produiroient toujours un effet désagréable à l'œuil.

La construction des Escaliers consiste encore dans l'art de l'appareil ; c'est-à-dire, dans la régularité des assises établies à une même hauteur ; dans la précision, & dans la propreté des joints, ainsi que dans le ragrément des parements, des câdres des moulures, &c. C'est par le secours de l'appareil, qui ajoute considérablement à la beauté d'un Edifice, que la Chapelle de Versailles, le Dôme des Invalides & la Fontaine de Grenelles à Paris, sont au-dessus de tous les autres monuments de cette Capitale, quoiqu'elle en renferme un grand nombre de beaucoup plus étendus, & de beaucoup plus considérables.

Disons un mot à présent de celui marqué Y 1, dans le Plan à rez-de-chaussée du Palais qui a servi d'occasion aux préceptes qui concernent la distribution, & qui font ici notre objet. Cet Escalier est à trois rampes, tel que celui du Château des Tuileries, & differe seulement de ce dernier, en ce qu'il est d'une construction & d'une ordonnance plus légere, & que le grand palier du premier étage marqué G, Planche XLI, communique à un trotoir marqué H, qui tourne autour de la cage de cet Escalier ; afin que par ce passage de communication, on puisse arriver dans une Salle destinée pour les Concerts particuliers, sans être obligé de passer, ni par l'anti-chambre C, ni par le trotoir E du grand Sallon. Le trotoir H est posé sur un massif qui rend la cage du rez-de-chaussée plus étroite que celle du premier étage : ce massif nous a fait éviter une trompe qu'il auroit fallu pratiquer, pour soutenir la saillie de ce trotoir; & quoique la construction n'en eût pas souffert, cette trompe & ce porte-à faux auroient été contraires à une solidité vraissemblable que nous venons de recommander dans la construction des Escaliers. D'ailleurs, si nous eussions préféré les trompes à ce soubassement, une partie de la longueur des marches des deux dernieres rampes auroit été à couvert par cette saillie, ce qui auroit produit un mauvais effet; au lieu que le soubassement proposé, tient lieu d'empatement au premier étage, & procure un air de solidité à cet Escalier, sans lui ôter l'élégance dont il peut être susceptible.

Tout ce Bâtiment est environné de terrasses, dont les formes principales sont assujéties au mouvement extérieur des façades. Ces terrasses sont munies de grands perrons placés dans l'allignement des enfilades les plus essencielles de l'intérieur de l'Edifice.

Nous ne donnerons point ici les jardins de ce Palais : nous renvoyons au premier Chapitre de ce Volume où nous avons traité de cet objet en particulier, & dont les préceptes peuvent s'appliquer à tous les Bâtiments d'habitation. A l'égard des dépendances de ce Palais, voyez la Planche XXXIII, & même celle que nous avons donnée pour le second projet de cet Edifice, Planche XXXIV. Passons à présent à la distribution des pieces du premier étage contenues au-dessus des principales parties du Plan que nous venons de décrire; ensuite nous donnerons la description du deuxieme projet de ce Palais.

Distribution du premier étage dont le rez-de-chaussée vient d'être décrit.

Planche XLI.

La distribution de ce Plan est comprise seulement dans le principal avant-corps, & dans les pavillons des quatre extrémités de ce projet ; le reste n'est occupé que par des combles peu élevés, pour qu'ils ne soient pas aperçus d'en-bas. Ces combles sont d'ailleurs masqués par une balustrade qui regne autour de la façade du Bâtiment, & derriere laquelle est un chemin pour communiquer aux quatre Pavillons qui se remarquent dans cette Planche. Le grand Escalier marqué A, dont nous venons de parler, donne entrée par le palier G, à une Anti-chambre C, & à une Salle D, par le trotoir marqué H. Cet Escalier est éclairé au premier étage par trois croisées qui n'empêcheroient pas, comme nous l'avons dit ailleurs, qu'il fût éclairé par une lanterne comprise dans la calotte, sans que celle-ci fût apparente au-dessus des balustrades extérieures. Les trotoirs marqués H, que nous n'avons pu tenir plus larges à cause des massifs du rez-de-chaussée qui les soutiennent, pouroient faire préférer une rampe de fer à une balustrade de pierre ou de marbre ; mais il faut se ressouvenir que dans tous les cas, celles-ci doivent être préférées, & que pour les mettre en œuvre, & conserver une saillie de trotoir convenable, il vaudroit peut-être mieux se résoudre à arraser la saillie des bases des pilastres, dont la balustrade masqueroit la mutilation. Cette circonstance montre une de ces occasions où il faut qu'un Architecte sache sacrifier quelquefois les parties au tout; ce qui ne se peut néanmoins, comme nous l'avons déja remarqué, que par une expérience consommée, qu'on ne sauroit acquérir que par l'examen des choses faites: un homme timide n'osera jamais prendre sur lui cette liberté, s'il n'a pour autorité, l'exemple de quelque grand Maître, ou une raison suffisante pour apprécier l'imitation des licences, qu'il veut mettre en œuvre.

L'Anti-chambre C est toute revêtue de pierre de Liais, & décorée de pilastres Ioniques, placées entre six arcades: trois de celles-ci servent de portes croisées, & donnent entrée sur une balustrade F, dont la saillie est portée sur les colonnes Composites, placées en avant-corps au rez-de-chaussée; les trois arcades qui leur sont opposées, donnent entrée sur un autre trotoir marqué E, pratiqué au pourtour du Sallon B; ce trotoir est porté aussi par des colonnes Composites, qui décorent le rez-de-chaussée de ce Sallon à double étage, & terminé en calotte: voyez la Planche XLIV. Sur le mur de refend de l'Anti-chambre, du côté de l'Escalier, sont deux arcades, qui diffèrent des six précédentes, en ce qu'elles sont bombées, pour symétriser à celles qui leur sont opposées, l'une feinte, l'autre réelle, donnant entrée à un Cabinet marqué I. Cette Anti-chambre est couronnée d'une corniche en stuc, au-dessus de laquelle est une voussure. A la place de cette dernière, on auroit pu pratiquer une calotte prise dans la hauteur de la charpente; mais il auroit été à craindre qu'une plus grande élévation donnée à cette piece, n'eût disputé avec la hauteur du premier étage du Sallon B; d'ailleurs, ce plafond tenu méplat, forme opposition avec la calotte du Sallon qu'il étoit important de laisser dominer.

Par les trotoirs H du grand Escalier A, on arrive à la piece D, destinée pour la répétition des Concerts qui pouroient se donner dans le grand Sallon B; la simphonie seroit placée sur les trotoirs E. La forme de cette piece D est absolument la même que celle du rez-de-chaussée, & peut communiquer du trotoir H à celui E, selon le besoin & la destination de la piece D, si elle cessoit d'être une Salle de Concert ou de répétition.

Le Cabinet I est à pans, du côté opposé aux croisées, non-seulement à dessein de placer la cheminée dans l'un de ses angles; mais pour trouver dans l'autre la place d'un Escalier à noyau, qui, de ce premier étage, monte aux combles pratiqués sur les pieces I, L, C, D. Ce Cabinet I a une porte croisée K, qui donne sur la terrasse, pour communiquer à découvert aux Cabinets M, N, sans être obligé de redescendre au rez-de-chaussée pour y arriver par les petits Escaliers dont nous avons parlé précédemment.

Ce Cabinet I peut servir, ainsi que celui L, à contenir des tableaux & des livres, s'il arrivoit, comme nous l'avons remarqué, que la Bibliothèque marquée N 5 au rez-de-chaussée, Planche XXXV, ne fût pas placée convenablement dans la principale enfilade; ces sortes de pieces demandant du recœuillement.

Du trotoir H, on peut aussi arriver par l'une de ses portes croisées Q, aux pieces marquées P, O, par la communication des terrasses, afin d'éviter,
comme

comme nous l'avons remarqué de l'autre côté de ce Plan, d'être obligé de descendre au rez-de-chaussée, pour arriver aux pieces supérieures, pratiquées dans les quatre Pavillons, qui flanquent les extrémités de ce principal corps-de-logis.

Nous ne parlerons point de la proportion des différentes pieces du premier étage, qui composent ce Plan ; elles sont assujéties à celles du rez-de-chaussée : les murs de face & de refend montent de fond, & la hauteur des planchers peut acquérir plus ou moins d'élévation, & être prise dans celle des combles supérieurs. A l'égard de ceux qui se remarquent ici, ils sont masqués par la balustrade, parce que nous avons voulu faire paroître ce Bâtiment couvert en platte forme, comme à Versailles, au Palais Bourbon, &c.

Dans l'un des angles de chacun des Pavillons M, N, O, P, sont marqués les orifices supérieurs des descentes de plomb *a* pour l'écoulement des eaux : ces descentes traversent le massif des murs du rez-de-chaussée jusques dans des aquéducs pratiqués sous terre ; & ces aquéducs conduisent les eaux dans une petite riviere qui passe près de ce Palais. Ces descentes enclavées dans l'épaisseur des murs évitent les conduits de plomb extérieurs, qu'on remarque dans les Edifices du dernier siecle, & qui interrompoient l'ordonnance des façades, coupoient les corniches, & généralement tous les membres saillants d'Architecture. Il est vrai qu'il faut convenir que si d'un côté les descentes dont nous parlons, produisent un bon effet dans la décoration des dehors ; de l'autre, elles exigent une grande précaution, quand elles sont ainsi pratiquées dans les épaisseurs des murs : autrement, lorsque ces sortes de descentes viennent à s'engorger (*d*), il est difficile d'apporter un remede assez prompt pour éviter les dommages qu'y peut causer le séjour des eaux occasionné par quelque irruption, par quelque engorgement, ou par quelque congélation.

Les descentes dont nous parlons, lorsqu'on a peu de place, se construisent en pierres dures, jointoyées à chaux & à ciment; mais il est mieux, lorsque les murs qui les reçoivent ont suffisamment d'épaisseur, de pratiquer des especes de puits d'environ deux pieds ou deux pieds & demi de diametre, au milieu desquels on pose la descente de plomb, ensorte qu'un ouvrier peut circuler autour, les dégorger, les rétablir & veiller à leur conservation. Si les murs n'ont pas assez d'épaisseur, on emploie des tuyaux de grès, de bois, de fer fondu ou de plomb; mais il faut savoir que ceux de grès sont sujets à se casser à la gelée ; ceux de bois à se pourrir, ceux de fer à se rouiller, & ceux de plomb à se crevasser. D'ailleurs tous ces tuyaux sont difficiles à retirer, quand ils sont précisément contenus dans les descentes de pierre. Au reste celles-ci doivent avoir la préférence, quand elles peuvent avoir un diametre assez considérable. Il est encore un moyen de se servir de celles-ci, quoique d'un petit diametre; c'est d'observer de neuf pieds en neuf pieds, ou plus près, s'il est possible, des ouvertures dans leur hau-

---

(*d*) Pour empêcher que les débris des couvertures ne passent dans ces conduits, & ne les engorgent, on pose sur leur orifice supérieur des grilles de fer en dômes, qui s'encastrent dans des feuillures : ces grilles alors arrêtent tous les corps étrangers qui pourroient se précipiter dans ces descentes.

teur : ces sortes d'ouvertures facilitent le dégorgement auquel on remédie par l'intérieur des pièces de peu d'importance, ou même par l'extérieur des façades, en observant de mettre un carreau de pierre à recouvrement entre deux joints, afin de cacher ces ouvertures. Cette précaution, quoiqu'assez sujette, nous paroît préférable à toutes celles dont nous venons de parler, & particuliérement dans les descentes de plomb ou de bronze que l'on pratiquoit anciennement dans l'extérieur des Edifices.

Il est encore nécessaire d'observer que lorsque l'eau de ces descentes ne peut s'écouler sur le pavé des cours, faute d'avoir des pentes suffisantes qui la conduisent au-dehors, ou parce que le principal corps-de-logis se trouve élevé sur une terrasse environnée de jardins, on est obligé de pratiquer des canaux sous terre, qui conduisent la chute de ces eaux assez loin, pour éviter les exhalaisons des eaux dormantes, qui nécessairement corromproient la salubrité de l'air ; ou il faut avoir la précaution de rassembler une partie des eaux du ciel dans des réservoirs pratiqués sur les combles, comme on l'avoit observé avec succès au Château de Petit-Bourg, & que nous en avons pratiqué ici marqués *b* ; ou bien enfin, on doit se déterminer à en contenir la plus grande partie dans des citernes pour le service des basses-cours, des jardins-potagers, légumiers, &c.

On a marqué sur la couverture des combles de ce Plan, les souches de cheminées des Appartements du rez-de-chaussée. On ne leur a affecté aucune symétrie, n'étant pas aperçues d'en-bas, à cause de l'élévation des balustrades, & du peu de hauteur des combles. Cependant il faut savoir en général, qu'il est essenciel d'élever ces souches de cheminées d'environ trois pieds au-dessus des faîtages, pour empêcher le vent de se rabattre dans leur tuyau; cause ordinaire de la fumée qui se communique dans les Appartements. Les anciens Architectes prétendoient que plus les tuyaux de cheminées avoient d'élévation, & moins elles étoient sujettes à fumer : pour cette raison, ils leur donnoient une hauteur considérable; ce qui les engageoit à une décoration fort dispendieuse; ainsi qu'on remarque celles du Louvre, du Palais des Tuileries, du Château de Maisons, de Blois, &c. Mais l'expérience a appris & confirmé, que le moyen d'empêcher la fumée dans l'intérieur des pieces ne consistoit pas dans la hauteur des tuyaux; mais bien dans la maniere de les dévoyer; seul moyen de mettre en équilibre la colonne d'air extérieure avec celle de la fumée produite par le foyer : ensorte qu'on évite aujourd'hui la dépense & le poids énorme de ces anciennes souches; leur décoration entre maintenant pour peu de chose dans celle de nos Bâtiments.

Aux quatre extrémités de ce Plan sont pratiquées autant de pieces marquées O, M, N, P. Celle désignée par P, est la Chapelle, qui monte de fonds depuis le rez-de-chaussée jusqu'au comble, & dont le trotoir S de plain-pied au premier étage sert de tribune, y compris les embrasures des croisées. On arrive à cette tribune à découvert par les terrasses, & à couvert par le petit Escalier à noyau, marqué V; l'intérieur de cette piece est circulaire, & l'extérieur à pans, ainsi que les trois autres pavillons, dont celui marqué M peut servir de laboratoire de Chimie ; celui N, d'Observatoire ou de Bibliothèque ; & celui O, pour placer un tour. Chacune de ces pieces a des Escaliers particuliers, & leurs portes croisées principales communiquent à des balustrades en saillies, prises sur les entre-colonnements composites placés au rez-de-chauffée de ce Palais.

Après avoir décrit les deux Plans du rez-de-chauffée & du premier étage de notre premier projet, Planches XXXV & XLI, & en avoir fait sentir les avantages & les désavantages ; donnons dans ce même Chapitre, comme nous l'avons promis page 192 de ce Volume, une nouvelle distribution, faite pour le même Palais, en rendant compte des motifs qui nous ont porté à faire les changements assez considérables, qu'on remarquera sur la Planche dont nous allons parler, comparée avec la Planche XXXV ; ensuite, nous présenterons seulement les façades extérieures & la coupe de ce premier projet, qui nous donneront occasion de récapituler ce que nous avons enseigné précédemment, concernant l'ordonnance des dehors.

Description de la Planche XXXVI.

Nous avons déja rapporté que, lorsqu'il s'agissoit d'élever un Edifice de quelque importance, il étoit indispensable que l'Architecte mît tous ses soins à rendre les dehors très-réguliers : nous répéterons ici que pour parvenir à cette fin, nous avons laissé dans la distribution de la Planche XXXV plus d'une imperfection, que nous n'avons pas négligé de faire sentir, lorsque nous en avons fait la description : nous nous sommes même servi, comme on a dû l'observer, des défauts qui s'y remarquent, pour laisser voir quand on se les peut permettre en faveur du bien qu'ils peuvent procurer, soit pour ce qui concerne la commodité, soit pour ce qui regarde l'ordonnance extérieure, ou la décoration des dedans.

Ce nouveau Plan que nous offrons ici, est sans doute plus régulier, il a plus de grandeur, plus de commodité; mais nous ne voulons pas dissimuler que l'ordonnance des dehors, rapportée Planche XLII, XLIII & XLIV de ce Volume, & qui est celle de notre premier Plan, offre, si nous ne nous y trompons pas, un aspect plus intéressant que les dehors du projet que nous décrivons actuellement (e), sur-tout si l'on examine avec attention la façade latérale, Planche XLIII, de laquelle on aperçoit au premier étage la profondeur de tout l'avant-corps, précisément placé dans le milieu de cette face latérale : avantage qui ne se rencontreroit pas dans le Plan dont nous parlons; aussi avons-nous changé la disposition des dépendances qui l'accompagnent, comme on peut le remarquer dans la Planche XXXIII, qu'on poura comparer avec celle XXXIV : dans ces deux Planches sont exprimées les différences qui caractérisent ces deux projets, ainsi que nous en avons rendu compte, page 149 & suivantes de ce Volume.

Une des principales différences de ce Plan sur l'autre, c'est d'avoir fait doubles, au lieu de semi-

---

(e) Nous n'avons pas cru devoir donner les élévations de ce deuxieme projet; il ne différe guere du premier que dans la disposition des ailes; le style de l'ordonnance des façades est absolument le même, que dans la Planche XLII & les suivantes.

doubles, les arrieres-corps du principal corps de logis. De ce changement, sont nées toutes les commodités qui manquoient dans le Plan précédent, sans cependant avoir nui en rien à la dimension, & à la disposition du grand avant-corps du milieu ; le Vestibule A, le Sallon B & l'Escalier C, étant absolument les mêmes, les Salles d'assemblée D, E, ne différant non plus de l'autre Plan, que parce qu'elles sont plus régulieres dans leur forme : nous y avons supprimé les tours rondes & les pans coupés qui s'y remarquent, parce que souvent ils sont contraires à la dignité qui doit présider dans les Appartements de magnificence. Il est vrai que la premiere Antichambre F n'est pas plus grande, & qu'elle se trouve moins éclairée : mais elle est plus réguliere, en ayant soustrait les pans coupés, & placé ses cheminées en face de la croisée ; par ce moyen, elles se trouvent adossées à celle de la Salle d'assemblée. Par le secours de la deuxieme Antichambre marquée G, les pieces F D n'ont plus besoin de communication : & cette Antichambre G donne entrée à la Salle à manger H : ces deux dernieres pieces manquoient essenciellement dans notre dernier projet ; ce qui, certainement, n'étoit pas un défaut peu considérable. De cette Salle à manger, on entre dans la Salle de compagnie I, dont les croisées du milieu, pratiquées dans les murs de face, s'allignent parfaitement ; ce qui procure à ces deux pieces un agrément qui ne se rencontre pas dans la Planche XXXV.

Par ce moyen, cette Salle de compagnie se trouve placée entre les deux Cabinets : cet ensemble forme une suite de pieces de société, qui annonce un Appartement digne de la personne à qui cet Edifice est destiné : avantage, qu'on y prenne garde, que les Bâtiments doubles auront toujours sur les semi-doubles & sur les simples. Nous avons pratiqué, pour cet Appartement une garderobe particuliere M, qui a son dégagement par le petit Escalier N. Ce petit Escalier sert aussi à monter aux entresols placés sur les pieces qui servent de dépendance à l'Appartement de parade marqué O, & à l'Appartement d'habitation marqué P; tous deux ici, destinés pour la Maîtresse du logis : nous n'en donnons pas les détails, dans la crainte de nous répéter avec ce que nous avons déja dit, concernant l'arrangement, la disposition, & la forme des différentes pieces des Appartements : nous observerons seulement que l'Appartement d'habitation marqué P, est très-complet dans cette distribution, & que la piece P 1, dans laquelle on entre des dehors, par la porte croisée *a*, sert aussi d'Antichambre à la Chapelle Q, assez heureusement située dans l'enfilade des pieces P, Q, placées en aile, & tenues simples, comme dans notre premier projet.

Cette Chapelle est de la même forme, & susceptible de la même décoration que celle que nous avons déja décrite; mais elle ne doit pas monter de fond, les quatre Pavillons R, S, T, U, placés aux extrémités de ce Plan étant à un seul étage; autrement, les façades latérales V seroient devenues irrégulieres dans leur décoration, n'ayant pas eu dessein de faire les deux Pavillons S, T, plus élevés que les arriere-corps X, afin de laisser dominer l'avant-corps Y, & par sa saillie, & par le double étage qui est élevé au-dessus, semblable en cela aux élévations du premier projet, tracé sur les Planches XLII, XLIII & XLIV.

En décrivant ce Plan, nous ne parlerons point

de la maniere dont doivent être décorées les pièces qui le composent : ce que nous avons dit précédemment, concernant cette partie de l'Art,
pouvant s'appliquer ici. Passons à présent à la
droite de ce deuxieme projet, dont nous ne ferons
non plus, que parcourir assez rapidement les distributions ; l'aspect de cette Planche XXXVI sup-
pléera suffisamment à un détail plus circonstancié,
qui ne pouroit se faire sans une répétition aussi
vaine qu'ennuyeuse.

Nous avons déja averti que le Vestibule A,
& le grand Sallon B, étoient absolument de la
même forme, de la même grandeur, & de la même décoration que dans le Plan précédent : l'Escalier C est aussi dans le même cas. Il n'y a donc que
la Salle d'assemblée E qui en différe ; nous y avons
retranché la tour creuse du côté du mur de face,
& à la place de cette tour nous avons pratiqué de
petits piédroits *b*, à dessein de rendre toujours
les quatre parties de lambris *c* parfaitement régulieres : ces piédroits peuvent être ici terminés
dans leur partie supérieure, par des Cariatides ;
elles paroîtroient soutenir & soulager la portée
du sofite de l'architrave qui traverse cette piece dans
toute sa largeur. Ce n'est pas qu'on ne puisse imaginer un tout autre genre de support ; mais celui
que nous proposons est sans conséquence, & il
n'exige pas sa répétition dans tout le pourtour
de la piece ; encore conviendrons-nous qu'il seroit mieux de n'être pas obligé d'avoir recours
à cet expédient, qui annonce toujours la nécessité
d'éviter un inconvénient par un autre.

Au moyen de ce que les deux avant-corps X sont
doubles du côté de l'entrée, de semi-doubles qu'ils
étoient dans notre premier Plan, l'Anti-chambre Z,

distribuée à la droite de ce deuxieme projet, est devenue d'une grandeur plus relative à l'Appartement de parade & à celui d'habitation, distribués de ce côté ; Appartements que nous ne détaillerons point, le nom des pieces qui les composent désignant suffisamment leur usage particulier. Nous observerons seulement que toutes celles marquées A A, indiquent le grand Appartement paré, & celles B B, l'Appartement privé ou d'habitation, qui devient plus commode ici que celui du premier Plan, parce qu'il occupe plus d'espace, à cause du double dans lequel il se trouve distribué. Mais un objet sur lequel nous croyons devoir nous arrêter, c'est la Gallerie, dont la disposition & la situation nous paroissent de beaucoup préférables à la précédente : premiérement, parce qu'elle ne fait pas partie de l'enfilade principale, & que, par-là, elle peut contenir tel ou tel genre de collection, sans être exposée à la curiosité souvent indiscrete d'une société nombreuse : secondement, parce qu'elle est terminée dans ses extrémités par deux Sallons: celui A A 1, destiné à servir pour les entrées de prédilection dans l'Appartement de parade : celui A A 2, pour, des Appartements, arriver dans cette Gallerie. Cette belle piece, parfaitement réguliere, est éclairée par neuf portes croisées ; &, dans le milieu de sa longueur, on peut, à raison de l'usage auquel on la destineroit, placer une cheminée. Enfin, à la place des tours creuses employées dans la précédente, se remarquent ici des colonnes qui figurent avantageusement avec les pilastres, qui décorent le pourtour de cette Gallerie ; en un mot, il faut prendre garde que, du centre du Sallon A A 2, on jouit, à la fois, de l'enfilade U T, & de celle qui, en retour d'équerre, continue dans toute la longueur du Bâtiment : ce coup d'œuil manquoit à notre premier projet, puisque l'enfilade A B, Planche XXXV, non-feulement traverfe la Gallerie, ce qui ne peut convenir que dans le cas où cette derniere feroit deftinée à fervir de piece de fociété ; mais cette enfilade ne fe trouve pas précifément dans le milieu de fa longueur : défaut qu'il faut éviter avec foin, & que nous nous fommes permis dans notre premier projet, en faveur de l'ordonnance des dehors.

Avant de paffer à la décoration des façades de ce Palais, jetons encore un coup d'œuil rapide fur les deux Plans gravés, Planches XXXV & XXXVI; & ne craignons pas de répéter, que la premiere diftribution, moins parfaite que la feconde, a produit des dehors plus réguliers; ainfi que nous allons le remarquer en décrivant les Planches XLII, XLIII & XLIV qui vont fuivre. Mais examinons que cette fymétrie extérieure convenable à obferver dans les façades d'un Edifice ifolé de toute part, ne doit pas faire négliger à l'Architecte la relation qu'il doit mettre entre les dedans & les dehors; puifqu'autrement ce feroit vouloir, comme dans nos anciennes demeures, facrifier la commodité des Appartements à l'ordonnance des façades : ce défaut ne feroit plus tolérable aujourd'hui; nos Architectes, depuis les Manfards, ont donné à la diftribution de nos Bâtiments, un dégré de perfection, dont nous ne pouvons plus raifonnablement nous écarter, en ayant une fois reconnu l'utilité & l'agrément. C'eft donc à l'expérience de l'ordonnateur, & aux reffources de fon imagination, de chercher des moyens de conciliation, pour accorder, autant qu'il eft poffible, l'extérieur avec l'intérieur; il faut qu'il retourne à diverses reprises, les masses de son Plan, dût-il y changer toute la disposition de son projet, ainsi que nous l'avons fait nous-même; car notre deuxieme Plan a beaucoup d'avantage sur le premier; cependant les dehors, quoique différents de ceux de la Planche XXXV, n'en sont pas moins réguliers; ils sont dans un autre genre, & l'on peut remarquer dans les dedans, plus d'espaces, des pieces plus libres, plus commodes & plus convenables à l'objet de l'Edifice. Un autre avantage, à notre avis, c'est que cette distribution est plus simple, & moins tourmentée; qu'elle montre moins de petites parties, de ressauts, d'angles, de contours, en un mot, que sa marche paroît aisée; autant de qualités essencielles à observer dans un Plan, & qui, lorsqu'on sçait son Art, n'empêchent pas qu'on accorde au génie, les choses d'agrément dans les parties accessoires, sans nuire à la dignité qui doit présider dans les pieces capitales. Cette variété, bien loin de blesser l'œil, fait au contraire juger avantageusement des ressources, du goût & de l'expérience de l'Architecte.

CHAPITRE IV.

OBSERVATIONS SUR LA DÉCORATION DES FAÇADES,

Appliquées a l'ordonnance extérieure du Plan tracé sur la Planche XXXV, décrit dans le Chapitre précédent.

Notre intention n'eft pas de répéter dans ce Chapitre, les regles que nous avons enfeignées dans les Volumes précédents, concernant la décoration extérieure des Édifices; mais feulement de rendre compte des motifs qui nous ont porté au choix des ordres Compofite & Corinthien, pour l'ordonnance des Façades de ce Palais, & des raifons qui nous ont fait élever deux Ordres l'un au-deffus de l'autre dans certaines parties de ce Bâtiment. Enfin, nous dirons pourquoi nous avons couronné d'un comble la partie du milieu du grand avant-corps, pendant que nous avons fupprimé les combles par-tout ailleurs. Il ne faut donc pas s'attendre à trouver ici des préceptes; mais feulement l'efpece de raifonnement qui doit accompagner toutes les productions d'un Architecte; raifonnement qui ne s'enfeigne point;

mais qui s'acquiert à force de comparer, les uns avec les autres, les ouvrages élevés par nos Maîtres, & de chercher à se rendre compte des objets qu'il est bon d'imiter, & de ceux qu'il convient d'éviter. Les objets qui souvent nous ont paru bien faire où nous les avons aperçus, peuvent ne point convenir à notre composition, & engendrer un abus dans l'ordonnance, quoique dans l'Édifice où nous les avons vus, ils annonçassent, peut-être, une ressource ingénieuse employée par l'ordonnateur.

Planche XLII.

Élévation géométrale d'une des Façades principales d'un Palais de soixante-six toises de face.

La Façade exprimée sur cette Planche donne la décoration extérieure du côté de l'entrée, prise sur toute la longueur du Palais, dont nous avons donné la distribution Planche XXXV, & dont l'ordonnance peut servir, à quelque chose près, pour le second projet Planche XXXVI, dont nous venons aussi de rendre compte plus haut.

Nous avons préféré l'ordre Composite, pour régner dans tout le pourtour du rez-de-chaussée de cet Edifice; comme l'ordre qui, indépendamment de sa richesse, prête le plus à la distribution des membres extérieurs, & à la relation que ceux-ci doivent avoir avec la décoration des dedans; ensorte que nous n'avons surmonté cet ordre par le Corinthien, que dans le grand avant-corps du milieu, à deſſein de faire pyramider ce dernier, ſur toute l'étendue de la façade : &, comme cet avant-corps a lui-même une certaine capacité, nous lui avons fait faire un reſſaut que nous avons couronné d'un fronton triangulaire, au-deſſus duquel s'éleve un comble en plate-forme, lequel ſemble donner à toute cette partie majeure, une forme pyramidale, que nous avons cru néceſſaire dans un tel Édifice.

Dans le rez-de-chauſſée de cet avant-corps, ſont des colonnes iſolées, à plomb deſquelles s'éleve une baluſtrade, & au-deſſus de chaque piédeſtal des ſtatues, qui, par leur ſaillie, donnent de l'intérêt à cette ordonnance ; la décoration des ſeuls pilaſtres qui regnent au premier étage, ſert encore à la faire valoir, ſans néanmoins apporter de diſparité dans ces deux étages : le premier au contraire, paroît être une ſuite de celui du rez-de-chauſſée, décoré auſſi de pilaſtres placés derriere les colonnes, de maniere que celles-ci forment, pour ainſi-dire, toute la richeſſe de cette Façade. On obſervera de plus, que leurs entre-colonnements ſe trouvent diſpoſés de telle ſorte, que la proportion des arcades qui occupent leur eſpace, ainſi que les piédroits, les impoſtes, les archivoltes & les claveaux, ſont dans un parfait rapport avec l'expreſſion Compoſite, & que la largeur de ces entrecolonnements a été calculée de maniere, que les entre-pilaſtres du premier étage ont pû recevoir des niches carrées, qui contiennent les ouvertures : ces niches à rez-de-chauſſée ont autoriſé les tables placées au-deſſus, dont l'application & la diſpoſition font toujours un bon effet, comme nous l'avons remarqué pluſieurs fois, dans les premiers Volumes de ce Cours, en parlant de la porte Saint-Denis, de l'Arc-de-triomphe du Trône, de la Nef du Val-de-Grâce, &c.

Qu'on ne s'imagine pas que ce soit l'apologie de notre élévation que nous nous proposons de faire ici; nous sommes bien éloignés de la croire sans défauts; notre intention est seulement de rendre compte des procédés dont nous nous sommes servi, & qui émanent absolument des regles que nous avons enseignées dans les Leçons précédentes. Pour convaincre nos Lecteurs de cette vérité, nous aurions bien désiré pouvoir donner en grand les détails dans lesquels nous sommes entrés à cet égard; mais nous ne pouvons leur offrir que des gravures assez imparfaites, & réduites sur une fort petite échelle; nous les exhortons donc à traduire en grand, les éléments à la main, un ou deux entre-colonnements du rez-de-chaussée, & autant d'entre-pilastres du premier étage, pour s'assurer, par une combinaison réfléchie, combien ce que nous leur conseillons est intéressant, & combien il est possible d'arriver, malgré les difficultés de l'Art, à un certain dégré de justesse. Cette étude que nous regardons comme indispensable, les empêchera de faire usage, dans leurs Façades, de membres d'Architecture pris au hazard; membres qui, faute d'avoir des rapports entr'eux, & d'annoncer le véritable caractère de l'Ordre, ne présentent souvent à l'examinateur, que des productions, dans lesquelles on remarque tout à la fois le genre antique, ancien & moderne; ou, ce qui ne vaut guères mieux, le genre pesant avec le délicat. On est exposé à tomber dans ces défauts, quand on a été mal enseigné, ou qu'on ne se donne pas

la

la peine de se rappeler & de suivre les vrais préceptes de l'Art.

Les balustrades qui se remarquent dans la Planche que nous décrivons, paroissent un peu élevées; mais il faut prendre garde qu'elles sont exprimées ici suivant leur hauteur réelle, & non selon leur hauteur apparente, parce que cette élévation est vue géométralement : car autrement, il est aisé de concevoir que, par l'effet de l'Optique, la saillie de la corniche de l'ordre de dessous masqueroit nécessairement une grande partie de cette hauteur; attention qu'il ne faut point perdre de vue, & qui exige de la part de l'Architecte des lumieres plus étendues que celles d'une théorie purement spéculative. Au reste, il n'y a qu'à se rappeler ce que nous avons enseigné à cet égard dans le Volume précédent, page 291, en décrivant la Planche LI.

Nous n'avons placé qu'une ouverture, dans la largeur des arriere-corps, qui acotent celui du milieu, couronné d'un fronton; d'où il a résulté de moyens entrecolonnements, dont les espaces sont occupés par des tables ornées de trophées, tant dans l'ordre d'en bas, que dans celui d'en haut. Ces moyens entrecolonnements, disposés ainsi, & la seule ouverture dont nous parlons, engendrent des trumeaux, sans doute un peu pesants; nous avouons ce défaut, car c'en est un, la largeur des trumeaux devant certainement se ressentir de la fermeté, ou de l'élégance des Ordres : or, ce sont les Ordres délicats qui président ici : il étoit donc essenciel que les trumeaux eussent plus d'élégance qu'on n'en remarque dans cette ordonnance; mais de deux choses l'une, ou il falloit en user, comme on le voit ici, ou il falloit placer deux arcades dans ces arriere-corps. Cette ordonnance que nous avons employée dans les Plans des Planches XXXV & XXXVI, du côté des Jardins, a produit un trumeau dans le milieu, qu'il est toujours essenciel d'éviter, dans les parties capitales d'un Édifice. Ces deux défauts, dans ces deux projets, sont nés d'une part, de la disposition des masses du Plan; de l'autre, de la relation qu'il a fallu donner à toute la largeur de cet avant-corps, comparée avec l'étendue des ailes qui l'accompagnent : de maniere, que nous pouvons avancer, que c'est dans ces occasions, qu'il faut que l'Architecte sçache prendre son parti, en faveur des dehors ou des dedans de son projet; parce que, lorsqu'il s'agit d'accorder la beauté de l'ordonnance extérieure, avec la commodité intérieure des Appartements, il est souvent nécessaire, quand les regles manquent, d'avoir recours aux ressources, pour concilier, le moins imparfaitement qu'il est possible, ces deux parties intéressantes de l'Architecture; tentative néanmoins qui n'avoit pas encore été faite du temps de François Mansard, de Débrosses, de le Mercier, &c. aussi ces grands hommes élévoient-ils des Façades plus régulieres. Au reste, notre intention n'est pas de le taire, le défaut que nous remarquons dans notre élévation, n'est pas trop bien racheté par la perfection des dedans; puisque nous avons déja observé, en parlant du premier Plan de ce Palais, Planche XXXV, que l'Anti-chambre ou la Salle à manger M 3, & la Salle de compagnie M 4, étoient assez mal éclairées. Nous avons connu ces défauts, sans doute; mais nous les y avons laissés, parce que le premier mérite d'un tel projet, nous paroît consister dans les beautés d'ensemble, & qu'il vaut mieux, en faveur de celles-ci, pécher dans les accessoires. Dans un Edifice de cette importance, les masses doivent avoir la préférence sur les détails : il vaudroit mieux sans contredit, que toutes les parties fussent régulieres; mais, comment parvenir à ce dégré de perfection, depuis sur-tout, que nos Architectes modernes, guidés par la réflexion & le bon goût, ont regardé, comme une loi indispensable, de faire marcher ensemble, & d'un pas égal, les trois branches de l'Architecture, la commodité, l'ordonnance & la solidité. Qu'on y prenne garde; cette triple unité n'est plus une science ignorée aujourd'hui, même de la plupart de nos Eleves. Il est vrai que cette conciliation entraîne après soi des licences presqu'inévitables; & que c'est le plus habile qui les met en œuvre, pendant que celui qui en sait moins, les transforme en abus, & ne produit que des médiocrités, dont nous avons fait, plus d'une fois, apercevoir l'ineptie dans nos Leçons précédentes. Il ne s'agit donc plus, dans ce Chapitre, de relever de telles erreurs; notre objet est de faire connoître, sans vouloir pallier nos propres défauts, que l'Artiste le plus instruit, n'est pas toujours le maître de réunir toutes les beautés de l'Art dans ses compositions, & que dans l'Architecture, celui qui acquiert le plus de célébrité, est précisément celui qui sait mettre le plus à profit les licences de l'Art, pour faire valoir, avec plus d'éclat les masses de son Édifice.

Osons citer encore une fois Hardouin Mansard : quels traits de génie n'admire-t-on pas dans ses ouvrages ! combien néanmoins de licences dans ses chefs-d'œuvre ! Mais, qu'on y réfléchisse,

Y ij

ces écarts peuvent être regardés comme des fautes heureuses, parce qu'il étoit un grand homme, & qu'il n'y a que des yeux sévères qui puissent les démêler au milieu des beautés sans nombre dont ils sont remplis.

Tranchons le mot; il n'est plus gueres question ici des éléments, concernant la commodité & l'ordonnance des Bâtiments; nos Lecteurs sont censés assez instruits sur ces deux parties intéressantes de l'Architecture: dès-là, ils doivent essayer de voler de leurs propres ailes, & nous les croyons en état, après les préceptes enseignés jusqu'ici, de n'avoir plus que des conseils à demander aux Maîtres de l'Art, pour s'affermir dans la carriere où ils sont entrés: il ne leur reste donc qu'à examiner, qu'à penser & à refléchir, pour, ensuite, s'attacher à la décoration des dedans, dont nous traiterons, dans le Volume suivant, & de-là, passer à l'expérience, dont nous leur donnerons des notions suffisantes, dans le sixieme & dernier Volume de ce Cours.

Nous avons déja fait remarquer, que nous avons placé un comble au-dessus du fronton de l'avant-corps du milieu de ce Palais. Nous dirons ici, que, quoique notre intention ait été principalement, en l'amenant sur la scène, de faire pyramider cet Edifice, c'est particuliérement l'usage intérieur du grand Sallon, son diamètre & son élévation, qui nous y ont autorisé, tant les dedans influent sur les dehors ; & que peut-être, sans la nécessité de donner beaucoup de hauteur à cette piece, nous nous serions passé de cette forme pyramidale, parce que cet Edifice étant partout ailleurs sans combles apparents, on pouroit regarder celui dont nous parlons, comme un objet séparé & peu assorti à l'ordonnance des façades. Nous ne serions donc point étonné que ce comble éprouvât cette censure : nous sommes même tout prêt à en convenir ; mais en même temps, nous croyons pouvoir avancer que nous ne conseillerions pas de vouloir le continuer, sur-tout au premier étage de ce Bâtiment, parce que ce comble, ainsi continué, ôteroit à l'Edifice le caractère de Palais, pour lui donner celui de Château ; cependant, comme nous l'avons dit ailleurs, chaque Bâtiment doit avoir une maniere de s'annoncer qui lui soit propre : sentiment auquel nous tenons beaucoup, quoiqu'il soit combattu par le plus grand nombre, à en juger par la plupart de nos productions Françoises, élevées dans la Capitale ou à la campagne.

Nous avons placé dans les ailes qui sont d'un seul étage, des portes croisées, comme dans le grand avant-corps : nous sommes persuadé que ce même genre de décoration, non-seulement contribue à l'unité que nous avons tant recommandée ; mais que ces arcades ajoutent beaucoup plus à la grandeur de l'Edifice, que si à leur place on eût mis des croisées ; parce que ce différent genre d'ouvertures semble diviser l'Ordonnance. D'ailleurs ces deux ailes, qui, comparées avec le reste de la façade, ont beaucoup moins d'élévation, auroient paru trop disparates, si l'on eût changé le style dans ces ouvertures. La seule différence qui se remarque ici, c'est que ces arcades se trouvent enfermées dans des niches carrées, tandis que celles du grand avant-corps n'en ont point ; par la raison, que la largeur des entrecolonnements du rez-de-chaussée doit toujours être moindre que celle des entrepilastres, à cause de la portée des plates-bandes des architraves, qui étant soutenues en l'air d'une colonne à l'autre, exigent une solidité réfléchie, & qu'en Architecture, cette partie de l'Art doit avoir le pas sur toute autre considération : d'ailleurs, il y faut prendre garde ; il n'y a gueres que les modernes qui se soient permis la très-grande largeur des entrecolonnements qu'on remarque dans la plupart de nos Bâtiments : au contraire, les anciens rapprochoient leurs colonnes fort près les unes des autres, & les distribuoient, dans le même Edifice, d'une parfaite égalité, pendant que nous les éloignons souvent trop, & que nous varions, dans une même façade, leur écartement, à raison du besoin de concilier les dehors avec les dedans. A ce dernier égard, nous croyons que c'est une obligation que nous avons de plus à nos Architectes François, parce que cette diversité de largeur entre les colonnes, apporte quelquefois, dans l'ordonnance de nos Edifices, particuliérement dans ceux destinés à l'habitation, une disposition moins monotone qui réussit toujours bien, lorsque l'Artiste n'use de cette variété que pour donner plus d'éclat, plus de jeu, plus de mouvement à sa composition. Au reste, il faut sçavoir ne jamais méfuser de cette liberté. Par exemple, ce seroit au moins une négligence, de faire les entrecolonnements inégaux entr'eux dans une même façade, lorsqu'ils ont une même destination, ainsi qu'on peut le remarquer dans les Pavillons des extrémités de notre Façade ; inégalité que nous avons tracée ainsi, pour en faire sentir l'abus, aucune raison légitime ne pouvant autoriser cette dissonance. Qu'on s'en ressouvienne, nous l'avons dit ailleurs, les entrecolonnements doivent avoir une relation déterminée avec l'expreſſion de l'Ordre : or, comment conſerver cette relation indiſpenſable, lorſqu'on ſe permet cette licence? La commodité des dedans eſt inſuffiſante, & ne peut favoriſer cette inattention ; & ſi quelquefois, le rapport que les maſſes doivent avoir avec les parties principales, ſemble exiger cette inégalité, il en faut uſer avec tant de prudence, & rendre ces différences ſi peu ſenſibles, que le ſpectateur le plus intelligent ſe trouve forcé d'applaudir aux reſſources de l'Architecte. En un mot, nous ne nous laſſons point de le répéter, aucune conſidération particuliere ne peut prévaloir ſur les raiſons de ſolidité ; & lors même que l'Art ſait ſurmonter toutes les difficultés de la main-d'œuvre, on n'eſt pas diſpenſé pour cela de rendre la conſtruction de ſon ordonnance vraiſſemblable ; autrement, elle inquiéte l'examinateur éclairé, & devient une ſorte d'énigme pour ceux qui le ſont moins.

Les Pavillons des extrémités de cette Façade ont auſſi deux Ordres d'Architecture, comme dans le grand avant-corps; mais, pour donner plus de mouvement & de légéreté à l'étage ſupérieur de ces Pavillons, nous avons, dans chacun de leurs angles, formé des pans coupés, comme on peut le remarquer dans le Plan de la Planche XLI. Nous avons cru pouvoir faire uſage ici de ces pans coupés; premiérement, parce que l'élégance des Ordres qui décorent cette Façade, autoriſe ce mouvement dans les Plans & dans les élévations ; ſecondement, parce que nous aurions craint qu'en montant carrément ces Pavillons, ils ne devinſſent peſants à l'œuil, & que cette peſanteur n'offrît une contradiction, comparée avec le caractère délicat

Y iv

des Ordres employés ici. Au reste, nous laissons aux Maîtres de l'Art à juger si nous avons eu raison ; mais, en attendant ce jugement, qui, à le bien prendre, n'est qu'une affaire d'opinion, nous rappellerons à nos Eleves, que dans les éléments du commencement de ce Cours, nous leur avons prouvé combien il est important que tous les membres d'Architecture amenés dans la décoration, puisent leur source dans l'expression des Ordres qui président dans l'ordonnance, & combien il est intéressant que la forme des Plans, & le mouvement des élévations y prennent aussi le caractère que chacun d'eux y doit offrir, soit en les considérant séparément, soit dans la réunion des parties comparées les unes avec les autres.

Fondé sur ce raisonnement, trop négligé par le plus grand nombre, du moins nous rendons compte à ceux qui désirent bien faire, des motifs qui nous ont fait préférer ces pans coupés, & comme analogues à l'Ordre Corinthien, & comme contribuant à faire pyramider chacun de ces Pavillons, sans pour cela, avoir recours à aucune autre espece de couronnement, que la balustrade supérieure : le Plan de cette derniere, aidé de l'effet de l'optique, suffit pour produire la forme pyramidale qu'on pouvoit désirer ; & l'on est bien fondé à désaprouver les attiques, les combles & les lanternons qu'on emploie assez ordinairement en pareille occasion, sans réfléchir que non-seulement ces sortes d'amortissements ne conviennent pas par-tout ; mais que souvent ils se contredisent avec le caractère de l'Edifice.

Élévation géométrale d'une des Façades latérales d'un Palais de soixante-six toises de face.

PLANCHE XLIII.

Nous ne répéterons point ce que nous venons de dire, touchant la décoration de ce Palais, cette face latérale étant assujétie à la même ordonnance que la précédente : nous nous proposons seulement de faire remarquer, que c'est pour rendre cette élévation plus symétrisée, que nous avons placé l'axe du pignon du grand avant-corps, précisément à plomb de celui de l'étendue de cette façade ; ce qui nous a engagé à faire régner à égale distance, tant du côté des jardins, que du côté de l'entrée, l'aile simple qu'on remarque dans la Planche XXXV : il étoit nécessaire d'observer cette symétrie dans les dehors de ce Palais ; parce que cette face latérale est aperçue dans toute la longueur des allées plantées en face du retour de cet Edifice, dont nous avons indiqué la disposition dans le Plan par masse de la Planche XXXIII. Nous ne faisons cette observation, que parce qu'on néglige assez ordinairement les faces latérales de nos Bâtiments, ce qui, cependant ne devroit avoir lieu, que lorsque le principal corps-de-logis se trouve flanqué par quelques bouquets de bois, ou par quelques dépendances principales de l'Edifice. Ici notre intention est toute autre ; nous avons voulu l'isoler de toute part, afin de pouvoir rendre compte des difficultés d'un tel projet, toujours plus difficile à exécuter, qu'un Bâtiment dont les retours ne font point aperçus, ou ne le font que bien peu. Au reste, c'est à l'expérience de l'Architecte, à prévoir les inconvénients qui peuvent en réfulter; & c'est pour aider ceux qui débutent dans cette partie de l'Art, que nous avons fait fuivre au projet de la Pl. XXXV, une autre diftribution tracée fur la Pl. XXXVI, à l'occafion de laquelle nous avons aussi préfenté d'autres dépendances, indiquées fur la Planche XXXIV, Planches où nous renvoyons nos Lecteurs, ainfi qu'à leurs diftributions ; c'est le feul moyen de faifir nos idées, & d'acquérir, par la fuite, la faculté d'ajouter de nouvelles études à ce que nous enfeignons dans ce Volume, fans néanmoins vouloir trop s'écarter des préceptes qu'il contient.

Il est aifé de s'apercevoir que la continuité du comble qui fe remarque fur le premier étage de cette façade latérale, fait un bien moins bon effet que dans la Planche précédente, fa maffe paroiffant lourde & pauvre ; aussi est-ce pour corriger ce défaut, que nous l'avons terminée en plateforme couronnée d'un appui de fer ; un faux comble l'auroit rendue plus infoutenable encore.

A l'égard des deux croifées du premier étage, dans lefquelles l'axe ne tombe pas à plomb de celles du rez-de-chaussée, cette irrégularité ne peut paffer pour un défaut : il faut sçavoir fe permettre cette licence, fur-tout lorfque, comme ici, le premier étage est reculé de la face principale d'environ vingt-quatre toifes ; puifque cette diftance & l'optique rendroient nulle la févérité, dont on auroit voulu ufer pour les rendre régulieres. C'est-là un de ces cas, par exemple, où il faut en sçavoir assez, pour oser s'écarter des règles reçues. La seule théorie rend souvent timide, & empêche de quitter la règle & le compas; l'expérience, le goût, le raisonnement, sçavent franchir le precepte, ou du moins, ils indiquent le moyen de l'interpréter; & c'est delà, nous pouvons le dire, que sont nés les ouvrages de génie qui honorent la France & nos Artistes. Mais, qu'on y prenne garde : il est un temps pour oser; il n'appartient pas à tous de le faire; il faut avoir beaucoup vu, avoir examiné avec soin les ressources employées par les grands Maîtres, avoir appris de bonne heure à discuter l'Art; en un mot, il faut avoir réfléchi sur les tentatives qui ont réussi, & sur celles qui n'ont engendré que des médiocrités : autrement, il faut s'en tenir aux Eléments, jusqu'à ce qu'on ait acquis assez de talents, pour juger ce qu'on doit se permettre ou se défendre absolument.

Coupe prise sur la profondeur du principal Corps-de-logis d'un Palais de soixante-six toises de face.

PLANCHE XLIV.

Nous ne parlerons dans cette Planche, que de la coupe prise dans la profondeur du grand avant-corps du principal corps-de-logis de ce Palais; les deux Pavillons, & ce que l'on voit des deux ailes en retour, étant absolument de la même ordonnance que les élévations dont nous venons de parler; mais nous répéterons encore une fois, parce que cette répétition est importante ici, que c'est pour avoir voulu placer ce principal avant-corps précisément dans le milieu des quatre Pavillons qui flanquent cet Edifice, & faire passer l'enfilade A B, du Plan de la Planche XXXV, dans le centre du grand Sallon, que cette même enfilade ne se trouve pas dans le milieu de la longueur de la Gallerie ; défaut que nous avons remarqué en décrivant celle tracée sur la Pl. XXXVI, beaucoup plus intéressante que celle de la Planche XXXV : c'est pour cette raison que nous avons changé toute la disposition de ce deuxieme projet, lequel mérite la préférence à beaucoup d'égards, pour ce qui regarde la commodité des dedans, comme le premier la mérite en faveur de la régularité des dehors. En effet, qu'on se rappelle la façade latérale, dont nous venons de faire mention, avec l'image extérieure des dedans de cette coupe, & l'on sera convaincu qu'il n'y auroit pas à balancer sur le choix du premier projet, si, comme la plupart de nos prédécesseurs, nous n'eussions eu pour objet que la décoration extérieure, tels qu'en ont usé les Lescot, les Delorme, les Desbrosses, les le Mercier, les le Veau ; mais dans ces Leçons, où il s'agit d'enseigner les moyens de réunir ensemble les trois branches de l'Art, qu'on cherche à concilier aujourd'hui, nous n'avons pu nous dispenser d'introduire dans notre projet, quelques licences dont Hardouin Mansard nous a enseigné lui-même la route, dans ses productions célébres. Il ne suffisoit donc pas de donner nos Plans de distribution, il falloit encore produire les façades extérieures, & la coupe de ce Palais, afin d'avoir occasion de revenir à plus d'une reprise sur ce projet : cette maniere d'opérer donnera sans doute à nos Eleves, l'idée de revenir de même d'un objet à l'autre, pour réfléchir à loisir sur les parties qui peuvent autoriser les licences les plus indispensables, mais qui, lorsqu'elles se trouvent déplacées, ne montrent plus aux connoisseurs que l'abus, au lieu des ressources & des préceptes de l'Art.

On peut voir par cette coupe, que la charpente du comble auroit pu ne régner que sur le grand Sallon ; élévation indispensable à cause de la hauteur de la calotte qui termine l'intérieur de cette piece. On auroit pu de même se contenter d'un comble à deux égouts, sur l'Anti-chambre du premier étage, placée au-dessus du Vestibule, du côté de l'entrée ; mais, d'un côté, le grand avant-corps, en arrivant à ce Palais, auroit été terminé moins heureusement ; & de l'autre, ce comble, disparate dans sa forme, auroit rendu la façade latérale, Planche XLIII, mal couronnée, cette élévation devant, comme nous l'avons remarqué plus haut, être aperçue d'un point de distance assez considérable.

En décrivant le Plan auquel appartient cette coupe, nous avons aussi annoncé, page 216 de ce Volume, que l'ordonnance intérieure de ce grand Sallon, devoit être en marbre, & que pour cette raison, nous avons tenu sa décoration d'un style grave ; le choix de la matiere devant gouverner le genre de l'Architecture. Nous avons encore insinué, que, relativement au ton varié de ses marbres de couleur, on pouvoit, au lieu de Sculpture, préférer le ministère de la Peinture, dans la voûte de cette piece, ainsi qu'on a voulu l'indiquer dans cette Planche, assez mal gravée à la vérité ; ceux qui se mêlent de graver l'Architecture, étant, pour la plupart, sans principes & sans goût, malgré les secours qui leur sont offerts, dans nos Conférences publiques, depuis nombre d'années ; ensorte qu'il ne faut regarder cette coupe, que comme une image assez imparfaite, qui donne seulement l'idée de notre composition.

Nous terminerons ici la récapitulation que nous nous étions proposé de faire, concernant l'ordonnance extérieure des Bâtiments : récapitulation qui, d'ailleurs, nous a paru indispensable, pour saisir l'occasion de rappeler à nos Eleves la relation intime qu'ils doivent s'efforcer d'observer entre les dehors & les dedans de leur Edifice ; ce qui, comme nous l'avions promis, nous a amené à des discussions réfléchies qui confirment les préceptes de l'Art, en les prévenant néanmoins, de la difficulté d'y arriver, sur-tout lorsqu'il s'agit de réunir ensemble, dans un même projet, la partie de la solidité avec la commodité, & celle-ci, avec la beauté de l'ordonnance.

Avant de passer à la décoration intérieure des Edifices, que nous réservons pour le cinquieme Volume de ce Cours ; donnons encore dans le Chapitre suivant, d'autres distributions : mais choisissons-les dans un genre plus simple, à dessein de nous mettre à portée du plus grand nombre ; & appliquons-nous particuliérement à détailler la plus grande partie des commodités, du ressort des habitations particulieres. Commençons néanmoins, à la suite du Palais que nous venons de décrire, par donner le Plan d'un Belvéder, ou d'une Maison de chasse de notre composition, afin d'accoutumer nos Eleves, à passer, du genre composé, au genre moyen, &, de celui-ci, au genre simple.

CHAPITRE V.

OBSERVATIONS PARTICULIERES, APPLIQUÉES A LA DISTRIBUTION D'UN BELVÉDER, A CELLE D'UNE MAISON ABBATIALE, ET A CELLE D'UNE MAISON PARTICULIERE.

COMME il ne s'agit que de porter nos observations sur la distribution intérieure, nous ne donnerons, ni les élévations, ni les coupes des Plans qui vont suivre : cependant, comme nous avons droit de supposer, qu'après les Leçons précédentes, nos Lecteurs ont acquis l'art de juger l'ordonnance des dehors, par l'aspect des dedans ; nous avons pris le plus grand soin de tracer en grand les développements des Bâtiments que nous allons donner. C'est pourquoi, nous invitons la plupart de ceux entre les mains desquels parviendra cet Ouvrage, de dessiner par eux-mêmes tous les détails que nous ne pouvons offrir ici, dans la crainte de nous répéter sans cesse, & de multiplier les Planches au-delà des bornes de ce Cours.

Plan d'un Belvéder servant de retour de chasse.

PLANCHE XLV.

Le Plan que nous donnons ici tient à la magnificence du Palais décrit précédemment; aussi se trouve-t-il placé à l'extrémité du Parc, formant la suite des Jardins de propreté de ce Palais (f). Nous l'appelons Belvéder, parce qu'il se trouve élevé sur une éminence située en belle vue; & nous lui donnons le titre de retour de chasse, parce qu'il est aussi destiné à servir de retraite, avant ou après cet exercice salutaire, pour l'un & l'autre sexe.

Ce Bâtiment de seize toises sur chaque face, contient un grand Sallon A, de cinquante-un pieds de diamètre, & de soixante pieds d'élévation sous clef. Ce Sallon est décoré d'un ordre composite, pilastre, accouplé & percé de huit arcades de même forme & grandeur. Dans quatre de ces arcades sont encastrées des portes à placard; les

---

(f) Cette Maison de chasse se trouve élevée sur une plate-forme de trente-deux toises en carré, à laquelle on monte par neuf marches continues: cette plate-forme est elle-même élevée sur une terrasse de cent-cinquante toises de longueur, sur soixante-dix-sept de profondeur, & à laquelle on arrive par un perron que l'on monte en deux temps, d'abord par neuf marches, ensuite par sept, avec un grand palier qui les sépare. Aux deux extrémités de ce grand perron, sont deux Cabinets de verdure, qui ne s'élevent de dessus la terrasse, que d'environ quatre pieds, pour laisser échapper la vue qui est admirable de ce côté; vue qui produit, de l'intérieur du Bâtiment, le coup d'œil le plus intéressant, & à qui tout a dû céder. Du côté opposé à ce perron, du côté de l'entrée du Bâtiment, est pratiquée une esplanade où se réunit le rendez-vous pour la chasse & son retour. A l'extrémité de cette esplanade, terminée en demi-lune du côté de la forêt, on apperçoit sept allées: celle du milieu est destinée pour le grand chemin, les six autres servent de route pour les Chasseurs, &c. Nous désirons que ce léger extrait fasse naître à quelques-uns de nos Eleves les moins avancés, l'idée de composer les dépendances du Plan que nous offrons, ce qui, par dégrés, les ameneroit à essayer ensuite leurs propres forces, & à concevoir la nécessité de commencer leurs compositions, par observer une relation directe entre les dépendances de la disposition de leur Edifice.

autres

autres font seulement fermées par des portes vitrées, comme à Marli. Ces quatre portes vitrées donnent chacune dans autant de Vestibules en péristyle. Ce péristyle B, ouvert sur le mur de face par ses entrecolonnements, dont l'ordre est Ionique, forme avant-corps sur la façade; ce qui donne à ce Bâtiment un air de gaieté qui ne convient guères qu'à lui, ou à ceux de son espece, les Bâtiments d'habitation proprement dits, exigeant d'être fermés de toute part. La diagonale de ce Sallon, & les quatre angles de ce Bâtiment, ont chacun une piece qui sert d'accompagnement & de dépendance à celle A.

La piece C est un Buffet en cas que l'on veuille donner un banquet ou une fête dans le grand Sallon, ou seulement servir des rafraîchissements dans la piece D. Le diamètre de ce Buffet est réduit ici à quatorze pieds & demi, & c'est autour de son enceinte qu'est pratiqué un escalier circulaire de trois pieds neuf pouces de longueur de marche, & dont la rampe *a* descend aux Cuisines & aux Offices ménagés sous terre, pendant que celle *b* monte aux terrasses élevées sur ce Bâtiment, & de-là, par de petits escaliers à vis, sur la calotte extérieure du Sallon. La petite piece *c*, est une décharge pour contenir les cristaux; & dans les deux embrâsures *d*, sont dressées des tables, l'une pour la desserte de la table, l'autre pour y dresser les fruits; ensorte que cette distribution particuliere comporte toutes les commodités d'usage à un tel département.

La piece D servant ici de Salle-à-manger, est à pans; elle a vingt pieds en carré, & peut être revêtue de stuc ou de marbre. Dans l'un de ses angles *e*, on a ménagé un pissoir, & dans les autres *f*, des armoires, pour déposer les ustensiles relatives à une telle piece : dans l'angle G, est une porte à placard, qui enfile la diagonale de ce Bâtiment : ensorte que, du centre A, on jouit de huit points de vue différents ; dont quatre percent jusques dans les dehors, quatre autres indiquent l'intérieur de cet Edifice, apperçu dans sa plus grande étendue. En face de l'une des croisées de cette piece, est une cheminée, & vis-à-vis de l'autre, une niche *h*, pour contenir une Ottomane ; de maniere que dans ses quatre grands côtés, se remarque une arcade réelle ou feinte, & dans ses pans, quatre portes à placard terminées par des piédroits d'une suffisante largeur, pour recevoir des chambranles, & les champs qui doivent les accompagner. Il est important de prendre cette précaution, & de prévoir cette symétrie, lors de la distribution de son Plan : autrement, lorsqu'on remet à se rendre compte des détails de la décoration intérieure, après la bâtisse, on est forcé d'avoir recours à des expédients, qui nuisent essenciellement à la régularité des dedans.

La piece E est un Cabinet de jeu, de vingt-un pieds neuf pouces en carré : il est aussi à pans coupés, comme les pieces précédentes. Ce Cabinet peut être boisé, enrichi de sculpture, de dorure & de glaces, & être terminé par une calotte ornée de peinture en arabesque, ce genre d'ornement pouvant se permettre ici, c'est-à-dire, dans un lieu destiné seulement à l'agrément & au plaisir.

La piece F est une Chambre en niche, réduite à environ quinze pieds de diamètre & de hauteur, ensorte qu'au-dessus, on pourroit pratiquer des entre-sols où l'on monteroit par l'escalier *i*, sous lequel se trouveroit placé le Cabinet d'aisance K.

Cet entre-sol seroit destiné pour un premier Domestique, si le Maître vouloit jouïr dans cet asyle, de quelques jours de solitude. De l'autre côté du Cabinet d'aisance *k*, est un Cabinet *l*, qui, par le moyen des trois tours creuses (*g*) qui le composent, ne laisse pas d'avoir huit pieds de largeur, sur sept de profondeur, espace suffisant pour une toilette champêtre. La petite piece *m*, est un dépôt pour le linge, & quelques vêtements nécessaires à la campagne, en cas de pluie ou de fatigue, par l'exercice de la chasse : en face d'une des croisées, est placé le lit en niche, ensorte que quatre arcades réelles ou feintes, décorent les quatre grands côtés, tandis que les quatre pans coupés sont occupés par des portes à placard, comme dans les trois pieces précédentes.

Nous avons exprimé dans ce Plan, les compartiments de marbre, dont est revêtu le sol de toutes ces pieces de distribution, à l'exception de la Chambre en niche, qui, pour plus de salubrité, doit être parquetée, &, pour plus de magnificence, doit l'être en marqueterie (*h*). Ancien-

---

(*g*) Dans la crainte que ces tours creuses n'alterent la solidité des murs de la partie anguleuse de cet Edifice, on les devra terminer en cul-de-four, & faire reprendre l'épaisseur des murs au-dessus de ces culs-de-four, qui ne seront guères plus élevés que de treize pieds sous clefs.

(*h*) Il s'en voit de cette espece dans les Appartements de l'Hôtel de Soubise, & au Château de Maison, d'un dessin ancien. M. le Duc de Choiseul vient derniérement d'en faire faire à son Hôtel rue de Richelieu, qui sont de la plus parfaite exécution ; mais peut-être seroit-il à désirer qu'ils fussent composées de plus grandes parties, la multiplicité des détails ne convenant dans aucun genre de productions. Nous donnerons, dans le Volume suivant, quelques desseins de cette espece, en traitant de la décoration des Appartements.

nement la marqueterie étoit fort en ufage; nos Artiftes l'ont fait revivre depuis quelques années, avec beaucoup de fuccès. Nous dirons néanmoins, qu'on devroit s'attacher davantage à obferver plus d'analogie, entre les deffins de ces efpeces de compartiments, & ceux qui compofent les voûtes & les plafonds; fans cette relation entre l'un & l'autre, ainfi qu'avec les revêtiffements des pieces, tous ces objets, féparément eftimables, loin de préfenter un enfemble intéreffant, paroiffent avoir été imaginés dans des temps différents, & exécutés par divers Artiftes qui, faute d'être conduits par un Chef éclairé, ne produifent qu'un tout défaffortie, qui nuit effenciellement à l'accord général.

Nous avons déja dit que le Sallon A étoit décoré de feize pilaftres d'ordre Compofite; nous ajouterons ici qu'il eft revêtu de marbre enrichi de bronze, & qu'il fe trouve éclairé par huit croifées ovales, percées dans la principale voûte de cette belle piece, indépendamment des quatre portes vitrées qui donnent dans les Veftibules B : ces croifées ovales font féparées par de doubles arcs doubleaux, dont chacun tombe à plomb des pilaftres Compofites. Au-deffus de cette premiere voûte, eft une lunette ornée de peinture, qui, comme nous l'avons remarqué ailleurs, s'affortit toujours bien avec le ton des marbres, & non autrement. Cette lunette a précifément le même diametre que celle de la grande étoile qui fe remarque dans le compartiment du pavé, & c'eft cette égalité de diametre, qui forme entre les parties fupérieures & inférieures, la relation dont nous voulions parler tout-à-l'heure; relation, encore une fois, qu'il faut méditer, qu'il faut prévoir, lors de la premiere pensée de son projet, si l'on veut parvenir à mettre de l'accord dans son ensemble, & faire dépendre toutes les parties les unes des autres. Qu'on n'en doute point, la relation que nous recommandons, est moins difficile qu'on ne s'imagine, il ne s'agit que de la bien saisir, & d'enchaîner ses idées de maniere, qu'en concevant les masses, on puisse prévoir ce qui résultera des détails, dût-on, pour y parvenir, tâter à diverses reprises les moyens d'y arriver, ce qui sera toujours plus aisé au jeune Architecte, lors de la composition de son Plan, que de chercher après-coup les accords que nous recommandons. Il est vrai que pour cela, il lui faut des études, du goût, & de l'expérience; mais quels secours n'a-t-il pas, dans cette partie de l'Art, en parcourant nos belles demeures, & faisant précéder cet examen important, du raisonnement que nous cherchons à lui indiquer dans ces Leçons.

Plan à rez-de-chaussée de la Maison Abbatiale de l'Abbaye des Prémontrés,
à Villers-Cotterets.

PLANCHE XLVI.

Nous avons cru ne pouvoir mieux finir nos observations, sur la distribution intérieure des Bâtiments, qu'en offrant vers la fin de ce Volume, deux productions de M. Franque, Architecte du Roi, qui, comme à son ordinaire, par amitié pour nous, & pour se prêter à l'instruction de nos Eleves, a bien voulu nous confier de ses porte-feuilles, les Plans que nous allons décrire. Celui dont nous parlons, donne la distribution d'une Maison Abbatiale qu'il a fait exécuter en 1765. Ce Plan devenu très-régulier, par cet habile Maître, dans un périmètre assez irrégulier, est un exemple de ce que peuvent le génie & l'expérience. Il s'agissoit, dans un aussi court espace, de trouver une Salle de compagnie A, de vingt-six pieds de longueur, sur vingt-cinq de largeur, qui, destinée à rassembler la société, communiquât, sur la droite, à un Appartement complet B, pour l'Abbé ; sur la gauche, à un petit Appartement C, muni de ses dépendances ; & qui pût s'offrir à un étranger de distinction. On arrive à la Salle de compagnie par un Vestibule D, qui lui sert d'Antichambre, & qui, en face de sa principale porte d'entrée, annonce l'Escalier qui monte au premier étage, où l'on trouve aussi trois Appartements à donner. A la gauche de cette Anti-chambre, est placée la Salle-à-manger E. Des Cuisines F, on vient servir à couvert dans cette Salle; ces Cuisines ont été conservées de l'ancien Bâtiment, ainsi que l'Office & les autres dépendances de la bouche qui se remarquent ici. Derriere cette Salle-à-manger & l'escalier, est ménagée une Cour qui sert de décharge à l'Office, & de dégagement aux Garderobes à l'usage de la Salle de compagnie A, & de l'Appartement C.

Nous ne détaillerons point les objets de commodité dont cette habitation est susceptible; nous nous proposons de donner, Chapitre VI, séparément, & sur une beaucoup plus grande échelle, la Chambre à coucher & les dépendances de l'Appartement B, afin de prendre occasion, à ce sujet d'enseigner à ceux de nos Elèves qui débutent dans la distribution, quel parti ils peuvent tirer de l'irrégularité des lieux, & tout ensemble, les moyens d'arriver à en tracer le Plan, avec cette correction si nécessaire, pour être entendu & suivi par les Entrepreneurs. Nous regardons même cette partie de l'Art si intéressante, pour la plupart de ceux à qui cet Ouvrage est destiné, que nous donnerons encore les développements d'un autre Appartement que nous avons fait exécuter à trois lieues de Paris, & dont nous offrirons peut-être la distribution entiere, les élévations & les coupes, après les deux Volumes qui nous restent à donner, pour compléter notre Cours.

Un des objets essenciels qu'il faut remarquer, dans le Plan dont nous parlons, Planche XLVI, c'est l'art avec lequel M. Franque a sçu se retourner d'équerre, & sur l'axe du Jardin G, & sur celui de la Cour H, en rendant la façade du fond de cette derniere, d'une forme cintrée sur son Plan, & en évasant les ailes en retour I; de maniere, que cet habile Architecte a tiré un parti si avantageux du terrein, que cette production simple en apparence, n'annonce pas moins ses talents décidés dans son Art; aussi cette composition a-t-elle plu à tous les yeux, & nous nous flattons qu'on nous sçaura quelque gré de l'avoir préférée à tant d'autres plus régulieres, sans doute, mais beaucoup moins utiles pour la plupart de nos Lecteurs.

Nous ne donnons point le Plan du premier étage de cette Maison Abbatiale, étant aisé de concevoir par celui tracé ici, la disposition de l'étage supérieur; par la différence des teintes de la gravure qui indique par deux tailles l'étage qui s'éleve au-dessus du rez-de-chauffée, & par une feule, ce qui n'a qu'un étage proprement dit. Nous priverons auffi nos Lecteurs des élévations & de la coupe de ce Bâtiment, parce que notre objet principal, dans ce Chapitre, eft feulement de traiter de la diftribution; mais nous ofons affurer que ces façades, qui nous ont auffi été communiquées, font du meilleur genre; & c'eft avec regret, que nous nous trouvons forcé d'abréger le nombre des Planches.

Paffons à préfent à une autre diftribution, auffi de la compofition de M. Franque, & qui, felon nous, n'eft pas moins intéreffante que la précédente, quoiqu'elle ne foit projetée que pour une Maifon particuliere qui doit s'exécuter à Amiens.

Plan à rez-de-chauffée d'une Maifon particuliere.

PLANCHE XLVII.

Il femble qu'il ait été réfervé à M. Franque, entre la quantité des Edifices qu'il a fait élever, que la plupart des terreins qui lui ont été offerts, fe foient trouvés renfermés dans des périmètres d'une irrégularité prefque inconcevable. Nous avons déja eu occafion de rapporter dans le Dictionnaire de l'Encyclopédie, différentes productions de cet habile Maître, ainfi que de celles de M. le Carpentier, Architecte du Roi. C'eft dans le premier Volume des Planches de ce grand Ouvrage, qu'on trouvera le Plan à rez-de-chauffée, du projet de la Maifon de M. le Marquis de

Villefranche, à Avignon, & dont le terrein est d'une forme si bisarre, qu'on auroit peine à croire qu'il existe, si nous n'en avions donné la configuration exacte. Nous avions dessein de répéter ici cette production ingénieuse de M. Franque, par la difficulté, pour le plus grand nombre, de se procurer ce Dictionnaire important; mais nous nous trouvons forcé d'y renvoyer nos Lecteurs; & c'est pour les en dédommager en quelque sorte, que nous leur offrons cette nouvelle production de cet Architecte : production qui, comparée avec celle que nous venons de citer, peut certainement contribuer à faire éclôre le génie de nos Eleves, dans cette partie de la distribution moderne, sans pouvoir néanmoins nuire en rien à l'imitation de la décoration des Edifices anciens, qu'on cherche à introduire aujourd'hui dans les dehors de nos Bâtiments, avec beaucoup plus de succès, nous pouvons le dire ici, que dans le commencement de ce siécle.

Entrons donc dans quelques détails, à l'occasion de la Planche XLVII, en faisant comprendre que, quoiqu'il s'agisse seulement ici de la distribution d'une Maison particuliere, l'Architecte de ce projet l'a conçu si heureusement, que non-seulement l'irrégularité du terrein se trouve presqu'entièrement masquée; mais que chaque piece intérieure est devenue d'une parfaite symétrie, & composée de formes aussi agréables qu'intéressantes.

Ce Bâtiment, du côté de la principale entrée A, n'a de face que vingt-deux pieds & demi dans œuvre, pendant que celle qui lui est opposée B, en a soixante-six aussi dans œuvre, sur cent trente-deux pieds de profondeur : cependant, dans la surface de ce terrein, on ne peut pas plus irrégulier, & qui ne contient qu'environ dix-neuf cent quarante-quatre toises carrées de superficie, l'Architecte a ménagé à rez-de-chaussée trois Cours C D E, non compris trois autres plus petites *a b c*, cette derniere pour les fumiers, les deux autres, pour éclairer & donner de l'air aux Garderobes *e d* ; plus un Appartement de société complet F, un petit Appartement à donner G, une Cuisine & ses dépendances H, enfin une Ecurie pour six chevaux & deux Remises I, avec des logements & des Greniers au-dessus.

Comme Bâtiment d'économie, on auroit pu, ainsi que c'est assez l'usage en Picardie, bâtir les principaux murs de face intérieurs en brique, ou, comme on en use souvent à Paris, & dans quelques-unes de nos Provinces, les construire en charpente; mais nous avons préféré de les représenter ici élevés en maçonnerie, dans le dessein de n'offrir à nos Eleves, que des Plans d'une solidité plus constante. Ce n'est pas que la brique ou les pans de bois, n'aient leur avantage; ils occasionnent, sur-tout les derniers, plus de célérité dans la bâtisse, &, comme les murs en brique, ils occupent moins de place, & rendent l'espace des lieux plus grands; mais aussi, à moins que ces murs de face, dans ce genre de construction, ne se trouvent exposés convenablement, ils rendent nécessairement les Appartements beaucoup plus froids l'hiver, & beaucoup trop chauds pendant l'été : considération pour laquelle la brique & la charpente ne peuvent guère être mise en œuvre que dans les dedans des Appartements, comme cloison de refend, ainsi que nous les avons voulu exprimer *e*, en brique, dans le Plan dont nous parlons, & en charpente, dans la cloison indiquée f. Nous avons aussi tâché, autant que la petitesse de notre échelle l'a pu permettre, de faire connoître celle g, comme construite seulement en menuiserie; détail nécessaire & économique qu'il ne faut pas négliger; la simétrie des portes à placard, les écoinçons, les cheminées des différentes pieces d'un Appartement, dépendant absolument du compte qu'on doit se rendre, de la différente épaisseur des murs de face, en pierre ou en moëlon, & des cloisons en brique ou en charpente, & enfin des revêtissements des lambris, & de leurs diverses especes, sans oublier leur *calement*, sur la surface où ils se trouvent appliqués.

Le principal Escalier K descend aux souterreins, & conduit au premier étage. On trouve dans ce dernier, trois Appartements de Maître complets, du côté du mur de face A. L'Escalier L monte aussi à un double Appartement, donnant du côté du mur de face B; les uns & les autres de ces Appartements se communiquent par une Antichambre commune, pratiquée au-dessus de la piece F, appelée buffet, dans le Plan que nous décrivons. Nous ne donnons point le Plan du premier étage, ni l'élévation de ce Bâtiment, pour les raisons que nous avons produites précédemment : mais c'est ici le lieu de répéter à nos jeunes Distributeurs, que pour bien entendre & parvenir à imiter cette distribution ingénieuse, il faut qu'ils traduisent d'abord ce Plan sur une très-grande échelle, par exemple, de trois pouces pour toise, ensuite qu'ils composent le premier étage d'après les renseignements que nous leur donnons, de même que les étages supérieurs & le Plan des souterreins; qu'ils continuent par tenter les élévations & les coupes dans tous les sens, & qu'ils terminent enfin cette étude par les développements les plus intéreſſants, concernant la Maçonnerie, la Charpenterie, la Menuiſerie, &c. développements que nous prendrons ſoin nous-même de détailler dans la ſuite.

Nous terminerons nos obſervations ſur ce Plan, par faire remarquer que les équipages qui amènent les Maîtres, pour deſcendre à l'Eſcalier K, traverſent enſuite toute la profondeur du Bâtiment, & qu'ils ſont obligés de ſortir dans l'autre rue, pour aller remiſer dans le fond de la Baſſe-cour E. Ce trajet n'eſt pas ſans difficulté, ſans doute ; mais l'irrégularité du terrein, & les commodités que contient cette Baſſe-cour, doivent faire paſſer par-deſſus ce léger inconvénient : d'ailleurs, combien d'Hôtels importants à Paris, ſont dans ce cas, & combien n'auroit-on pas perdus d'objets intéreſſants, ſi, pour éviter ce trajet, on eût voulu faire entrer les voitures, par un paſſage pratiqué à la place où ſe trouve ſitué ici l'Office H. Au reſte, ces derniers arrangements tiennent plutôt à la volonté des Propriétaires en général, qu'à l'art de la diſtribution proprement dite ; & c'eſt dans ces occaſions, que les talents de l'Architecte doivent ſçavoir ſe plier à la néceſſité & aux différents beſoins des perſonnes pour leſquelles il bâtit : auſſi, en pareille circonſtance, fait-il pluſieurs projets, où, ſans trop s'écarter des regles de ſon Art, il parvient à concilier les lois de la bonne diſtribution, avec les divers motifs qui, tous les jours, donnent occaſion d'élever nos Bâtiments particuliers : Bâtiments, nous pouvons le dire en paſſant, peut-être plus difficiles que toute eſpece de productions dans ce genre.

CHAPITRE VI.

OU L'ON TRAITE DE LA DISTRIBUTION PARTICULIERE DES APPARTEMENTS PRIVÉS,

Et dans lequel on enseigne la maniere de les tracer régulièrement, et de tirer avantage des plus petits espaces.

Après avoir donné les regles générales, sur la maniere de distribuer les Bâtiments d'habitation & leurs dépendances, nous allons rapporter, dans ce Chapitre, sur une beaucoup plus grande échelle, que nous ne l'avons fait jusqu'ici, la distribution de deux Appartements, l'un faisant partie du Plan de la Planche XLVI de ce Volume, l'autre extrait d'une Maison de Plaisance que nous avons fait bâtir, comme nous l'avons dit, à trois lieues de Paris; & nous allons saisir, à propos de ces deux Plans, l'occasion d'enseigner à nos Eleves, la maniere de les dessiner dans le Cabinet; comme ils doivent être tracés dans l'Attelier, afin de les accoutumer à s'y prendre sur le papier de la même maniere qu'on doit opérer sur le terrein, pour représenter avec précision, & mettre à profit les plus petits espaces, afin, par-là, de multiplier les commodités du ressort des Appartements privés.

Ces détails minutieux pour ceux qui en sont à la théorie, deviennent très-importants, pour les jeunes gens qui n'en sont encore qu'aux Eléments, & qui, avec quelques notions de Géométrie, n'en sçavent cependant pas assez, pour en appliquer les préceptes à l'Architecture. Cette application des principes de Géométrie à l'Architecture, est difficile à plusieurs des Eleves, parce qu'ils ne prennent que des leçons de Mathématiques isolées, sans réfléchir à l'analogie que cette science a nécessairement avec leur profession; ensorte qu'il y en a plus d'un, qui, après avoir exposé leurs projets au grand jour, & avoir obtenu quelques suffrages, du côté du génie & de l'intelligence du dessin, ne seroient pas en état pour cela de tracer sur le lieu, le Plan d'un boudoir, & d'en distribuer les mesures aux divers Entrepreneurs.

Si nos Leçons publiques & particulieres pouvoient être suivies par le plus grand nombre de nos Lecteurs, nous leur aurions épargné, & à nous aussi, ce nouveau travail, parce que chacune de nos conférences est ordinairement aidée de démonstrations, qui présentent à l'idée, l'enchaînement de la pratique avec la théorie : mais ici, notre narration étant dépourvue d'opérations manuelles, & des développements que la petitesse des Planches n'a pu nous permettre de donner d'un certain volume, nous allons tâcher, dans nos explications & dans le compte que nous allons rendre des deux Planches qui vont suivre, de dédommager les moins avancés de l'absence des nos conférences. D'ailleurs, par ce que nous rapporterons, indépendamment de cette étude intéreſſante, ils apprendront encore à faire uſage des reſſources dont on peut uſer, lorſqu'on ſe trouve gêné, ou par les regles de l'Art, ou par les beſoins particuliers du Propriétaire. Ainſi, loin de négliger les nouvelles connoiſſances que nous avons à leur offrir ici, nous leur recommandons au contraire de s'y attacher avec ſoin, parce qu'aſſez ordinairement, elles deviennent l'objet de leur début, & que plus d'un grand Maître a commencé ſa carriere par la diſtribution & la décoration, dans le genre de celles dont nous parlons.

Diſtribution particuliere de l'Appartement marqué B, faiſant partie du Plan du rez-de-chauſſée de la Planche XLVI de ce Volume.

Planche XLVIII.

La Planche que nous offrons ici eſt la répétition en grand de l'Appartement dont nous avons déjà donné la diſtribution, Planche XLVI. Notre intention, ainſi que nous l'avons promis, eſt de faire obſerver, à propos de cette Planche, non-ſeulement le compte que l'Artiſte doit ſe rendre de la maçonnerie; mais auſſi la relation qu'elle doit avoir avec la menuiſerie, qui ſe trouve ordinairement dans la plus grande partie des pieces d'un Appartement; ſans nuire néanmoins à l'économie dont on doit uſer à l'égard de la premiere, ni vouloir ſe priver de l'utilité & de la ſalubrité que procure la ſeconde, dans les pieces d'habitation.

Nous avons déja fait connoître combien il étoit

important, que près d'une chambre à coucher, on ménageât un Cabinet de travail, une Garde-robe, une petite Anti-chambre, une piece pour coucher un Domestique, enfin, les autres commodités relatives à un usage continuel & journalier. Nous avons fait choix de ce Plan, de préférence à tout autre, parce que les pieces qui le composent étant destinées pour le logement d'un Abbé commendataire, il tient à peu près le milieu entre l'importance d'un Appartement qui fait partie d'une Maison Royale, & la retenue qu'on doit affecter dans ceux d'une Maison particuliere proprement dite: Nous avons aussi choisi un lieu resserré, pour parvenir à prouver que dans peu d'espace, il faut sçavoir tirer parti de tous les vides que procure nécessairement une distribution simétrisée, quoique faite dans un terrein d'autant plus irrégulier, que la plus grande partie des dépendances du Bâtiment qui contient cet Appartement, a été conservée, & que, suivant notre remarque de la page 358 de ce Volume, le terrein où cet Edifice se trouve élevé, est lui-même, on ne peut pas plus irrégulier. Au reste, cette difficulté est devenue un attrait de plus pour nous, parce qu'elle est l'image de presque toutes les entraves, qui sans cesse sont offertes à l'Architecte, & que ce sont ces difficultés vaincues, qui dans cette partie de l'Art, font le plus d'honneur: vérité que nous avons bien de la peine à faire comprendre à la plupart de nos Eleves qui regardent les sujétions dont nous parlons, comme autant d'obstacles au génie, sans se douter que la commodité & l'économie, doivent avoir la préférence sur tout ce que la partie du goût peut enfanter de plus ingénieux.

D'ARCHITECTURE.

On peut voir dans le Plan de la Planche XLVI de ce Volume, que la principale entrée de la Chambre à coucher B, donne du côté de la Salle de compagnie; mais qu'il étoit nécessaire de ménager une autre entrée qui dégageât cet Appartement, ce que l'on a fait du côté de la basse-cour; ensorte que cette entrée A, à laquelle on arrive par un Escalier extérieur *q*, conduit à une petite Anti chambre C, dans laquelle est un lit pour le Domestique, pratiqué dans l'enfoncement *b*, sans être aperçu, parce que l'ouverture de devant peut être fermée par des portes de menuiserie garnies de fil de laiton : par cette disposition, on poura d'une part, au lieu d'un Domestique, faire coucher dans cette piece un Valet-de-chambre; & de l'autre, un Receveur, un Fermier, ou quelques autres gens du dehors pouront attendre, dans cette Anti-chambre, le lever du Propriétaire, pour se faire introduire par la porte *f*, dans le Cabinet de travail D. L'entrée de la Salle de compagnie dont nous venons de parler, est destinée pour les visites, ou pour les personnes de considération qui, ayant à traiter d'affaires particulieres, seroient introduites dans le Cabinet de travail, & de-là, dans la Bibliothèque qui vient ensuite; ainsi qu'on le voit exprimé dans le Plan de M. Franque, Planche XLVI. Du côté du lit, à droite, est un dépôt *c*, à l'usage d'un Domestique; de l'autre, une porte *d*, pour dégager la Garde-robe à soupape E. Dans les parties latérales de la piece C, pour plus de symétrie, sont pratiquées deux cloisons de menuiserie qui, en se retournant d'équerre sur le mur de face, parcourent à gauche un poêle, contenu dans une niche en brique, & à côté, ainsi qu'en face, des

Tome IV. A a

armoires *e*; armoires d'une utilité indispensable, pour contenir les différents objets, à l'usage du Maître, sous la garde du Domestique.

Comme l'entrée de cette Anti-chambre donne sur la basse-cour de cette Maison Abbatiale, pour procurer à cette piece plus de grandeur & de commodités, nous n'avons pas craint de faire faire à l'ancien mur F, les deux ressauts G H, ce qui nous a produit la petite piece I, destinée à servir de Garde-robe accessoire au Maître du logis, lorsqu'il séjourne dans son Cabinet D; commodités qu'il faut bien se garder de négliger près d'un Cabinet de travail. Cette piece I est très-petite à la vérité; mais comme pissoir, elle est suffisante; d'ailleurs on auroit pu la rendre plus grande, sans altérer la construction des murs; aussi avons-nous pratiqué une niche en cul-de-four dans l'angle, pour donner plus de profondeur à cette Garde-robe; cette niche est destinée à recevoir une tablette de marbre, pour y déposer les vases utiles dans un tel lieu; celle E étant pourvue des autres commodités qui manquent à celle-ci. L'ouverture *f* est une demie porte qui symétrise dans le Cabinet D, avec un ventail dormant, les portes de ce Cabinet étant à deux ventaux; de maniere que par ce moyen, nous avons pu pratiquer le pissoir I, en mettant à profit le peu d'espace que nous procuroit ce ventail dormant, & la niche en cul-de-four, dont nous venons de parler.

Qu'on y prenne garde; ce sont-là de ces moyens que l'expérience fait mettre en œuvre, sans nuire à la solidité; c'est par-là qu'on procure à un Appartement les commodités qu'on a droit d'attendre d'une distribution bien entendue. Ces moyens ne sauroient nuire à la solidité; parce que comme nous l'avons exprimé par les lignes, & une teinte tracée très-légèrement, on retrouve au-dessus du passage *f*, & de la Garde-robe I, la liaison & l'épaisseur des murs de construction : ils contribuent à la commodité; parce que les vides *e*, le passage *f*, & la petite pièce I, procurent, entre la pièce du Maître & celle du Domestique, la facilité d'avoir sous la main, les objets d'une utilité commune. Or, nous demandons comment nos Eleves parviendront à saisir ces deux points essenciels, lors de la distribution d'un Plan, si de bonne heure, ils n'apprennent à se rendre compte de leur travail, par le secours des préceptes & du raisonnement de l'Art, & à tirer parti des divers objets dont nous traitons ici. Qu'ils ne s'y trompent pas; l'aspect même des lieux que nous leur conseillons fréquemment de visiter, ne leur offre guère que des surfaces, dans cette partie de l'Architecture; il ne suffit pas pour qu'ils découvrent le mécanisme intérieur, & les ressources ingénieuses dont l'Architecte s'est servi, de glisser sur les commodités relatives à la fortune & à l'usage du Propriétaire. Il est vrai qu'il reste une ressource à nos jeunes Architectes; c'est de lever séparément quelques-unes de ces productions : ou, ce qui est mieux encore, de se rendre témoins sur les lieux, des opérations qu'entraîne après soi la main d'œuvre. Mais, qu'ils y prennent garde; d'une part, les Edifices, lorsqu'ils sont habités, sont presque toujours inaccessibles aux Artistes : de l'autre, le plus grand nombre en sçait-il assez, pour s'intéresser véritablement à cette opération? pour aller épier, à diverses reprises, & suivre de près tous les détails qu'exige ce genre de connoissance ? Il en faut convenir ; cela est très-rare. D'ailleurs, il faut se souvenir que ceux qui étudient dans nos Provinces, sont privés de tout secours à cet égard. C'est donc pour faciliter les moyens d'y parvenir que nous offrons de nouveau ces détails, comme autant de préliminaires, qui doivent précéder les essais du jeune Architecte, pour passer ensuite aux productions les plus estimables.

Nous ne donnons qu'une portion du Cabinet D, qui, dans sa totalité, a de largeur onze pieds huit pouces, sur vingt-un pieds un quart de longueur. Il est cintré, dans l'une de ses extrémités, comme on le voit ici ; parce que cette tour creuse facilite l'entrée de la Chambre à coucher B, dans le Cabinet D, & que ce passage, destiné pour les Maîtres, demande à être annoncé avec une sorte de dignité. D'ailleurs, le Cabinet dont nous parlons, donne lui-même entrée à une Bibliothèque, qui a de longueur trente-six pieds & demi, sur onze pieds huit pouces de largeur, ainsi qu'on le remarque dans la Planche XLVI de ce Volume. C'est une attention qu'il faut avoir ; quand une Chambre & un Cabinet font partie d'un Appartement de Maître, l'une ne doit jamais conduire à l'autre par des passages obscurs & d'une trop grande profondeur, par des tambours, ni même par de petites pieces ; à peine ces moyens se tolerent-ils, dans une restauration : jamais on ne les admet dans un Bâtiment érigé à neuf, où il convient que ces principales entrées soient libres, spacieuses, & sur-tout, assorties à l'importance de l'Appartement, & à la dignité du Propriétaire : ce n'est même qu'à regret, que nous avons été forcé de faire le passage g oblique, & d'une certaine profondeur; mais le lit placé en niche & les armoires *h*, qui procurent de très-grandes commodités à cette Chambre, nous ont fait paſſer par-deſſus cette obliquité, & l'aſſez grande profondeur de l'embraſure.

Pour rendre cette Chambre en niche B plus réguliere, nous n'avons pas craint d'y répéter une tour creuſe; premiérement, elle a rendu l'embraſure *g* moins profonde qu'elle ne l'auroit été, ſans cette courbure; ſecondement, elle nous a facilité une Garde-robe E, qui, quoique d'un aſſez petit diamètre, ne laiſſe pas d'être très-utile à cette Chambre d'habitation; troiſiémement enfin, elle a procuré plus d'étendue à cette piece, ſans empêcher la ſymétrie obſervée dans les quatres parties de lambris *i*, *k*, *l*, *m*; enſorte que l'on peut dire que, malgré cette portion circulaire, elle n'en eſt pas moins réguliere, quoique diſſemblable dans deux de ſes côtés oppoſés. Il eſt vrai que le lit ſe trouve encaſtré, pour ainſi-dire, dans la niche; encaſtrement qui, certainement, devient plus incommode, que lorſque ce meuble ſe trouve iſolé dans une alcove; mais dans un petit eſpace, on n'eſt pas toujours le maître de ſatisfaire à toutes les commodités d'uſage : c'eſt à raiſon des perſonnes pour leſquelles on bâtit, qu'on ſe permet aujourd'hui ce qu'on doit ſe défendre demain; pourvu toutefois que ces objets de commodité ſoient diſcutés, en préſence du Propriétaire, avant de paſſer à l'exécution. Au reſte, nous le remarquerons, il ne s'agit guères ici que d'un Appartement particulier : autre choſe feroit, s'il eût été queſtion d'un Appartement de parade deſtiné pour un grand Seigneur, ou pour la Dame de la Maiſon; ce qui exigeroit encore plus de précaution. En effet ce que nous avons enseigné précédemment, a dû nous apprendre que la magnificence & la commodité des Appartements font relatives au rang des personnes qui doivent les habiter. Nous avons encore dit à ce sujet, qu'il convient pour ces raisons, que la personne chargée de la distribution d'un Plan, soit instruite, & de l'étiquette des Cours, & des différents états qui composent la société civile ; afin de ne pas décorer avec trop de faste, les habitations particulieres, ni avec trop de simplicité, les Palais des Rois ; en un mot, il faut que les commodités, les formes & les dépendances de l'Appartement, soient assorties au motif qui donne lieu à la distribution.

Le Plan de la Garde-robe E, est de forme elliptique ; l'un des carreaux seulement du châssis à verre, donnant sur la cour principale (voyez la Planche XLVI) éclaire cette petite piece ; ce jour, en œuil de bœuf, se trouve placé dans une niche qui contient la banquette, à l'usage de la soupape qui s'y trouve renfermée. Aux deux côtés de cette niche, sont pratiquées deux armoires *n*, réservées pour contenir les ustensiles nécessaires à l'acte de propreté. En face de cette niche, en est figurée une autre, pour contenir une tablette de marbre, qui recevroit les vases de nécessité, & ceux destinés à contenir les odeurs & les parfums. Aux deux côtés de cette seconde niche, sont aussi pratiquées de très-petites armoires *o*, pour renfermer les flacons, les éponges, &c. Aucun terrein ne doit se perdre, l'Art consiste, comme nous l'avons dit plus d'une fois, à mettre à profit le plus petit espace. Sur l'autre diametre de cette Garde-robe, sont aussi figurées deux ouvertures pareilles aux précédentes : l'une, pour passer de la Chambre à coucher, dans cette piece : l'autre, pour la dégager par l'Antichambre C, par le passage *d*. Nous n'avons pu rendre ce passage plus régulier, dans la crainte d'affoiblir la solidité du mur de refend, qui vers cet angle, doit faire liaison avec le mur de face ; réunion que nous avons exprimée par une teinte légere : ces deux murs reprennent leur consistance au-dessus du percement de cette porte. Encore une fois, nous entrons dans ces détails, pour faire sentir combien il est essenciel de faire marcher ensemble, dans sa composition, la solidité avec la commodité, & celle-ci avec la symétrie qu'exige la décoration ; aussi remarquera-t-on, dans cette Planche, que par le secours de la Gravure, nous avons affecté de deux tailles, la maçonnerie qui monte de fond ; d'une taille très-légere, celle qui est suspendue en l'air, par le ministere du trait ; & d'une seule taille plus foncée, l'épaisseur des lambris qui revêtent les pièces, dont nous venons de parler, ainsi que les cloisons, qui divisent les dégagements & les dépots tracés dans ce Plan, & décrits dans ces Leçons.

Après les détails dans lesquels nous venons d'entrer, qu'on nous en permette encore d'autres qui, quoique d'un genre différent, n'en sont pas moins intéressants pour la plupart de nos Lecteurs. Il s'agit de leur enseigner à dessiner régulièrement le périmètre de chaque piece qui compose ce Plan, & à déterminer les foyers qui doivent en tracer les courbes, tel que l'Architecte est obligé de le faire faire sous ses yeux, sur le terrein, par les différents Entrepreneurs, ensorte que le Deſſinateur, inſtruit de cette marche, y ſoit tout accoutumé, & ſe trouve moins neuf, lorſque, du Cabinet, il paſſe à l'Attelier.

Qu'on ne diſe pas que ce travail eſt ſuperflu pour l'Eleve ; il n'y a point d'Architecte habile qui ne ſe trouve heureux d'avoir pour Inſpecteur, un homme inſtruit ſur ces détails, que la plupart de nos Piqueurs de Plan ignorent : ils ſe trouvent dépayſés ſur le tas, faute d'avoir appliqué de bonne heure les éléments de la Géométrie aux éléments de l'Architecture, & particuliérement, à l'art de la diſtribution. Combien de fautes ne ſe gliſſent-elles pas dans nos Bâtiments, par l'ignorance ou la pareſſe de ceux qui nous ſervent de ſeconds dans la bâtiſſe ? Mais, diſent quelques uns, ces détails s'apprennent par la pratique ; nous en convenons : mais les fautes de début ne ſont pas moins des fautes ; & le Propriétaire qui fait la dépenſe, eſt le ſeul qui ignore ces bévues. Nous parlons ici par expérience ; peut-être perſonne n'a plus été dans le cas que nous d'éprouver l'inconſéquence des jeunes gens, pour leſquels nous nous ſommes véritablement intéreſſé : ainſi, loin de craindre qu'on nous ſache mauvais gré du ſoin que nous prenons ici, nous croyons rendre un ſervice eſſenciel, en recommandant à ceux à qui ces Leçons ſont deſtinées, de s'attacher particuliérement à deſſiner, d'une maniere pratique, & de ne jamais ordonner le percement d'une porte, faire poſer un lambris, deſſiner la place d'une cheminée, ſans avoir prévu la relation que ces additions doivent avoir avec la piece entiere, le rapport & la proportion qu'il convient de donner à ces différents détails : ils ſont toujours intéreſſants pour le Propriétaire ; il ne conſulte ordinairement un Artiste, que pour tirer, aux moindres frais, meilleur parti de son terrein & de l'ordonnance.

Pour parvenir à dessiner correctement, comme on doit opérer dans le Bâtiment, commençons par vouloir établir carrément les cloisons a, b, qui déterminent la forme de l'Anti-chambre C. Pour cela, faisons usage de la ligne c, d, intérieure du mur de face, comme base de la perpendiculaire e, f, qui sert d'axe à cette piece : en portant les cloisons a, b, de part & d'autre paralleles à la perpendiculaire e, f, elles rendront nécessairement des angles droits les quatre angles g, h, i & k, de maniere que les cloisons a, b, masqueront & corrigeront absolument l'inégalité des murs de maçonnerie, & que la petite corniche de cette piece sera parfaitement réguliere. On observera néanmoins de former le devant de son sofite de trois quarts de pouce plus saillant que la surface intérieure des cloisons, afin que, lorsqu'on viendra dans la suite à poser ces dernieres, la corniche en légers ouvrages & la menuiserie paroissent avoir été élevées en même temps, comme si elles étoient de la même matiere. Ce que nous disons ici, touchant la corniche du couronnement de l'intérieur de cette piece C, doit être observé dans toutes celles de ce Plan; aussi y avons-nous marqué toutes les saillies des corniches, & celles de leur sofite, sur le nu des lambris, par des lignes ponctuées; ensorte, par exemple, que, dans le Cabinet D, la ligne ponctuée l, indique le nu du mur, celle m, le sofite, celle n, le câdre de cette même corniche, & enfin celle o, le devant du lambris : procédé dont on doit se servir, lorsqu'il s'agit de la décoration des Appartements revêtus de lambris de hauteur ; car lorsqu'on n'y place que des lambris d'appui, il suffit alors que le sofite des corniches n'excede guères plus le nu du mur que d'un pouce ou un pouce & demi, selon l'épaisseur des étoffes d'été ou d'hiver qui décorent la plupart des pieces des Appartements. Faute d'être avertis de la relation intime qu'on doit observer entre les corniches, les revêtissements ou les cloisons de menuiserie qui divisent, partagent ou séparent les niches, les dégagements, les armoires pratiquées dans les grandes pieces, ou même les avant-corps qu'on y ajoute, pour procurer plus de mouvement à l'ordonnance, combien de jeunes Architectes n'offrent-ils pas d'inadvertances qui choquent les yeux intelligents ? Nous le répétons donc, cette étude est indispensable : autrement, on néglige l'économie, l'accélération se ralentit, les licences naissent sous le crayon du Dessinateur, & les imperfections se multiplient dans la main d'œuvre : négligence qu'on ne peut pardonner, même dans les Maisons à loyer, & qu'on ne rencontre néanmoins que trop communément dans des Edifices de la plus grande importance.

Ce que nous venons de dire, touchant la base & la perpendiculaire tracées dans l'Anti-chambre C, doit se répéter dans les autres pieces. Cette base & cette perpendiculaire se trouvent indiquées sur cette Planche, par une pointe seche très-légere. Nous observons seulement qu'on ne sçauroit apporter trop d'attention, à faire usage de ces lignes, tant dans les largeurs, que dans les profondeurs des pieces, parce qu'elles procurent autant d'axes, pour déterminer avec symétrie, la disposition de chaque objet de la décoration, soit qu'il ne s'agisse encore que du dessin, soit qu'il faille tracer ces axes sur le terrein, lorsqu'on vient à poser les parquets, la menuiserie, la sculpture, les glaces, &c. Ce que nous expliquons ici ne regarde que les lambris, qui, posés régulièrement, se trouvent paralleles les uns aux autres. Il faut d'autres précautions, pour tracer les courbes qui, dans certaines parties d'une piece, se trouvent forcément introduites; & c'est ce que nous allons expliquer d'une maniere précise, parce que ces courbes sont plus difficiles à établir qu'on ne s'imagine ordinairement.

La plupart de ceux de nos Eleves qui ne se sont encore attachés qu'aux Eléments de la Géométrie, & qui débutent dans l'Architecture, croient qu'il suffit, par les procédés Mathématiques, de trouver des foyers, pour établir les courbes sphériques, elliptiques, paraboliques ou hiperboliques, pour exprimer des tours rondes ou des tours creuses, qu'il est quelquefois nécessaire d'introduire dans un Plan : cela est vrai, à beaucoup d'égards; mais il n'en est pas moins certain, que ces différentes courbes, toujours intéressantes quand on les amene à propos, & qu'elles sont d'une forme agréable, manquent presque toujours leur but, quand elles ne sont pas d'abord déterminées par les yeux du goût, & d'une maniere plus ou moins ressentie, selon les pieces où elles se trouvent appliquées. Il faut par conséquent, avoir une assez grande pratique du dessin, pour les tracer & en faire le choix le plus convenable ; ensorte que ce n'est guere qu'après cette connoissance, & après s'être rendu compte de la cherche trouvée, qu'on peut s'assurer du nombre des foyers qu'il convient d'employer, pour déterminer géométriquement telle courbure, dont on a besoin : de maniere que la science & l'Art se trouvent si bien réunis ensemble, qu'on ne puisse douter de la véritable intelligence de l'Artiste. Une autre attention non moins intéressante, & qui échappe à tous ceux qui s'en tiennent à la routine, c'est de commencer par décider la courbure des angles d'après le plafond, & non d'après le sol. Si au contraire on trace la cherche sur l'aire du plancher, d'après les dispositions d'un Plan mal réfléchi, lorsque les cloisons sont élevées, la saillie des membres extérieurs de la corniche en plâtre, se trouve souvent former des angles aigus ou jarreteux avec le lambris. Qu'on n'en doute point, c'est cette inattention dont on s'aperçoit trop tard, qui force, pour ainsi-dire, de former des enroulements dans les angles saillants & rentrants des membres & des gorges des corniches : de-là, tous ces contours tortueux dans les plafonds, dont les hommes sages même n'ont pas toujours pu se garantir; delà sont nés ensuite ces ornements futiles & sans liaison, qu'on remarque encore aujourd'hui, dans plus d'une de nos belles demeures élevées il y a vingt ou trente années; productions, nous pouvons le dire ici, imaginées alors, au mépris de ces décorations si estimables, si ingénieuses & si bien réfléchies, employées d'après les dessins d'Hardouin & de plusieurs autres Architectes célèbres de son temps; décorations que les bons yeux admirent encore avec le plus grand plaisir.

Pour parvenir à éviter la plupart des abus, que nous venons de rapporter, disons que, lorsqu'on a déterminé la nature de sa courbure, de maniere à satisfaire l'œuil, par exemple, celle qui forme la tour creuse de la Chambre en niche B; au lieu de tracer le diamètre de l'ellipse qui la compose, du devant du lambris p & q, comme on ne le fait que trop ordinairement, il faut l'établir du devant de la corniche, vers les points r & s, pour, des foyers t & u, tracer les courbures r, v & s, x; puis du foyer y, distant de vingt-sept pieds & demi du devant de la niche, tracer la grande cherche u, x; ensuite des mêmes foyers, circonscrire la ligne intérieure de la corniche, & enfin le devant du lambris, afin que par ce moyen, les angles r, s puissent être réputés droits, ce qui ne pouroit arriver, si, comme nous venons de le remarquer, on prenoit les deux premiers foyers sur le diamètre qui alligne les extrémités du lambris p & q : mais encore une fois, avant de nous rendre compte de ce procédé, n'oublions jamais de tracer d'abord ces courbures à la main, & concevons que chacune d'elles doit avoir plus ou moins de fermeté, de douceur ou d'aménité, selon l'usage des pieces où l'on veut les introduire; & que, dans le cas dont il s'agit, le goût doit être regardé comme le modérateur des préceptes, qui seuls sont insuffisants, s'ils ne sont précédés du génie propre à la chose, & de l'imitation des meilleurs exemples en ce genre. Ce que nous recommandons à propos des détails qui font ici notre objet, devient d'autant plus intéressant pour le jeune Artiste & l'Amateur, qu'il ne s'agit ni de faste, ni de magnificence, & que plus l'économie doit présider dans la décoration d'une piece, plus il faut sçavoir racheter une simplicité raisonnable, par la beauté des formes, par une symétrie exacte & par la combinaison des rappors que chaque partie doit avoir avec l'ensemble.

La tour creuse qui se remarque dans le Cabinet D, différe de celle de la Chambre en niche B, en ce que celle-ci est elliptique, & celle-là sphérique, & que la courbure de cette derniere est décrite par un seul foyer dont le diamètre est aussi pris du devant de la corniche, & non du devant du lambris, à cause des considérations que nous venons d'expliquer plus haut, & qui doivent subsister pour la maniere de décrire la courbure du Cabinet à soupape E, ainsi que celle du fond du pissoir I; autant de pieces dans lesquelles nous nous sommes contentés de tracer légérement les lignes de construction, & les différents foyers qui décident la circonvolution de leur courbe.

Passons à présent au second Plan détaillé que nous avons promis : quoique d'un autre genre que celui que nous venons de décrire, il ne sera pas moins utile à ceux qui désirent acquérir les différents moyens de parvenir à concilier ensemble l'agrément des formes, avec la commodité & l'utilité.

Plan de la distribution d'un deuxieme Appartement, détaillé dans le genre du précédent.

PLANCHE XLIX.

La distribution de cet Appartement offre une partie du Plan à rez-de-chaussée du Château de la Grange, appartenant anciennement à M. le Maréchal de Saxe, & où, depuis nous avons fait des additions considérables, entre-autres l'Appartement tracé sur cette Planche, distribué pour la Dame de la Maison qui y avoit désiré les plus grandes commodités. Peut-être donnerons-nous dans la suite, ainsi que nous l'avons déjà dit, les Plans, les élévations & les développements de tout ce Bâtiment, dont la distribution intérieure est devenue assez heureuse, malgré plusieurs murs de refend qu'il a fallu conserver, ainsi que les murs de face, dont nous rapporterons aussi les nouvelles décorations que nous avions proposées, par incrustation, parce qu'elles nous paroissent avoir le caractère qui convient à une Maison de plaisance (i) de l'espece dont nous parlons.

Sur toutes les pieces exprimées dans cette Planche, à l'exception de celles marquées A, sont pratiqués des Entre-sols, dans lesquels on a distribué un petit Appartement de bain, un lo-

___

(i) Nous appelons cette habitation, Maison de plaisance, quoiqu'elle soit connue sous la dénomination du Château de la Grange du milieu : parce que, dans nos définitions du premier Volume, nous avons avancé que chaque espece de Bâtiment devoit avoir un caractère distinctif : qu'une Maison de plaisance, comme nous l'entendons, doit être supposée un Edifice élevé près de la Capitale, où les Maîtres vont seulement passer quelques jours, pour se délasser des affaires qui les attachent à la Ville ; au lieu qu'un Château proprement dit, est un Bâtiment érigé au milieu d'une Terre ou d'un Domaine dont le Propriétaire tire son principal revenu. Il est cependant vrai que quelquefois les Maisons de campagne, bâties près des Cités, joignent à leur habitation des dépendances qui exigent souvent un Receveur ou un Fermier ; mais qu'il y a loin des revenus qu'on en tire, à ceux d'une Terre en forme : distinction qui échappe aux Propriétaires, & à l'Architecte ; d'où il résulte que la plupart de nos Edifices conservent dans leur décoration une monotonie, qui confond tous les genres, au mépris des préceptes fondamentaux de l'Art.

gement de deux femmes-de-chambre, & une pièce destinée à contenir le linge & les habits de la Maîtresse du logis : ensorte que la hauteur du Plancher du rez-de-chaussée ayant vingt-deux pieds, les entre-sols ont sept pieds d'élévation & les pieces de dessous treize pieds. L'Escalier B qui, selon le besoin, descend dans les souterrains, & monte jusques sur les couvertures, sert aussi à communiquer aux Entre-sols dont nous parlons, ce qui par leur moyen, multiplie les commodités du petit Appartement que nous allons décrire : cet Escalier B sert d'entrée & de dégagement à la petite Anti-chambre C ; mais nous observerons que, comme il est contenu dans une cage peu spacieuse, il n'auroit pas eu assez d'échappée sous la révolution de sa première rampe; ainsi nous avons tenu le Palier *a*, plus bas de trois marches, qu'il faut descendre en *b*, & remonter en *c* : de manière que, par ce moyen, il reste aussi assez de hauteur du Palier *a* à la rampe supérieure, pour gagner la première marche *d*, qui annonce la descente de la Cave. Ce Palier *a*, ainsi renfoncé, est une imperfection qu'il ne faudroit pas se permettre indistinctement; on n'en doit faire usage que comme d'une ressource qu'il ne faut pas confondre avec les vrais principes de la distribution; mais nous avons pu la hazarder ici dans ce passage subalterne ; &, en pareille circonstance, on peut mettre en usage un tel Palier. On doit aussi remarquer que la forme de cet Escalier est très-irrégulière; mais l'objet essenciel étoit, de tirer parti de son irrégularité même, occasionnée par le pan coupé extérieur du mur de face, sans nuire aux diverses révolutions de ses rampes, pour arriver à des Paliers qui mènent

nent aux différents étages du Pavillon où se trouve placée la distribution que nous offrons ici. Dans l'Anti-chambre C, se trouve une cheminée en face de la croisée; c'est une attention à laquelle il faut manquer le moins qu'il est possible, sur-tout lorsqu'il s'agit d'une Anti-chambre faisant partie d'un petit Appartement d'habitation destiné pour la Maîtresse du logis; parce que cette cheminée rend plus facile le service des femmes-de-chambre. Nous avons aussi pratiqué une armoire *e*, dans cette Anti-chambre, non-seulement pour lui procurer quelques commodités de plus; mais parce que, pour trouver les deux girons des trois marches *c*, il a fallu donner à l'embrasure de la porte, plus de profondeur que l'épaisseur du mur ne le comportoit. Comme Anti-chambre subalterne, nous avons négligé la symétrie qu'on doit observer par-tout ailleurs: aussi la cheminée & la croisée ne se trouvent-elles pas dans le milieu de la longueur de la piece; mais cette Anti-chambre étant déja fort petite, il eût été plus fautif encore de vouloir préférer une régularité inutile, plutôt que de chercher à agrandir sa surface. La porte *f* dégage, par cette Anti-chambre, la Garderobe D, laquelle tire son jour par la porte *g*, qui, étant ouverte, prend sa lumière d'une glace *h*, placée dans le fond de la niche qui donne dans la Chambre à coucher A, & qui se trouve séparée de la Garderobe D, par le couloir *i*, qu'il étoit nécessaire d'observer entre le lit & la Garderobe, pour arriver secrétement à celle-ci. D'ailleurs, il est bon de ne pas négliger ces couloirs, derriere les niches des Chambres à coucher, sur-tout, lorsque ces pieces sont destinées à l'usage des Dames; non-seulement ils procurent la facilité de faire le lit commodément, sans être obligé de le tirer au milieu de la Chambre; mais, par ce moyen, la Propriétaire étant incommodée, il est plus aisé de lui procurer les secours qui lui sont nécessaires, que lorsqu'on ne peut pratiquer le dégagement dont nous parlons, & que nous n'avons pû observer dans le Plan précédent; dégagement moins nécessaire à la vérité, dans une Chambre de Maître, que dans celle que nous décrivons. La glace *h* transparente que nous venons d'annoncer, semble devenir un obstacle à l'ouverture de cette cloison; mais il faut sçavoir qu'elle est contenue dans un châssis de forte menuiserie, & qu'elle s'éleve dans l'entre-sol, par le moyen de deux roues dentées, & de deux ressorts, de manière que, par un déclit & un contre-poids, elle s'abaisse facilement, lorsqu'on veut tenir le fond de cette niche fermé. Cette glace a de largeur quarante-trois pouces, & ses deux battements *k*, *l*, lorsque la glace est enlevée, s'ouvrent de droite & de gauche par des charnieres qui procurent à cette niche une largeur complette, pour faire le lit, ou soigner la malade.

Nous regardons la commodité d'avoir un couloir pratiqué derriere un lit en niche, si essencielle, que, sans avoir recours à la dépense considérable qu'entraîne après soi la glace en question, & sa mécanique, il convient au moins de pratiquer une cloison brisée en trois ou quatre parties, ou à son défaut un store qui s'éleve ou s'abaisse, lorsque le besoin le requiert; ce que nous aurions préféré ici, si, d'une part, l'économie nous y eut forcé; & de l'autre, si la glace *h* ne nous fut pas devenue nécessaire pour éclairer la

Garderobe B. D'ailleurs, cette Garderobe reçoit de l'air par le Ventilateur *m*, qui monte jusqu'au-dessus des combles, ainsi que la ventouse *n*, destinée à exhaler l'odeur de la fosse; dernières précautions, sans lesquelles, la plupart des Garderobes de nos Appartements sont infectes, sans en excepter même celles à soupape, dont nous avons donné précédemment la description.

L'Anti-chambre C communique à la Chambre à coucher A, par le passage E, petite piece distribuée réguliérement, & qui sert encore, si l'on veut, à faire introduire le matin, par le couloir *i*, les personnes familières dans les pieces F, G, H, où la Maîtresse se retire après son lever. Ce couloir est encore nécessaire pour une suivante, qui, par son secours, peut entrer dans ce petit Appartement, sans être obligée de traverser la Chambre à coucher A, pendant que la femme de chambre habille sa Maîtresse, ou reçoit ses ordres. Le passage E, dégage aussi dans la Salle à manger I, par l'un des ventaux de la porte à placard *o*, l'autre ventail *p*, servant à fermer une armoire; & tous les deux figurent avec la porte à deux ventaux & à double parement, qui, de la piece I, donne entrée à la Chambre à coucher A. La piece F, est une Garderobe de propreté, autour de la plus grande partie de laquelle, sont pratiquées des armoires, pour contenir les choses d'usage à une telle Garderobe. De celle-ci, on passe dans un Cabinet G, à qui l'on donne le nom de méridienne; parce que dans une niche, comme celle *p*, on place une Ottomane, espece de lit de repos, où l'on dort assez communément l'après midi, lors des grandes chaleurs, ou bien, où l'on se repose loin du tumulte, dans le cas d'une légère indisposition. De cette méridienne, on passe aussi dans la Garderobe D, par la baye *q*, pratiquée dans l'un des angles de la tour creuse, placée à l'une des extrémités de ce Cabinet : dans l'autre angle de cette tour, se remarque une pareille porte ouvrant une grande armoire *r*, pour contenir les déshabillés. La décoration extérieure nous ayant fait la loi, nous n'avons pu placer dans cette piece G qu'une croisée à hauteur d'appui, & d'une moyenne grandeur ; mais, comme destinée au repos, cette piece nous a paru n'avoir pas besoin d'un jour trop éclatant : d'ailleurs, pour la rendre plus lumineuse en apparence, & satisfaire à une symétrie plus exacte, à côté de la vraie croisée, est placée une glace étamée de même forme & grandeur, qui prête à l'illusion, & dans la croisée réelle, à la même profondeur, nous avons eu soin d'en placer une transparente, qui, par le secours d'un rideau de mousseline, masque les petits bois du châssis à verre, qui ferme la véritable croisée dans les dehors. Nous avons aussi exprimé dans cette piece, par la lettre *s*, deux petites armoires, d'autant plus nécessaires, que le peu d'espace du terrein ne permet pas une certaine quantité de meubles, & que ces armoires, la plupart secrètes, étant renfermées dans l'épaisseur des lambris, deviennent plus utiles ici que des commodes, un secrétaire, &c. Nous venons de dire que la croisée réelle, & celle qui n'est que feinte, étoient seulement à hauteur d'appui ; nous les avons toutes deux faites ainsi, parce que l'on peut mettre de petits sophas en confessionnaux dans chacun de leur renfoncement *e*, & placer une crédence *u* entre les deux glaces, ainsi que les quatre siéges aux deux côtés de la porte, qui entre dans la toilette H ; enfin deux guéridons dans les angles *v* ; autant de moyens qui s'offrent à l'Architecte, selon le local & la nécessité. Nous en parlons dans ces Leçons, pour faire sentir au jeune Artiste, combien il est intéressant qu'il entre dans tous ces détails, & qu'il soit prévenu des ressources auxquelles il peut avoir recours, pour tirer parti de la distribution & de la décoration d'un petit Appartement.

Le Cabinet H est assez régulier : nous y avons placé une cheminée, parce qu'à la campagne, le temps qu'on passe à la toilette, dans l'avant & l'arriere-saison, exige une chaleur tempérée. Dans le milieu de la tour creuse & en face de la principale porte de cette piece, en est une autre qui ouvre une armoire *x*, pour serrer les ustensiles à son usage ; & à côté, se trouve un pissoir *y*, qui peut, par la petite porte *z*, se dégager, ainsi que le Cabinet H. Cette porte poura servir aussi à donner entrée aux marchandes de modes & autres, pendant la toilette, & de passage à la femme-de-chambre, pour, des entre-sols, communiquer aux petits Appartements H, G, F, & y préparer tout, en attendant l'heure du lever de la Maîtresse de la Maison.

On trouvera, sans doute, les tours creuses trop multipliées dans ce Plan : mais il faut observer que c'est par leur secours que nous sommes parvenus à placer avec une sorte de symétrie les portes des pieces qui se communiquent les unes aux autres, & que ces arrondissements nous ont procuré des commodités essencielles derriere les lambris qui les composent. D'ailleurs, jamais un Propriétaire ne s'oppose à ce qu'on multiplie les paralleles, & les angles semblables, dans

B b iij

les pieces carrées, barlongues ou oblongues; jamais un Architecte ne se refuse à cette répétition. Pourquoi ne pouroit-on pas de même faire un usage fréquent des formes circulaires, pourvu qu'on parvienne à en varier les contours, &, comme nous l'avons déja remarqué, qu'on cherche à assortir leurs différentes courbures appelées à raison des différentes pieces d'un Appartement. Nous pensons donc que, sans déroger aux régles prescrites par l'Art, on peut faire usage de toutes les formes que le goût autorise, principalement dans les petites pieces destinées à l'agrément & à l'habitation d'une femme aimable, dont l'aménité & la douceur doivent s'annoncer jusque dans l'ordonnance des pieces qu'elle choisit pour sa demeure habituelle. Nous disons plus; c'est ici qu'en faveur de la disposition agréable du Plan, on doit monter son génie pour en rendre la décoration enchanteresse, & assortie à la jeunesse & aux talents de la Dame qui l'habitera. Qu'on y refléchisse : il est hors de doute que cette considération doit entrer pour beaucoup lors de la composition de l'Architecte; l'âge, les mœurs de la personne pour laquelle il bâtit doivent nécessairement lui inspirer le style dont il doit faire choix; de maniere que, jusques dans les pieces dont nous parlons, on doit s'apercevoir que l'Artiste a dû modérer son imagination ou l'étendre, selon le goût de la personne qui le met en œuvre. Nous passons rapidement sur ce qui doit être dit à ce sujet; parce que nous comptons nous étendre davantage dans le discours du Volume suivant : néanmoins, comme il s'agit, dans celui-ci, de la distribution, & que la forme de la distribution amene nécessairement la décoration intérieure;

nous ne pouvons guère nous difpenfer, dans ces Leçons, d'ébaucher les préceptes qui, dans la fuite, feront détaillés plus au long; car, encore une fois, comment établir une porte, un chambranle, un écoinçon, dans un Plan, fi, en y procédant, on ne tente au moins une efquiffe de l'ordonnance, feul moyen de ne jamais être obligé de revenir fur fes pas, ou, ce qui eft pire encore, de fe trouver forcé d'avoir recours aux expédients, la fource de la plupart des médiocrités qu'on ne rencontre que trop fouvent, dans les productions de ce genre.

Peut-être eut-ce été ici la place de donner les décorations de ce petit Appartement; mais la divifion de notre Cours femble s'y oppofer; d'ailleurs, en parlant dans le Volume fuivant de la décoration des dedans, nous prendrons occafion de donner de nouveaux Plans de détails, afin d'enchaîner autant que nous le pourons, ces deux branches de l'Art, de manière à ne faire qu'un feul & même objet. Nous obferverons feulement ici, qu'à l'exception de la Chambre à coucher A, nous n'avons point revêtu de lambris les pieces de cet Appartement; car on ne doit pas regarder comme tels les cloifons qui fe remarquent ici, pour déterminer leurs contours, les dégagements, les armoires, & les autres commodités de leur refſort. Au lieu de lambris, nous avons peint fur les parois des murs & des cloifons, en briques & en bois, des arabefques & des fleurs, qui procurent à ces différentes pieces un coup d'œuil riant & pittorefque; genre que nous avons préféré ici, d'une part, parce que la peinture égaye cete petite habitation; de l'autre, parce qu'elle femble en agrandir l'efpace très-refferré, ainfi

B b iv

qu'on peut le remarquer, par les mesures que nous avons pris soin de coter dans chaque piece. Cette maniere de décorer est dispendieuse, à la vérité; mais nous avons déja dit que nous n'avions pas été gêné par l'économie; d'ailleurs, qu'on se rappelle quelques-unes des décorations de ce genre exécutées dans nos Palais, dans nos Hôtels, & dans plusieurs habitations de nos riches particuliers, & l'on aura moins de peine à se persuader que cette dépense n'a pas lieu d'étonner un Amateur éclairé par les yeux du goût, qui se plait à décorer la retraite d'une épouse chérie, & qui, alors, rejete toute espece de médiocrité. Si au contraire, il est retenu par les frais qu'occasionne nécessairement ce genre de décoration, il aimera mieux faire usage des étoffes légères, plutôt que d'employer des Artistes subalternes, pour décorer des lieux, qui, pour plaire, doivent rassembler tous les talents qu'enfantent les beaux Arts.

CHAPITRE V.

APRÈS avoir parlé dans les Chapitres précédents de la diſtribution extérieure & intérieure des Bâtiments, finiſſons ce Volume par donner quelque idée de la relation que ces productions doivent avoir avec la diſpoſition des Monuments, & la ſituation des Edifices publics, élevés dans une même Cité ; afin que les uns & les autres, mis en oppoſition, concourent à faire beauté, ſans cependant nuire à l'économie toujours déſirable, lorſqu'il s'agit de grandes entrepriſes.

Pour que nos obſervations ne ſoient pas dénuées de vraiſſemblance, donnons par maſſes, les Bâtiments que nous avons fait ériger à Metz, ſous les ordres de feu M. le Maréchal d'Etrées, à l'occaſion des nouvelles communications qui ſe ſont faites ſous ſon Gouvernement, & qui ſe continuent aujourd'hui ſous celui de M. le Maréchal de Broglie qui lui a ſuccédé : enſuite nous offrirons, auſſi par maſſe, les Edifices civils & militaires que le Magiſtrat de Straſbourg fait élever actuellement ſur nos deſſins, d'après le plan général de la Ville, que nous avons fait lever ſous nos yeux, & à propos duquel nous avons projeté tous les ouvrages qui doivent s'ériger ſucceſſivement dans la ſuite des temps, projets approuvés par ſa Majeſté, à Marli le 28 Septembre 1767, ſous le miniſtere de M. le Duc de Choiſeuil.

Il ne faut pas s'attendre à trouver, dans ces

deux Plans par masse, de ces projets à perte de vue, que proposent de temps à autre, nos spectateurs oisifs: personne n'ignore que, dans les Villes de guerre, dont l'enceinte est circonscrite par les fortifications, il n'est jamais possible de s'étendre au-delà des limites prescrites par la situation de la place; ensorte que les Monuments publics & les Edifices de marque se ressentent toujours un peu d'une économie forcée, occasionnée par le peu d'espace. D'ailleurs, la prudence exige que les Maisons des particuliers qu'on se trouve obligé de détruire, pour élever des Places d'armes, des Magasins militaires, & des communications pour le défilé des troupes, puissent se reconstruire en d'autres endroits. Autrement, les Citoyens sont contraints de s'exiler, le commerce est ruiné, & la Ville qu'on a embellie devient déserte: conduite tout-à-fait contraire à une sage administration. Dans les grandes Capitales non fortifiées, c'est autre chose; la planimétrie est, pour ainsi-dire, sans bornes. L'Architecte peut exercer son génie, donner carriere à son imagination, & proposer des projets dignes du Prince, du Ministère & de ses talents; encore doit-il se renfermer dans des espaces légitimes; sans cela, ses compositions, quoiqu'admirées, sont condamnées à rester dans les Archives, & à n'être jamais exécutées. Pour éviter de tels inconvénients, nous avons préféré de donner les projets faits pour Metz & pour Strasbourg, afin d'avoir occasion d'avertir nos Elèves, des entraves & des difficultés sans nombre, inséparables de toute espèce de production en Architecture.

Plan par masse des nouveaux Bâtiments & des nouvelles communications faites à Metz depuis 1764.

Feu M. le Maréchal de Belisle, sous son Gouvernement, avoit fait commencer à Metz des communications pour le service du Roi, & il se proposoit de faire construire une Place d'armes, d'élever des Magasins militaires, un Gouvernement, un Hôtel-de-Ville, un Edifice pour le Parlement, &c. Un homme de mérite, mais sans doute trop ardent, & peut-être, mauvais calculateur, à qui M. de Belisle avoit donné sa confiance, entama les opérations, avant de faire un Plan général, ensorte que, plus occupé d'aller vîte que de bien faire, on acquit des terreins, plusieurs maisons furent abattues, on perça de nouvelles rues, l'autorité s'en mêla plus que la prudence, on obtint des fonds de la bienfaisance de Sa Majesté, & les travaux se continuerent jusqu'à la mort du Maréchal, qui, avec les vues les plus droites & la meilleure intention, laissa des ouvrages mal commencés, & des Entrepreneurs à payer: c'est dans cet état que M. le Maréchal d'Etrées trouva les choses; cependant par sa prudence, ses soins & son économie, il a dans un espace, malheureusement trop court, non détruit le mal fait avant lui, mais sçu tirer parti de ce qui lui restoit à faire, pour donner à ses communications & aux Bâtiments qu'il a fait élever sous son administration, un ensemble & un accord qui fait honneur à sa mémoire. C'est aussi vers ce temps-là que je fus à Metz par ordre de la Cour, à l'occasion de la réunion des deux Abbayes de Saint-Pierre & de Sainte-Marie, pour choisir le plus convenable des deux terreins, & y élever un Edifice important. M. le Marquis d'Armentieres, Commandant de la Place, fait depuis Maréchal de France, à qui j'avois été adressé, satisfait des projets que je fis sur les lieux, à l'occasion des deux Abbayes déja cités, me proposa à M. le Maréchal d'Estrées pour son Architecte, afin que je procurasse plus d'ensemble aux Edifices qu'il s'agissoit d'élever alors dans cette Ville; il me proposa aussi à M. l'Evêque de Metz, pour son Palais Episcopal, enfin aux Officiers municipaux pour l'Hôtel-de-Ville. Ces propositions ayant été acceptées, je fus chargé, en même temps, de ces divers projets : je ne m'occupai plus que de mettre le plus de liaison possible entre ces différentes productions, en m'assujétissant néanmoins aux indications qui m'en furent données, pour chaque genre d'Edifice. Dans la suite, chargé par M. le Maréchal d'Estrées d'attaquer le projet d'un nouveau Bâtiment pour le siége du Parlement de Metz, nous crumes devoir chercher à lui donner une relation générale qui ne nuisît en rien à son objet particulier : c'est de ces divers Monuments, & de leur communication qu'il s'agit ici, lesquels sont exprimés sur la Planche dont nous allons parler; nous les avons distingués par une taille, au lieu que nous n'avons que pointillé ceux conservés dans leur ancien état. En faisant la description abrégée de chacun de ces Bâtiments, rendons compte des sujétions qu'il nous a fallu surmonter, pour les amener au point où on les voit aujourd'hui, à dessin de faire connoître de plus en plus à nos Elèves, qu'on ne fait point de projets sans entraves, & que le grand Art de l'Architecte est de faire ensorte cependant, qu'elles nuisent le moins possible à leur perfection.

Planche L.

Nous venons de parler du choix que nous avions été chargé de faire, ou du terrein de l'Abbaye des Dames de Saint-Pierre, ou de celui des Dames de Sainte-Marie. Avant de nous décider, nous jugeâmes convenable de faire différents projets sur chaque terrein; &, c'est d'après ce travail, que nous avons mis les personnes intéressées en état de choisir celui marqué A, où précédemment étoit l'Abbaye de Saint-Pierre. D'après ce choix, Madame l'Abbesse & les Dames Chanoinesses, se sont retirées à Sainte-Marie, dont nous avons marqué la situation dans notre Plan, en B: ces Dames y sont actuellement, jusqu'à la parfaite construction de la nouvelle Abbaye Royale, désignée aujourd'hui sous l'invocation de Saint-Louis, quoiqu'elle s'éleve sur l'ancien terrein des Dames de Saint-Pierre. Nous venons de dire aussi que nous avions fait plusieurs projets sur chacun des deux terreins; en effet, nous en composâmes trois pour celui-ci, & deux pour l'autre. Dans l'un des trois projets, fait pour être placé en A, nous avions proposé de mettre l'entrée du côté du Quai; mais celui tracé sur cette Planche à prévalu, & l'on a préféré de placer cette entrée du côté de la rue des Jardins, dont le sol fort élevé, procure aux Appartements des Dames qui donnent sur un bras de la Mozelle & en face de l'Intendance, un coup d'œil fort intéreffant (*k*). Le genre de ce projet, quoiqu'il soit question d'une Abbaye Royale, n'eſt pas dans le cas des Abbayes cloîtrées; ici ce ſont des Dames Chanoineſſes de la plus haute nobleſſe, qui vivent chacune en leur particulier, ſous la direction immédiate de Madame de Choiſeuil qui en eſt l'Abbeſſe, Dame du mérite le plus éminent, & vivant avec cette urbanité peu commune à la grande naiſſance; auſſi toutes ces Dames ſe font-elles un plaiſir bien ſincère de l'avoir pour Chef.

Ce Bâtiment a quatre-vingt-dix toiſes &-demie de longueur, ſur environ dix-neuf toiſes de profondeur; la Maiſon Abbatiale eſt ſituée en *a*, le Doyenné en *b*, & le logement des Dames Chanoineſſes en *c*: les dépendances ſont diſpoſées en *d*: l'Egliſe en rotonde, dont nous avons donné le Plan & la coupe dans le troiſieme Volume, Planche LX & LXI, & le frontiſpice dans le deuxieme Volume, Planche XXXIV, eſt placée en *e*, en face de la place de Chambre, ainſi que nous l'avons annoncé en faiſant la deſcription de ce Monument. Les diſtributions des Bâtiments de cette Abbaye Royale, ont cela de particulier, comme nous venons de le remarquer, qu'elles n'ont rien de commun avec celles des autres Edifices de ce genre; c'eſt pour cela que nous en donnerons peut-être, dans la ſuite, les Plans,

---

(*k*) Ce projet ayant été préſenté au Roi, à Fontainebleau, en Octobre 1765, fut auſſi choiſi par Sa Majeſté, qui nous fit l'honneur d'en approuver la compoſition, & d'en déſirer l'exécution. Il daigna même, avec bonté, entrer dans les plus petits détails, après avoir applaudi à l'enſemble: époque que nous nous rappelons avec la plus grande ſatisfaction, & qui nous a procuré l'honneur de lui préſenter d'autres projets pour Metz & pour Strasbourg, qu'il a auſſi approuvés.

les élévations & les développements, auxquels nous joindrons l'un des projets faits sur le terrein des Dames de Sainte-Marie, dont la disposition locale nous a porté à faire un Plan de distribution absolument neuf, & qui, pour cela, mérite sans doute quelque attention.

Pour parvenir à exécuter le Plan de l'Abbaye de Saint-Louis, on a redressé les sinuosités que formoit la riviere de la Mozelle, qui passe au pied du nouveau Quai : d'un côté, ce Quai doit alligner celui des Juifs, & de l'autre, celui de Sainte-Marie ; de maniere que l'érection de cette Abbaye, considérée comme Edifice public, contribuera aussi à rendre plus libres les communications, à faciliter la navigation, & à décorer la Ville de Metz : triple avantage qu'il convient d'observer, lorsqu'il s'agit d'élever quelque Edifice d'importance dans une Cité.

Ce projet une fois approuvé, lorsqu'il fut question d'attaquer les communications utiles au défilé des troupes, nous proposames à M. Le Maréchal d'Etrées de percer une nouvelle rue marquée C, nommée aujourd'hui la rue l'Evêque ; percé qu'on avoit négligé jusqu'alors, & à la place duquel on avoit pratiqué un chemin sinueux, où se voit le Perron D : ensorte que les équipages étoient obligés de passer sur la plate-forme de Saint-Etienne E, pour aller gâgner la place Saint-Jacques F, en traversant & passant sous d'anciens Bâtiments G, qui, depuis, ont été construits à neuf. Cette rue C, une fois établie, nous avons formé le Perron D, semblable à celui déja construit en H ; & sur le mur formant la terrasse de la plate-forme de Saint-Etienne, nous avons fait ériger une fontaine adossée I, qui contribue à rendre moins difforme ce mur de revêtissement anciennement bâti.

A l'extrémité de la rue l'Evêque C, & dans l'ancienne cour de l'Evêché, par une transaction faite entre M. l'Evêque de Metz, & M. le Maréchal d'Etrées, sur le bon du Roi, nous avons projeté une Place K, & une Rue L, qui doit être appelée la rue d'Etrées ; ensorte que l'axe de cette nouvelle Place K, & de la Rue L, doit s'alligner précisément avec la ligne capitale, qui traverse la Cathédrale; Eglise sur le pignon de laquelle nous avons adossé un portique Dorique, & percé une arcade, qui aujourd'hui, forme la principale entrée de ce monument : ce qui n'existoit point auparavant, les vieux Bâtiments de l'Evêché joignant le devant de ce frontispice.

Ce Portique n'étoit pas facile à bien faire, sa hauteur n'excédant guères que la moitié de l'ancien pignon de cette Eglise; il s'agissoit de conserver un grand vitrail, qui en éclaire la nef intérieure : delà, il a fallu, non, composer une ordonnance gothique ; mais au moins éviter une Architecture trop sévère : d'un autre côté, ce Portique devoit avoir pour acotement un Pavillon d'habitation à chacune de ses extrémités ; & nous fûmes forcé de rendre l'ordonnance des arriere corps d'un genre qui tînt le milieu entre le style sacré & la simplicité qu'il convenoit de donner à ces Pavillons qui font face à ceux de l'Evêché & du Parlement, ainsi qu'on le remarque dans notre Plan.

Pour parvenir à cette triple unité, & après avoir eu fait choix du Dorique, dans la composition duquel nous avons fait usage des moyens que nous avons proposés, dans le deuxieme Volume de ce Cours,

Cours, concernant l'accouplement de cet Ordre, nous en avons fait néanmoins les chapiteaux, semblables à celui de la Salle des Antiques du Vieux-Louvre, par l'Escot; à celui de la Cour du Val-de-Grâce, par Mansard, & à celui de l'ancien Château de Meudon, restauré par Hardouin; & afin de rendre, en apparence, cet Ordre un peu au-dessous de son expression, dans le tiers inférieur des cannelures, nous avons ajouté des joncs convexes, ainsi que Mansard en a usé au Château de Maisons (*l*). Pour faire paroître cette ordonnance moins réguliere encore, nous avons pratiqué une table saillante qui occupe la hauteur de la frise & de l'architrave, & qui règne sur toute la longueur du grand entrecolonnement, table que nous ne nous ferions pas permise en toute autre occasion, malgré les exemples assez célèbres que nous en ont laissés les l'Escot, les Philibert de Lorme au Vieux-Louvre & aux Tuileries; enfin, nous avons couronné l'avant-corps de ce Frontispice, par un fronton circulaire, afin de l'accorder mieux avec l'ancienne Architecture qui se laisse voir au-dessus.

Dans chaque arriere-corps, nous avons placé une niche; celle à gauche contient la Statue de la France, celle à droite la Statue de la Religion, toutes deux faisant allusion aux vœux de la Patrie, lorsque le Roi tomba dangereusement malade dans Metz à son retour de l'armée. Nous ne nous étendrons pas davantage sur l'objet de ce Portail; il a été gravé, par ordre de feu M. le

---

(*l*) Voyez ces cannelures dans le premier Volume de ce Cours, rapportées Planche VIII, Fig. VI.

Maréchal d'Etrées, & l'on y trouve les inscriptions qui ont été placées sur les tables au-dessus de chaque niche, & sur celle insérée dans la frise, dont nous venons de parler : nous dirons seulement que les colonnes ont quatre pieds un quart de diamètre, que ce Frontispice est d'une belle exécution, & que Paris n'a guères d'Edifices mieux appareillés, & d'une main-d'œuvre plus accomplie : perfection due aux soins & aux talents de M. le Brun, Ingénieur de la Ville de Metz, qui a bien voulu seconder nos vues, & faire exécuter littéralement tous les profils que nous avons donnés en grand; il étoit aidé d'ailleurs, d'un modèle qui, dans le temps, fut applaudi des connoisseurs.

Qu'on nous permette de saisir l'occasion de ce Portique, pour assurer à ceux qui en pouroient douter, que le moyen que nous avons proposé dans notre Cours, pour l'accouplement de l'ordre Dorique, & que nous enseignons dans nos Leçons depuis trente années, produit sur le lieu le meilleur effet. Nous attendions une circonstance favorable pour le mettre à exécution; nous l'avons fait à Metz, l'Eglise de la Cathédrale, dédiée à Saint-Etienne, Martyr, nous ayant permis de faire usage de cet Ordre solide. Nous le répétons; c'est d'après un examen impartial que nous osons assurer qu'il nous a fait beaucoup de plaisir après son entière exécution; ce que nous rapportons ici, pour donner toute confiance à cet égard, à ceux de nos Elèves qui se trouveront dans le cas de l'accouplement Dorique : car autrement, notre avis est de suivre Vignole, qui a sçu faire un chef-d'œuvre de cet Ordre, mais qu'on n'a imité que très-imparfaitement, lorsqu'à sa méthode on a voulu joindre l'accouplement mis en œuvre par nos Architectes François, sans en excepter les Débroffes, les Bruant, les Mansard & les le Veau, ainsi que nous l'avons rapporté précédemment.

La Cathédrale à laquelle appartient le Portail dont nous venons de parler, est un des beaux Edifices Gothiques que nous connoissions. MM. du Chapitre de Metz se proposent de faire faire des embellissements dans l'intérieur de cette Eglise. Un des avantages du lieu, c'est que le sol du Sanctuaire & du Chœur est plus élevé que celui de la nef d'environ sept pieds; disposition qui nous a fait accepter, avec le plus grand plaisir, la proposition qui nous fut faite de donner les dessins de cette décoration; d'en faire faire un modele sous nos yeux, & de veiller à la conduite de cette restauration importante; mais comme nous donnerons dans le Volume suivant les Dessins de ce projet, nous ne rapporterons rien ici de sa composition: à en juger par les applaudissements des Maîtres de l'Art qui en ont vu le modèle, nous osons présumer qu'on en verra avec une sorte d'intérêt, les détails dans notre Cours; & c'est alors que nous rappellerons, en décrivant nos Planches, ce que nous avons dit sur la décoration de nos Temples, dans le deuxieme Volume de cet Ouvrage, à dessein d'appuyer le précepte par l'exemple. Passons à présent aux Bâtiments du nouvel Hôtel-de-Ville marqué M dans notre Plan. Cet Edifice se trouve situé vis-à-vis la face latérale de la Cathédrale dont nous venons de dire un mot.

Cet Hôtel-de-Ville n'a de face que vingt-cinq toises, sur environ vingt toises de profondeur, & il est planté sur le sommet d'un monticule plus élevé de vingt-un pieds que le sol de la Place N; ensorte que l'entrée ordinaire pour les affaires de la Ville, se trouve située sur la rue derriere Saint-Gorgon, & l'entrée de représentation, est par la Place N, où l'on arrive au premier étage, par un grand escalier à trois rampes, précédé d'un grand Péristyle élevé seulement de trois marches du niveau de la Place. Quoique ce Bâtiment n'ait réellement que vingt-cinq toises de face, on a continué la même ordonnance dans la longueur de quarante-neuf toises; de maniere que vers l'extrémité *f*, sur la même face, est compris l'Hôtel de la Princerie; & vers *g*, on va construire un Bâtiment particulier à la place de l'Eglise de Saint-Gorgon, démolie depuis peu. Cette façade est ainsi élevée, dans l'intention de rendre la décoration de la Place L plus réguliere. La décoration de cette grande façade, malgré sa simplicité, ne laisse pas de produire un bon effet : les dedans d'ailleurs, sont commodes & assez bien décorés, par les soins & sous la conduite de M. le Brun; nous n'avons eu d'autre part à cet Edifice que d'en avoir donné les Dessins, sous les ordres de M. le Maréchal d'Etrées, & ils ont été approuvés par le Corps-de-Ville.

Le Bâtiment marqué O, est un corps-de-garde nouvellement bâti, dont nous avons aussi donné les Dessins; il y a des magasins au-dessus. Derriere ce Bâtiment, est une île de Maisons destinées pour les particuliers, avec qui l'on a fait des échanges, afin de remplacer les terrains qu'ils ont cédés, pour élever les Edifices qu'ont occasionnées les nouvelles communications.

En face de l'Hôtel de-Ville M, & au bas de la

Cathédrale, nous avons bâti aux frais du Roi, une façade qui ne s'élève qu'à la hauteur du foubassement, de vingt-un pieds, & dans lequel est distribuée une partie des pieces du rez de-chaussée de l'Hôtel-de-Ville. Le terrein, depuis ce nouveau mur de face, jusqu'à celui de la Cathédrale, a été cédé au Chapitre; il y a fait construire des boutiques qui, en rendant la Place L marchande, l'ont fait, pour ainsi-dire, paroître réguliere, du moins dans sa planimétrie.

Sur le milieu de la longueur de la Place N, & en face du Corps-de-garde O, nous venons d'élever la façade du Parlement; l'ancienne tomboit en ruine; & d'ailleurs M. le Maréchal d'Etrées avoit eu dessein de terminer entiérement la décoration de cette Place. Cette nouvelle façade n'a pu se faire, sans projeter un Plan de la distribution intérieure, & c'est d'après ce Plan, qu'on a fait des acquisitions, des échanges, & qu'on y a compris le terrein de l'ancien Hôtel-de-Ville. Un des mérites essenciels de ces distributions, est que l'avant-corps de ce Bâtiment se trouve précisément dans le milieu de la place N, ensorte que l'un des arriere-corps, du côté de la Cathédrale, sert de façade au Parlement, pendant que l'autre tient lieu de mur de face aux Maisons particulieres qui occupent le surplus du terrein, donnant sur la largeur de cette place; ce qui donne à cet Edifice une étendue apparente de vingt-cinq toises de face, quoiqu'il n'en ait effectivement que dix-sept. Un autre avantage de ce projet, c'est que le milieu de la cour du Parlement P, du côté de la place de l'Evêché K, se trouve alligner le milieu de celle du Palais Episcopal Q, ce qui forme un ensemble satisfaisant, qui se rencontre rarement, lorsque les Edifices s'élèvent séparément, dans des temps différents, & sur les desseins de divers Architectes.

Nous avons fait plusieurs projets pour ce Parlement; le plus économique, sans doute, a été préféré : nous n'avons conservé de véritable grandeur dans ce projet, que pour un vestibule du côté de la Place N, lequel mene à un Péristyle en colonade, qui donne sur la Cour P; ce Péristyle conduit à un grand escalier à trois rampes, dont le premier palier mène à une Chapelle circulaire, & ensuite à la Grand'Chambre, à la Salle du Conseil, &c. placées au premier étage : le reste de cette distribution est assujétie seulement aux différents départements du ressort d'un tel Edifice. Peut-être donnerons-nous aussi dans la suite les détails de ce Bâtiment, non parce qu'il offre dans son ensemble, cette marche hardie & ces grands traits qu'on voit étalés avec faste, dans les projets imaginaires que nous présentent souvent nos Elèves; mais précisément parce que la distribution & la décoration extérieure ne comportent que ce qu'il faut, lorsqu'il ne s'agit que d'un Bâtiment public du second ordre, élevé dans nos Provinces, & parce que ce projet est assujéti à un terrein assez resserré & irrégulier qui a dû néanmoins contenir, non-seulement ce qui regarde le Parlement proprement dit; mais un Bailliage, des prisons, une Conciergerie, enfin un Hôtel particulier, pour le premier Président.

Nous venons de remarquer que l'axe de la cour du Parlement P, allignoit celui de la cour du Palais Episcopal Q. Disons un mot de ce dernier projet qu'il a falu rendre digne du Siége de Metz, & du grand Seigneur qui le doit habiter. Pour le rendre conforme à cette idée, on est convenu de réunir la Paroisse de Saint-Victor, placé dans l'un des angles du terrain où cet Evêché doit s'élever, avec une autre Paroisse de la Ville. C'est d'après cette disposition, que nous avons d'abord formé le Plan par masse qui se remarque ici, & qu'ensuite, nous avons composé les Plans, les élévations & les coupes, d'après les intentions de l'illustre Prélat qui nous en avoit chargé spécialement, Prélat qui, pour le bien général, a consenti, par une transaction, dont nous avons fait mention précédemment, d'abandonner la majeure partie de la cour de l'ancien Evêché, pour pratiquer la Place *K*, qui doit servir d'avant-cour aux nouveaux Palais projetés; de manière que les principales entrées & du Parlement & de l'Evêché seront en face l'une de l'autre, & auront, d'un côté, le nouveau frontispice de la Cathédrale, & en face la rue d'Etrées *L*, prolongée jusqu'à la rue Pierre-Hardi.

La distribution intérieure de ce Palais Episcopal est traitée dans la plus grande manière. La décoration des dehors est noble & ornée : nous avons même été excité à les faire ainsi, par la magnificence que M. de Laval Montmorenci, Evêque de Metz, avoit sçu nous inspirer, en nous communiquant ses intentions, ensorte que nous croyons cette production digne de figurer un jour à côté des Monuments de ce genre, élevés en France par les Bullet & les de Côte.

Après avoir fait une courte énumération des nouveaux Edifices bâtis & à élever encore à Metz, d'après notre Plan, faisons observer à nos Elèves, en quoi a dû consister l'avantage d'avoir attaqué tout à la fois dans ce projet, les Bâtiments essenciels qu'il s'agissoit de construire; & ne dissimulons pas ce qu'il auroit peut-être fallu faire pour parvenir au mieux, d'une part, si le local l'eût pu permettre, & de l'autre, si les fonds accordés pour ces travaux eussent été plus considérables. Commençons par les avantages, ensuite nous porterons nos réflexions, sur les parties dans lesquelles il auroit été peut-être à désirer que l'on eût mis moins d'économie.

D'abord, il étoit essenciel d'établir une base h, i, en perçant la nouvelle rue l'Evêque, dont nous avons parlé, & de la percer de maniere, qu'elle allignât l'embouchure de la rue Fournirue. Par ce moyen cette base est parallele à la direction du portail de la Cathédrale, ensorte que cette ligne h, i, se trouve d'équerre avec celle k, L, qui traverse la longueur de l'Eglise, la Place K, enfin la rue d'Etrées L, jusqu'à la rue Pierre-Hardi, point de station L, d'où se doit voir le Portique nouvellement élevé au pied de l'ancien Fontispice de la Cathédrale. Ces deux axes en retour d'équerre, une fois déterminés, & après avoir fixé la largeur de la Place N, il a été question d'établir une autre ligne m, n, parallele à celle k, l, qui nous a donné le milieu de l'avant-corps du Bâtiment du Corps-de-garde O, & celui de l'avant-corps du Parlement P, après quoi nous avons abaissé une perpendiculaire o, p, aussi parallele à la ligne i, h, & enfin une autre parallele à cette même ligne qui nous a donné celle Cette derniere, de la porte latérale de la Cathédrale, &, par le nouveau percé y, va rendre à la Place d'armes, & précisément en face de la Salle de spectacle située de l'autre côté de la Mozelle; relation, comme on peut le remarquer, qu'il eût été impossible d'accorder, si le même Architecte n'avoit été chargé d'attaquer à la fois ces divers projets, qui rassemblés dans le même canton, devoient avoir nécessairement une disposition respective. Comment, d'ailleurs, sans ce moyen, auroit-on pu disposer d'un même coup de crayon les Pavillons u, qui acotent le Portail de la Cathédrale, avec ceux v qui appartiennent au Parlement, & avec ceux x, placés vis-à-vis, & qui font partie de la façade du côté de l'entrée du Palais Episcopal? disposition générale qui, par cette correspondance, apporte une simétrie dans l'ensemble, qui agrandit en apparence, l'espace, &, si nous ne nous trompons, procure en même temps à ces divers Edifices, un aspect satisfaisant. On en peut dire autant des deux portes, dont l'une donne entrée au Parlement, l'autre au Palais Episcopal, qui, sans être de la même ordonnance, n'en rendent pas moins la Place K plus réguliere par leur opposition : leur décoration, d'ailleurs, figure avantageusement, d'un côté, avec le Portique de la Cathédrale, de l'autre, avec une Fontaine publique adossée, que nous avons proposée dans la rue Pierre-Hardi, vers l.

On peut encore observer, que c'est par le secours de ce Plan général, que la situation de l'Hôtel-de-Ville une fois décidée, on a dû concevoir d'élever en face, & le long de la Cathédrale le soubassement, dont nous avons parlé précédemment : soubassement qui, comme nous l'avons déja observé, rend cette Place réguliere, du moins dans sa planimétrie. On doit compter encore au nombre des avantages qui résulteront des nouveaux travaux de Metz, le redressement

& la continuation du nouveau Quai, depuis celui des Juifs, jufqu'à celui de Sainte-Marie : Quai qui, en facilitant d'établir un Sas près du pont de l'Intendance, détruira une fuite de Maifons plus que fubalternes, qui aujourd'hui bleffent l'œil, & qui interceptent le Quai, depuis le pont de l'Intendance que nous venons de citer, jufqu'à celui où font placées les Eclufes.

Au refte, nous n'avons entrepris ces obfervations, que dans le deffein de porter nos Elèves à fe fervir, en pareille circonftance, non des mêmes procédés, parce que le local n'eft pas le même par-tout; mais à s'appliquer, plus qu'on ne le fait ordinairement, à concevoir que tout doit marcher enfemble, dans un projet de pareille importance, & principalement lorfqu'il s'agit de l'embelliffement d'une Ville, & d'y élever des Monuments facrés, des Edifices publics & des Bâtiments particuliers qui, pour former un tout fatisfaifant, doivent être combinés, médités & réfléchis, de manière à être applaudis des Citoyens & de la poftérité.

Examinons à préfent ce qu'il auroit été à défirer qu'on eût pu faire, pour porter un plus grand dégré de perfection à chacun de ces divers Edifices, ainfi qu'à leur iffue. 1° Au lieu de la terraffe & des perrons qui fe remarquent à la platte-forme Saint-Etienne, nous avions propofé de démolir toute cette partie précédemment commencée, pour y fubftituer un grand Perron continu avec de fréquents Paliers, tel qu'on l'avoit vu anciennement, ce qui auroit donné plus de dignité à l'une des entrées de la Cathédrale, qui fe trouve de ce côté, & procuré plus d'air & plus d'efpace à la place de Chambre; en conféquence, on auroit donné plus de largeur à la rue en face, que nous avons projetée; elle auroit eu au moins quarante pieds de largeur, au lieu de vingt-un pieds qu'on a eu bien de la peine à nous accorder. 2° On peut remarquer aussi que toutes les nouvelles communications sont un peu étroites, la rue l'Evêque n'ayant que vingt-quatre pieds, & celle de la rue des Jardins, faite sous M. de Belisle, n'en ayant que vingt-un, au lieu de trente que nous avions proposés, comme se voit la rue d'Etrées, qui ayant moins de longueur que les précédentes, fait un bien meilleur effet. Il est vrai qu'il faut convenir que, dans une Ville de guerre, dont le terrein des particuliers est précieux, il est de la prudence de ne pas donner trop de largeur aux rues aux dépens des Maisons des habitants; du moins ne le faut-il faire qu'avec la plus grande précaution, dans les endroits de première nécessité, & particuliérement dans les parties qui environnent les Temples, les Edifices publics, & les principaux Monuments élevés, pour le service de sa Majesté. 3° La Place de l'Evêché K est, sans doute, trop petite, n'ayant que dix-huit toises & demie, sur trente-trois; il y a des cours dans plusieurs de nos Hôtels à Paris qui ont plus de superficie; mais combien n'a-t-il pas été difficile d'obtenir ce petit emplacement, dans un lieu très-resserré, sans nuire d'ailleurs à la disposition & à la distribution des deux Edifices, qui ont chacun leur entrée sur cette Place. 4° La cour du Parlement est dans le même cas: il est vrai que la grande entrée est du côté de la Place N; mais il n'y a pas moins lieu de craindre que la hauteur des Bâtiments ne rende cette cour obscure & peu salubre. Pour obvier à un tel inconvénient, il auroit fallu nécessairement prendre toute l'île de Maisons qui s'étend jusqu'à la rue vieille Râpe, en face de la place Saint-Jacques ; mais, d'un autre côté, quel échange auroit-on pu faire avec les Propriétaires à qui appartiennent les terreins de cette île. Nous l'avons déja dit, nous le répétons ; il n'en est pas de même dans une Ville de guerre que dans une Ville libre, où l'on peut plus ou moins s'étendre à raison des emplacements qu'exigent les Edifices de marque qu'il s'agit d'élever. Cependant nous ne pouvons le dissimuler, il convient de voir en grand ces principaux objets, dût-on mettre moins de célérité, dans leur exécution : il faut se donner le loisir d'amasser des fonds, & méditer pendant long-temps, ces différentes opérations ; autrement, on doit s'attendre que les projets se ressentiront toujours, ou d'une précipitation indiscrete, ou, ce qui est peut-être pis, d'une économie mal entendue. 5° On ne peut pas non-plus disconvenir que la Place N, ne soit beaucoup trop petite, n'ayant que vingt-deux toises de largeur : à la vérité elle a quarante-une toises de longueur ; mais c'est précisément cette étendue qui la fait paroître plus étroite ; à quoi il faut ajouter que d'un côté la grande hauteur de la Cathédrale, & de l'autre, les Bâtiments de l'Hôtel-de-Ville, fort élevés, contribuent à rendre cette place presque difforme & sombre. Pour corriger en apparence la longueur de cette place, on a élevé vers ζ un mur d'appui en balustrade d'une certaine hauteur, terminé par un piédestal à chaque extrémité, servant de fontaine, & surmonté de trophées d'armes ; ce mur, il est vrai, en corrigeant cette extrême longueur, forme, pour ainsi dire, une avant-place devant le Parlement. Ce moyen est une ressource, sans doute; mais elle ne fait que pallier le défaut dont nous venons de parler. Pour éviter la difformité de cette Place, nous avions proposé d'abord de placer l'Hôtel-de-Ville en face du Parlement, & de rélargir la Place N, jusqu'à l'alignement de la rue des Clercs; d'abattre l'Eglise de Saint-Gorgon qui tomboit en ruine, ce qu'on a fait depuis, sans aucun avantage pour le bien du service; de détruire l'Hôtel de la Princerie, pour le rebâtir en face de la Cathédrale, où est actuellement l'Hôtel-de-Ville: alors cette Place seroit devenue spacieuse; on auroit pu y élever une Statue pédestre pour le Prince, & en faire un marché au pain. Nous n'avons jamais été d'avis de la destiner à une Place d'armes, comme l'avoit projeté M. le Maréchal de Belisle, les exercices militaires troublant d'une part nécessairement les fonctions des Magistrats, & de l'autre le silence qu'il convient d'observer près du Temple du Seigneur.

Nous finirons ces observations, par faire remarquer que les masses de l'Abbaye Royale de Saint-Louis, annoncent un grand Edifice sans doute; mais que sa disposition n'offre guères ce qu'on appelle un beau Plan, ensorte que nous regretterons toujours, que, des trois projets que nous avions faits sur ce terrein, on ait choisi celui-ci. Nous conservons dans nos Portefeuilles avec le plus grand soin ces projets, ainsi que tous ceux que nous avons faits pour les autres Edifices élevés ou à élever à Metz, & nous les communiquons volontiers à nos Elèves, afin de leur apprendre combien il faut de courage, pour lutter contre les intentions, souvent mal digérées, des personnes qui nous mettent en œuvre, & combien il leur faut de labeur, pour parvenir à concilier ces mêmes intentions, avec les préceptes de leur Art, & une certaine célébrité déja acquise.

Plan par masse d'une partie des nouveaux Bâtiments, & des nouvelles communications qu'on élève à Strasbourg, commencés en 1767.

Le Magistrat de Strasbourg ayant conçu le dessein de faire construire plusieurs corps de Casernes, pour contenir la Garnison de cette Ville, ainsi qu'une Place d'armes & de nouvelles communications, pour rendre le défilé des troupes plus commode, sans nuire à la circulation des habitants, demanda à la Cour un Architecte expérimenté, qui pût se transporter sur les lieux, à dessein d'y faire lever un Plan exact, de projeter sur ce Plan les Bâtiments à faire pour le service du Roi, & en même temps, de désigner les emplacements les plus convenables, pour élever dans la suite un Sénat, une Place propre à contenir la Statue pédestre du Prince, une Salle de spectacle, des Marchés, des Halles, &c. Nous eumes l'honneur d'être choisi pour ces différentes opérations. Nous ne rapporterons de cet important travail, que ce qui nous paroît le plus intéressant, pour donner à connoître aux jeunes Architectes qui se trouveront dans le même cas, les précautions dont il nous a fallu user, afin d'accorder la dignité avec l'économie, & le local, souvent ingrat, avec les préceptes de l'Art. Pour leur rendre compte de plusieurs genres de projets faits pour cette Ville, nous allons offrir dans la Planche suivante, la route que les Étrangers sont obligés de suivre, pour passer de France en Allemagne par Strasbourg; passage sur lequel se trouvera, dans la suite, entre autres objets intéressants, la Place d'armes, la Salle de spectacle, la Place du Roi, le Sénat & les Casernes de l'Artillerie, autant d'objets dont nous allons donner une description très-abrégée, comme nous venons de le faire pour les nouveaux Bâtiments élevés à Metz sur nos Desseins; mais avant d'y passer, remarquons combien il seroit intéressant, qu'à l'exemple du Magistrat de Strasbourg, nos Villes Capitales se proposassent le même but, lorsqu'il s'agit de leur embellissement. Disons plus; quel avantage n'auroit-on pas pu tirer pour celui de Paris, si, seulement depuis cinquante ans, on eut levé, à cet effet, un Plan de cette grande Cité, & qu'on eut avisé, par des allignements réfléchis, d'abord la marche que devoient suivre les habitants pour construire leurs demeures, & qu'ensuite on eût désigné les lieux les plus convenables, pour y ériger la plus grande partie des Monuments qui, en satisfaisant à l'utilité publique, contribueroient aussi à la décoration.

Croira-t-on toujours qu'il suffit d'ériger des Halles, des Salles de spectacle, & d'autres Edifices semblables, si ceux-ci, quelque bien qu'ils soient d'ailleurs, n'embellissent pas véritablement Paris? Croira-t-on qu'en accordant trop peu d'espace aux Architectes, ils puissent donner l'essor à leur génie, sans sortir néanmoins des bornes qu'exige le genre de l'Edifice? Croira-t-on enfin qu'on puisse se contenter de terreins, la plupart mal situés ou encombrés, par des rues étroites, tortueuses & sans direction continue? Non, sans doute.

Nous dirons à la vérité, comme le plus grand nombre ; on ne laisse pas de beaucoup bâtir dans cette Capitale, depuis quelques années ; mais nous n'avouerons jamais que les Bâtiments qui s'élevent de nos jours ayent pour objet de l'embellir : d'ailleurs, faisons-nous des Places ? des Carrefours ? allignons-nous & rélargissons-nous nos rues ? élevons-nous des Fontaines ? construisons-nous des Prisons, des Hôpitaux ? songeons-nous à détruire le grand & le petit Châtelet, qui offusquent Paris dans son centre ? Non ; mais en revanche nous restaurons les Palais des Princes au lieu de les bâtir à neuf ; nous élevons des Hôtels pour des particuliers, des Temples à nos Laïs, & nous plantons des Jardins à l'Angloise. C'est alors qu'on crie merveille ; mais que ces exclamations sont peu philosophiques, & qu'il est peu de vrais citoyens parmi nous ! Heureusement que cette épidémie n'est pas générale ; nous exceptons avec le plus grand plaisir, plusieurs Monuments qui s'élevent par nos plus habiles Architectes : mais encore une fois, il faut convenir que la plupart, quoique des chefs-d'œuvre, procurent rarement une vraie beauté à nos Quais, vers nos promenades, & dans les principaux quartiers de cette Cité ; il faut les deviner, les aller chercher, les examiner sans point de distance, les juger partie par partie, renoncer à l'ensemble, & n'emporter avec soi qu'une idée imparfaite de ce qui auroit pu exciter notre admiration, si, comme nous le désirions tout-à-l'heure, la situation & la disposition de ces Edifices eussent été prévus depuis long-temps, par un Plan bien dressé, examiné avec soin par le Gouvernement, approuvé par les hommes en place, dans chaque département, & applaudi par les Maîtres de l'Art : mais revenons à notre objet, en attendant que cette idée, qui n'est pas neuve, se réalise.

Lorsque le Plan général de la Ville de Strasbourg fut levé, après avoir pris les renseignements nécessaires au sujet des Bâtiments que le Magistrat se proposoit d'élever, après avoir conféré avec l'Etat-Major, & nous être fait rendre compte des différentes positions où l'on pouvoit situer convenablement les Edifices militaires, & les Bâtiments civils, nous attaquâmes sur le lieu un premier projet, qui nous mit à portée de recevoir de nouveaux éclaircissements; de-là nous passâmes à un second : nous obtînmes ensuite un comité, pour conférer deux fois la semaine sur cet objet, en présence de M. le Préteur Royal, avec plusieurs Magistrats, du nombre desquels étoient MM. les Directeurs des Bâtiments de la Ville ; enfin, après bien des discussions, ce second projet fut approuvé préliminairement.

De retour à Paris, nous le présentâmes à M. le Duc de Choiseuil, qui, après l'avoir examiné, nous excita à entrer dans des vues moins économiques, nous laissant entrevoir que cette vaste entreprise étoit l'ouvrage du temps ; que, par cette raison, il ne falloit rien épargner, pour produire un Plan, digne du règne sous lequel nous vivions. Echauffé par les idées élevées que nous communiqua ce Ministre éclairé; nous fimes un troisieme projet qui reçut son approbation, & à l'occasion duquel, nous retournâmes à Strasbourg, pour le soumettre au Magistrat. Ce dernier ouvrage, beaucoup plus important que les précédents, fut sujet à plusieurs contestations : nous fimes de nouveaux efforts, pour parvenir à concilier les idées de grandeur, puisées à Versailles, & celles d'économie qui nous furent recommandées à Strasbourg ; ensorte, qu'après avoir passé cinq mois de suite dans cette Ville, nous eûmes la satisfaction d'obtenir l'approbation unanime de l'Etat-Major, de la Noblesse, du Clergé & de la Bourgeoisie, tous également intéressés aux nouveaux allignements prescrits, aux acquisitions à faire, en argent ou par échange ; & nous revînmes à Paris, avec les mémoires d'observations que nous avions faits sur chaque objet. Ce Plan & les projets auxquels il avoit donné lieu, furent présentés de nouveau, à M. le Duc de Choiseuil ; nous les lui offrîmes à Marly avec M. le Maréchal de Contades, Commandant de Strasbourg, & avec M. Gayot, Préteur Royal de cette Ville ; enfin l'automne suivant, le 2 Octobre 1768, nous eûmes l'honneur de les présenter à Sa Majesté, qui en approuva l'exécution. C'est la majeure partie de ces projets que nous avons tracée par masses sur la Planche LI, dont nous allons donner une légere idée, comme nous venons de le promettre, en attendant que nous nous déterminions à en graver les Plans, les coupes & les élévations, lorsqu'à la suite de notre Cours, nous offrirons un autre Ouvrage, qui contiendra les Edifices les plus recommandables, élevés dans les Provinces de la France. Dans cet Ouvrage seront compris les projets que nous avons faits pour la Flandre, Metz & Strasbourg, & c'est alors que nous entrerons dans quelques détails concernant la situation des lieux, la qualité des matieres dont on fait usage pour bâtir, l'énumération des Edifices anciens, & la prospérité des Arts qui sont en vigueur, &c. &c.

PLANCHE LI.

La porte A située sur les remparts, nommée la porte de Saverne, est la première sur laquelle on passe, en arrivant de Paris. Nous avons tracé une ligne, de cette porte A à celle B, appelée la porte des Bouchers; cette ligne, ainsi que nous l'avons déja observé, indique la route que les étrangers parcourent lorsqu'ils traversent la Ville: c'est pourquoi nous allons décrire de suite les Edifices militaires ou civils qu'ils rencontrent sur leur passage; ensuite nous parlerons, en peu de mots, des autres Bâtiments que notre Planche n'a pu contenir.

La rue C qui traverse le fauxbourg de Saverne est droite & assez bien allignée: à son entrée à gauche, nous avons projeté un Marché au blé D, situé convenablement en cet endroit, au désir du Magistrat & des habitants: vers le milieu de cette rue, en est une autre, presque d'équerre à celle-ci, d'où l'on aperçoit à droite, les anciennes Casernes de Saverne E, auxquelles nous n'avons ajouté qu'un Pavillon isolé à chaque extrémité pour les Officiers, & dont on ne voit ici que celui F: à gauche, on aperçoit la rue G; elle sépare les nouvelles Casernes de cavalerie & d'infanterie, qui se bâtissent actuellement sur nos Dessins. A l'extrémité de la rue C, sera construit un pont en pierre H (*m*), à la place

---

(*m*) Tous les ponts de cette Ville sont en bois, & le nombre en est si grand, qu'on appelle la Ville de Strasbourg, la Ville aux cent ponts; mais au moyen des nouvelles communications qu'on vient d'y établir, on en détruira la majeure partie, &, par la suite, on les reconstruira en pierre, ainsi qu'on l'a déja fait pour quelques-uns.

d'une fausse porte qui y est actuellement élevée, ainsi qu'à l'extrèmité de toutes les rues des Fauxbourgs de cette Ville, dont l'intérieur se trouve séparé par la riviere, d'avec les Fauxbourgs, qui tous se terminent aux fortifications. A l'entrée de cette porte, dans l'intérieur de la Ville, nous avons projeté une Place I, dans le fond de laquelle & en face du pont, on doit bâtir un Edifice régulier, utile pour le service du Magistrat. En continuant la ligne d'indication A B, on traverse la rue du vieux marché au vin K, celle de la petite boucherie L, & enfin, on arrive à l'ancienne tour Auphenin M, à la place de laquelle on vient de bâtir un pont de pierre qui, près de-là, mene, à droite, à la Place d'armes N, qui a soixante & douze toises de longueur, sur environ cinquante de largeur.

Cette Place d'armes est aujourd'hui une des principales beautés de la ville de Strasbourg. Sa forme, quoiqu'irrégulière, ne laisse pas de produire un bon effet; & sa décoration, dans un genre simple, deviendra intéressante, lorsque, dans la suite, chaque particulier, qui a des maisons sur cette place, se sera assujéti à suivre la même ordonnance dans les façades : en attendant cette époque, nous avons planté une allée d'arbres dans son pourtour, qui, en masquant, pour ainsi-dire, la disparité actuelle, de ses Bâtiments; procure de l'ombre aux troupes, lorsqu'elles viennent y faire l'exercice & monter la parade. Un des mérites essenciels de cette Place, c'est que, vers son extrémité supérieure, & dans les pans coupés pratiqués dans sa plus grande largeur, d'un côté, on aperçoit une rue bien allignée; elle enfile les deux corps de Casernes qui s'élevent actuellement au fauxbourg de Saverne; les Casernes O, pour quatre escadrons, & celles P, pour quatre bataillons : on voit de l'autre côté, une rue Q qui enfile aussi un nouveau corps de Casernes, pour quatre bataillons; ces casernes s'éleveront incessamment près du pont, nommé le Pont couvert, & qui n'a pu trouver place dans cette Planche.

Nous avons fait divers projets de décoration pour cette Place d'armes, un entre-autres, dans lequel nous avions affecté un genre de fermeté, analogue à son usage; cette ordonnance est la seule qui puisse convenir à une Place d'armes; mais comme elle exigeoit de grands trumeaux, des corps rectilignes, une certaine dignité militaire, elle ne put avoir lieu, parce qu'elle auroit nécessairement nui à l'usage intérieur des Bâtiments particuliers : ensorte que les façades actuelles déja commencées, n'ont plus que bien peu le caractère de la chose; l'économie, dans la plupart des projets essenciels, devenant le fléau des productions les plus estimables : car, le genre de l'Edifice une fois manqué, on n'offre plus guères qu'une composition imparfaite : à quoi il faut ajouter que l'exécution, presque toujours négligée loin des yeux de l'Ordonnateur, contribue à n'offrir plus aux regards, que des Bâtiments de la plus grande médiocrité; & c'est à peu-près ce qui nous arrive à Strasbourg, l'éloignement du lieu de notre Capitale, s'opposant en quelque sorte à former dans cette Ville des Artistes en second, qui puissent rendre avec intelligence les mesures, les rapports, les profils & le goût de l'Architecture qui leur sont confiés; aussi ne remarque-t-on rien de véritablement intéressant, dans cette Place d'armes, exécutée aujourd'hui, si l'on en excepte sa disposition, sa situation, & sa planimétrie ; car nous comptons pour rien sa décoration.

Arrivé au Pont de pierre M, & après avoir aperçu la Place d'Armes N, on arrive à un Marché aux grains R, dans le fond duquel, &, en face du Pont, sera placée un jour la Salle de spectacle S : ensorte que du point T, on pourra apercevoir à la fois, le coup d'œil de cette Salle, & par la rue des Arcades U, la Place Royale V; enfin le Sénat X. Mais avant de poursuivre la ligne A B, disons un mot des divers Edifices que nous venons d'indiquer.

Nous avions d'abord proposé de placer la Salle de la Comédie dans le fond de la Place d'armes, l'intention du Magistrat, étant de détruire un jour celle qui se trouve située sur la promenade du Broglie, promenade qui commence dans notre Plan à l'endroit marqué Y ; mais l'Etat Major ayant craint que les habitants, sortant du spectacle, ne troublassent l'ordre qui se donne tous les soirs dans cette Place, & ne devinssent un obstacle au service du Roi, on a décidé en quelque sorte de la construire en S.

Le spectacle assez fréquenté à Strasbourg, vu le nombre des habitants, & à cause de la Garnison, exige une étendue assez considérable ; en conséquence, nous avons fait plusieurs projets de ce genre ; mais tous pour le fond de la Place d'armes, avant qu'on eût observé qu'il convenoit de la placer ailleurs. Dans la suite nous donnerons celui qui a reçu le plus d'applaudissements, & dont la Salle, de forme circulaire, a cinquante-deux pieds de diamètre, un Amphithéâtre qui circule autour, & trois rangs de loges en gradins, pratiquées dans la hauteur de cette Salle, laqu'elle est précédée d'un grand péristyle, à chaque extrémité duquel est un escalier pour monter aux premieres loges, deux autres, montant séparément aux secondes & aux troisiemes : enfin, dans ce projet, nous avons observé toutes les remarques que nous avons nous-même proposées dans le deuxieme Volume de ce Cours, page 263 & suivantes, où nous renvoyons, en attendant que nous fassions graver le projet dont nous parlons (n); une description plus détaillée, sans le secours des Planches, étant toujours insuffisante, sur-tout, lorsqu'il s'agit de discuter les anciens usages, & de proposer des innovations que l'entêtement ou l'habitude applaudissent rarement.

A l'égard de la Place Royale V, nous n'avons pu raisonnablement la faire plus vaste; il faut se ressouvenir qu'il s'agit ici d'une Ville de guerre, & que, comme nous l'avons déja remarqué, il est moins possible dans cette occasion que dans toute autre, de détruire les Maisons des particuliers; & quiconque voudra réfléchir, conviendra que c'est beaucoup, que nous ayons pu y destiner un terrain de trente toises de largeur, sur autant de profondeur. Il est vrai qu'il y faut

---

(n) Il paroîtra, sans doute, singulier qu'il nous soit arrivé à peu-près ce que nous avons éprouvé, à propos de l'Église de Saint-Amand : on a dernièrement projeté un très-beau Plan pour la Comédie Françoise à Paris; les deux Architectes de mérite, Auteurs de ce projet, n'avoient certainement pas vu le nôtre, fait quatre ans auparavant; néanmoins leur Plan s'est trouvé différer très-peu de celui que nous avons fait pour Strasbourg; circonstance, qui, au lieu de nous déconcerter, nous flatte; mais nous la rapportons, pour que dans la suite, nous ne soyons pas soupçonné de plagiat; nous en avons d'ailleurs prévenu l'un des Architectes du projet de la Comédie Françoise.

ajouter l'espace de la rue des Arcades U, aussi-bien que celui des deux autres rues, qui longent aux deux côtés du Sénat X. Un des grands avantages de cette Place, au milieu de laquelle doit s'élever la Statue du Prince, c'est que celle-ci sera vue du point T, qui en est distant de cent dix toises. D'ailleurs cette Place a pour fond la façade du Sénat, & la Statue se trouvera précisément en face du Portail de la Cathédrale *a*, qui, lui-même, a pour aspect cette Statue; &, en face, un Bâtiment régulier *b*, s'élevera un jour à la Place de l'ancien Hôtel-de-Ville, lorsque le nouveau Sénat sera exécuté. Nous n'avons pas eu dessein d'orner cette Place; nous nous sommes contenté, pour entrer dans les vues du Magistrat, de la rendre seulement régulière & symétrique, dans ses côtés opposés. En effet, qu'on y réfléchisse; c'est déja obtenir beaucoup dans une Ville frontière, que de soumettre les habitants à élever leurs façades uniformement : d'ailleurs, il faut considérer que cette Place, voisine de la Halle aux poissons, placée en *c*, est aussi destinée pour un Marché, de maniere que la représentation du Héros se trouvera placée au milieu de l'abondance, en face du temple de Thémis, & vis-à-vis celui de la Religion. Nous ne donnerons point dans la suite, la décoration de cette Place, vu la simplicité de son ordonnance ; mais nous offrirons le Dessin que nous avons composé, pour le Monument qui doit s'élever à la gloire de Louis XV, traité dans le genre que nous avons décrit dans le deuxieme Volume de ce Cours, page 258. Nous donnerons aussi les Plans & les développements du projet approuvé par le Magistrat, pour le Bâtiment du Sénat X; nous disons le projet approuvé, car nous en avons fait quatre, les uns plus grands, les autres plus simples, selon la disposition des lieux qui nous avoient été proposés; mais enfin, la position de celui-ci une fois choisie, nous nous sommes attaché à le rendre susceptible de tous les avantages contenus dans les précédents, & nous osons croire que cette production est, peut-être, une des meilleures que nous ayons faites dans le nombre infini de projets qui regardent Strasbourg. Nous nous flattons d'autant plus que cette composition poura plaire, que les différents départements qu'elle contient, n'ont guères de ressemblance avec les autres Bâtiments connus sous le nom de Basiliques, de Parlements, de Chambres Souveraines, &c. si ce n'est dans sa décoration extérieure ; encore faut-il sçavoir que toute espece de Monument élevé dans une Ville de guerre, doit se ressentir, dans son ordonnance, de ce genre de fermeté qu'impose l'Art militaire, sans néanmoins sortir trop du caractère que doit avoir chaque Edifice considéré en particulier.

Ce Bâtiment X n'occupe pas un espace bien considérable, n'ayant de largeur, hors œuvre, que vingt-deux toises, sur environ trente toises de profondeur : mais un de ses avantages, & qu'on devroit toujours observer, dans les Edifices publics, c'est d'être isolé de toute part, & de contenir dans son intérieur, une Cour de dix toises de largeur, sur quinze de profondeur. Le Rez-de-chaussée de cet Edifice est compris dans un soubassement, sur lequel s'éleve un grand ordre Ionique qui embrasse deux rangs de croisées. Cet Ordre est couronné par des combles, d'une hauteur proportionnée à tout le Bâtiment : il est d'ailleurs flanqué de Pavillons & d'arriere-corps d'une forme rectiligne, qui n'ont cependant rien d'affecté, mais qui lui procurent ce caractère mâle, d'autant plus convenable ici, comme nous venons de le remarquer, que cet Edifice est nonseulement élevé dans une Ville de guerre, mais qu'il se trouve entouré de Marchés publics & de Bâtiments particuliers d'une décoration très-simple, quoique réguliere.

Depuis ce Bâtiment jusqu'à la porte des Bouchers, il ne se trouve plus d'Edifices remarquables en parcourant la ligne A B, que le pont du Corbeau *d*, précédé d'une nouvelle Place *e*, dans l'intérieur de la Ville, & à côté de laquelle est la grande Boucherie *f*, une des plus belles que nous connoissions. Après ce pont, on voit aussi une autre Place circulaire *g*, qui, par la rue *h*, conduit enfin à une autre Place *i*, aux deux côtés de laquelle nous avons élevé des Bâtiments *k*, servant de suppléments aux anciennes Casernes de l'Artillerie *l*.

Pour faire juger de l'importance & de l'utilité des changements proposés pour Strasbourg, nous ferons remarquer, que dans la seule partie de la Ville que nous offrons dans cette Planche, il n'est point, ou presque point de Carrefours que nous n'ayons convertis en place, point de rues que nous n'ayons allignées, de maniere à former, dans la suite, des communications beaucoup plus régulières qu'elles ne l'étoient précédemment. Nous avons indiqué par la lettre *m*, les Places restaurées, qui se trouvent comprises dans notre Plan. Ces Places sont devenues, les unes plus, les autres moins considérables, selon l'importance des marchés qui doivent s'y tenir, & à raison des quartiers où elles sont situées. Sous les allignements des nouveaux Quais, nous avons laiſſé ſubſiſter par un trait léger les anciens, ce qui donne à connoître combien la plupart étoient obſtrués, interceptés, tortueux, étroits, & ſouvent impraticables dans la crue des eaux, pour la circulation du commerce. Nous avons auſſi, par de pareils traits légers, laiſſé à connoître la plus grande partie des culs-de-ſac que nous avons ſupprimés ; enfin, nous avons fait des nivellements ; ils facilitent aujourd'hui l'écoulement des eaux qui, reſtant anciennement dormantes dans pluſieurs quartiers de la Ville, nuiſoient eſſenciellement à la ſalubrité de l'air ; opération dans laquelle nous avons été ſecondé par M. Werner, Contrôleur des Bâtiments de la Ville, & aidé des conſeils de MM. les Directeurs des Bâtiments de Strasbourg : enſorte que, par ce travail important, un jour cette Ville ſera percée moins irréguliérement, & offrira aux étrangers des Edifices de marque ; ce qui ne ſe peut faire néanmoins que par la ſuite des temps, quoique, depuis que ces opérations ſont commencées, les particuliers, prévenus des intentions des Magiſtrats autoriſés par Arrêt du Conſeil, qui ordonne l'exécution de notre Plan, ſe ſont portés d'eux-mêmes, pour la plupart, à bâtir ſuivant les nouvelles directions des rues tracées dans notre projet, les uns ayant fait déja des échanges avec leurs voiſins, lorſqu'ils ne ſe trouvoient plus aſſez de profondeur ; les autres ayant cédé leur terrain à la Ville, & acquis ailleurs des emplacements pour bâtir ; ceux-ci s'étant retirés, ſelon l'allignement preſcrit ; ceux-là enfin, ayant diſpoſé leurs diſtributions, de maniere qu'ils n'éleveront leur mur de face que lorſque la rue où ils ſe trouvent ſitués aura acquis ſon parfait allignement : autant de moyens que nous avons proposés aux Magistrats, par des Mémoires sans nombre dressés à cet effet. Ces Mémoires ont fait naître beaucoup de discussions, mais toutes tendantes aux biens des habitants ; & , après avoir été approuvés, ils ont mis chaque Propriétaire en état de prendre le parti qui lui paroissoit le plus convenable. Le Magistrat, d'ailleurs, apporte la plus parfaite attention, pour faciliter ces opérations, sans qu'aucun Citoyen soit lésé ; ensorte que cette entreprise inouïe, & qui, par-tout ailleurs, auroit paru une hydre, s'exécute avec une facilité presqu'incroyable : tant il est vrai que la prudence, l'aménité & l'urbanité, dont usent les Chefs, peuvent parvenir à surmonter les plus grands obstacles.

Pour faire connoître l'immensité de cette entreprise, donnons une idée de la grandeur de cette Ville, & disons : que son étendue, à compter de l'intérieur de ses fortifications, est d'environ huit millions huit cent trente-huit mille six-cent trente-deux toises de superficie, non compris la Citadelle ; qu'elle est divisée en dix quartiers ou cantons, le premier contenant trois cent quinze Maisons ; le deuxieme, trois cent soixante-huit ; le troisieme, trois cent soixante-dix-neuf ; le quatrieme, quatre cent soixante-six ; le cinquieme, deux cent quarante ; le sixieme, quatre cent trente-six ; le septieme, quatre cent cinquante-six ; le huitieme, deux cent soixante-treize ; le neuvieme, deux cent quarante-six ; & le dixieme, quatre cent cinquante-sept : au total, trois mille cinq cent trente-six, sans compter les Eglises Catholiques & Luthériennes, les Bâtiments pour le service du Roi, tels que les Casernes, les Prisons, l'Hôpital militaire, l'Arsénal, la Place d'armes, l'Esplanade, les Magasins à poudre, & les Bâtiments destinés à la manutention des troupes; enfin ceux à l'usage du Magistrat, tels que le Sénat, les Magasins de la Ville, l'Hôpital des Bourgeois, les Marchés, les Halles, &c.

Indiquons sommairement, à présent, les nouveaux corps de Casernes qui doivent s'élever dans la suite, & qui n'ont pu être compris dans notre Planche; ainsi que les communications, pour le défilé des troupes, de la Place d'Armes aux Casernes, & de celles-ci à la Place d'Armes, routes que nous avons exprimées ici par des lignes ponctuées, pour ce qui regarde seulement les anciennes Casernes E, & les nouvelles placées en P, O, au Fauxbourg de Saverne : ce que nous n'avons pu faire pour les autres, le format de notre Ouvrage s'y étant opposé; sçavoir les Casernes du Pont couvert, pour quatre bataillons; à l'Esplanade, pour quatre escadrons; enfin des suppléments à celles de la Courtine des Juifs, à la porte des Pêcheurs, à Finkmatt, sans compter les suppléments de celles de la porte des Bouchers, du Fauxbourg de Saverne, & les deux nouveaux corps de Bâtiments pour les Officiers, tous les deux semblables à celui E : enfin, ceux P, O, désignés seulement dans notre Plan. Tous ces nouveaux Bâtiments sont distribués commodément, munis de toutes leurs dépendances & d'une décoration, nous pouvons le dire, plus réguliere, & d'une ordonnance moins triviale qu'on ne les fait communément; aussi donnerons-nous dans la suite, les desseins de celles O, P, qui comprennent deux corps de Bâtiment, l'un pour la Cavalerie, l'autre pour l'Infanterie : ils feront connoître le parti qu'on peut tirer de ce genre d'Edifice, lorsqu'on veut réunir l'utilité à la symétrie.

Terminons cette courte description, par faire remarquer en passant, que nous avons mis tous nos soins à faire ensorte, que les nouveaux Bâtiments fussent plantés réguliérement, & que nous nous sommes attaché d'autant plus volontiers à cette partie de l'Art, que nous n'avons guères lieu d'espérer que leur décoration soit jamais exécutée, d'une maniere satisfaisante; car, comme nous l'avons déja remarqué, il y a dans cette Ville peu d'Artistes qui entendent l'Architecture. Il y a, sans doute, des hommes d'expérience; mais à ces connoissances, il faut joindre d'autres talents, tels que celui de la théorie & le goût de l'Art, sans quoi les projets les mieux conçus avortent entre de telles mains. Nous l'avons dit quelque part, dans notre Cours; combien n'avons-nous pas vu de Bâtiments dans nos Provinces, qui ne nous ont paru imparfaits, que parce qu'ils avoient été élevés, loin de l'œil de celui qui en avoit donné les desseins: nous y reconnoissions, à la vérité, dans l'ensemble, la marche d'un Maître; mais combien les parties n'étoient-elles pas défigurées, par le défaut de lumiere des Conducteurs. Qu'on y prenne garde; c'est parce qu'on doit s'attendre à cet inconvénient, que nous recommandons sans cesse à nos Eleves, de s'appliquer véritablement à l'étude de l'Architecture, de redoubler leurs efforts, lorsqu'il s'agira d'élever quelques Edifices, loin de la Capitale; de s'attacher particuliérement à décider la forme de leur Plan, à en caractériser les ressauts & les retours, par des avant ou des arriere-corps un peu saillants, à les bien retourner d'équerre. C'est pour cela que nous les avertissons encore, lorsqu'ils se trouveront forcés à quelque obliquité, de chercher à faire symétriser ceux-ci avec leurs côtés opposés; enfin, de faire contraster des portions circulaires avec des angles droits, ou des côtés paralleles, afin de prévenir une planimétrie monotone; en un mot, de terminer, le plus convenablement possible, un point de vue par une fontaine, ou par un avant corps, dût-il n'appartenir qu'à une Maison particuliere. Ces précautions sont d'autant plus essencielles, qu'il faut s'attendre que, de tout le projet, il n'y aura guère que ces beautés qui se feront remarquer: toutes les bonnes têtes se connoissent en symétrie, en régularité; mais il n'y a qu'un petit nombre de personnes qui jugent avec discernement des autres parties de l'Architecture.

Fin du Quatrieme Volume.

De l'Imprimerie de LOTTIN aîné; 1773.

APPROBATION
du Censeur Royal.

J'AI LU, par l'ordre de Monseigneur le Chancelier, le Manuscrit des Tomes troisieme & quatrieme du *Cours d'Architecture*, ou *Traité de la Décoration, Distribution, & Construction des Bâtiments*; & il m'a paru que cette suite nouvelle d'un Ouvrage déja bien accueilli du Public justifieroit l'impatience de le voir heureusement terminé par l'Auteur: Donné à Paris, le 31 d'Octobre 1772.

PHILIPPE DE PRÉTOT, *des Académies Royales des Sciences, Belles-Lettres & Arts, d'Angers & de Rouen.*

Le Privilege du Roi se trouve à la fin du second Volume.